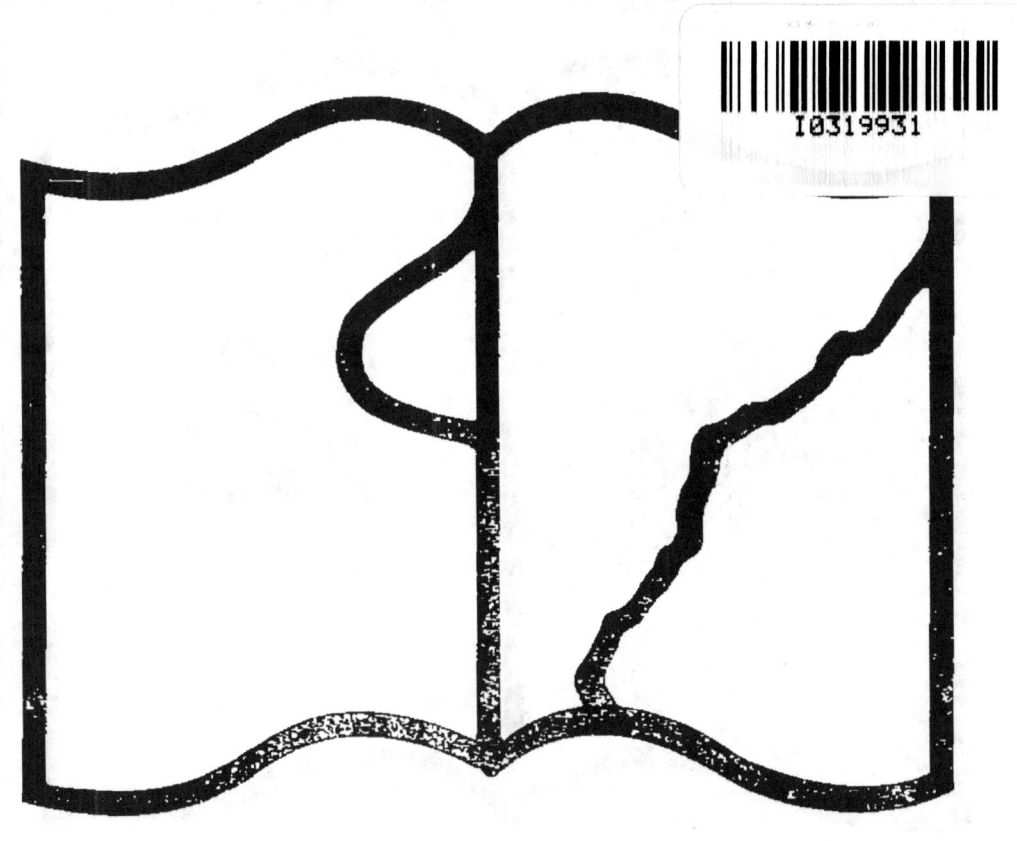

Texte détérioré — reliure défectueuse

NF Z 43-120-11

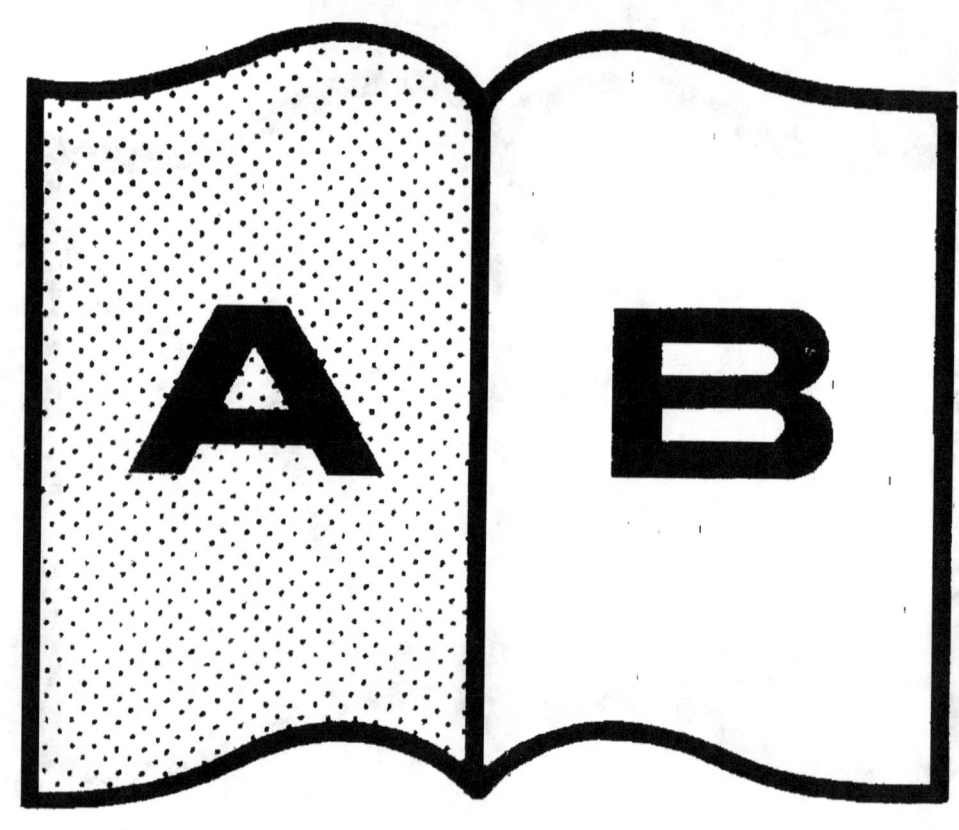

Contraste insuffisant

NF Z 43-120-14

L'IPHIGENE
DE
Mr. DE BELLEY.

RIGVEVR SARMATIQVE.

DEVXIESME VOLVME.

A LYON,

Chez ANTOINE CHARD, rue Merciere,
à l'enseigne du Sainct Esprit.

M. DC. XXV.
AVEC PRIVILEGE DV ROY.

A MADAME
LA DVCHESSE
DE VANTADOVR,
Princesse de Tingry.

ADAME,

Cette Histoire ne peut craindre les tempestes de la Calomnie, ni les orages des mauuais iugemens, puis qu'elle entreprend sa nauigation sous le fauorable aspect des Iumeaux. Si encore ce mot n'est point trop foible pour exprimer cette vnion sacrée, qui vous lie à cet Illustre Seigneur à qui le Ciel & vostre consentement vous ont donnée pour Espouse. Le Premier Volume lui estant consacré, & en ayant esté bien accueilly selon son humanité accoustumée, ie me promets que vous ferez vne pareille reception à ce Second, parce que ne voyant que par ses yeux, & n'estimant rien que par son iugement, vous ne pouuez desagreer ce qu'il fauorise de sa bienueillance. La part que sa bonté m'y a promise me fait esperer cette grace de vous, & que vous verrez de bon œil ce témoignage que ie vous rends de ma deuotieuse seruitude. C'eust esté separer mon Ouurage que de presenter ce Tome à tout autre qu'à vous. Au lieu que c'est le reünir & le ramener à son principe, que de le mettre entre vos mains. Le cours mesme de cette Relation m'y conuie: car à qui pourrois-ie mieux qu'à la femme, rendre mon

IPHI

IPHIGENIE reconnuë pour telle, apres auoir mis mon IPHIGENE, tenu pour homme, en la protection du mary? MADAME, elle a eu cet auantage durant sa vie d'estre fauorisée pour sa Vertu d'vn grand Prince & d'vne grande Princesse: Si vous, qui tirez vostre naissance de tant d'Empereurs que la Maison de LVXEMBOVRG a donnez au Monde, la prenez en vostre bienueillance, ce sera pour combler sa memoire d'autant de bonheur, qu'en receura d'honneur pour sa part,

MADAME,

Vostre tres-humble & tres-affectionné seruiteur selon Dieu,

IEAN PIERRE E. DE BELLEY.

L'AVTHEVR
AV LECTEVR.

CE Second volume de mon IPHIGENE (si i'ay quelque iugement en ce qui me touche) te semblera, mon Lecteur, d'vn autre air que le precedent. Non point pour la hauteſſe du ſtile (que i'ay naturellement bas & humble, haïſſant l'altier & empanaché) ni pour la delicateſſe des paroles & la mignardiſe des termes (car ie n'ay iamais eſté grand trieur de paroles, eſtant également honteux à vn homme de polir ſes eſcrits que ſes ioües) mais pour la force & la dignité du ſuiet, en quoy ie mets mon attention principale. Et, à dire ce que i'en penſe, c'eſt à cela qu'il faut appliquer ſon ſens & ſon eſprit, non à aſſembler des paroles douces & coulantes qui ont auſſi peu de gouſt qu'vn verre d'eau; ſous l'eſcorce deſquelles on met des imaginations ſi creuſes & ſi vuides d'ordre & d'apparence, qu'on auroit à ſouhaitter à ces Autheurs vn peu moins d'eloquence, &

*4

Avertissement au Lecteur.

un peu plus de sens commun. En ce Tome donc ie nage en grande eau, & ie vole en grand air, parce que maniant des matieres HEROIQVES, NVPTIALES, & TRAGIQVES, il semble que les sujets (comme ces robes chargées de forte broderie) se soustiennent de leur propre poids. Ceux qui donnent tant à la forme pour l'ordinaire sont steriles en inuentions ; voyez comme les pistoles sont mal basties, neantmoins elles valent mieux que nos escus qui sont si bien arrondis & marquez d'vn si beau coing. Quand vous treuuerez des periodes aiustées auecque tant de soin, & consultées auecque l'oreille si curieusement, donnez-vous le loisir de chercher le fruict caché sous ces belles fueilles, & vous treuuerez que ce sont des Sicomores, qui font plus d'ombre, mais ne sont pas si vtiles que les Meuriers communs. I'appreuue neantmoins en faict d'Escriuains que chacun se pare des auantages de son esprit, & mette le beau du costé de la ruë. Les graces de Dieu sont diuisées & distribuées auec vne belle varieté. Il ne s'ensuit pas neantmoins que pour estre également graces, elles soient égales graces, & que celles qui ont plus d'éclat ayent plus de profit, le loton a plus de lustre que l'or, mais il n'est pas si précieux. Parmy les bons estimateurs il n'y a point de comparaison entre la matiere & la forme, non plus qu'entre l'accessoire & le principal. Mais pour venir à mon sujet, sçache, Lecteur, que ie iette le comble de mon edifice en ce Volume

Deuxies

Avertissement au Lecteur.

Deuxiesme, dont tu n'as veu que les fondemens au Premier. Ie l'ay esleué peu à peu, aggrandissant mon sujet de la mesme façon que font les ruisseaux qui se dilatent plus ils s'enfuyent de leur source. Dieu vueille que i'aye imité celle de Mardochée, qui fort petite à sa naissance deuint vn grand fleuue, & ce fleuue se ietta dans vn Ocean de lumiere. Et dans quelle plus lumineuse mer pouuois-ie conduire & plonger mon IPHIGENE, qu'en le portant dans la part des Saincts en la splendeur de la gloire sur les aisles du Martyre? I'ay donc en ce progrez imité le rayon du Soleil qui attire la vapeur, & qui la subtilize & purifie à mesure qu'il l'esleue, iusques à ce que tout ce qu'elle a de terrestre estant consumé, elle est reduitte en la nature de l'air plus perfaitte que celle de son origine. Si l'on considere mon Iphigene dans la Cour, dans les Bois, dans les Armes, & dans les Nopces, il y a tousiours là quelque chose de terrestre, mais quand on lui voit verser son sang pour la deffense de la foy par les mains des Infideles, alors on peut dire auecque le Psalmiste, que son ame estant sortie de son corps a repris sa terre natale, qui est le Ciel, & qu'en ce point s'esuanoüissent toutes les pensées du Monde. Voyla, mon Lecteur, ce que tu verras en ce dernier Volume, si ta patience te mene iusqu'au bout. Mais auparauant que ie te laisse, donne moy encore vn moment de ton loisir, pour oüir vn mot de satisfaction que ie veux rendre à certains esprits, qui treuuent

Avertissement au Lecteur.

mauuais que i'emprunte d'ailleurs que de mon fonds les vers dont pour t'esgayer i'entreseme ces ouurages, ou qui voudroient au moins en les y inserant que ie nommasse leurs Autheurs, affin que la Posterité (si tant est qu'eux & moy allions iusques là) ne les frustre pas de leurs iustes loüanges. Quant au premier chef de leur plainte ie n'ay rien à respondre qu'vn simple aueu de ma disette & pauureté, aueu qui ne peut estre beaucoup honteux, puis que ceux qui font le mieux des vers tiennent à honte, & quelques vns à iniure quand on les appelle Poëtes, témoings ces mots d'vn bel esprit de nostre âge, & qui s'est rendu signalé en la Prose & en la Poësie, qui disoit à vne Dame de qui par ses vers il auoit esleué le Nom à vn haut degré de Gloire, au lieu de reconnoistre les honneurs que ie vous ay rendus par mes vers en portant vostre reputation iusques dans les estoiles, vous me payez d'vn nom iniurieux en m'appellant Poëte. Ce sont les propres mots de cet Escriuain qui n'est pas des moindres de nostre âge. ce que ie dis pour le loüer auecque d'autant plus de liberté que la mort vient de nous le rauir. Ce n'est pas vne grande imperfection que de ne sçauoir pas faire des vers, dit l'agreable Montagne, mais elle est insupportable d'en faire de mauuais, & de s'en parer. C'est imiter les espousées de village qui se couurent d'affiquets de cuiure & de plomb, & qui ne sont iamais plus laides que quand elles sont plus parées. Si est-ce que si vne
humeur

Auertissement au Lecteur.

humeur ie ne sçay comment deuote ne m'eust point faict sacrifier à la lumiere de Vulcan plusieurs Poësies affectueuses que i'auois faictes en ma premiere ieunesse, en vn âge & dans vne condition plus libres, i'eusse peut-estre eu dequoy satisfaire au desir de ces honnestes gens si ialoux de la conseruation du bien d'autrui. Mais apres vingt ans d'interruption en cet art qui demande pour se perfectionner vn continuel exercice, & dans vn âge & en vne qualité qui me le feroient quitter si i'y auois esté beaucoup addonné, de reprendre la lyre & la veruë, ie croy qu'il n'y a personne de iugement bien sain qui me le conseillast. Ce que ie n'ay donc pas de moy, si ie le cherche ailleurs, c'est de la necessité qui n'est sujette à aucune loy, qu'il en faut prendre les excuses. Bien qu'en cela ie puisse auoir pour garands de grands personnages, & appeller à mon secours l'exemple de quelques Peres de l'Eglise, qui ont inseré les vers de quelques Poëtes dans leurs escrits non sans autant de grace que d'vtilité. Iusques là mesme que l'Apostre des Gentils leur a souuent allegué leurs Poëtes. Mais pour renuerser sur leur teste cette premiere partie de leur obiection, qui leur a dit que ceux qui escriuent en Prose, doiuent eux-mesmes faire les vers qu'ils inserent dans leur Prose? qu'ils me nomment vn exemple de cela dans l'antiquité, si ce n'est en ceux qui ont à dessein escrit des Proses & des Poësies, comme a faict Boëce en sa Consolation, &

quelques

Auertiſſement au Lecteur.

quelques autres. Au contraire qui ne ſçait que ce ſont pour l'ordinaire deux benefices incompatibles, de bien eſcrire en Proſe, & de bien faire des vers, la Poëſie & l'Art Oratoire ayans cette difference ſi rebattuë, que la Nature donne l'vne, & l'eſtude l'autre? Qu'ainſi ne ſoit, y eut-il iamais vn plus excellent Orateur que Ciceron, & vn Poëte plus miſerable? ſeulement ce qu'il cite quelquesfois des vers d'Ennius, n'eſt-ce pas pour arracher les oreilles? Non ſeulement il n'eſt pas permis d'eſtre Poëte mediocre, mais il ſemble que ce ſoit vn peché de s'amuſer à lire des vers s'ils ne ſont bien faicts, & ceux qui les choiſiſſent mal pour les former en leurs eſcrits, ne ſont point pardonnables. Les vers, les oyſeaux, & les mouſches ne s'attachent qu'aux meilleurs fruicts, puis qu'il y a tant à choiſir en vn ſi large champ, pourquoy prendra-t'on du pire? Auſſi m'accuſent ces Cenſeurs que ie ne me prends comme l'abcille qu'aux plus belles fleurs ; cela eſt naturel, & quand ils ſont en des banquets eſtendent-ils pas leurs mains aux viandes les plus exquiſes, ou qui reuiennent mieux à leur gouſt? pourquoy donc reprendront-ils en autrui ce qu'ils auctoriſent en eux-meſmes. I'entends bien, ces pieces leur ſemblent trop belles pour eſtre couſuës à des ouurages ſi chetifs que les miens. C'eſt grand pitié que d'eſtre pauure, on ne peut rien porter de beau, c'eſt vn crime que de ſe parer à vn que la diſette accable. On voit l'extreme diſproportion de ma

Proſe

Auertissement au Lecteur.

Prose à ces beaux vers qui s'y treuuent, comme des grains d'or dans les monceaux de sable que le Tage pousse en ses bords : ce sont des diamans enchassez en du plomb, des estoiles luisantes en vn Ciel obscur, l'auoüe tout cela, & pis encore ; mais qui ne sçait que c'est la diuersité qui embellit la face de la Nature, & que dans les terres les plus steriles & pierreuses on ne laisse de rencontrer des sources claires, & des minieres d'or & d'argent? C'est sur le drap qu'il est bon de mettre le clinquan, car la soye paroist assez d'elle mesme. chacun couure sa misere autant qu'il peut, & aux despens de qui que ce puisse estre. Baste pour les emprunts, diront-ils, mais reconnoissez vos creanciers, & n'ayez point de honte de les nommer. Quand i'en aurois honte, ie ne serois pas le premier pauure honteux, il y en a beaucoup qui veulent qu'on leur face du bien, & ne desirent pas qu'on sçache que la necessité les contraint de le receuoir. Ie suis guery de cette maladie, car ie reconnois ingenuëment mes debtes, & auecque l'Apostre ie me tiens redeuable à tout le monde. Ie dois au feu l'vsage de sa chaleur, au Soleil de sa lumiere, aux elements de leurs qualitez, aux viandes de leur nourriture, aux liures de leur lecture, aux Poëtes de leurs vers. Les bources où i'emprunte sont si grandes, les Notaires si publics, les sommes si manifestes que ie ne puis les nier sans vne extreme ingratitude. Il est bien vray que n'empruntant que des choses d'ornement, & non necessaires,

quand

Auertissement au Lecteur.

quand on les aura ostées, ie resteray tousiours couuert de mes propres plumes, & aussi peu offensé que quand on esbourgeonne vne vigne pour faire grossir son fruict en retranchant les pampres inutiles. Mes plus grands creanciers sont trois, Bertaut Euesque de Sais, le poli Malherbe, & l'Incomparable Cardinal du Perron, & quelques autres beaux Esprits dont les Poësies sont ramassées dans ce Recueil des plus beaux vers de nostre temps, qui est entre les mains de tout le monde. il ne faut pas aller bien loing pour faire l'Inuentaire de mes larcins. Si quelquesfois Ronsard, Bartas & Des-Portes me prestent quelque lambeau, c'est rarement, parce que ie ne me donne pas le loisir de faire de grandes courses sur leurs terres. Garnier nostre Euripide & Senecque Tragique est fort sentencieux, en cette Histoire il m'a fourny quelques lopins. Voyla toutes les sources de ces petits ruisselets qui distillent parmy les plaines de mes Histoires. Que diront nos Auiseurs? que ie les deurois nommer. C'est grand cas, Lecteur, qu'il y a des gens qui ne se contentent point de dire des impertinences, si elles ne sont en cramoisy, & qui sont si amoureux de la perfection en leurs ouurages, qu'ils ne sçauroient dire de sottises si elles ne sont perfaittes. & certes en voicy vne de haut appareil. Car mettant pour l'ordinaire en la bouche des personnages que i'introduits en ces Histoires les vers que i'y glisse, & deguisant ces Narrations tantost pour le temps, tantost

Auertissement au Lecteur.

tost pour les lieux, renuoyant ce qui est moderne au regne de Charlemagne, ou sous l'Empire de Diocletian & de Maximian, ou ce qui est arriué en France, en Espagne, ou en Italie, ou en Alemagne, pensez que ce seroit vne chose bien conuenable de le faire dire à vne personne qui viuoit il y a mille ans, ou née dans le fonds de la Pologne, comme a tres-bien chanté Monsieur des Yueteaux, ou le Sieur de Malherbe. De moy si ie voulois faire la plus grande ineptie qui puisse tomber dans l'imagination des hommes, ou me sacrifier à la risée d'vn chacun, ie suiurois le bon auis de ces Conseillers. Et peut-estre qu'ils me le conseillent à ce dessein, pour me faire tomber dans la fosse qu'ils voyent. Ie veux iuger autrement de leur bonne foy, & croire qu'ils auancent ces choses plustost par niaiserie que par malice. Mais Dieu mercy ie ne suis pas despourueu de iugement iusques à ce point, de faire vne telle simplicité pour leur complaire. Chacun abonde en son sens, le leur n'est pas le mien, & ils m'excuseront si en cela ie ne me soumets à leurs pensées. S'ils le treuuent mauuais, ie m'armeray de patience contre leurs fadaises, & si ie ne puis leur agreer qu'à ce prix là, ie prefereray tousiours leur blasme à leur estime, & craindray beaucoup plus leur estime que leur mespris.

TOME SECOND D'IPHIGENE

Liure treziesme.

VOVS qui auez plaint la captiuité de nos Cheualiers, venez vous ressoüir de leur deliurance. Mais helas! ce ne sera pas si tost, car la lumiere de l'innocence penetre aussi difficilement les tenebres des cachots que celle du Soleil; & il en est des prisons comme des nasses, on n'en sort pas si aisément comme l'on y entre. Il n'y a point de labyrinthe qui ait tant de destours & tant de monstres, où l'on se perde si promptement, dont l'issuë soit si malaisée, & où il soit besoin d'vn si exquis filet de methode pour se desueloper de tant de formalitez & de procedures, dont on en a desfiguré le beau visage de la Iustice. Ce fut donc à nos prisonniers de penser à leurs affaires: car quand vne vile populace est vne fois esmeüe, & pense auoir la Iustice de son costé, il n'y a feu qui aille si viste, ni auecque tant de force que fait sa fureur. Ils sont interrogez chacun en particulier, & se rencontrent tout aussi peu que des crotesques s'vnissent. Calliante se dit estre homme, tant pour ne mentir en la face de la Iustice, que parce qu'il estoit ainsi; enquis si ce n'estoit pas luy qui quelques iours auparauant auoit paru sous le nom d'Almerie vestu en femme, il respond qu'ouy. Le voila pris par le bec, & mocqué comme s'il eust esté Hermafrodite. Serise nie qu'elle soit Iphis, proteste qu'elle est fille, & est d'autant moins crûe qu'elle dit vray. Piside craignant d'offenser Iphis, dit qu'il ne sçait quelle est cette Dame, mais qu'il est tres-humble seruiteur d'Iphis, & que cet Iphis est de telle qualité, que quand on sçaura de sa bouche quel il est, il iugera ses propres Iuges, & mettra à feu & à sang toute cette contrée, si on lui fait le moindre affront. Enquis quel il estoit, il repartit, c'est à lui-mesme de le

LIVRE XIII.

dire, il a de l'âge & du iugement pour respondre ce qu'il faut; pressé de declarer quel il estoit lui-mesme, il se dit Gentilhomme de la suitte d'Iphis, & qu'il est à vn Maistre qui sçaura bien prendre vne exemplaire vengeance du tort qu'on lui feroit; interrogé à quel dessein il s'estoit trauesti, pour passer mon temps, respondit-il, & pour complaire à celui qui me l'a commandé. on ne peut tirer autre chose de sa bouche. Argal au lieu de respondre aux demandes qui lui sont faictes, se mocque de ceux qui l'interrogent; aux menaces il respond par des rodomontades plus seantes en la bouche d'vne personne libre, que d'vn prisonnier, & sans esgard du danger où il s'exposoit estant captif, il parle en Capitaine, & Capitaine qui n'a que le feu, le sang, le carnage, le fer & la vengeance en ses propos. De là il vient aux iniures & aux outrages; & quoi qu'il se vist enuironné d'vne multitude de satellites, qui tous lui disoient que s'il ne respondoit plus discretement à la Iustice, il auoit treuué le moyen de se perdre, si est-ce que ce grand courage pareil à la palme, ne peut plier

sous ce faix, ains se relançant contre ce qui sembloit le deuoir accabler, il parloit à cheual, & comme s'il eust esté à la teste d'vn escadron de gendarmes, commandant de tailler en pieces tous ces coquins. Cette hardiesse fut prise pour temerité, & cette temerité passa pour folie deuãt ces gens-là pour ce coup, dont bien luy en prit. Pomeran plus froid & plus reserué, respondit auec beaucoup plus de modestie & de retenuë, & soit qu'il iugeast qu'il n'estoit à vn braue courage que de dire la verité, mettant toute raillerie à part dit franchement ce qu'il croioit, & ce qu'il pésoit deuoir dire pour l'honneur de Serife, & pour empescher que cette galanterie de jeunesse n'aboutist en quelque euenement tragicque. Messieurs, leur dit-il, il ne fait pas bon manier vn charbon ardãt, ni vn fer rouge sans pincettes. Vous tenez en vos mains celui qui vous tient dans les siennes, & qui peut exercer sur vous vne horrible vengeance, si vous lui faites le moindre déplaisir. Ie vous auertis que cette Dame que vous auez emprisonnée, & qui se donne le nom de Serife, est vostre Palatin
Iphigene,

LIVRE XIII.

Iphigene, que l'Amour d'Almirée a ainsi transformé, & cette Almirée n'est autre que Calliáte, qui a faict croire à ces bonnes gens qui nous ont faict mettre où nous sommes, qu'il estoit le frere de celle là qui n'est autre qu'elle mesme; cette fille est vne Damoiselle de qualité. Ie vous auoüe que ce changement d'habits est contre les loix ; mais ces loix-là ne sont que des toiles d'araignée, où ne se prennent que les petites mousches, les Grands en sont exempts, de qui les passetemps sont tous extraordinaires. De moy ie suis Gentilhomme de la suitte du Palatin de ce Palatinat de Plocens, qui estant venu dans cette forest auecque lui, pour prendre le contentement de la chasse, me suis couuert de ces habits de païsan pour lui complaire, & pour ne le quitter point, tandis qu'il s'amuseroit en la conuersation de cette creature qu'il aime: C'est à vous de faire profit de ma deposition, qui vous seruira d'auertissement, si vous le prenez comme il faut, sinon de presage d'vn grand malheur pour tout ce voisinage, si vous-vous emancipez iusques là d'attenter rien qui puisse cour-

roucer celui qui vous peut ruiner de fonds en comble. Les menteurs gaignent cela par leurs bourdes, de n'estre pas crûs lors mesmes qu'ils disent la verité; comme cettui-ci parloit plus serieusement que les autres, il fut tenu pour le plus grand fol, & ses predictions furent aussi peu receües que celles de Cassandre par les habitans de Troye. Il est vrai que comme à Troye les vieillards estoiët d'auis que l'on rendist la Grecque Helene, de peur qu'elle ne seruist de flambeau pour consumer leur ville, en quoi ils furent contrariez par le conseil des ieunes gens, qui disoient qu'en rendant cette esmerueillable beauté ils perdroient tout l'ornement de leur païs, & seroient priuez du contentement de voir le plus bel object qui fust alors en la terre, cette derniere & pire resolution preualut, dont s'ensuiuit le sac de cette florissante Cité, la gloire de toute l'Asie: de mesme (s'il est permis de comparer les grands euenemens aux moindres) quelques anciens d'entre les rustiques iugeoient à propos de donner la liberté à ces prisonniers, & de n'approfondir point d'auantage cette
affaire

LIVRE XIII.

affaire par vne dangereuse curiosité; mais les ieunes n'en voulurent pas demeurer là, mais presserent les Iuges de voir la fin de ce succez, & de sçauoir au vrai le fonds de cette auanture. Ce qui fut aisé à persuader à ces Harpies, qui acharnées à la proye, esperoient faire en cette occasion vne ample curée; car de tel gibier ne se prenoit pas tous les iours dans les filets. Boleslaüs est interrogé le dernier, qui demandant à parler en particulier à celui qui l'interrogeoit (sçachant bien prudent qu'il estoit, qu'il n'est rien d'impossible ni d'impenetrable à l'or) l'esbloüit aussi par la promesse d'vne grande somme qu'il lui fit pour sortir à l'amiable de cette affaire, & pour redonner la liberté à tant de gens qui n'estoient accusez d'aucun crime, & tout au plus qui n'estoient conuaincus que d'vne folastrerie. Ce Iuge entré furieux comme vn Lyon, sortit de ce colloque doux comme vn Agneau, ayant promis à Boleslaüs de les faire sortir par la porte dorée, mais que pour s'euader il falloit que les prisonniers se fissent vn pont d'argent. Apres cela, pour la forme il l'interrogea en la presence de ses accusateurs & de ses parties, qui estoient Lupicin, Antalce, Fleurial, & Iunile, qui tous auoient la ioye sur le front, de se voir triomfer de ceux de qui ils pensoiēt auoir esté affrontez. Ses responses furent si ambiguës, & en leur ambiguité si differentes des autres, qu'il estoit aussi malaisé de les expliquer que ces Oracles anciens qui auoient plusieurs faces & diuers sens. Somme il ne dit rien d'asseuré, ni sur quoi l'on peust fonder aucune coniecture. Ils demanderent la permission d'escrire à Serife, affin que par son auctorité elle les tirast de peine: mais ce fut à la charge que leurs lettres seroient veües, qu'ils en auroient la permission, & ce fut vn plaisir de voir la diuersité de leurs stiles; car l'vn l'appelloit Madame, l'autre Monsieur, cet autre Monseigneur, & tout cela s'entretenoit aussi peu que des bastons rompus. Ce qui rēdoit encore la doute plus grande, & ces esprits grossiers ne sçauoient que deuiner. Ces Iuges, à la façon des Chirurgiens & des Medecins, qui font profit des longues maladies & des playes dont la guerison vient lentement, penserent qu'en tirant cette affaire en longueur,

gueur, ils se feroient tous riches. Tandis que nos prisonniers apprendront la patience en sa vraye escole, & combien il est vray que les prisons sont cōme les nasses, où l'on entre plus facilement que l'on n'en sort, allōs voir ce qui se ioüe plus serieusement sur le theatre du Monde, & cōme ces ieux ici ne sont qu'vne ombre, & vne foible imitation de ce qui se passe à l'insceu d'Iphigene, en des lieux où il a interest de conseruer auecque plus de soin qu'il ne fait sa reputation. Les escriuains d'Histoires remarquent assez frequemment, qu'auant que les guerres (qui sont les fleaux de Dieu) arriuent en des contrées, on y voit de certains signes qui seruent de presages des dissensions ciuiles, comme des meteores effrayables, des fantosmes, des armées qui paroissent en l'air, & qui semblent donner des batailles. Ces ieux rustiques que nous venons de representer, furent de mesme les auant-courriers des trauaux & des diuerses fortunes qui attendent Iphigene, ainsi que nous verrons en la suitte de cette Narration. Les actions des Grands, & de ceux qui sont mis comme des lampes sur les chandeliers des charges eminentes, se peuuent aussi peu cacher que la lumiere, qui pour close qu'elle soit, enuoye tousiours ses rayons & sa splendeur par quelques ouuertures pour petites qu'elles soient. Le deguisemēt du Palatin ne peut estre deguisé à Plocens. Ce qu'il pensoit exercer en tenebres, se preschoit sur les toicts, ce qu'il pratiquoit dans les cachettes des forests, se deuinoit à la ville, & l'on en deuisoit parmi les rues, soit que les chasseurs en eussent euenté les traces, soit que quelques païsans du voisinage de Celian eussent causé dans la Cité; somme que ce feu pour secret qu'il fust, n'estoit point sans fumée. La Renommée ce monstre à cēt yeux, a autant d'oreilles & de langues, & qui ne se grossit pour l'ordinaire que de mensonges, ou comme dit le Poëte incomparable,

Aussi ferme à deffendre vn mensonge inuenté,
Que prompte à deceler la simple verité.
Ce prodige odieux fertile en calomnies,
De plusieurs bruits tenoit les oreilles remplies,
Et publioit par tout où s'addressoient ses pas,
Ce qui vraiment estoit, & ce qui n'estoit pas.
Il alloit diuulgant d'vne impudente audace,
Qu'Iphigene à la fin s'estoit pris à la chasse,

Et

Et que ce beau Paris qui les Dames brauoit,
Vne espouse rustique en ses bras receuoit,
Et qu'ores chatoüillez de leurs flames lasciues,
Ils consommoient l'esté en délices oisiues,
Oubliant de son Roi la trop grande faueur,
Et pour vn lasche Amour trahissans son honneur.
Tels infames propos cette Deesse immonde
En volant espanchoit par les bouches du Monde.

Vn bruit diffamant est comme vne tache d'huille, qui s'accroist sans cesse & insensiblement. Desia la Cour est toute abbreuuée de ces boccageres affections d'Iphigene; & comme les moindres fautes des fauoris sont examinées & recueillies par leurs enuieux, Dieu sçait de quels commentaires fut orné ce simple texte. Et qui n'eust esté contraint d'admirer, que celui qui auoit comme vne Pyralide trauersé les fournaises ardantes de la Cour sans brusler les aisles de ses desirs, eust esté comme vn pauure papillon se consumer à vne simple chandelle, & que celui qui auoit fretté sans naufrage en vne si vaste mer, se fust venu noyer en vn ruisseau si foible ? Qui n'eust taxé son double aueuglement, qui lui auoit & osté la veuë pour tant de beautez qui estoient à Cracouie, & pour n'apperceuoir pas les

laideurs

laideurs inseparables du teinct grossier & bruslé d'vne villageoise? Chacun en parle selon son auis; & comme il y a autant de sens que de testes, les vns en concoiuent de la pitié, les autres en repaissent leur enuie comme d'vn morceau friand. Le Roi seul ne peut croire vne si extreme folie de celui qu'il a tousiours connu pour estre extraordinairement sage, & au dessus de la portée de ses ans. Ses calomniateurs font quinze plats de ce rapport, & sans considerer qu'il pouuoit estre faux, ils le publient pour vne verité toute notoire, auecque les enrichissemens que leur suggeroit leur mauuaise humeur. Mais comme entre tant d'objects qui s'estoient picquez à la presence d'Iphigene, il n'y en auoit point qui le fust à l'égal de la Princesse Respicie, ie vous laisse à penser de quelle oreille elle entendit cette nouuelle, & quels tintonins à ce recit s'emparerent de son ceruau. Elle estoit en vne extreme impatience touchant les expeditions de Rome, qui selon la forme & la matiere de leur seau ne vont qu'à pas de plomb; cette occurrence la redouble, & lui met vn esperon
dans

dans le cœur, qui la presse de sçauoir vne verité qu'elle craignoit extremement de rencontrer. Elle fait bien tout ce qu'elle peut à la Cour, pour s'opposer à ces bruits: mais qu'eust faict sa langue contre tant de bouches ouuertes à la detraction? N'estoit-ce pas opposer vne fueille de papier à la fureur d'vn torrent qui renuerse tout ce qu'il rencontre? Ce qui la console en ce rauage de la reputation de celui dont elle passionne la gloire comme la personne, est de sçauoir que le Roi se mocquoit de tous ces discours, croyant que c'estoient des effects de l'enuie que l'on portoit à son fauori. Quant à Mieslas, l'interest qu'il a au renom de son fils, le met en vne colere desmesurée oyant de quelle maniere on le deschiroit; ce qui le fit resoudre à y donner l'ordre que sa prudence lui suggereroit estre conuenable. Car d'entreprendre autant de querelles qu'il y auoit de mesdisances, c'eust esté vn trauail plus fascheux que celui d'Hercule contre l'hydre. Et comme vn malheur ne marche iamais seul, voici vn autre trouble qui lui suruint, & qui n'altera pas moins son courage que le precedent.

dent. Si la nouuelle de ces passions villageoises auoit ietté de l'émotion en l'ame de Respicie, aussi tost qu'elle fut arriuee en Podolie, & qu'elle eut atteint les oreilles de Modestine, elle fut saisie d'vne ialousie si enragée, que sans l'espoir qu'elle auoit de sortir par quelque industrie de sa prison, pour aller treuuer son Espoux, & l'arracher d'entre ces bras indignes de le posseder, elle eust sans doute par vn coup desesperé mis fin en mesme temps à sa vie & à sa peine. Elle n'eut pas plustost faict dessein de l'aller treuuer à quelque prix & de quelque façon que ce fust, qu'elle commença à ourdir sa trame par la corruption de ceux-là mesme qui l'auoient en garde. Elle sçauoit bien qu'il ne lui falloit pas esperer de flechir Perpetuë sa Gouuernante, car elle estoit trop acquise à Mieslas, qui par elle exerçoit des rigueurs sur cette innocente telles que nous les auons descrites. Elle ietta doncque les yeux sur vn ieune garçon qui estoit dedās le Chasteau où elle estoit captiue, il estoit enuiron de sa taille, & son visage encore sans barbe le pouuoit faire prendre pour vne fille, s'il en eust eu l'habit.

bit. Apres l'auoir gaigné par des presens (qui selon le prouerbe Castillan peuuent fendre les roches) & par des promesses de le faire auancer par le Palatin son mari, il treuua le moyen de la faire sortir l'ayant reuestuë d'vn de ses habillemens, & de lui tenir à vn quart de lieuë de là vn cheual prest, sur lequel elle monta, & lui l'accompagnant ils vindrent au Palatinat de Plocens par les chemins les moins battus, & les plus escartez dont ils se peurent auiser. Si l'excez de son Amour n'estoit accompagné d'vne extreme iustice, nous-nous mettriós en peine ou d'excuser son action, ou de la faire paroistre en telle maniere qu'elle ne peust apporter aucun scandale aux esprits foibles. Mais qui peut raisonnablement blasmer vne femme qui cherche son mari, pour l'enleuer d'entre les bras d'vne adultere? si l'on ne veut accuser le mariage mesme, dont la loi est telle, que l'homme n'a pas la puissance de son corps, mais la femme, comme reciproquement la femme n'est pas à elle, mais à son mari, duquel elle depend d'vne façon tres-absoluë. Estant arriuée à Plocens, elle se couurit de vestemens

mens d'homme plus honnorables & precieux que ceux qu'elle auoit apportez du lieu de son esclauage ; & pour empescher que Menoque (ainsi nommerons-nous son liberateur) ne fust reconnu de quelqu'vn des gens de la maison d'Iphigene, qui l'auoient veu en Podolie, elle le fit traueftir en fille, & demeurer dedans vne hostellerie, tandis qu'elle alla par la ville s'enquerir des nouuelles du Palatin, qui ne se treuuerent pour son dommage que trop conformes à celles qu'elle auoit apprises en sa prison. Et comme elle auoit en son visage beaucoup de traicts de son frere Liante, elle fut prise pour luy par quelques gens d'Iphigene, qui la remarquerent soigneusement, pensans beaucoup obliger leur Maistre en lui disant à son retour que son beau-frere estoit dás son Gouuernement ; ils la suiuirent de l'œil, & sceurent l'hostellerie où elle se retiroit. Et comme elle estoit en peine de sçauoir en quelle forest estoit escarté son fuyard auecque sa villageoise, n'osant s'enquerir qu'à demi bouche de cela, de peur de se faire connoistre ; & mesme cette affaire estant si secrette, qu'encore que

que l'on sceust que cet Endymion estoit dedans les bois auec sa Diane, il y auoit neantmoins peu de gens qui en sceussent des particularitez, si bien que de s'aller ietter à perte d'haleine dans les labyrinthes des boccages, donc cette Prouince est assez couuerte, c'estoit ioüer à se perdre à plaisir, plustost qu'à treuuer ce que elle cherchoit. Comme elle estoit en ces perplexitez, ne voila pas que Mieslas arriua à Plocens sur les nouuelles de sa fuitte, qui lui estoient venuës de Podolie, & la creance qu'il conceut aussi tost qu'elle seroit couruë vers son mari, comme la paille vole à l'ambre? Respicie ne fut pas moins troublée de cette eschappée de Modestine que Mieslas: car elle craignoit à l'égal de la mort la consommation de ce mariage, qui estoit la mort de ses esperances. Car quant aux amourettes d'Iphigene auec cette Bergere, elle s'en estonna beaucoup: mais tenant cela pour vne liberté de jeunesse, & pour vn diuertissement de melancholie, plustost que pour vne affection qui le portast à desirer des nopces si peu sortables ; pressée de son interest, elle partit de la Cour au

Tome 2.

mesme tēps que Mieslas, & quelque diligence que fist cettui-ci; elle fut presque aussi tost que lui à Plocens. Telles sont les aisles de l'Amour. Mieslas ne fut pas si tost arriué à Plocens, que demandant des nouuelles de son fils, il apprit qu'il estoit perdu dans les forests il y auoit pres d'vn mois, & qu'on ne tenoit rien de plus asseuré, sinon que voulant prendre vn Cerf, il estoit deuenu Serf d'vne Biche qui l'auoit pris, & que pour s'amuser à la courtiser, il auoit renuoyé tout son attirail de chasse, ne s'estant reserué au pres de soy que quelques-vns de ses plus particuliers amis. De sçauoir où il estoit ainsi garroté par les chaisnes de sa volonté propre, il estoit malaisé de luy dire, parce qu'il s'estoit fouruoyé en tant de lieux, qu'il estoit aussi malaisé de rencontrer ses brisées, comme les pistes d'vn Cerf, qui ruze pour donner le change à la meute. Mais voila que cherchant celui qu'il ne peut trouuer, on lui donne des enseignes de celui qu'il ne cherchoit pas. Car vn des domestiques d'Iphigene lui dit; Seigneur Mieslas, le Palatin n'est pas en la ville, ouy bien son beau-frere Liante, qui

s'y

s'y promène (ainsi que ie pense) en attendant son retour. Liante (reprit Mieslas tout surpris de cet auertissement) & où est-il? L'autre lui nomma l'hostellerie, & s'offrit de l'aller appeller, s'il lui plaisoit de lui en faire le commandement. Tresvolontiers, lui repliqua Mieslas ; mais de peur qu'il ne manque à obeïr, prenez deux ou trois de mes gens auecque vous, affin de me l'amener ou de gré, ou de force. Qui fut surprise ce fut la pauure Modestine, quand elle vit entrer dans sa chambre lors qu'elle y pensoit le moins, quatre hommes l'espée au costé, & le pistolet à la main, qui lui firent commandement de venir trouuer le Seigneur Mieslas Palatin de Podolie. Moy, dit-elle, & que me veut-il? Seigneur Liante, reprit celui qui portoit la parole, il a sceu à son arriuée que son fils estant absent, vous l'y attendiez, il a crû que vous seriez mieux dans sa maison, qui vous est, comme vous sçauez, toute acquise, que dans vne hostellerie, & ie m'asseure qu'en cela il sera bien auoüé par Iphigene, quand il sera de retour. Messieurs, reprit l'imaginaire Liante, s'il le prend de cette sorte, i'aime

B 2

mieux vne hostellerie auec la liberté, qu'vn seruitude en sa maison, telle que ie l'ay soufferte, ie vous prie de le remercier de ma part, & de lui dire que la sortie que i'en ay faicte, n'est pas pour retourner de mon bon gré, ses faueurs me ressemblent aux courtoisies de Polifeme, qui ne caressoit ses hostes que pour les deuorer. Il nous a si bien mis en sa maison, qu'il a mis nostre maison dans la sienne, & non content d'abuser de nos biens, il veut encore triomfer de nostre liberté, qui est le plus precieux bien de la terre. Monsieur, reprit celui qui auoit receu le commandement de Mieslas, ne le prenez pas là, nous auons ordre de vous mener à lui vif ou mort, vueilliez ou non, vous ferez mieux d'obeïr franchement que de vous faire lier & trainer par la ruë, nous sommes deliberez d'executer fidelement ce qu'il nous a ordonné. C'est donc ainsi, respondit le deguisé Liante, que l'on traitte les personnes libres, allons donc, puis qu'il faut suiure les destinées, & se soumettre aux loix de la necessité; i'espere que le Roy informé de cette violence, me fera iustice, & me deliurera bien tost

des

des mains de sa tyrannie. Ils allerent ainsi treuuer Mieslas, qui auoit donné ordre que l'on menast Liante dedãs vne chambre du Palais, qui lui seruiroit de prison, & où il seroit tenu sous vne seure garde, iusques à ce qu'il eust auisé ce qu'il en feroit. Il ne le voulut point voir, de peur que son âge & ses prieres ne iettassent quelque traict de pitié dedans sa rigueur vraiment Sarmatique. Ame vraiment barbare & cruelle, & qui auoit peur de la pitié, tout au rebours de ceux qui ont pitié de la peur. Esprit inhumain & inflexible, & qui redoutoit la douceur, qui est si naturelle aux cœurs de la meilleure trempe. Dés le lendemain, affin que les prieres d'Iphigene, & peut-estre son auctorité dans son Palatinat, ne lui donnassent la liberté, il s'auisa de la plus malheureuse resolution qui puisse tomber en vn courage, pour se desfaire de ce pupille, duquel s'il eust esté bon tuteur, selon le son du mot Latin, il deuoit auoir vn pareil soin que de la prunelle de son œil. A quoi est-ce que la faim execrable des biens, ou le mouuement de l'ambition ne porte les pensées? L'histoire nous fait voir

B 3

des Peres & des Meres, qui renonçans à la nature, ont ou tué, ou aueuglé leurs propres enfans pour la ialousie de regner. Que fait cettui-ci pour oster tout à faict de la race de son predecesseur au Palatinat de Podolie, l'espoir de lignée, & de cette maniere asseurer son heritage en sa maison? Il met le prisonnier entre les mains de quelques satellites tous disposez à l'execution de ses barbaries, & leur commandant de le remener dans sa prison en Podolie, il leur ordonne de le rẽdre Eunuque par les chemins, ou de le tuer, au cas qu'il ne voulust endurer cet affront, qui est le plus grand qui puisse estre faict à vn homme. On l'emmene en cette deliberation de le menacer de la mort, pour le faire condescendre à souffrir cet outrage, par le desir de viure. Si bien que tout haut deuant que de partir on l'auertit de songer à sa conscience, & de se disposer à faire vn voyage plus long qu'il ne pense, & non de Plocens en Podolie seulement, mais de ce monde en l'autre. Quelques-vns des gens d'Iphigene eurent auis de cette cruauté, & l'eurent en horreur, & celui qui auoit aidé à prendre

prendre ce Gentilhomme s'en repentoit, craignant le courroux d'Iphigene, quand il viendroit à sçauoir ce traittement si plein d'iniustice & de felonnie. Entre les autres Arcade en eut le vent, qui pensant obliger son Maistre en lui donnant cet auis, & desirant sauuer la vie au pauure Liante, monte incontinent à cheual, & court dans la forest où il l'auoit rencontré quelques iours auparauant, & l'auoit serui sous le nom de Serife, & il fit tant par ses diuerses enquestes, qu'il apprit le chemin du hameau de Celian. Le bruit de la prison des estrangers s'estant desia respandu par cette solitude, où estant arriué il demanda aussi-tost à parler au Palatin pour des affaires de grande importance. Au commencement on se mocqua de lui, & crût-on que son arriuée estoit quelque nouuelle imposture, & quelque autre illusion dont on se vouloit seruir, pour esbloüir les yeux des Iuges, & empescher le cours de la Iustice. A la fin il dit tant de raisons qu'on prit sa folie pour sagesse, & pour agir plus seurement, on se saisit de lui, & le mit-on dans vne prison à part, pour oüir plus à loisir ses depositiõs.

Il declare qu'il demande vn Seigneur vestu en femme, & qui se fait appeller Serife, pour des raisons particulieres qu'il ne veut pas dire, que ce Seigneur est son Maistre, que ce Maistre est le Palatin de Plocens appellé Iphigene. Qu'il est suruenu à Plocens en son absence vne occurrence qui requiert sa presence, si necessairement que sans cela c'est faict de la vie ou de l'honneur d'vne des personnes du monde qui lui est la plus chere. Cela met les Iuges en ceruelle, car cet homme parle si serieusement, qu'ils ne peuuent s'imaginer qu'il parle en trompeur, ni qu'il vienne auecque tant d'asseurance se brusler à la chandelle, & se prendre au trebuschet. Auparauant que de lui dire que Serife estoit prisonniere, on le confronte auecque Boleslaüs, qui aussi-tost qu'il le vit, lui demanda, & bien Arcade, Monsieur est-il sorti de prison ? prend-il plaisir à nous y faire tremper de la sorte? De moy ie ne sçai comme il entend ceci, mais ces ieux-là de Prince ne me sont pas trop agreables; ie te prie dis lui qu'il les finisse bien tost, au moins s'il me veut obliger. Comment ? reprit Arcade, que ie

lui

lui die, ie ne l'ay pas encore veu, ces gens-ci m'ont mis en prison; ie ne sçai pas si c'est par son commandement, & par enchantement que tout ceci se faict: mais ie sçai bien qu'il y a vne affaire à Plocens, pour laquelle ie suis venu, qui ne demãde pas tant de delais, autrement il y va de la vie de son beau-frere. Quoy, dit Boleslaüs tout troublé, ont-ils mené Calliante à Plocens? que dites-vous Calliante? repartit Arcade, ie ne connois point cet homme là, ouy bien Liante frere de la femme de Monsieur. C'est le mesme que ie veux dire, repliqua Boleslaüs, & qu'ils ont mis ici prisonnier auecque nous. Ie ne sçai pas, reprit Arcade, pourquoi vous estes prisonnier. si c'est pour la fantaisie du Palatin qui prend plaisir à cela, & quel plaisir y a-t'il à vous enfermer ainsi? pourquoi l'a-t'il commandé? est-ce point pour courir les bois auecque plus de liberté en la compagnie de sa Diane? que maudite soit l'affettée, elle est cause que nostre Maistre est diffamé, & que sa reputation se perd & à la Cour, & par toute la Pologne. On ne parle à Plocens d'autre chose que de ses Amours, & comme on ne sçait

pas au vrai ce que c'est, chacun en iuge à sa fantaisie. Tant s'en faut, repliqua Boleslaüs, qu'il l'ait commandé, qu'au contraire ie te dis que & noftre Maiftre, & Liante fon beau-frere, & Piside, & Argal, & Pomeran & moi fommes tous prifonniers en des chambres differentes, foit que le Palatin prenne plaifir à cela, foit qu'il l'ait ou ne l'ait pas commandé, & il y a tantoft cinq ou fix iours que nous fommes en cette peine, fans fçauoir ce que ces gens de village veulent faire de nous. Ie fçai encore moins, refpondit Arcade, ce qu'ils veulent faire de moi, qu'ils ont de mefme mis aux arrefts, fans que i'aye faict, que ie fçache, autre crime que de demander à parler à Monfieur. Mais à bon efcient Boleslaüs, eftes-vous prifonnier, ou fi tout ceci fe fait en continuant la galanterie que vous fçauez, & pour laquelle ie fus renuoyé, pour n'auoir pas bien fceu diffimuler, ni reprefenter mon perfonnage? Ie te iure, dit Boleslaüs, que ie n'entends point de mocquerie à tout ceci, & que ie perds ma raifon, & mon fens en toutes ces broüilleries. Monfieur nous a mis dans ces embarras, & ie ne
fçai

sçai s'il nous en pourra faire sortir aisément, estant prisonnier lui-mesme. Comment prisonnier? dit Arcade, le Roi l'a-t'il faict prendre? non pas le Roi, respondit Boleslaüs, mais ces païsans. Vous moquez-vous? repliqua Arcade, & y a-t'il homme en tout le Palatinat qui fust si osé que de lui mettre la main sur le collet, s'il ne se vouloit voir aussi tost attaché à vn arbre infame? Ie t'asseure qu'il est ainsi que ie te viens de dire, repartit Boleslaüs, & que sous le nom de Serife ils ont mis leur Palatin en prison, & auecque lui tous nous autres qui estions à sa suitte. Tu me dis des choses si difficiles à croire que ie pense resuer en les oyant, reprit Arcade, & ie ne puis me les persuader que quand ie les verrai. Quoy? Monsieur est donc encore sous ces habits de Dame, ausquels ie le laissai, dit Arcade, & sa Dame par consequent en habit d'homme. Il est ainsi, dit Boleslaüs, & tous deux en des prisons separées. Vraiment, dit Arcade, ces gens ici qui ont esté si temeraires, peuuent bien chercher des terres neufues, & s'enfuïr au bout du monde, s'ils veulent sauuer leurs vies, ayant faict

vij

vn tel affront à vn tel Seigneur. Quoy, s'eſt-il laiſſé empriſonner ſans ſe faire cõnoiſtre? Si bien, reprit Boleſlaüs, que meſme dans la priſon il nie eſtre ce qu'il eſt, & ſe dit eſtre ce qu'il n'eſt pas. Vraiment, dit Arcade, voici la plus eſtrange auanture dont i'oüis iamais parler, & qui ne peut produire que de nouueaux bruits, qui ne ſeront pas à l'auantage de noſtre Maiſtre. Mais apres tout il faut que ie lui parle, pour lui dire qu'il aille au ſecours de ſon beau-frere, que Mieſlas qui eſt à Plocens, y a faict prendre, & l'a mis entre les mains de certaines gens qui lui oſteront la vie ou l'honneur, s'il n'y eſt promptement remedié. Iuſques-là tu as parlé en homme ſage, dit Boleſlaüs; mais à ce point ici ie reconnois ta folie, veu que ie ſçai où eſt Liante, & qu'il ne peut eſtre entre les mains de Mieſlas. Ils euſſent continué tout vn iour à parler, ſans iamais treuuer le bout de leurs ratiocinations, parce qu'ils cheminoient en vn cercle, ſi bien que c'eſtoit ſans ceſſe à recommencer, à cauſe que Boleſlaüs ne vouloit pas dire tout ce qu'il penſoit, craignant de faſcher Iphigene, joint qu'il ne pouuoit

pouuoit deuiner ce qui eſtoit arriué à Modeſtine. Les Iuges & les villageois qui oüirent tout ce dialogue, ne ſçauoient que penſer, ſinon qu'ils auoient bien veu des fols, mais non iamais de ſi inſenſez que ceux-là. Il fut preſenté à Piſide, à Pomeran, & à Argal, auec leſquels il eut des pourparlers beaucoup plus extrauagans, car ils ne connoiſſoient pas Liante, & ne parloient que d'vne Almirée, & d'vn Calliante, noms qui eſtoient inconnus à Arcade; ſi bien que les Iuges ne peurent récueillir de toutes ces bigarreures que des riſées. Mais quand il fut mis en la preſence de Calliante; il commença à ſe ſigner, le cœur lui battant de crainte, comme s'il euſt veu vn fantoſme. car il ne ſe pouuoit perſuader que ce ne fuſt par l'art de Negromancie qu'il paroiſſoit deuant lui, l'ayant veu (ce lui ſembloit) à Plocens, & de ſes propres yeux. Quoy, lui dit-il, Seigneur Liante, eſt-ce bien vous que ie voi, ou ſi c'eſt quelque ſpectre, ou quelque idée qui ait emprunté voſtre forme? certes vous ne pouuez eſtre en deux diuers lieux en meſme temps, & cependant ie ſuis auſſi aſſeuré de vous auoir veu à Plocens

Plocens il n'y a pas deux iours, que ie suis certain d'estre maintenant en ce lieu. Il faut donc par necessité, que ce que i'ay veu là soit vne illusion, ou que c'en soit vne qui me trouble à present la veuë. Liante qui auoit autresfois veu Arcade en Podolie, le reconnut aussi tost, comme estant de la suitte d'Iphigene, ce qui lui fit repartir. Arcade, c'est bien moi-mesme, qui suis ici prisonnier sous le nom de Calliante que le Palatin m'a faict prendre pour son passetemps, lors que lui-mesme a pris celui de Serife, se cachant sous des habits aussi auenans à sa beauté que messeans à son sexe. Cependát il nous a iettez en tous ces accessoires, qui me tiennent fort en ceruelle : car ie ne sçai bonnement ce que ces gens ici, ou qui nous mesconnoissent, ou qui font semblant de ne nous pas connoistre, ou, qui est le pis, qui ne le veulent pas, ont resolu de faire de nous, ie te prie de lui dire de ma part qu'il leue le masque, & qu'il se laisse entendre pour ce qu'il est, affin de nous tirer de ce labyrinthe où il nous a engagez ; dis lui que ces plaisirs là commencét à m'ennuyer, & qu'il m'en prend
comme

LIVRE XIII.

comme à ceux qui parlent aux esprits familiers, dont la cōuersation est tousiours fascheuse, & l'entretien importun, quelques bons propos qu'ils puissent tenir. Apres tout des païsans sont des païsans, c'est à dire, des hommes fort peu differens des bestes, & qui n'ont de l'homme gueres plus que le visage; de ces naturels sauuages il est malaisé d'attendre autre chose que ferocité. Quant à cet autre que tu as veu qui me ressemble, ie voudrois estre en liberté comme lui, sans toutesfois lui souhaitter de le voir où ie suis, car ie croi que la perte de la liberté est le plus grand mal que l'on puisse desirer à vne personne odieuse. Monsieur, reprit Arcade, c'est bien là vostre voix & vostre parole; mais parce que les Magiciens par l'artifice du diable en peuuent former en l'air de telle façon qu'il leur plaist, permettez que ie vous touche la main & le visage, pour connoistre si c'est vostre mesme corps. Ce que Liante lui ayant permis, cela, disoit-il, est bien de la chair & des os, ce n'est point vn simple esprit, ie veux plustost croire que l'autre que n'ay que veu, encore en passant, est vn fantosme, tofme, par qui fera trôpée la cruauté plus que barbare de Mieflas. Or ie louë Dieu pour vous, Monfieur, de ce que vous eftes hors de fes mains, car fi vous y eftiez, au deffein que ie fçai qu'il a, & qu'il a commandé d'executer à fes fatellites, ie vous tiendrois pour le plus malheureux Gentilhomme qui foit fur la terre. Ces paroles firent naiftre en l'efprit de Liante la curiofité de fçauoir quelle eftoit cette cruauté de Mieflas. Alors Arcade lui ayant tout fimplement & ingenuement raconté ce qu'il auoit appris à Plocens, & qui eftoit le principal fujet qui l'auoit amené en ce defert, pour en donner auis à Iphigene, imaginez-vous quel trouble s'empara de l'efprit de Liante, & quelle impatience le faifit de fe voir la clef des champs, pour fuir deuant la face de cet arc, & euiter les prifes de ce fier Sarmate. Tout lui faifoit ombre, iufques là qu'il entra en foupçon que tout ce jeu ne fe tramaft pour le remettre en la puiffance du Palatin de Podolie, & que toute cette Comedie Paftorale n'euft efté dreffée pour gaigner le temps, & pour l'amufer iufques à ce que Mieflas l'euft faifi, &

remis

LIVRE XIII.

remis en esclauage, pour lui ioüer ce lasche tour qu'Arcade lui venoit de dire tout à la bonne foi. Comme il n'est point de fumée sans feu, aussi n'est-il point de feu sans fumée; il ne se peut faire, dit-il en soi-mesme, qu'il ne soit quelque chose de ce que cettui-ci vient d'auancer. Le voila aux plus grandes alteres qui se puissent imaginer, & sur le point de se desesperer, si l'on ne le fait sortir promptement de prison. ces apprehensions si visibles donnēt d'ailleurs des sinistres opiniōs aux Iuges & aux villageois qui estoient presens, & font qu'ils le tiennent pour quelque criminel, ou pour quelque personne dangereuse, puis qu'on parle de le faire tuër, ou de le reduire à tel point qu'il ne puisse aspirer au mariage. D'autre costé la forte impression qu'ils auoient que Calliante fust Almerie, & veritablement fille, leur faisoit reuoquer en doute tous ces pourparlers, cōme autāt de propos auancez à dessein de faire quelque supercherie. Si bien qu'au lieu de faire esperer vne prompte liberté à Liante, ainsi qu'il demandoit auecque instance, menaçant de se venger cruellement, si l'on le faisoit languir d'auantage en prison, on le resserra plus estroittement, n'ayant tiré autre consolation de la veüe d'Arcade, qu'vne asseurance de l'arriuée de Mieslas à Plocens, & du desir qu'il auoit de lui oster la vie, ou de lui faire vn horrible affront. Quand ils eurent à la fin mené Arcade deuant Serife, ce seruiteur faisant vne profonde reuerence à son Maistre, & desirant lui dire ce qui l'auoit amené, se sentit la bouche fermée de respect & de frayeur, quand il entendit ces mots qui le preuindrent; Et bien Arcade, est-ce ainsi que vous m'obeïssez, & que vous faites ce que ie vous commande? vous souuenez-vous de ce que ie vous deffendis la derniere fois que vous me vistes? pourquoi estes vous venu en ces lieux sans sçauoir ma volonté? vous ne vous contentez-pas d'auoir par vostre indiscretion descouuert à ceux qui m'accompagnoient, ce que ie leur voulois cacher, si pour rendre vostre sottise accomplie, vous ne veniez encore ici vous faire de feste, où l'on n'a que faire de vous. Mais souuenez-vous que ie vous chastierai comme vous le meritez, pour vous apprendre à faire ce que j'ordonne; allez, retirez-vous de deuant moi, & si vous estes sage, ne vous y presentez iamais. Monseigneur, repliqua le pauure Arcade estonné par delà tout ce qui se peut dire, quand vous sçaurez ce qui m'amene deuant vous, ie m'asseure que vous estes Seigneur si equitable, qu'au lieu de me punir, vous me recompenserez conformément au seruice que i'ay desiré vous rendre. Messieurs, dit alors Serife aux Iuges, ne voyez-vous pas que cet homme est vn fol, & qu'il ne sçait ce qu'il dit? quelle plus grande marque de sa folie voulez-vous que celle là, me parlant comme si i'estois son Maistre, bien que ie ne sois que sa Maistresse? c'est vn plaisant dont se sert mon mari pour passer son temps, & se rire de ses extrauagances. Arcade qui n'estoit pas autrement niais, connut bien à ce discours que Serife ne vouloit pas estre connuë: c'est pourquoi reprenant la parole ; Madame, dit-il, vous ressemblez si fort à mon Maistre qui est en ces forests en habit deguisé, que ie vous ay pris pour lui, dequoi ie vous demande pardon, & vous supplie de croire que ce n'est pas de ma volonté que ie suis ici deuant vous, mais par force : car ces gens ici m'ont faict prisonnier, & m'ont desia malgré moi confronté auecque les autres qu'ils tiennent en d'autres prisons de ce lieu, où i'estois venu pour chercher mon Maistre, sur l'auis que i'ay eu qu'il y estoit, pour lui donner auis de la venüe de Mieslas à Plocens depuis deux iours, & de la prise de Liante qu'il fait reconduire en prison en Podolie, auecque charge à ceux qui le conduisent, de le rendre Eunuque par les chemins, ou s'il ne veut souffrir cet outrage, de le faire mourir. La singuliere amitié que mon Maistre porte à ce Gentilhomme, m'a faict courir en ce desert, pour lui donner cet auertissement, affin de courir au secours de ce pauure affligé que l'on traine comme vn agneau innocent au sacrifice. Imaginez-vous quel assault cette nouuelle dõna au cœur de Serife. Si quelquesfois vous auez veu le tressaillement à l'improuiste d'vn homme que l'on touche sans y penser en quelque lieu de son corps où il a vne playe secrette, vous aurez veu quelque image de ce qui auint à l'esprit de Serife, qui sçachant tout à coup son Pere si pres (Pere

dont

dont la rigueur lui eſtoit ſi connüe)& celui qu'elle aimoit plus que ſoi-meſme, entre ſes mains,& ce qui eſt le plus conſiderable, condamné à n'eſtre iamais ſon Eſpoux,ſoit par la mort,ſoit par l'outrage qu'on lui vouloit faire, c'eſt vne merueille comme elle peut contenir ſes premiers mouuemens, qui ne ſont pas pour l'ordinaire en noſtre puiſſance, & ſe monſtrer ſi reſeruée, eſtant touchée comme en la prunelle de l'œil. Quoi, dit-elle, Liante n'eſt doncque plus ici priſonnier auecque moi? Madame, reprit Arcade, il faut que ie vous die le prodige le plus eſtrange qui ſe puiſſe imaginer, & par lequel mon entendement eſt tellement renuerſé, que ie ne ſçai bonnement ce que ie dois dire. Vous voyez, Meſſieurs, dit Seriſe, comme ce perſonnage confeſſe ingenuëment ſa folie, & ne ſçauoir ce qu'il dit ; mais laiſſons acheuer ce plaiſant. Ie venois icy, continua le pauure Arcade tout interdit, pour vous auertir; pourquoi moi? repartit Seriſe, ſçauois-tu que ie fuſſe ici? Madame, ie voulois dire, pourſuiuit noſtre deſorienté, pour auertir mon Maiſtre voſtre mari du malheur de

Liante, & de la violence dont Mieſlas le vouloit mal-traitter, & comme s'il euſt eſté apporté en ces deſerts par les demons à force d'enchantemens, ie l'y ay treuué, qui eſt en vne priſon non loin de celle-ci; ſi bien qu'il faut neceſſairement que celui que i'ay veu pluſtoſt trainer que conduire aux gens de Mieſlas, ſoit vn fantoſme, puis que i'ay touché celui-ci, auquel i'ay parlé, & ſeulement l'autre a paſſé deuant mes yeux aſſez legeremẽt, comme vn homme que l'on tranſpotte. Alors Seriſe reſpirant vn peu de ſon eſtonnement, & reprenant vn viſage plus aſſeuré, n'eſtoit-ce pas ce que ie vous diſois, Meſſieurs, dit-elle aux Iuges & aux villageois qui eſtoient preſens à ce ſpectacle, que ce fol eſt tout à faict hors du ſens, puis qu'il nous vient ici conter des reſueries, & nous reciter ſes ſonges pour des veritez ? Sans doute Arcade tu auois trop beu, & en reſuant tu as veu tout ce que tu nous viens de dire, & ie croy que Mieſlas eſt auſſi bien à Ploceus que Liante entre ſes mains. Que Liante ſoit entre ſes mains, apres l'auoir veu ici, reprit Arcade, c'eſt choſe que ie n'oſerois plus
aſſeurer;

asseurer; mais si Mieslas n'est à Plocens, ie ne suis pas ici, & ie veux que l'on me face mourir, s'il ne se treuue qu'il est à la ville, ce qui sera bien aisé à sçauoir en y enuoyant vn homme de ce hameau, qui sera de retour demain. L'arriuée des Grands en vne contrée est incontinent sceuë par la campagne, & Serife entendit quelques païsans qui asseuroient que le Palatin de Podolie estoit arriué à Plocens, cherchant son fils dont on ne lui pouuoit apprendre de nouuelles. Neantmoins croyant que ce fust vn artifice de ces Iuges pour la surpendre, elle ne prit pas asseuráce totale de ce qu'ils disoient, & pour la tirer plus vraye, regardant Arcade d'vn œil armé de courroux & d'indignation; traistre, lui dit-elle, pense bien à ce que tu dis : car si c'est pour me tromper que tu auances cette nouuelle de la venüe de Mieslas, c'est faict de ta vie. Pour cela, Madame, ie vous proteste hardiment que ie la veux perdre, si ie ne vous dis la verité, & qui plus est, que vous le verrez bien tost ici : car on l'a auerti que son fils s'estoit perdu à la chasse en cette forest, pour des raisons que ie ne

vous dirai point, de peur d'ambraser voſtre colere, qui n'eſt deſia que trop allumée contre moi. Ces mots mirent vn peu Seriſe en allarme, qui euſt eſté bien marrie d'eſtre treuuée en cet equipage par ſon Pere, & priſonniere entre les mains de cette vile ſorte de gens, qu'elle pouuoit (ſelon l'auctorité des Palatins de Pologne) d'vne ſeule parole enuoyer à la fourche. Ce qui fit que releuant le ton de ſa voix d'vne façon plus graue & plus majeſtueuſe que ne portoit la qualité de priſonniere, elle dit aux Iuges: Meſſieurs, deſpechez promptement vos formalitez, & me faites Iuſtice, il commence à m'ennuyer en cette priſon; que ie ſois homme ou femme, c'eſt vne choſe qui n'importe à perſonne. Du reſte ie croy que vous me treuuerez ſans crime, & Calliante auſſi, qui n'auoit que par plaiſir, non par malice, comploté auecque ces païſans que vous auez mis en liberté, de m'enleuer, dequoi i'eſtois bien auertie, quelque mine que ie fiſſe de le treuuer mauuais. Et ne me faites pas vous prier deux fois de me relaſcher, car ſi vous me faites dire qui ie ſuis, il n'y a celui d'entre
vous

vous qui oyant mon nom ne tombe à la renuerſe, & que ie ne rende de Iuge criminel, d'empriſonnant priſonnier, & que ie ne face pendre s'il me plaiſt, auſſi toſt que ie l'aurai faict prendre. Elle profera ces mots d'vne façon ſi virile & ſi hardie, qu'à trauers ce viſage & ces habits feminins il n'y auoit celui qui ne la tinſt pour vn maſle. Mais ſi Hercule ne pouuoit rien contre deux, qu'euſt-elle faict contre tant de gens? C'eſt le naturel des villageois, & de ce bas vulgaire qui compoſe la lie du peuple, d'eſtre ſuperbes & arrogans quand ils ſont les plus forts, & quand ils ont le deſſus, comme d'eſtre laſches & poltrons quand on leur tient le pied ſur la gorge. Tous ſe mocquerent de ce que Seriſe venoit de dire, & en firent ſelon la couſtume de ces brutaux vne grande huée. Et il y en eut vn plus impudent que les autres, qui lui repliqua: Monſieur ou Madame, qui que vous ſoiez, nous vous apprendrons à parler, & à affronter le monde. Ce n'eſt pas à vous à nous faire la loy, mais à la receuoir de nous, qui pouuons vous tenir ici iuſques à ce que voſtre procez ſoit acheué, ou

C 5

vous relafcher quand il nous plaira, nous vous apprendrons bien à obeïr, & non pas à commander, & s'il eſt beſoin, nous ne manquons ni de fers pour vos pieds & pour vos mains, ni de baillons pour voſtre bouche, affin de vous apprendre à reſpecter la Iuſtice. S'il y a de la Magie & de la Sorcellerie en tout ceci, les illuſions ceſſeront par l'auctorité des Iuges, & nous ſçaurons ſi bien coniurer les demōs, que malgré leur reſiſtance nous tirerons la verité au iour, & la mettrons en euidence à voſtre confuſion. A ces mots Serife entra en la plus grande colere qu'elle euſt iamais eu, & eſtoit ſur le point de ſe nommer, & Arcade meſme de dire à ce temeraire qu'il ſe repétiroit de ſa repartie: mais il ſe teut craignant de deſobliger celui qu'il vouloit ſeruir, & dont il redoutoit l'indignation comme la foudre. Et en ce meſme temps on lui fit paſſer la porte, & ces gens eſtans ſortis ſans auoir peu tirer aucun eſclairciſſement de cette confrontation, laiſſerent Serife en la plus grande perplexité qu'elle pouuoit ſouffrir, & remirent Arcade entre quatre murailles, le menaçās de lui donner la geſne,

s'il

s'il ne difoit la verité fans deguifement. Ils firent vne pareille menace aux autres prifonniers, & mefme elle vint par le moyen des Bergeres aux oreilles de Serife, qui fe mit alors en humeur de reduire toute cette contrée en cendre, & de paffer tout au fil de l'efpée. Que les Grands font foibles quand ils ne font pas accompagnez! car en fin ce ne font que des hommes, & quelque grandeur qu'on aille adorant & imaginant en eux, les Princes tombent & meurent comme des mortels. La baze de la ftatuë n'eft pas ce qui fait fa hauteur, & vn Roi pour eftre affis fur vn thrône efleué, n'en a pas la taille plus longue d'vn pouce. car qui peut adioufter à fa ftature vne coudée? dit l'Oracle de verité. Il fallut que Serife digeraft ainfi fon amertume, ne pouuant faire entendre fa difgrace qu'aux murailles de fa prifon, autant inexorables que fourdes. Quand elle demanda de parler aux Iuges, on lui refpondit qu'ils la viendroient interroger quand il leur plairoit, & quand il en feroit temps, & que fon procez n'eftoit pas encore inftruit, ni en eftat d'eftre iugé, qu'elle prift
des

des pieces dans le sac de la patience pour se cõsoler en son déplaisir. Voyla comme il est aisé de donner dans les filets de la chicane, mais malaisé de s'en depestrer. Elle demande à parler à quelqu'vn des siens, mais les siens ne sont pas à eux-mesmes. on redoute quelque nouuelle supercherie, c'est pour cela qu'on les tient separez ; & lors qu'elle se dit estre Iphis, & Calliante Almerie, on ne la croit plus, au contraire ils croyent que c'est pour tromper qu'elle auance ces propos, & quand ils seroient vrais, il est question de sçauoir qui est cet Iphis, quelle cette Almerie, à quel dessein ils se sont traue-stis, & pourquoi ces Gentilshommes, ou ceux qui se disent tels, se sont traueftis en païsans. Iamais l'hydre ne foisonna en tant de testes que fait en incidens ce monstre horrible que l'on appelle chica-nerie, & qui a bien le courage de leuer les cornes dedans le monde, & de s'asseoir au thrône de la Iustice. Imaginez-vous quel affront c'estoit à des gens de la con-dition de nos prisonniers, de les menacer de la question, veu mesme qu'ils ne se sentoiẽt criminels en aucune sorte, s'estimans

mans pluftoft dignes de loüange pour leur galanterie. Tandis que les vns faifis d'impatience depitent, deteftent, menacent, proteftent, pas vn de ces grands courages ne flechiffant fous cet effort, & ne fe portant à des paroles qui peuffent témoigner tant foit peu de lafcheté. L'accort Boleflaüs, qui fçauoit que les aiguilles ne s'enfiloient pas à coups de marteau, & que ce n'eft pas auecque le fer & le feu que fe demeflent les fufées embroüillées, ayāt prefenté vne requefte à ces Iuges de campagne, remplie de termes fort humbles & modeftes, & de promeffes de leur reueler de grandes chofes, ils vindrent à fon cachot, où ayant demandé de parler en fecret à celui dont il auoit defia tafté le pouls, & tenté l'efprit; apres auoir preparé fes oreilles à l'oüir fauorablement par vne poignée d'efcus qu'il lui mit dans la main; Monfieur, lui dit-il, beaucoup de mal peut arriuer de cette affaire, fi elle eft traittée en rigueur de Iuftice, car il y va de l'honneur & de la vie de perfonnes fort qualifiées, & qui en peuuent auoir vn grand reffentiment; & il ne vous en peut arriuer tant de bien

par

par le chemin des formalitez, qui toutes n'aboutissent qu'à des amandes & à des espices, pour tenir la gorge douce & chaude à ceux qui manieront ce procez. Ne vous vaut-il pas mieux obliger tant de galands hommes que vous auez en vostre puissance, & gaigner le quadruple de ce que vous pourriez esperer? Ce Iuge qui auoit faim & soif de Iustice, & qui comme le Leuiathan de Iob eust peu engloutir vn fleuue d'argent, ou tous les sablons dorez du Tage sans s'estonner, & qui n'eust peu encore esté desalteré, quand tout le Iourdain eust coulé par sa gorge, ouurit le cœur auecque l'oreille à cette proposition, & repartit auec Iudas, que me voulez-vous donner, & ie vous rendrai tous libres? Là dessus ils composerent à vne somme immése, mais que Boleslaüs lui promit aussi tost qu'il l'eut demandée, sçachant bien que peu apres il la lui feroit vomir plus chaude qu'il ne l'auroit aualée, & que la potence seroit le salaire de sa concussion & de son auarice. Ce n'est pas le tout de promettre, lui respondit le Iuge, car nous ne condamnons, ni n'absoluons que selon ce qui
est

est monstré, preuué & deliuré. i'ay iuré de ne ioüer iamais sur la foi de Gentil-homme, ie n'ouure point la porte si ie ne voy la clef d'or, & l'argent contét sur vne table. Monsieur, reprit Boleslaüs, ie l'entends bien ainsi, & ie vous asseure que les escus que vous toucherez seront de bon or, de poids & reels, & que ce ne seront point des fueilles de chesne, car i'entends rien à la Magie que les chicaneurs à la mangerie : mais vous sçauez que ie ne les puis pas treuuer dans cette prison, ou permettez-moi de les aller querir, ou me donnez vn homme asseuré qui les aille prendre en la part où ie lui dirai, sur vne lettre que vous me permettrez d'escrire. De sortir, reprit le Iuge, c'est chose que ie ne permettrai point, car les prisonniers sont des oyseaux qui ne chantent plus quand ils sont hors de cage, & comme les rossignols qui ne desgoisent que quand ils sont dans vn nid où ils couuent leurs œufs. Mais d'escrire ie le vous permettrai, pourueu que ie voye la lettre, car ie ne suis pas homme à souffrir vne supercherie ni vne trahison. C'est ainsi que ie le desire, reprit Boleslelaüs, car ie
vous

vous asseure que ie procede en ceci de bonne foi, & que ie marche de bon pied. Sur cela il lui fit donner du papier, où il traça vne lettre pour porter à Plocens à vn de ses amis, le coniurant de lui enuoyer aussi tost qu'il auroit veu ces lignes, la somme dont il auoit conuenu auecque ce vendeur de Iustice; & tout d'vne main il escriuit vn billet au maistre d'hostel de la maison d'Iphigene, qui disoit ainsi. Il y va de la vie & de l'honneur de Monsieur, qui est tõbé en prison entre les mains des voleurs, venez en diligence auec cinquante cuirasses où vous amenera ce porteur, auquel vous ferez dire le lieu où nous sommes le pistolet à la gorge; & venez sans auertir Mieslas de cet accident. Il monstra la premiere lettre au Iuge qui la treuua à son gré, cachant le billet dans sa manche. Le Iuge l'ayant leüe, & la voulant prendre pour l'enuoyer, Monsieur, lui dit Boleslaüs, sans mon cachet il n'y adioustera pas de foy, permettez que ie la seelle, car la somme est d'importance. Le Iuge estimant qu'il parlast auecque sincerité, la lui rebailla à clorre : mais en la fermant il la coula

dans

LIVRE XIII.

dans la manche, & en laiſſa tomber l'autre qu'il auoit toute preſte, où ayant mis l'inſcription apres l'auoir cachetée, il mit encore quelques pieces d'or dans la main de ce Iuge, pour donner à celui qui la porteroit, le ſuppliant de le faire aller à cheual, affin que la choſe fuſt deſpeſchée auecque plus de promptitude. Au ſortir de cette conference dorée le Iuge deuint doux comme vn mouton, il ne parloit plus de geſnes ni de queſtions, mais de liberté, diſant aux villageois que tout ce jeu n'eſtoit qu'vne gentilleſſe de ieunes gens, qu'il les falloit ſeulement plumer comme des pigeons, & puis leur redonner le vol; que c'eſtoit aſſez de les ſaigner par la bourſe, & de faire bonne chere à leurs deſpens, que de cette façon ils ſe mocqueroient de ceux qui auoient voulu ſe rire de leur ſimplicité, & que les preneurs ſeroient pris. Mais il treuua plus de reſiſtance qu'il ne penſoit dans ces eſprits barbares; car tous d'vne voix crierent, Iuſtice, Iuſtice. Ce peuple de Sarmatie eſt ſi furieux, que quand vne fois il eſt eſmeu, il n'y a torrent qui face vn plus grand rauage. Ceux qui cognoiſſent

Tome 2. D

l'humeur du päis, ne s'opposent iamais à sa brutalité. Ce qui mit ce Iuge bien en peine. Mais comme celui qui trahit la Iustice, peut bien encore trahir les criminels, il arriue assez souuent que les Iuges qui se sont laissez esblouïr à l'argent, condamnent ceux qui les ont corrompus pour paroistre incorruptibles, & pour cacher leurs concussions sous vne double meschanceté. C'est ce que dit le Roi Psalmiste, tu as commis vne fraude semblable à vn razoir qui tranche des deux costez: ce qui est vne façon d'iniustice fort execrable, puis qu'elle met au iugement vn poids & vn poids, vne balance & vne balance. Mais c'est le propre des leûres trompeuses & mensongeres, de parler en vn cœur & en vn cœur ; & malheur à ceux qui ont ainsi le cœur double. Et c'est ce qui porta ce mauuais esprit à vn stratageme malicieux, qui fut de contenter ces enragez en satisfaisant à sa connoitise. Il se resolut de condamner à vne mõstre generale ceux dont le visage ambigu ne feroit point encore dire ouuertement à leur menton qu'ils estoient hommes. Si biẽ que Boleslaüs desia vieil, seroit

exempt

exempt de cette dure & honteuse loi, comme aussi Piside, Argal & Pomeran, dont les ioües ombragées ou de coton ou de barbe, faisoiết assez paroistre quels ils estoient. Il ne restoit que Serife & Calliante, qui estoient les deux pierres de scandale, & dont les changemens alteroient ces esprits, & les mettoient en mauuaise humeur, & d'où (quoi qui se rencontrast) il pouuoit tirer vne fueille pour donner couleur à sa Sentence, qui les deuoit condamner à de grosses amandes. Il communiqua son dessein à ces rustiques, dont il receut vne acclamation & vn applaudissement general, leur estant auis qu'ils ne pouuoient estre mieux vangez des tromperies qu'on leur auoit faictes, que par cet affront faict sous le manteau de la Iustice. S'il fut desseigné, dés le lendemain il fut ordonné, & aussi tost la Sentence signifiée à Serife & à Calliante, qui penserent sauter aux nuées de se voir condamner à l'indignité d'vne visite, qui leur sembloit moins supportable que la mort. Calliante menaçoit de mettre en mille pieces ceux qui l'approcheroient pour cet effect, & d'en faire plus de

D 2

morceaux que les Bacchantes n'en firent de Pentée. Mais comme ils le prenoient pour vne fille, ils se mocquoient de sa foiblesse, & lui disoient que l'on abbattoit bien des taureaux plus forts & plus furieux qu'il n'estoit. Le Iuge pour faire le modeste & l'homme de bien (Dieu nous garde du leuain du Pharisiens) lui donna le choix d'estre visité par des hommes, s'il estoit homme, ou par des femmes, s'il estoit fille, pour pardonner à sa pudeur. Ie ne veux ni les vns ni les autres, disoit Calliante, laissez moi pour ce que ie suis, s'il vient des femmes, ie sçay bien que ie leur ferai honte, si des hommes, ie leur ferai sentir la force de mes bras. Quant à Serife, imaginez-vous en quelle extremité elle se voyoit reduitte, estant sur le point de faire naufrage par vne espece de punition du Ciel, à l'escueil qu'elle redoutoit le plus, & de chopper à la pierre qu'elle auoit iusqu'alors si soigneusement euitée. Quelle estoit plus forte en elle la colere ou la honte, il seroit malaisé de le determiner. Elle auoit beau protester qu'elle estoit homme, qu'elle s'appelloit Iphigene, qu'elle estoit le Palatin

latin de cette Prouince là, qu'elle les feroit tous mourir cruellement, qu'elle estoit le fils de Mieslas Palatin de Podolie, le fauori du Roi, c'estoit chanter deuant des sourds, & parler à des hommes qui estimoient ces choses pour les plus grandes folies qu'ils eussent iamais entenduës, & comme des discours faicts en l'air, plustost pour seruir d'espouuantail aux oyseaux, que de terreur à des personnes tant soit peu raisonnables. Le Iuge la pressant d'acquiescer à sa sentence, elle en appelle : mais nonobstant son appel, il ordonne de nouueau que l'on passera outre, n'estant question que de connoistre la verité d'vn faict ; il adiouste qu'il sera procedé sans scandale à cet inuentaire, comme s'il eust fallu mettre par estat les meubles d'vne maison, & enfin pour vuider ce differend, il lui donne le choix des hommes ou des femmes, pour estre visitée. Elle respond comme Calliante, qu'elle feroit honte aux femmes dont elle veut espargner la pudeur, quant aux hommes, qu'elle souffrira plustost la mort que leur veuë, suppliant le Iuge de la faire estrangler plustost que de la condamner à vn outrage dont elle aura vn sentiment toute sa vie, qui l'animera à vne vengeance qui ne pourra finir que par la ruine & le saccagement à feu & à sang de toute la contrée. A ces rodomontades on ne respond que par risée. Pressée derechef de choisir, autrement qu'on y procederoit d'office par l'ordonnance du Iuge, à la fin vn rayon de prudence qui lui vint durant cette violence, lui fit choisir les filles de Celian auecque Belide, esperant de les gaigner par presens, ou de les contraindre par la force à deposer ce qu'elle voudroit. C'estoient les mesmes qui auoient esté nommées pour visiter Calliante, à quoi Merinde auoit incliné, pressée de la curiosité de sçauoir si cette Almerie, dont le visage estoit celui-là mesme de Calliante, qui lui auoit donné tant de trouble en l'esprit, estoit masle ou femelle. Le Iuge comme vsant d'vne grande grace enuers Serife, les deputa selon qu'elle auoit demandé. Quelle grace, reprit Serife, pire que mille gibets ? mais i'espere prendre de tout ceci vne vengeance memorable. De tout ceci Boleslaüs, ni les autres Cheualiers

ualiers ne sçauoient rien, parce que le Iuge se promettoit que deuant la nuict il receuroit la somme qui lui auoit esté promise, & que sa Senténce seroit auparauant executée contre Calliante & Scrife. Si bien qu'en se contentant soi-mesme, il contenteroit encore les païsans, & bien qu'il fust iniuste en toutes ses procedures, il paroistroit iuste en ce qu'il auroit ordonné.

Plus curieux de paroistre que d'estre
Plein de raison, de droict, & d'equité.
comme dit ce Poëte ancien. La prison de Serife estant plus voisine que les autres de la cabanne de Celian, ses filles & sa belle-fille Belide y vindrent premierement pour y faire cette belle enqueste. Il ne faut pas demander si elles firent leur entrée par des excuses, & si par des paroles polies à la rustique, elles reietterent leur curiosité sur la contrainte de la Iustice, qui les forçoit à vne action qu'elles entreprenoient auecque autant de regret que de honte. Ce fut ici que la colere s'embrasa tellement dedans le cœur de la genereuse Amazone, qu'elle fut sur le point de les poignarder toutes trois ; ce

qui lui eust esté aussi aisé que de tuër vn poux. Mais considerant qu'apres ce coup la mort lui estoit indubitable par la fureur de ces païsans, & que la perte de sa vie seroit suiuie de celle de son honneur, dont elle estoit extremement ialouse, elle trempera vn peu sa passion, & la lumiere de sa raison n'estant pas tout à faict esteinte, elle lui suggera ce stratageme, qui reüssit plus heureusement qu'elle ne pensoit. Mais ce sont les traicts ordinaires de la Prouidence, qui iouë son roolle lors que la sagesse humaine est deuorée, & ne sçait plus où elle en est. Elle tira de son col, de ses oreilles, de ses cheueux, & de ses doigts toutes les chaisnes, anneaux & pierreries qu'elle y auoit, & les ayant distribuées à ces trois harpies, leur promit encore deuant que de sortir de la prison de leur faire toucher à chacune mille escus (qui estoient des montagnes d'or pour ces villageoises) si elles vouloient la fauoriser en cette occurrence. Les ames basses & mercenaires se vendent aisémét pour moindre prix, & celui qui ne vouloit que battre des buissons à la cāpagne pour en faire sortir des faux témoings, ne
les

les achetoit pas si cherement. Ces femmes dont la foiblesse & la pauureté faisoient le panchant à la corruption, se treuuerent esbloüies de ces presens,& de ces promesses: mais comme elles redoutoient d'estre punies, si elles portoient vn faux témoignage en Iustice, Serife mettant la main à vn poignard qu'elle auoit caché sous sa robe, & commençant à le brandir en la main,& à parler d'vne façon masle & courageuse, les intimida de telle sorte, que alléchées d'vn costé par l'esperance d'vn grand gain, de l'autre accueillies de la peur, elles lui promirent de faire tout ce qu'elle leur commanderoit, la suppliant au cas qu'elles fussent descouuertes, de les deliurer des mains de la Iustice. Soiez hors de peine de ce costé là, mes amies, leur dit l'Amazone: car le Iuge mesme, si vous lui en voulez porter la parole, aura part au gasteau, & vne part plus grande que tout ce que ie vous ay donné & promis. Que si vous ne me voulez obliger de la façon que ie vous dirai, ie suis resoluë de tuër le premier qui m'abbordera, & puis de me plonger moi-mesme ce fer dans la poitrine. Si vous voulez

D 5

espargner tant de sang, faites ou seulement dites ce dont ie vous prie. Ie suis homme, & ce mesme Iphis que vous auez veu parmi vous, ie suis passionné d'Almerie, qui n'est autre que ce Calliante, qui est prisonnier en ce lieu. c'est vne fille de maison que i'ai enleuée du sein de ses parens, si ceci se vient à euenter, nous serons saisis par la Iustice de la ville, les Iuges de ce hameau n'y gaigneront rien ; de plus il y va de ma vie & de son honneur, car si ie suis pris à la chaude, & tandis que le courroux des siens est embrasé de l'affront que ie leur ay faict, ils me feront trancher la teste, & peut-estre la feront-ils mourir cruellement, pour satisfaire à leur vengeance. Vous pouuez nous deliurer de tous ces malheurs, & ie puis les euiter, & la tirer de blasme en l'espousant, ce que i'ay resolu de faire, quoi que mon Pere y contredie. faites que nous vous ayons cette obligation de nous auoir garentis de ce naufrage, & nous n'en serons point ingrats, au contraire nous pouuons aisément & sans nous incommoder vous mettre à vostre aise tout le reste de vos iours. Auecque ce discours elle les rendit

comme

comme de la cire molle, où elle n'auoit plus qu'à imprimer à son plaisir le cachet de ses volontez. Si vous voulez, leur dit-elle, quelque témoignage asseuré que ie suis homme, ne regardez point la delicatesse de mon teinct, mais sentez la force de mon bras. Ce qu'elle dit en les secoüant si rudement que Merinde en tomba par terre. que cela vous face sçauoir qui ie suis. Asseurez doncques le Iuge de ce sexe : mais vous le deuez auecque quelque sorte de honte, qui témoigne vostre pudeur & vostre hõnesteté. Quant à Calliante, quelque rodomontades qu'il face, croyez sans autre enqueste que c'est vne fille, mais fille accoustumée aux exercices des hommes, comme à manier les armes, à monter à cheual, à aller à la chasse ; & à n'en point mentir, c'est ce qui me la fait aimer auecque tant de passion, plustost que sa beauté, qui n'est point si grande, comme vous sçauez, qu'elle me peust reduire sans quelque autre sujet, aux extremitez où vous me voyez pour son Amour. Si doncques vous estes deputées pour la visiter, contentez-vous de mon rapport, autrement ie crains que si la

colere

colere la surmonte, vous n'y fassiez mal vos affaires ; car ie connois son humeur. Faites donc le rapport que ie vous dis sur ma parole, & ne craignez point de rien dire de contraire à la verité, pour le témoignage de laquelle voyez les auantages qui vous en reuiendront, outre les obligations immortelles que vous acquerrez sur Iphis & Almerie. La Deesse persuasion auecque sa langue dorée s'estant par ces paroles assise sur la bouche de Serife, il n'y eut pas vne des trois villageoises, qui ne iugeast ce bon office aussi facile qu'il estoit raisonnable. Elles sortent donc en cette resolution, & ayans rencontré le Iuge & les Bergers qui les attendoient à leur retour, elles firent paroistre tant de vergoigne, que vous eussiez dit qu'elles venoient de voir vn monstre. Voyez les dissimulées, & qui ne faisoient pas tant les retirées quand elles voyoient baigner les pasteurs. Elles contrefirent les muettes, côme si elles eussent veu le Loup. Ha ! s'escrierent ces rustiques, ne l'auions-nous pas bien deuiné que cette galande estoit vn homme ? Vraiment, dit Merinde, Monsieur le Iuge cela n'est n'est pas beau de se mocquer ainsi de nostre simplicité, & d'enuoyer des filles comme nous voir des hommes qui se rient de nostre sottise. Belide plus hardie, & qui estoit mariée à Lupicin, par mon ame, dit-elle en riant, quelle fille, ie ne sçay pas si elle l'est, mais ie sçay bien qu'elle est faicte comme mon mari: vers lequel se tournant, regarde, lui dit-elle, l'ami où tu enuoyes ta femme. Tout ceci, fit vne huée conuenable aux personnes deuant qui se passoit cette Comedie. Tout d'vn temps le Iuge les enuoye à Calliante: Mais si c'est aussi vn homme, dit Remonde, sur mon honneur vous nous rendez les filles les plus mocquées de tout ce païs, & chacun nous monstrant au doigt nous appellera des chanterelles ou des preneuses de taupes. Ma sœur, dit Merinde, n'y allons point, que Monsieur le Iuge baille s'il veut sa belle commission à quelques vieilles matrones de ce village, qui sçauront mieux s'acquiter de ce deuoir que nous, & adiouster à leur rapport si elle est fille, ou si elle est femme. Foy de femme de bien, continua Belide, bien que ie m'y doiue connoistre, si est ce que

ie

je laisse cette connoissance à qui il appartient, & si mes sœurs n'y vōt, ie prie la Iustice de me dispenser d'y aller auecque d'autres. Ces fausses femelles disoient cela exprés pour se faire prier, dequoi elles furent coniurées de toute la compagnie, vn de la troupe leur disant que sans doute la femelle n'estoit pas loin, puis que desia elles auoient treuué le masle, qu'il falloit qu'elles acheuassent la chasse, & fissent donner ces animaux qui auoient vsé de tant de ruzes, dans les filets. Ne voyla pas, dit Belide, que desia l'on nous monstre au doigt, & se gausse-t'on de nostre niaiserie ? Aille qui voudra à cette enqueste, de moy ie ne m'en meslerai plus. Il fallut en venir aux supplications extremes, si bien qu'elles se faisoient tenir à quatre, & presser de ce qu'elles desiroient. Les freres de Merinde & Remonde les en coniuroient, & Lupicin le commanda à sa femme sous peine de sentir combien pesoit sa main, & le Iuge tenant sa grauité de President, le lui ordonna, disant qu'il falloit obeïr à Iustice, autrement qu'il sçauoit bien le moyen de l'y contraindre. I'obeïray, dit la fine piece,

pourueu

pourueu qu'auparauant ie die vne parole en particulier à Monsieur le Iuge en la presence de mes sœurs. Ce qui lui fut accordé, alors elle lui raconta de point en point ce que Serife leur auoit dit, & qu'il n'y auoit rien de si asseuré que c'estoit vn homme, & Callianté vne fille. Elles firent monstre des bagues & bracelets qu'elles auoient receuës auecque promesse de trois mille escus, & le double de tout cela pour Monsieur le Iuge, s'il vouloit estre de la partie, & estre plus indulgent en cette affaire que rigoureux. Cela le rendit plus doux que la peau d'vne hermine, & pensant estre desia le plus riche Concussionnaire de sa race, il faisoit estat auecque ces monts d'or d'acheter vn office à la ville, pour pescher en grande eau, ce lui sembloit, plusieurs semblables poissons. Voyla comme l'auarice se dilate sans cesse, tout de mesme que l'orgueil monte tousiours. Il fut incontinent d'accord auec elles, & pour mettre encore sa Iustice à plus hautes encheres, il s'auisa de prendre de toutes parts, comme s'il eust esté dans vn thresor, dans vne miniere, ou dedans vne moisson d'or, ainsi que

que l'Orateur Grec appelloit la profession qui cultiue les procez : & sans doute s'il eust eu autant de bras que les fables en donnent à Briarée, il eust ioüé de la harpe auecque autant de mains. Que l'auarice est insatiable, chacun le dit, voyez-le en l'action de ce Iuge. Mes amies, leur dit-il, ceci ne suffit pas, voici la plus belle occasion de s'enrichir qui passera iamais deuant nos yeux, il la faut prendre au poil, & battre ce fer ici tandis qu'il est chaud, seulement si vous le pouuez, soyez prudentes & secrettes, autrement au lieu de gaigner, nous-nous perdrons. Vous allez visiter celle qui est vraiment fille ; que si vn homme intimidé par son crime & par la prison vous a faict & promis tant de bien, que ne fera celle qui voudra à quelque prix que ce soit sauuer son honneur, & se deliurer de l'infamie & de la risée de tout ce peuple? Allez y dõcques, & faites si bien par vostre conduitte, que vous tiriez d'elle le plus que vous pourrez, & ne m'oubliez pas, car vous sçauez que c'est moi qui tiens le timon, & que c'est par mon ordonnance que doit passer toute l'affaire, leur vie, leur honneur, leur

prison,

prison, & leur liberté estant entre mes mains. Et souuenez-vous de ne vous arrester point tant aux promesses, que vous ne mettiez des yeux en vos mains pour croire ce qu'elles verront & receuront, car si vous lui faites ce plaisir de l'espargner en ne la visitant pas selon qu'il est ordonné, il est bien raisonnable qu'elle reconnoisse de quelque signalé bienfaict vostre courtoisie. Ne la laissez pas à moins que ce qu'Iphis vous a baillé & offert, parce que la grace que vous lui ferez, sera beaucoup plus signalée. Ainsi bien instruittes & deliberées de suiure de point en point ces bonnes instructiõs, elles partent comme commissaires deputées de la part de la Iustice, pour sçauoir de quelle categorie estoit Calliante. Et tout ainsi qu'vne nauire va beaucoup plus viste lors qu'elle est vne fois engolfée, & qu'elle a plus de vent dans ses voiles : de mesme plus elles auoient conceu d'esperance, & plus leur desir d'auoir, estoit accreu par les auis de ce bon Iuge, d'autant plus promptement & plus allaigrement couroient-elles à cette seconde enqueste, d'où elles esperoient plus que de la premiere. Et certes elles ne furent pas fruſtrées de leur attente, parce qu'elles en rapporterent beaucoup plus qu'elles n'y auoient porté, & elles en reuindrent bien plus chargées. Car à peine furent-elles entrées, & eurent-elles acheué leur belle harangue, que Calliante entrant en vne rage de Lyon, ſans reſpondre de la langue, commença à iöuer des mains, & à leur faire ſentir des bras d'homme, qui les penſerent mettre en pieces. La porte qui fut fermée ſur elles, affin que leur recherche fuſt plus ſecrette & ſans ſcandale, aida fort à les faire plomber de coups, car ne pouuans fuir, il leur eſtoit force ſans abri de ſouffrir cette greſle. il poche les yeux de l'vne, caſſe les dents de l'autre, terraſſe celle-ci & la foule aux pieds; bref il les met toutes en ſang, & en ſi pitoyable eſtat qu'il ne reſtoit plus que de les aſſommer, pour leur oſter ſi peu qui leur battoit de ſouffle dans l'eſtomac. Ceci ne ſe fit pas ſans crier à l'aide & au meurtre; mais les païſans qui eſtoient aux eſcoutes, croyoient que c'eſtoit Almerie que ces trois contraignoient à vne manifeſtation qu'elle ne pouuoit ſouffrir

ſans

sans effort & sans vergoignè. C'est pourquoi rians à gorge desployée, les cris de ces pauurettes estoient moins entendus; au contraire ces rieurs leur disoient, vous estes trois contre vne, vous en viendrez bien à bout, continuez, faites ce que la Iustice vous commande, il est bien aisé à trois filles des champs de terrasser vne Damoiselle de la ville delicate & mignarde. Imaginez-vous quel loisir cela donnoit à Calliante de chamailler à outrance, & de battre ces trois barres, comme si elles eussent esté sur l'enclume, & que ses poings eussent esté des marteaux. A la fin les ayant couchées par terre toutes meurtries, & qui croyoient estre perduës, l'vne s'esuanoüit, l'autre feignoit la morte, il n'y eut que Belide, qui voyant que Calliante se saisissoit d'vn couteau qui pendoit à la ceinture de Merinde, crût, comme il y auoit grande apparence, qu'il leur allast couper la gorge; si bien que tout ainsi qu'vn flambeau qui s'esteint iette de plus larges flammes, de mesme se voyant à cette extremité, resueillant ce peu qu'elle auoit de force, elle s'escria, Lupicin ie suis morte, il me tuë, misericorde, secourez-moy. Alors ils iugerent que c'estoit tout à bon que l'on reclamoit leur aide, & que peut-estre le desespoir auroit porté Almerie à faire des efforts plus grands que ne portoit le naturel d'vne fille; joint qu'ils se souuindrent du Sanglier qu'elle auoit autresfois terrassé deuant eux. Ils entrent donc en foule; entrez que virent-ils, quel spectacle deuant leurs yeux? deux couchées par terre comme mortes, & couuertes de sang qui leur couloit du visage, & Calliante trainant Belide, & ayant le bras haussé & prest de lui plonger le fer dans le sein. Il ne fut pas question de consulter, mais d'agir; ils vont à lui, qui jettant loing de soi cette chetiue femme, s'en vint en cette façon comme vn Tigre qui entre dans vn troupeau de Cerfs, au milieu de ces rustiques. Qui a iamais veu vn Sanglier furieux tout escumant de rage, enfermé dans les toiles entre les espieux des hommes, & les dents des chiens faire vn horrible esquarre des vns & des autres, il descoust ce chien là, il escarte cet autre, il porte ses deffenses dans le flanc d'vn cheual & le creue, il bouleuerse

LIVRE XIII.

uerse vn homme & lui passe sur le ventre : mais en fin accablé de la multitude de tant d'assaillans, il est contraint de s'abbatre sous leur effort; il a veu Calliante au milieu de cette troupe de rustiques, dont le premier qui s'osa approcher de lui receut vn coup de couteau dedans le bras, qui lui fit vne grande playe: vn autre receut vne atteinte du mesme fer, mais moins dangereuse. il saute deçà, bondit delà, & tantost par agilité, tantost par secousses violentes il se desmesle de leurs prises, regardant tousiours s'il ne pourroit point gaigner la porte. Mais la foule de ceux qui pressoient pour entrer, en rendoit le passage impenetrable, ce qui le mettoit en vne agonie telle que l'on peut imaginer, se voyant prest de mourir par les mains de cette populace irritée. A la fin apres auoir faict tout ce qu'vn grand courage doit à vne iuste deffense, tant de gens se ietterent tout à la fois & à corps perdu sur lui, qu'ils lui arracherent le couteau des poings, & le voyant sans deffense & sous leurs pieds, ils commencerent par lui lier les pieds & les mains, les outrages qu'ils estoient resolus

de lui faire, minutans contre lui des ignominies & des vengeances extremes. Le soin que l'on eut des blessez, & de faire reuenir ces filles pasmées & demi-mortes; surfit pour quelque espace la punition de Calliante, lequel on ne menaçoit de rien moindre que d'vne honteuse mort. Le Iuge qui entra apres les coups ruez, & le prisonnier garroté, faisoit sonner bien haut la rebellion à la Iustice, & precipitant sa Sentence, disoit que cela ne se pouuoit reparer par aucun autre chastiment que par la mort, & que si cette fille desbauchée ne se treuuoit enceinte, il la falloit faire mourir dés le lendemain. Voyla les consolations du pauure Calliante, qui tout moulu des coups que lui donnoient ces cruels, outre la douleur des liens & des chaisnes dont il estoit chargé, se voyoit encore sur le point d'estre sacrifié à la vengeance de ces sauuages, qu'il suffit d'appeller Sarmates, pour exprimer leur cruauté. Mais quand tout semble desesperé, c'est lors que Dieu enuoye son secours au fort de la tempeste & de la tribulation: car ainsi que ces Barbares alloient faire sur le champ vne
honteu

honteuse anatomie du corps de Calliante, sur l'opinion qu'ils auoient que ce fust
vne fille, la reseruans pour lui faire le lendemain endurer vn supplice conforme à
leur maltalent sous quelque forme de
Iustice ; ne voila pas que tout le hameau
fut allarmé de la venüe d'vne grande
trouppe de gensdarmes qui parurēt aussi
tost, parce qu'ils venoient en diligence?
Ils menoient deuant eux vn homme garroté par les mains, & attaché sur vn cheual, comme si c'eust esté quelque voleur
que des Preuosts eussent fraichement
pris. Le Iuge qui en fut auerti, sort en la
ruë, & croyant que ce fussent des officiers
de Iustice, il va au deuant les prier de lui
prester main forte, pour faire executer vn
prisonnier qui auoit voulu fausser les
prisons, & qui auoit blessé plusieurs personnes qui auoient voulu le retenir. Sans
doute, dit celui qui estoit à la teste de l'escadron, ce sera Monsieur ; puis se retournant vers cet homme lié qui estoit aupres de lui, est-ce pas ici que sont les prisons, où nous t'auons commandé de nous
conduire ? ouy Monsieur, respondit-il, &
voila Monsieur le Iuge de ce lieu, qui les

E 4

a tous faict mettre prisonniers, & qui m'auoit enuoyé vers vous de la part d'vn d'entr'eux pour lui apporter la somme contenuë dans la lettre. A cette voix le Iuge reconnut son homme, & sa conscience le remordant, il eut peur, & connut bien qu'il auoit donné dans les toiles. Monsieur, lui dirent deux ou trois lui portans le pistolet à la gorge, deliurez-nous promptement Monsieur, ou vous estes mort. Quel Monsieur ? reprit le Iuge; le Palatin de Plocens que vous auez sans doute mis en prison sans le connoistre. Alors vne sueur froide monta au front de ce mauuais Iuge, voyant bien qu'il auoit faict vn pas de Clerc, & qu'il y alloit de sa vie. Voyez, leur dit-il, Messieurs, si c'est celui-là qui vient de faire vn si beau rauage dans cette prison. Alors dix ou douze mettans pied à terre y entrerent les armes à la main; où Humbert Capitaine de ces gendarmes n'eut pas plustost reconnu Liante, qu'il auoit souuent veu en Podolie, qu'il demeura tout estonné, croyant que ce fussent les gens de Mieslas qui l'eussent reduit en cet equipage, pour lui faire l'affront qui leur

auoit

avoit esté commandé de lui faire ; mais n'en apperceuant aucun, ains seulement des païsans, vous verrez, dit-il à ses compagnons, qu'ils ont donné cette vilaine commission à ces Manans, tenans à vne trop grande bassesse de courage de l'executer. Il leur dit donc, mes amis que voulez-vous faire de ce Gentilhomme? pourquoi le traittez-vous si cruellement? (car le pauure Liante estoit tout meurtri & ensanglanté.) Ce n'est pas vn homme, reprit vn des païsans, c'est vne fille enragée, qui auec vn couteau nous a pensé tous gaster, on ne vit iamais vne telle furie. Humbert pensoit que ce fussent des illusions, oyant nommer fille celui qu'il voyoit vestu en homme, & qu'il tenoit pour tel. Seigneur Liante, dit-il à ce pauure garroté, qui estoit couché par terre, est-ce bien vous-mesme, & ne me connoissez-vous point? Comme vous connoistrois-ie, reprit Liante, qui ne me connois pas moi-mesme? car toutes ces gens me veulent faire croire à toute force que ie suis fille, encore que ie sçache fort bien que ie suis homme. Sans doute, dit Humbert à ses compagnons, que ce braue

E 5

Seigneur sera deuenu fol, n'ayant peu conseruer son iugement entier apres le cruel affront qu'on lui aura faict. car n'estant plus homme, il nie encore d'estre fille, ce qu'il n'est pas aussi. Puis parlant à Liante, Monsieur, dit-il, qui vous a amené en ce lieu? ma propre & folle volonté, repliqua Liante. & qui vous a mis en prison, & au pouuoir de ces gens ici? c'est Iphigene, dit Liante, ie ne sçay pas s'il se veut de cette façon deffaire de moy. Alors Humbert crût qu'Iphigene estoit de la partie auecque Mieslas, affin d'auoir tout le bien de la maison de Liante par le moyen de Modestine. C'est pourquoi pour n'enfoncer point d'auantage l'affaire en la presence de tant de gens, il laissa là cet affligé Seigneur en la garde de deux de ses gensdarmes, leur disant qu'il falloit auparauant qu'il vist Monsieur, ou bien qu'il parlast à Boleslaüs. Il sort sur ce project de la prison, & se saisissant du Iuge, Monsieur, lui dit-il, il faut que vous me disiez où est le Palatin. Ce Iuge de village qui n'estoit pas trop Latin, n'entendoit pas ce Latin. quel Palatin? dit-il. ha! dit Humbert, ce n'est pas mocquerie,

ie

LIVRE XIII.

ie demande Iphigene Gouuerneur de ce Palatinat, qui est ici. Monsieur, dit le Iuge, s'il falloit mourir tout presentement, il me seroit impossible de vous dire où il est, ni mesme quel il est, car c'est celui que ie n'ay iamais veu. Au moins, dit Humbert, me ferez vous voir vueilliez ou non, celui qui m'a escrit cette lettre, c'est vn vieillard de telle façon. Le Iuge ayant demandé à voir le papier, & l'ayant leu, ha! traistre vieillard, s'escrioit-t'il, sont-ce ici les montagnes d'or que tu deuois produire? Alors sans se faire presser d'auantage, le païsan qui estoit lié le priant de le tirer au plustost de la peine où il estoit, il mena Humbert auecque sa suitte en la prison de Boleslaüs, qui conta en peu de mots à ce Capitaine toute l'histoire Comique de cette chasse, de ce trauestissement, & de cette prison, qui auoit pensé auoir vn succez tragicque. Puis resignant son cachot au Iuge; Seigneur Humbert, lui dit-il, allons promptement à Monsieur: car encore que pour son passetemps il soit l'autheur de tout ceci, ie crains qu'il soit fort en peine, quand il sera libre nous aurons aisément

les

les autres prisonniers. Alors le Iuge fut pris au collet, & les mains attachées on le fit aller deuāt, pour enseigner où estoit la prison de Madame Serife; car Boleslaüs qui sçauoit le secret, lui dit que c'estoit là Monsieur, & qu'il lui alloit faire croire à bonnes enseignes des veritez dont il s'estoit mocqué. Quand Serife vit entrer Boleslaüs dans la prison : Ha! mon Pere, dit-elle, quel bon Ange vous amene pour me tirer de cette captiuité, où i'estois en la plus grande perplexité du monde? Alors il lui dit le stratageme dont il s'estoit serui pour faire venir cinquante gensdarmes à son secours, menez par le Capitaine Humbert, l'vn de ses principaux officiers, lequel estoit à la porte. O mon Pere, dit Iphigene, deffendez lui d'entrer, car ie mourrois de regret, s'il m'auoit veu en cet habit de femme. faites qu'vn de ses gēsdarmes me baille le sien, & lui en bailliez vn de païsan, affin que ie sorte de ce lieu où i'ay eu tant de déplaisir. S'il fut dit, il fut aussi tost executé. Alors parut Iphigene en la forme d'Iphis, non plus de Serife. Aussi tost sa passion lui fait demander Liante. Helas! Mon

LIVRE XIII.

Monseigneur, lui dit Humbert, ie l'ay laissé dans la prison en la garde de deux soldats bien mal accommodé, son desastre me fait pitié, mais ce n'est pas à nous de contreroller les volontez de nos Maistres. Comment mal accommodé ? Monseigneur, reprit Humbert, vostre Grandeur sçait mieux que moy toute l'histoire. Dy moy Humbert, reprit Iphigene, quelle histoire ? Alors il lui dit ce qu'il auoit appris du commandement de Miesslas dans Plocens, & qu'il croyoit que son Pere n'auroit pas ordonné cela sans le lui communiquer. Ceci troubla Iphigene se ressouuenant de ce que lui auoit dit Arcade, & ne sçachant que coniecturer de bon. Ie le veux aller voir, dit le Palatin. Monseigneur, dit Humbert, ie ne le vous conseille pas : car le desespoir de se voir reduit en ce piteux estat, l'a tellemẽt saisi qu'il en a perdu le sens, de sorte que lui voulant tantost parler, ie n'ay sceu tirer autre chose de lui, sinon qu'il n'estoit pas fille, mais homme, quoi que l'on lui voulust dire. Representez-vous ici les battemens du cœur d'Iphigene ; neantmoins comme le sang court à la playe, son
courage

courage ne lui permit pas d'abandonner Liante en quelque estat qu'il fust. Il va à la prison, où rencontrant les païsans en foule, il les fit tous saisir par ses gensdarmes, & approchant de Liante couché par terre tout couuert de sang & de poussiere, & chargé de fers ; qu'est-ceci, mon frere, lui dit-il, en quel equipage vous vois-ie? Ce sont de vos ieux, repliqua Liante cõme esmeu de colere, vous les finirez quand il vous plaira, mais ie vous asseure qu'ils m'ont pensé tuër. Comment tuër? reprit Iphigene. C'est cette infame race de païsans, reprit Liante, qui m'a reduit en l'estat où vous me voyez, que si mes souffrances vous aggreent, vous n'auez qu'à m'y laisser, le mourir mesme me sera doux, pourueu qu'il procede de vostre main ou de vostre commandement. Mais vous m'obligeriez fort, si vous m'ẽuoyez dans les armes perdre plus honnorablement la vie, que par les mains de ces bouuiers. C'estoient ici autant d'enigmes pour Iphigene, & pour Boleslaüs : car comme ils estoient tous en des prisons separées, ils ne sçauroient rien de ce qui s'estoit passé enuers les vns & les autres.

Il

Il n'eſtoit pas ſaiſon de tant diſcourir; Iphigene ſe contenta de proteſter à Liante qu'il eſtoit la cauſe innocente de cette priſon, dequoi il n'eſtoit pas à s'en repentir : mais de la trahiſon de Mieſlas qu'il n'en eſtoit aucunement conſentant, ce qu'il lui feroit paroiſtre auſſi clairement que le iour. Dequoy me parlez-vous, dit Liante tandis qu'on le deſlioit, ie croy que ce ſorcier d'Arcade vous a enchanté auſſi bien que moy, & qu'il vous a faict croire ie ne ſçay quoy de voſtre Pere enuers moy, qui eſt le plus ridicule du monde. Cela n'eſt donc pas vrai, dit Iphigene, quoy mon cher frere, vous n'auez point eſté en la puiſſance des gens de Mieſlas? Ie n'ay veu ni Mieſlas, ni pas vn des ſiens, ſeulement Arcade que l'on m'amena l'autre iour, me dit qu'il eſtoit à Plocens, & adiouſta qu'il m'auoit faict prendre, & apres cela des reſueries qui ne peuuent prouenir que d'vn eſprit folaſtre & inſenſé. Vous n'auez donc point d'autre mal, dit Iphigene, que celui que vous ont faict ces paiſans? ou que vous m'auez faict faire par eux, pourſuiuit Liante, mais ſi ie puis vne fois eſtre deſlié, ie leur ferai

ſentir

sentir le poids de mes mains. N'auez-vous point d'autres playes que celles qui paroissent ? dit Iphigene. Point d'autres, respondit Calliante, mais si le secours ne fust arriué à propos, & si Humbert n'eust paru à point nommé (mais vous l'auez faict paroistre exprès pour rendre vostre jeu accompli) ils me menaçoient de me faire le plus grand affront que l'on puisse faire à vn homme, & de m'exposer tout nud aux yeux d'vn chacun, & non contens de cette honte que ie tenois pire que la mort, ils proposoient de me faire mourir publiquement par l'auctorité de la Iustice, contre laquelle ils disoient, en me defendant de leurs insolences, que i'auois commis vne rebellion, qui ne pouuoit estre lauée que dans mon sang; mais tout cela comme ie crois estoit pour m'estonner. A ce pas Humbert dit tout bas à Iphigene; Monseigneur, tenez pour certain que les gens de Mieslas l'auoient liuré és mains de ces rustres, pour executer le honteux commandement que vostre Pere leur auoit faict de le retrancher du nombre des hommes. Si cela, reprit tout haut Iphigene, ie les ferai tous pēdre

presen

LIVRE XIII.

presentement deuant mes yeux. Si vous ne le faites faire, reprit Calliante, ie dirai que vous estes de la partie, & quand ie deurois estre taillé en mille pieces, il n'y en a pas vn à qui ie ne plonge mon espée dans le corps, les outrages de paroles & d'effect dont ils ont violenté ma patience, ne me sçauroient faire contenter d'autre vengeance que celle-là : car quelque commandement que vous leur ayez peu faire de me téourmter, ie sçay qu'en cela ils ont imité les valets de Pilate, & plus faict qu'il ne leur estoit enioint. Somme, pour ne faire ici au lieu d'vne histoire, vne enqueste & vne procedure de Iustice, que les autres prisonniers estans tirez de leurs cachots, lors qu'ils y pensoient le moins, les vns ayans conferé auecque les autres, cette fusée se demesla à la grande confusion des Iuges & des villageois, qui se treuuerent lors estonnez en la façon que vous pouuez penser. Là Iphigene fut reconnu pour le Palatin, Almerie pour Liante, Arcade fut treuué veritable & fidele par sa confrontation auecque Humbert. Il ne falloit plus que des cordes pour pendre tous ces faquins, & le

Tome 2.   F

Iuge plus haut que les autres; ce qu'Iphigene pressé par Calliante, & par les autres Cheualiers qui l'en coniuroient, vouloit estre executé sur le champ. Tous furent saisis par les gensdarmes, & attachez comme criminels. Quand les autres villageois qui estoient accourus à ce spectacle, oüirent ce terrible arrest, ils taschoient selon leur pouuoir de fendre le vent, se tapissans qui deçà, qui delà, qui dans les granges, qui dans les buissons, qui gaignoit le bois, ni plus ni moins que font les canards sauuages, qui se plongent dans l'eau si-tost qu'ils apperçoiuent qu'on les couche en iouë, & tout de mesme que ces grenoüilles qui sautent sur l'herbe verte du riuage; & qui se lancent dans le marais aussi tost qu'elles sentent le bruit des passans. Les principaux neatmoins furent arrestez, comme les Iuges & leurs ombres inseparables les greffiers, & les appariteurs, les enfans de Celian, les trois harpies, & quelques autres qui s'estoient treuuez partisans de leur insolence. Il estoit question de treuuer vn Prestre pour les reconcilier auecque Dieu, & les consoler en mourant. les

soldats

soldats pour vēger le Palatin, choisissoiēt chacun le leur pour l'attacher à vn arbre, Liante ne crioit que feu, que carnage, que sang ; on ne vit iamais vne confusion semblable. Vraiment c'est bien ici que ce traict des pages sacrées auoit lieu, vostre ris sera changé en pleur ; & ce prouerbe, les larmes sont ordinairement à la queuë des plaisanteries. Voyla mes paisans aussi estonnez que des renards surpris dedans vn bled. ceux qui estoient si arrogans & impitoyables lors qu'ils estoient les plus forts, se treuuent abiets & pleurans estans les plus foibles. Ce qui fait voir que la cruauté est la marque d'vne ame lasche. Les voila tous à genoux qui demandent misericorde, qui s'excusent comme ils peuuent, qui protestent de leur innocence, & qui mesme en cette extremité mesconnoissent leur malice. Que dites-vous Belide, Merinde, Remonde ? n'estoit-ce pas assez des caresses de Liante, sans voir vos chaines d'or changées en des licols infames? vous auez aualé l'hameçon sous l'appas ; ne vous estonnez point si maintenant vous en sentez deschirer vos entrailles. Eussiez-vous iamais pensé qu'en

vn moment voſtre fortune euſt changé de viſage, & vous euſt precipitées des richeſſes que vous-vous promettiez, au rang des perſonnes trainées à vn honteux ſupplice ? Cela me remet en memoire le juſte ſalaire de cette Veſtale traiſtreſſe, qui vendit le Capitole aux Gaulois, pourueu qu'ils lui dõnaſſent ce qu'ils portoiēt en leurs bras gauches, qui eſtoient des bracelets d'or ; car quand ce vint au payement, au lieu de ſe voir parée de ces ornemens là, elle ſe vit accablée & eſcraſée ſous le faix des boucliers qu'ils portoient és meſmes bras, & qu'ils lui jetterent à la teſte en deteſtation de ſa perfidie. Celles-ci auoient beau preſenter à Iphigene les anneaux, les pierreries & les chaines precieuſes, dont elle leur auoit faict preſent : car le Palatin les diſtribua auſſi toſt aux ſoldats pour leur donner courage de les pendre ; & cela euſt eſté executé ſoudainement, ſi le Ciel pitoyable qui les reſeruoit à vne autre fin, n'euſt faict auecque les autres prendre l'eſpouuante au Preſtre du hameau, ſi bien que ne ſe treuuant point pour leur donner l'abſolution de leurs fautes, leur ſupplice
fut

fut differé iusques au lendemain. Aussi bien le Soleil faisant place à la nuict, sembloit inuiter pluftoft à la retraitte qu'à commencer vne si sanglâte Tragedie. Ils sont mis dans les mesmes cachots où ils auoient mis les Cheualiers, des gensdarmes furent deputez à leur garde. On fait tant que le Prestre est treuué, qui s'enferma auec eux pour les mettre en estat de paroistre deuant Dieu auec repentance de leurs fautes. Tandis qu'ils passent la nuict parmi les effrais de la mort, & les terreurs de ce dernier passage, se voyans condamnez par vn Seigneur si puissant, comme sont les Palatins en Pologne, voyons nos deliurez, & oyons vn peu leurs differens auis. Liante ne trompetoit que vengeance, en quoy il auoit pour associez Argal, Pomeran & Piside, qui depitez demesurément iuroient de mettre toute cette contrée en cendre, comme si c'euft esté vne autre Hierico, ou vne autre Pentapolis. chacun estendoit les affronts qui lui auoient esté faicts, auecque des termes qui les faisoient paroistre impardonnables. Sur tout fut exaggerée la prodigieuse concussion de ce Iuge prenât

F 3

à toutes mains, & trahissant mesme ceux de qui ils vouloit tirer de si grandes sommes. On fit dire à Humbert comme il auoit peu venir si promptement à ce secours, & partir de deuant Mieslas auec vne telle troupe, sans lui rendre conte où il alloit. Alors il leur raconta qu'ayant donné le rendez-vous à ses compagnons à vne lieuë de Plocens, il s'estoit eschapé subtilement, amenant auecque soi le païsan, duquel il eut beaucoup de peine d'apprendre le lieu où ils estoient prisonniers, & que s'ils ne l'eussent menacé de mort, iamais il ne les y eust conduit, son Maistre qui estoit le Iuge, lui ayant faict entendre qu'il n'auoit qu'à apporter la somme contenuë en la lettre. Arcade d'autre costé racontoit les rigueurs qu'on auoit exercées enuers lui, & les menaces dont il l'auoient voulu intimider, pour lui faire dire des choses contraires à la verité. Boleslaüs plus sage que toutes ces ieunes testes, qui iettoient le feu par tout, escoutoit tout cela fort attentiuement. & à la fin apres auoir bien entendu, quoy mon Pere, lui dit Iphigene, vous ne dites mot? Ce n'est pas, respondit-il, que ie
n'aye

n'aye esté traité aussi mal que les autres, & que ie n'aye eû ma part à l'amertume de ce calice, mais il me semble que la nuict est arriuée bien à propos, pour nous donner conseil, & nous rassoir vn peu de cette émotion qui nous agite. ce qui se fait de sang froid, est tousiours plus meur & plus consideré que ce qui naist à la chaude. La colere est comme les chiennes, qui font tousiours leurs petits aueugles en naissant, les productions de cette passion sont ordinairement peu iudicieuses. Par la vie de la Mere qui m'a engendré, dit ici Liante, il n'y a nuict qui tienne, ie suis asseuré que le dormir ne me fera point changer de conseil, & que ie ne prendrai iamais de bon sommeil, que ie ne me voye vengé de cette canaille. Bon homme, vous parleriez autrement si vous auiez esté garroté & assommé de coups comme moy. Autant en dirent les Cheualiers, & Iphigene panchoit fort de leur costé, quand Boleslaüs auecque cette auctorité que la nourriture d'Iphigene lui donnoit, reprenant la parole lui dit: Monseigneur, vous ferez ce qu'il vous plaira, mais comme le Roi des abeilles, n'a

F 4

point d'aiguillon, aussi treuuerez-vous par experience que la clemence est tousjours plus conuenable à ceux qui gouuernent, qu'vne rigoureuse Iustice. Ie ne le dis point pour excuser la malice de ces villageois: car il n'y a celui qui ne connoisse le cruel & barbare naturel de ces Sauuages; mais considerez que c'est vous qui par ieu les auez iettez en cet orage. Si vous donnez vne fin tragicque à vne Comedie, vous ne garderez pas les regles du ieu. Vous leur auez mis deuant les pieds la pierre d'achoppement où ils ont trebuché. Ce n'est pas au Palatin de Plocens à venger les iniures faictes à Serife inconnuë, ni à Liante de se ressentir de celles qui ont esté faictes à Calliante & Almerie. Quand ceci viendra à se sçauoir par vne execution si solennelle, que dira-t'on, sinon que vous imiterez le chat, qui se ioue de la souris, & puis la tuë? On publiera que vous aurez esté à la chasse aux hommes, & non pas aux bestes, & que vous imiterez la cruauté de ces Empereurs Romains, qui en leurs festins faisoient batre des gladiateurs à outrance, pour repaistre leurs yeux de sang humain,

humain, en mesme temps que leurs bouches se remplissoient de la chair des animaux; & la Calomnie qui feint ce qui n'est pas, de quelle façon aggrandira-t'elle ce qui a quelque image de rigueur, bien que ce soit vn acte de Iustice? Monseigneur, ie vous dis encore vne fois que vous ferez ce qu'il vous plaira: mais le zele que i'ay de vostre gloire, me fait souhaitter d'entendre plustost resonner sur la langue des hommes les loüanges de vostre humanité, que des plaintes de vostre seuerité & de vostre promptitude. Quoy donc (reprit Iphigene, qui faisoit vne grande estime des auis de Boleslaüs) laisserons-nous impunis tant de crimes? Nullement, Monseigneur, repliqua le vieillard, car

La Iustice comprend en soy toutes vertus,
Sans elle l'Vniuers seroit vn brigandage.
Aussi elle a vne balance en la main, non seulement pour monstrer son égalité, mais encore pour faire voir que quand elle est trop seuere, & non temperée de quelque sorte de douceur & de misericorde, elle a quelque air de cruauté. Deffaut qui apporte vn grand deschet à la

reputation des Grands, qui ne peuuent par aucune qualité se rendre plus conformes à Dieu que par la clemence. Adioustez à cela l'estat où vous estes, qui est de disgrace en apparence par l'esloignement de la Cour, de plus que vous entrez au Gouuernement de vostre Prouince, & que par les commencemens on iuge de la suitte, comme du Lyon par l'ongle, & de la piece par l'eschantillon; ni plus ni moins que les Astrologues, qui par la situation des Astres au point de la naissance d'vn chacun, iugent du progrez de sa vie. Il faudra donc pour ces belles & plausibles raisons, dit le Palatin, que ie boiue ce calice, & que cet affront me demeure sur le visage, & que pour euiter le titre de cruel, ie prenne celui de lasche; & apres tout que deuiendra celui de Iuste, qui sied si bien à vn Gouuerneur? Monseigneur, reprit Boleslaüs, ie ne dis pas que l'affront vous en demeure, & que cet outrage soit sans vengeance pour vous, & sans sentiment pour eux, mais seulement que vous preniez garde de mesnager cet acte en sorte que vos calomniateurs n'en prennent occasion de descrier vostre fa-

çon

çon de gouuerner, & ne vous mettent auprès du Roi en pire estat que vous n'estes. Car comme il est bien aisé d'imposer à vn absent, il est en suitte facile de le rendre odieux; car les Princes font de leurs fauoris comme les femmes de leurs enfans, qu'elles ne caressent & cherissent que tant qu'ils leur pendent à la mammelle & qu'ils sont attachez à leur sein; sont-ils seurez? si leur amour ne s'esteint, si faict bien cet empressement qui en estoit le témoignage. Il sera donc dit que ce mauuais Iuge qui auoit minuté tant de concussions, ioüira de la vie ayant merité autant de morts qu'il auoit brassé de trahisons? ne voyez-vous pas que c'est vne sangsuë? & que doit-il faire sur les petits, s'il a osé tant entreprendre sur les Grãds? si le feu de sa conuoitise insatiable brusloit si ardamment le bois verd, que ne feroit-il sur le sec? De moy, dit ici Liante, quand ie le deurois estrangler de mes propres mains, ie veux deffaire le monde de cette harpie; & nous, dirent les Cheualiers, en ferons autant de ces autres monstres qui n'ont rié d'humain que le front. Messieurs, repartit Boleslaüs pour arrester

les

les boüillons de cette Nobleſſe irritée, il y a moyen de vous contenter tous, de les bien punir, & de mettre à l'abri l'honneur & la reputation du Palatin. A cette propoſition tous furent attentifs, & il pourſuiuit ainſi. Penſez-vous que la peur de mourir ne ſoit pas vn ſupplice correſpondant à la peine qu'ils nous ont donnée, & en laquelle nous-nous ſommes iettez pour noſtre plaiſir? à laquelle ſi vous adiouſtez ou le foüet, ou l'eſtrapade auecque vn banniſſement perpetuel, ie ne voy pas que vous ne deuiez eſtre ſatisfaicts, eux rigoureuſement punis, & que ceux qui ſçauront cette peine & leur coulpe, n'ayāt dequoy loüer la prudence & la douceur du Palatin, pluſtoſt que de blaſmer ſa rigueur. Il n'y auoit que ce Iuge qui leur ſembloit à tous deuoir paſſer le pas. Il eſt vrai, reprit Boleſlaüs, qu'il eſt digne de mort par toutes les loix humaines: mais ſi vous conſiderez que ſa cauſe eſt enchainée auecque ces ruſtiques, & que par vos deguiſemens vous leur auez mis deuant les pieds la pierre d'achoppement, vous treuuerez que s'ils ne ſont dignes de grace pour l'amour

d'eux

d'eux-mesmes, vous leur deuez pardonner pour l'amour de vous, puis que vous les auez en quelque façon par vostre taciturnité & conniuence faict trebuscher en la fosse de l'erreur, qui a donné lieu à leur insolence. C'est vn beau precepte que celui de l'Apostre, quand il baille vn moyen pour dompter la colere; donnez lui du temps, dit-il. car tout ainsi qu'vne abeille qui a perdu son aiguillon, deuient toute engourdie : de mesme quand cette premiere saillie que fait produire la fougue de la fureur, est passée, on a bon marché de ceux qui se sont courroucez. Boleslaüs fit tant par ses douces & sages paroles, qui, comme dit le Sage, arrestent le courroux, ainsi que la terre molle la balle de canon, qu'il rangea sous son auis les volontez de ces grands courages, à quoy seruit beaucoup la creance qu'il auoit en l'esprit d'Iphigene. Ils dormirent sur ces pensées, & se resucillerent confirmez au desir de les accomplir. De vous representer les transes de ces gens, qui toute la nuict auoient trempé dans les mortelles agonies que leur causoit la crainte du supplice, il seroit malaisé. Le iour qui
resioüit

resioüit tout le monde, leur fut odieux, comme celui qui deuoit voiler leurs paupieres d'vne eternelle nuict : mais le Ciel pitoyable, qui auoit ouy les vœux qu'ils auoient faicts pour viure, les exauça, d'vne façon neantmoins toute autre qu'ils ne pensoient. Car pour leur donner la frayeur entiere, le Palatin commanda qu'ils fussent branchez & attachez aux arbres comme des pommes de courpendu, & des poires d'angoisse ou de mauuais Chrestien. Ce que les soldats se mirent en deuoir d'executer, tant ils estoient animez à la vengeance à cause de l'affront faict au Gouuerneur. Mais comme ils estoient sur le point de leur faire prendre le dernier saut, Boleslaüs & les Cheualiers se ietterent aux pieds du Palatin, pour demander la vie de ces miserables desia demi morts d'apprehension. Icy accourut le deplorable Celian arrosant de ses pleurs sa barbe chenuë, & prosternant sa perruque blanche aux pieds d'Iphigene, le supplia par tout ce qu'il y a de plus sainct au Ciel & en la terre, de ne le priuer point de tous ses enfans en vn mesme iour, & de n'esteindre point ces estincelles

celles par lesquelles il esperoit renaistre en sa posterité. A cela les cris des trois sœurs desolées, & qui estoient à l'attache comme les autres, aiderent aucunement; à quoy se ioignirent par exclamations tous les miserables desia suspendus. L'image de la mort peinte dans leurs visages, & qui voltigeoit deuant leurs yeux, toucha de pitié ceux qui le iour precedent estoient si animez à la vengeance, tous iettoient leur faute sur le Iuge, qui pensa estre pour ce coup immolé à l'exemple, & estre cóme le Bouc emissaire des Hebreux, chargé des fautes & des maledictions de tout le peuple. Mais au lieu de perir pour les autres, il eut aussi sa grace en faueur des autres : mais grace disgraciée, & neantmoins iuste & pleine d'equité. Car si la vie leur fut donnée, ce fut pour la prolonger par vne condition que ceux qui sont heureux en vne terre, & qui aiment bien leur païs, estimeroient pire que la mort, c'est l'exil, qui estoit si redouté par les Romains, qui croyoient que c'estoit mourir que de viure hors de Rome. Il est vray, qu'aux pauures il en auient comme à ceux qui sont extrememement

mement genereux, ausquels toute terre est leur païs, comme tout air est celui des oiseaux, & l'eau l'element des poissons. Mais auparauant que prononcer cette Sentence, qui ne pouuoit sembler que douce à ceux qui sembloient sortir du sepulchre, il fut auisé, pour espargner la peine d'aller chercher des Chirurgiens pour saigner promptement ces gens, à qui la peur de mourir donnoit vne ardante fieure, de les recommäder à la discretion ou pluftost indiscretion des soldats, qui pour espargner les verges, vserent si bien leurs espaules auecque les estriuieres de leurs cheuaux, qu'ils les firent nager dans leur propre sang, auecque lequel ils rendirent le vin qu'ils auoient beu les iours precedens en si grande abondance. Les trois Bergeres deputées à la visite, furent horriblement visitées par cette gresle, & mises en tel estat, qu'elles pouuoient seruir de remede d'aimer au plus ardant de la compagnie, l'horreur de leurs playes seruant de forte barriere à l'insolence des gensdarmes, affin que rien de deshonneste ne fust attenté en leurs personnes. Apres cette saignée, six gensdarmes furent

furent designez sur le champ pour conduire ces estrillez à Dantzic, pour estre mis là dans vn vaisseau, & transportez en Moscouie, païs encore plus rude & barbare que la Sarmatie, où ils estoient confinez à perpetuité, à peine d'estre pendus sur le champ s'ils rompoient leur bannissement, & s'ils estoient retreuuez en Pologne. Tout ce que Celian peut obtenir, ce fut d'espargner le saccagement du hameau, où Liante vouloit mettre le feu, pour faire de la cendre sur les lieux où il auoit receu tant d'outrages. Cette sanglante & funeste catastrophe monstre qu'il ne se fait iamais bon iouër auecque les Grands, & qu'ils ressemblent aux Lyons, qui ne peuuent iamais estre si entierement appriuoisez, qu'ils ne payent à la fin leur Gouuerneur, ou ceux qui les approchent, de quelque coup de patte: & aux Vautours, qui prenans en vie de moindres oyseaux, s'en iouënt quelque temps, & puis en font curée. De ce pas le Palatin accompagné de ses Cheualiers & de ses gensdarmes, reprit la route de Plocens, pour y aller treuuer Mieslas son Pere. Et parce qu'il ne pouuoit s'imaginer

Tome 2.   G

quel estoit ce miserable qu'il auoit faict prendre pour Liante, & qu'il auoit commandé estre si mal traitté, pour ne mettre point ce Seigneur au hazard de receuoir quelque affront de ce rigoureux Sarmate, il l'enuoya en la maison d'vn Gentilhomme de ses amis, en la garde de douze gensdarmes, auecque priere de s'y tenir iusques à ce qu'il eust de ses nouuelles, & qu'il sceust au vray en quel estat estoit l'esprit de Mieslas, & d'où procedoit cette nouuelle qui auoit esté si à la haste apportée par Arcade, & confirmée par Humbert. Cette retraitte de Liante, qui remit sa vie, son honneur, ses biens, & sa liberté en la dispositiou de son cher Iphigene, me remet en memoire les mesmes offices que Ionathan vouloit rendre à Dauid aupres de Saül, si la rage de ce Prince reprouué de Dieu, lui eust permis de iouïr de la lumiere de la raison. Iphigene fit donner ordre que son equipage de chasse, & ses domestiques le vinssent trouuer à vne lieuë de Plocens, où ayant laissé ses gensdarmes, il vint auec vn train plus paisible dans Plocens, principale ville de son Palatinat, & qui donne le nom

à toute

à toute la Prouince, que quelques-vns appellent Plocie. Il fut accueilli de Mieslas auecque de grandes demonstrations de ioye; & s'il est permis d'vser de cette comparaison, de mesme que l'enfant prodigue reuenant d'vne region lointaine où il s'estoit esgaré. Il rendit aussi à son Pere les honneurs que la nature l'obligeoit de lui rendre, outre la ciuilité, la bienseance, & la gentilesse, dont il auoit appris l'vsage à la Cour, où ces qualitez sont en leur iour, & y croissent comme des plantes en leur vray solage. Ce ne fut pas neantmoins sans iouër (à la mode de la Cour) des personnages bien differens; car il est si ordinaire entre les Courtisans de dire d'vn & de penser d'autre, de faire bon visage à tel qui fasche, & de dire, vous soyez le bien venu, à tel dont la presence déplaist, qu'il ne se faut pas estonner si entre ces deux Grands il y auoit vn si grand esloignement de pensées. Iphigene plein d'accortise & de souplesse, dissimuloit prudemment les siennes, & se tenoit clos & couuert dans le silence & le respect. Apres les complimens & les embrassades de l'arriuée, on parla aussi

tost de ce qui se disoit & faisoit à la Cour. Il n'y est rien arriué de nouueau (dit Mieslas) dont vous ne soyez auerti, mais peut-estre ne l'estes-vous pas de ce qui s'y dit : car il arriue assez souuent que ce qui se dit de nous, arriue le dernier à nos oreilles, & que l'œil qui voit tous les autres objets, ne voit pas le sien propre, & sçachant comme tout est faict, il ignore comme il est faict lui-mesme. Là dessus Iphigene, non sans colorer ses ioües d'vn peu de vermillon, s'estant enquis des discours qui s'y tenoient de lui, n'estant pas de merueille, disoit-il, si l'on en parle, les entretiens ordinaires de la Cour n'estans que des fauoris, ou de ceux qui sont en disgrace, aux actions desquels on donne autant de couleurs que l'on veut. Ie le vous diray franchement, reprit Mieslas, ce ne sont ni de vos trahisons, ni de vos perfidies ; car chacun sçait assez de quelle façon ie vous ay esleué, & comme ie ne vous ay iamais rien tant recommandé que la loyauté & l'obeïssance enuers vostre Souuerain. On ne dit mesme rien du sujet de vostre esloignement, que l'on ne peut appeller disgrace, veu que le Roi &
la

la Reine n'ont des propos de vous qu'en termes honnorables, & mesme auantageux: mais on ne deuise, principalement parmi les Dames, que de vostre nouuelle passion pour vne Bergere de ces forests, que l'on tient pour vne Diane inuisible, dont vous estes l'Endymion. Certes il y en a quelques-vnes qui ont autant d'enuie pour elle, que de pitié & de passion pour vous, qui s'esmerueillent de voir qu'ayant trauersé la mer de la Cour sans desbris, vous soyez venu faire naufrage dans vn chetif ruisseau, & qu'ayant mesprisé le iour de tant de Soleils sur le theatre des grandeurs de la Pologne, vous soyez venu faire hommage à la Lune dans les obscures nuicts de ces forests. Et plusieurs qui m'en ont parlé, m'ont dit qu'elles estiment que ce seruage si disproportionné à vostre condition, est tombé sur vos espaules en punition des mespris dont vous auez autresfois mal payé le merite de celles qui vous portoient de l'amitié. Iphigene voulant tourner tout ceci en galanterie, & donner vn biais à tout ce qui s'estoit passé, qui fust à son auantage, & qui preoccupast l'esprit de

Miéflas; au cas qu'on lui appriſt d'autres particularitez, c'eſt la verité (dit-il) Monſieur, qu'apres auoir pris poſſeſſion de mon Palatinat, & auoir à mon entrée donné ordre aux plus preſſantes affaires de ma charge, i'ay crû ne pouuoir paſſer mon temps, ni temperer l'ennuy que i'ay, me voyant eſloigné de mon Maiſtre, que par le plaiſir de la chaſſe, auquel vous ſçauez que i'ay touſiours mis mes delices. Et ce violent exercice m'ayant diuerti des priſes, & des lacqs que les Dames par leurs artifices tendent aux cœurs, principalement à la Cour, il eſt enfin arriué, ie ne ſçay ſi c'eſt par malheur ou par bonheur, que voulant prendre vn Cerf, ie me ſuis laiſſé prendre à vne Biche, ou pluſtoſt à vne des Nymphes de Diane, ſi ce n'eſt Diane meſme reueſtue en Bergere, tant elle a de traicts & d'adreſſes, qui la rendent ſemblable à cette grande Chaſſereſſe qui preſide aux foreſts. vn teinct maſle & brun, mais vif & vermeil, tel qu'on le donne à la Cynthienne, vn courage braue & hardi, vne legereté à la courſe, vn eſprit prompt & ſubtil, vne dexterité à tous les exercices de la chaſſe,

qui

qui est si grande qu'vn iour estant terrassé par vn espouuātable Sanglier qu'elle attaqua genereusemēt, & qu'elle enferra glorieusement, ie courois la risque de perdre la vie. Depuis ie me senti obligé à l'aimer, comme lui estant redeuable de ce grand bien. Mais comment aimer? certes Dieu le sçait, & que les Anges ne peuuent aimer auecque plus de pureté que ie cheris cette creature : car elle porte sur le front sous des habits grossiers vn certain rayon de vertu, capable de faire mourir autant de desirs que sa grace en fait naistre; & l'honneur assis sur son visage, comme sur vn thrône de gloire, & tout luisant de rayons, se forme insensiblement vn empire plein de respect dans l'ame la moins reseruée. Si les Dames de la Cour estoient aussi continentes, on ne verroit pas tant d'affetterie en leurs attraicts, tant d'art en leurs mouuemens, tant de fard sur leurs visages, ni tant d'impudence en leur conduite. I'ay eu tousiours auprés de moi plusieurs témoings de mes deportemens, qui vous pourront asseurer de la sincerité de mes actions, & comme i'ay vescu auprés d'elle quelques iours auec vne innocence voisine de celle que les Poëtes attribuent au siecle doré, duquel toute malice & toute vicieuse inclination estoit esloignée. Ceux qui pourront me blasmer de ce diuertissement tout plein d'honnesteté, ne l'auront pas veu, ou l'auront veu par vn faux rapport, comme ce que l'on voit à trauers ces fausses glaces, qui monstrent les objets autrement qu'ils ne sont en leur naturel. Si l'on en mesdit à la Cour, ce n'est pas vne grande merueille ; car dequoi y dit-on du bien ? n'est-ce pas le regne de l'Enuie, & le theatre de la Calomnie ? n'est-ce pas là que l'on met les tenebres en la place de la lumiere, que l'on appelle le mal bien, que l'on blasme ce qu'on ignore, & que l'on altere la verité manifestement connuë ? Verité qui n'arriue iamais aux oreilles du Prince, que comme les finances à ses coffres, auec vn extreme deschet. Mais tout ainsi que les mousches qui ne se peuuent assoir sur la glace d'vn miroir, s'attachent aux bords de l'enchasseure, où elles treuuent peu de prise, peut-estre que l'on treuuera mauuais que ie me sois desrobé de la veuë des miens, & comme

perdu

perdu dans les bois (si c'est estre perdu & esgaré, que d'estre accompagné de quatre hommes) pour ioüir plus librement de la conuersation de cette vertueuse Bergere. Mais qui sçaura les deguisemens & les larcins que cette passion fait pratiquer dans les Cours & les grandes Citez, pour des pretensions & des fins moins honnorables, & qui produisent des effects plus funestes, verra clairement que c'est la malice de mes malueillans qui cherche des nœuds en vn iong, & qui ne pouuant mordre sur mes plus serieuses actions, s'amuse à esgratigner la simplicité de mes delices. Pauures gens, qui n'osans s'attacquer au corps, s'attachent aux vestemens, comme les ronces & les halliers accrochent les passans qui s'approchent trop pres de leurs espines. Et ie dis ceci, Monsieur, parce que peut-estre mon trauestissement sera desia paruenu à vos oreilles sur les aisles de la Renommée, monstre capable de deguiser par ses faux rapports le deguisement mesme. Quel trauestissement ? repliqua Mieslas, vous m'en dites les premieres nouuelles. Iphigene biē aise de lui en donner la premiere impression,

qui en semblables occurrences, est tousjours la principale. Sçachez donc, Monsieur, que comme à la Cour les galands se parent des couleurs, se brauent des faueurs, & se couurent des liurées de celles qu'ils courtisent; & ceux qui voyagent és païs estrangers, s'habillent à la façon des lieux où ils se veulent donner entrée: de mesme par galanterie nous-nous auisasmes ceux de ma suitte & moi, de nous vestir à la villageoise, & de nous couurir des habits de païsans. De cette maniere nous-nous sommes glissez parmi les rustiques, & nous familiarisant auec eux, & leur faisant faire bonne chere, nous auons passé quelques iours en la plus douce & heureuse vie qui se puisse gouster sur la terre, vie simple, gracieuse, innocente, & qui a quelque air de cet estat d'innocence où nos premiers parens furent creez au Paradis terrestre. Et tout ainsi que ceux qui veulent pescher ce poisson qui s'appelle Thimalus, à cause de l'extreme inclination qu'il a vers lo thim, ont accoustumé de se couronner de cette herbe, d'en mettre en leurs filets & en leurs hameçons, affin de le faire dõner
auec ue

auecque impetuosité où l'attire cette amorce : de mesme par cette ressemblance mere de l'amitié, nous-nous sommes tellement meslez en leur conuersation, que nous estions pour eux ce que le rayon de miel est aux abeilles, où elles s'attachent auecque auidité. Mais soit que toutes les choses humaines ayent deux anses, comme les medailles leurs reuers, soit que l'on ne puisse tout à faict dompter le mauuais naturel, il est arriué que ces rustiques, soit abusans de nostre bonté, soit par leur propre malice, soit à faute de nous bien connoistre, soit par vne pure enuie (vice ordinaire des lasches courages) ont voulu troubler nostre calme par vn orage, & nous offenser par vne trahison, que nous auons esté contraints de chastier par le foüet & le bannissement. ce que i'ay faict executer sur le champ, finissant cette Comedie par cet acte sinon tout à faict tragicque, au moins assez cuisant, terminant ainsi ma chasse, par vne pluye de sang & de larmes. Et en cela ie n'ay point esté empesché par ma Diane, qui se voyant interessée par leur jalousie, a veu escorcher ces grenoüilles

coassan-

coassantes, & plonger dans les marests de Dantzic, sans me prier de leur faire grace. En quoy vous voyez qu'elle a quelque chose de semblable à cette Deesse, qui vit changer en grenoüilles les paisans de Delos qui auoient persecuté sa Mere Leda. Tout d'vn air, iugeant que Mieslas prenoit plaisir au recit de cette histoire, il enfila la suitte, à laquelle il donna telle couleur qu'il voulut, affin que cette premiere teinture prist la place des diuers bruicts qui en coururent depuis, tous si esloignez de la verité, qu'on pouuoit dire que la Renommée pareille au Cameleon, prend toutes sortes de liurées, excepté la blanche du vray. A la fin il conclud que c'estoit vne Bergere, de laquelle il faisoit plus le passionné qu'il ne l'estoit, veu qu'elle n'estoit aucunement recommandable pour sa beauté, mais seulement pour vne extreme adresse & habileté qu'elle auoit aux exercices de la chasse. C'est bien ce que ie me suis tousiours persuadé de vostre iugement, respondit Mieslas, quoy que l'on me voulust faire croire de vostre affection pour cette païsane, laquelle on disoit iusques là que
vous

vous vouliez espouser. Ie ne suis pas encore arriué iusques à vn tel degré de folie, reprit le gentil Iphigene, ni iusques à vne telle mesconnoissance de ce que ie suis, que ie pense à prendre pour femme vne villageoise, veu que la conqueste de ces gens-là n'est pas si difficile, que l'on n'en puisse venir à bout à meilleur marché que par vne honte publique, & la perte de sa fortune & de son honneur; aussi m'estimerois-ie indigne du sang que ie tire de vous, du rang que ie possede par la faueur du Roy, & des biens que ie tiens & que i'espere de l'vn & de l'autre, si la seule Idée de cette alliance ridicule estoit tombée dans mon esprit. Ie ne reuoque nullement cela en doute, reprit Mieslas, mais il n'en est pas de mesme de l'esprit des femmes: car comme elles sont les roseaux du desert, & la pure substance de la foiblesse & de l'infirmité, elles prennēt aussi tost l'allarme, & saisissant le tison par où il brusle, c'est au pis que les euenemens tombent entre leurs mains. Ainsi l'a témoigné la Princesse Respicie, qui au premier bruict de cette nouuelle (touchée qu'elle est de passion pour vous)

vous) a eu tellement la puce dans l'oreille, s'imaginant que vous lui alliez eschaper, qu'elle n'a iamais cessé de me persecuter, iusques à ce que ie sois venu porter de l'eau à ce nouueau feu, & dissiper ou au moins arrester par ma presence ce mariage imaginaire; & pour vous monstrer son impatience, qui ne peut estre blasmée que d'vn excez d'affection, elle m'a suiui de si pres & en telle diligence, qu'elle est arriuée en cette ville vn iour seulement apres moy. Quoy, Monsieur (dit Iphigene contrefaisant l'estonné, car il auoit esté auerti de cette venuë) elle est en ce païs ? vraiment i'ay autant d'obligation à sa bienueillance que sa ialousie me fait de tort; car me tient-elle bien si peu iudicieux, ou si volage, que ie voulusse changer la gloire de lui appartenir, aux embrassemens d'vne villageoise, qui ne lui peut estre conferée, que pour faire voir combien le iour est beau par les horreurs & les tenebres de la nuict ? Ie suis bien aise que cette opposition vous face connoistre la valeur de cette Dame, & tres-content de vous ouyr parler ainsi de son merite, qui est encore plus grand que vous ne pensez,

& son

LIVRE XIII.

& son affection pour vous incomparable. Si vous eussiez tousiours parlé ainsi, les affaires ne seroient pas au point où elles sont; mais vostre premier mariage n'estant point consommé, vous eussiez librement passé outre à contracter ce second, sans vous arrester à tant de dispenses inutiles, & qui par leur longueur la font mourir en langueur. Asseurez-vous Monsieur, repliqua le ruzé Iphigene, que ie ne souffre pas moins qu'elle la rigueur de cette loy; mais il me semble que ie n'aurois iamais la conscience en repos, si par vne auctorité publique n'estoit declaré nul, ce qui a esté publiquement contracté. C'est bien la verité, qnelque ceremonie qui se soit faicte, que ie n'eu iamais intention d'espouser Modestine, ce qui est aisé à iuger par la foiblesse de l'âge auquel vostre seule volonté me la fit prendre, pluſtoſt que mon inclination, qui ni en ce temps, ni depuis n'a esté que bien peu portée vers les femmes. Il est vray que comme l'Amour ne se paye que par soy-mesme, cette affection que me témoigne la Princesse, m'oblige à vne reciproque, si ie ne veux acquerir le titre & le blasme du
plus

plus ingrat de tous les humains, aussi la veux-je rendre certaine, qu'aussi tost que Rome m'aura rendu libre du joug de Modestine, je me rendray son esclave, & la prendray à femme, si elle continuë au desir de me vouloir pour mari. Mieslas estoit ravi d'entendre ces propos si conformes à la passion qu'il avoit de voir accomplir ce mariage, & rompre l'autre ; & pleust à Dieu, dit-il, que la Princesse eust ouy les paroles que vous venez de donner pour elle, car je croy qu'elle pasmeroit d'aise & de contentement. Ce m'est bien du bonheur, reprit Iphigene, de vous pouvoir & à elle donner de la satisfaction, & en vous obeïssant par devoir & par obligation trouver encore ce que je desire. Car je ne suis pas si despourveu de jugement, que je ne voye combien cette alliance & pour les biens, & pour le parentage m'est plus avantageuse que celle de Modestine, dont les facultez seront tousiours delatives par Liante, qui ayant pris la clef des champs trouvera tost ou tard les moyens, ou par la faveur de quelque Grand qui le voudra faire son gendre, ou par l'appuy de la Iustice du Royaume,

LIVRE XIII.

Royaume, de rentrer en son heritage, duquel mesme nous ne sçaurions frustrer sans nous exposer à la mesdisance, & à l'enuie de ceux qui treuuent à redire en toutes mes actions. Ne vous mettez pas en peine de cela, dit Mieslas, car i'ay si bien pourueu à tout, que nous aurons & l'vn & l'autre, cette succession que i'ay en main ne me pouuant manquer. Car Modestine a protesté tout haut, que si son mariage est declaré nul auecque vous, elle n'aura iamais d'autre Espoux qu'vn Cloistre. Quant à Liante ie l'ay en fin attrapé, & mis entre les mains de gens qui le feront mourir, s'il ne veut souffrir qu'ils le mettent en estat de ne pouuoir iamais auoir lignée. De la premiere façon nous serons deffaits de lui sans beaucoup de bruict, puis qu'aussi bien depuis sa fuitte de Podolie on n'a sceu ce qu'il estoit deuenu. De la seconde nous serons asseurez qu'il ne se pourra iamais marier, si bien qu'il nous sera aisé de le ietter dans l'Eglise, & de le faire contenter de quelque Benefice que vous obtiendrez facilement du Roi. Iphigene l'ayant amené à ce point dont il desiroit d'estre esclaircy

Tome 2. H

auecque tant d'impatience, ne manqua pas de lui demander de quelle façon il estoit tombé en ses mains. Alors Mieslas lui dit qu'il l'auoit treuué à Plocens, qui attendoit qu'Iphigene fust de retour de sa chasse, estant venu là comme vn papillon se brusler au flambeau, & comme vn oyseau niais se ietter dans les filets qui lui estoient tendus. Monsieur, dit Iphigene, vous a-t'il dit qu'il me venoit chercher? non, reprit Mieslas, car ie ne lui ay pas parlé; mais il l'a dit à ceux que i'ay enuoyez pour le prendre. Et ne l'auez vous point veu? dit Iphigene. non, respondit Mieslas, de peur que la pitié de sa ieunesse ne me fist plaindre sa fortune, & retracter du dessein que i'auois resolu de faire executer sur lui. Ce dessein là, repartit Iphigene, est hardi, & il est à craindre que venant à se sçauoir (estant bien malaisé que de semblables traicts ne viennent à la fin en euidence) il n'en arriue de deux maux l'vn, ou que vous tombiez en la disgrace du Roi, qui aura sans doute en horreur vne si estrange procedure, ou que le desespoir d'vne telle violence, ne face resoudre ce ieune Seigneur à conseruer sa
vie

vie pour auoir la vostre, & se vanger à quelque prix que ce soit de cet affront là, qui est le plus grand de tous ceux que l'on puisse faire à vn homme. I'ay bien d'autres moyens, repliqua Mieslas, pour arrester sa fureur. la prison où ie l'enuoye, le tiendra dans son enceinte, iusques à ce qu'il ait escumé sa colere. Quant à celle du Roi, ie croy lui auoir rendu des seruices capables de contrepeser cet acte, qui se changera plustost en risée qu'en punition. Ce n'est pas à moi, dit Iphigene, de vous donner conseil, ni de syndiquer vos entreprises, ie sçay le respect que ie vous dois, & l'honneur que ie suis obligé de vous rendre, la seule apprehésion que i'ay de vous voir acceüillir par quelque malheur, me fait parler de la sorte. Ie vous ay dit souuent, repartit Mieslas, que vous estes trop conscientieux pour vn Palatin, & que si vous ne quittez ces vains scrupules qui vous rongent, vous n'estes pas pour pousser vostre fortune iusques au dernier bout. il y a des entreprises qui se commencent auecque blasme & hazard, & qui s'acheuent auecque gloire & auantage. Dans le monde il faut oser & donner quelque chose à l'auanture; celui qui a tant de circonspections pour acquerir, n'arriue iamais à de grandes richesses, il n'est que de prendre, & puis on s'accommode apres à loisir. I'ay tousiours appris, respondit Iphigene, que le scrupule est vne vaine doute, qui nous fait estimer mal ce qui ne l'est pas, mais ce n'est ni superstition, ni scrupule d'appeller mal ce qui l'est si visiblement, & de moy ie vous auoüe que i'aimerois mieux & viure, & mourir pauure, que de me rendre riche par de mauuaises voyes: si vous appellez cela humeur, ie l'appelle raison, & ie me tiens si fortement à cette raison là, que rien ne m'en peut faire departir, non tous les biens, ni tous les sceptres du Monde. C'est ce qui me tient en suspens iusques à ce que nous sçachions l'euenement de cette auanture. Ne vous en mettez pas en peine, dit Mieslas, mais seulement de donner autant de satisfaction à cette belle Princesse qui vous est venu treuuer, comme vous m'en venez de donner par les promesses que vous m'auez faictes de reconnoistre ses affections par vos seruices, & de faire suiure

mes

mes prieres par voſtre obeïſſance. De ce pas ils allerent voir la Princeſſe, de laquelle ie ne veux ni repreſenter les émotions, ni reciter les paroles, me contentant de dire, qu'Iphigene qui eſtoit la meſme accortiſe & biendiſance, n'obmit aucune ſorte d'honneurs, de complimens, de ciuilitez & de belles paroles, pour entretenir cette Dame en ſon feu, & emplir les voiles de ſes eſperances de mille proteſtations auſſi friuoles que le vent; ſi bien que rauie d'aiſe de ſe voir comme au but de ſes pretenſions, elle cingloit ſur vne mer de deſirs, & ſe paiſſoit de contentemens imaginaires. Toute la fable d'Almerie, la Diane des bois, fut redite auecque de nouuelles couleurs qu'Iphigene couchoit auecque tant d'artifice, que l'émail n'a point tant de grace ſur l'or, que ſes propos auoient d'eſclat en ſa bouche. La nuict appellant chacun à la retraitte, on vint auertir Iphigene, qu'il y auoit vne Dame en ſa ſale qui deſiroit parler à lui pour vne affaire d'importance. Lui qui eſtoit la meſme courtoiſie, principalement vers les Dames, lui va à la rencontre: mais elle l'ayant prié de l'oüir en

H 3

particulier sur ce qu'elle auoit à lui dire, l'ayant fait entrer en sa chambre, elle lui dit ; Monseigneur, sous cette perruque & cet habit de femme vn homme est caché. A ces mots Iphigene surpris, ioint qu'il faisoit vn peu obscur, il crût que c'estoit Liante. Ha! mon frere, dit-il, que venez vous faire ici? n'est-ce pas vous ietter à la boucherie, & vous precipiter à la mort? vous ne sçauez pas l'outrage que Mieslas vous veut faire. Monseigneur, reprit l'hôme trauesti, vous me prenez pour quelque autre, ie suis Menoque l'vn des seruiteurs d'Aretuze vostre Mere, & qui auois esté mis à la suitte de Madame vostre femme, pour la seruir au Chasteau que le Palatin vostre Pere lui auoit donné pour prison. Là elle me gaigna le cœur premierement par pitié, depuis par presés, en fin par promesses & par asseurances que vous auriez agreable le seruice qu'elle desira de moi, qui estoit de la tirer de prison. Ce que ie fis heureusement en la couurant d'vn de mes habits, ie la fis sortir, & qui plus est, ie l'amenay iusques en ce lieu, où elle me commanda de prendre l'habit que vous me voyez, tandis qu'elle alloit par la ville
s'enque

s'enquerant de vous & apprenant de vos nouuelles; ici lui furent confirmées celles qui la firent resoudre à vous venir treuuer, pressée de jalousie & de l'apprehension de vous perdre, par la passion qu'on lui auoit rapporté que vous auiez pour vne Bergere de ces forests voisines, passion si forte que vous estiez resolu de l'espouser. Mais son malheur a voulu qu'à l'arriuée de Mieslas elle a esté remarquée par quelques-vns de sa suitte, ou de vos domestiques, & prise par eux pour Liante son frere, à cause des traicts de visage qu'elle a semblables, & de l'habit d'homme qu'elle portoit: Sur cette erreur ils l'ont saisie par le commandement de vostre Pere, & m'a-t-on dit qu'il la renuoye en Podolie dans le mesme Chasteau où Liante estoit enfermé: mais quand elle sera reconnuë, ie croy qu'ils la remettrõt au mesme lieu où elle estoit auecque sa Gouuernante Perpetuë. Et moy, Monseigneur, ie suis demeuré ici abandonné de tout secours, sans autre espoir qu'en vostre pitié, sans autre attente qu'en vostre misericorde. Si i'ay failli en la seruant en ses desirs, qui ne procedoient que de

H 4

l'extreme & incôparable affection qu'elle a pour vous, ie suis ici pour en receuoir telle punition qu'il vous plaira ordonner. Si vous ne me iugez point coulpable, ie me refugie fous voftre protection contre les fureurs de Mieflas, qui me fera mettre en pieces; s'il fçait que i'aye contribué quelque chofe à fa deliurance : car il ne redoutoit rien tant que de la voir aupres de vous. Iphigene voyant qu'il finiffoit ici, lui demanda s'il ne fçauoit point d'autres nouuelles que celles-là de Modeftine. Non, dit Menoque, car n'ofant me defcouurir, ie n'ay osé m'enquerir d'autres particularitez. Sur quoy Iphigene reconnut auffi toft d'où venoit la nouuelle qu'Acarde lui auoit portée, & le voile tomba de deuant les enigmes qui l'auoient tenu fi long temps en fufpens. Mais ce fut pour lui chëoir de la poëfle en la braife; car s'il auoit de la paffion pour Liante, il auoit beaucoup d'affection pour Modeftine; & à n'en point mentir, s'il euft defiré changer de fexe, c'euft efté feulement pour eftre vrai mari de Modeftine, n'ayant iamais treuué entre toutes les filles aucune qui mieux qu'elle meritaft ritast de posseder & son corps, & son cœur. Mais les obstacles que la nature opposoit à ce dessein, estans insurmontables, si l'Amour estoit pour Liante, l'amitié estoit pour Modestine, & quelques auantages que l'Amour ait sur l'amitié, si est-ce que celle-ci aux occasions ne laisse pas de produire des effects signalez, & de grands témoignages de bienueillance. Et certes Iphigene eust beaucoup perdu de la gloire de son bon naturel, s'il n'eust aimé celle qui outre la longue nourriture qu'il auoit prise auec elle, la conformité de leurs humeurs, & la liaison de leurs ames, lui venoit encore de rendre vne preuue si remarquable de son Amour, en s'exposant à tant de perils pour le venir chercher, & ioüir du bonheur de sa presence. Aussi apres auoir mis Liante en seureté, tout son soin se tourna vers Modestine, comme vers l'object qui auoit plus de besoin de son secours, & ayant congedié Menoque apres lui auoir conseillé de se tenir à couuert sous cet habit de femme, & mesme de sortir peu, iusques à ce que Mieslas fust retourné à la Cour, & promis toute protection & assistance

H 5

contre qui que ce fuſt, ſe reconnoiſſant ſon obligé au ſeruice qu'il auoit rendu à Modeſtine, il emplit ſa main d'vne ſomme notable, pour arres des biens qu'il lui vouloit faire, l'aſſeurant de le tirer de peril & de neceſſité. Là deſſus il s'alla ietter au lict accablé de tant de diuerſes penſées, qu'à peine peut-il fermer la paupiere de toute la nuict ; car ſon cœur partagé entre Modeſtine & Liante, tiraillé en ces deux diuerſes parts ne ſçauoit à quoi ſe reſoudre. Ne pouuant donc prendre de repos, il enuoya eſueiller Boleſlaüs de grand matin, pour prendre auis de ce fidele conſeiller de ce qu'il auoit affaire en cette occurrence. Il lui raconta ſommairement ce que Menoque lui auoit dit, & craignant que Modeſtine venant à eſtre reconnuë par les Satellites de Mieſlas, & que pour lui complaire ils ne la tuaſſent, il eſtoit en vne extreme perplexité. auſſi de courir à ſon ſecours, c'euſt eſté contredire à ce qu'il auoit faict entẽdre à ſon Pere & à la Princeſſe, du peu d'eſtat qu'il faiſoit de cette eſpouſe, dont il ne ſembloit deſirer que la ſeparation ; n'y aller point & ne l'aſſiſter point en vne ſi preſſante

sante necessité, lui paroissoit vne ingratitude qu'il ne pouuoit digerer. D'autre costé estant certain de la cruauté de Mieslas, & du mauuais dessein qu'il auoit contre Liante, il pensoit n'auoir pas assez suffisamment prouueu à sa seureté, le tenant si pres de ce fier Sarmate. Et bien que les Palatins soient puissans dãs leurs Gouuernemens, & n'ayent rien à commander dans les Palatinats des autres, neantmoins la qualité de Pere donnoit à Mieslas ie ne sçay quelle auctorité dans celui de Plocens, qu'Iphigene n'eust pas laissé vsurper à vn autre. Ayant communiqué au vieillard toutes ces peines, il lui dit ; Monseigneur, il arriue assez souuent que les ieux sont les prognostiques, & s'il faut ainsi dire, les prologues des serieuses occurrences : vous auez voulu dans ces forests voisines faire les vostres, & peut-estre qu'apres cela le Ciel veut faire les siens ; vous auez faict vestir Liante en fille, tandis que sa sœur s'habilloit en homme, & vous recherchiez celui-là sous cette feinte, tandis que celle-là vous recherchoit en son deguisement. Celui-là vous aime auecque perplexité, parce qu'il vous

croit

croit homme: celle-ci est jalouse de vous, parce qu'elle ne vous croit pas fille. Non content de cela, vous nous auez mis en peine pour vostre plaisir, & nous y voici contre vostre gré; vous auez voulu iouer le personnage de Modestine, tãdis qu'elle representoit celui de Liante, vos amis ont esté trompez en vous, & vostre Pere en elle. voyez vn peu comme toutes ces choses s'enchainent. Ce n'a point esté sans vne particuliere Prouidence du Ciel, que nous-nous sommes exemptez de l'affront que les villageois nous vouloient faire, & Dieu vueille nous continuër la mesme grace, pour nous tirer des labyrinthes où ie preuoy que nous allons entrer. Certes il seroit besoin du filet d'vne prudence plus forte que la mienne; mais puis que vous me faites l'honneur de me croire, veu que ma fidelité vous est si connuë, ie ne puis que ie ne continuë de vous assister iusques à la mort & de ma teste, & de mes mains, & de mes auis, & de ma vie. Le remede que vous pourriez apporter à Modestine, est bien tardif; car depuis le temps de sa prise elle est infailliblement ou morte, ou remise en sa prison,

ioint

LIVRE XIII.

ioint que courant ou enuoyant apres, vous descouuririez des pensées contraires aux paroles que vous auez auancées, ce qui preiudicieroit à vne personne de vostre condition, qui ne doit iamais estre surprise en duplicité. Le meilleur est donc d'attendre des nouuelles asseurées de cet euenement, & le prendre de la main de Dieu tel qu'il pourra estre. Si elle est morte, iugez que vos regrets ne lui redonneront pas la vie, & qu'aussi bien est-ce vne creature dont la priuation vous doit estre d'autant plus aisée à souffrir, que la nature vous en interdit la ioüissance. Mais c'est à la conseruation de Liante que vous cherissez par dessus tous les mortels, que vous deuez applicquer vostre soin, vostre auctorité & vostre puissance. Neantmoins comme les plus larges fleuues sont ceux qui coulent auecque moins de bruict, aussi à mon auis sont-ce les meilleurs iugemens que ceux qui conduisent leurs affaires auecque plus d'attrempance, & moins de rumeur, plus d'effect, & moins de lustre. La plus seure garde que puisse auoir Liante, c'est le secret & le silence. Faites semblant d'ignorer où il est,
& laissez

& laissez Piside, Argal, & Pomeran en l'erreur où ils sont demeurez qu'il est Almerie; cachetez d'vn seau d'auctorité les leûres d'Arcade, par vne seuere deffense de reueler ce mystere; deffendez à Humbert & à ses gens de declarer ce qu'ils sçauent de ce Seigneur. Que si nonobstant tous ces voiles Mïeslas est auerti du lieu de sa retraitte, nous le ferons aisément euader de cette contrée, ou couler de nuict en quelque cachette qui ne sera connuë que de peu. Si faut-il promptement lui donner auis de tout ce que nous auons appris depuis nostre arriuée, dit Iphigene, & qui deputerons-nous pour ce message là? vous semble-t'il pas qu'Arcade y soit propre? Ie ne vous conseille pas, reprit Boleslaüs, de confier ce secret qui vous touche en la prunelle de l'œil, ni à Arcade, ni mesme au papier; car cettui-ci se peut esgarer, & l'autre corrompre. si vous me iugez propre à cela, vous auez tout droict de me commander: car vous estes l'vnique Maistre que ie sers, & que ie seruirai iamais. Mon Pere, dit Iphigene, se iettant au col du vieillard, & baignant son visage de larmes, vous continuez

tinuez toufiours de m'obliger és chofes qui me font les plus fenfibles, & que ie tiens plus precieufes que ma vie, faites moi donc cette courtoifie d'aller treuuer de ma part celui pour qui ie me conferue, & pour lequel conferuer il n'y a force que ie n'employe, ni refpect de Pere que ie ne viole, puis que le choififfant pour Efpoux, ie le dois preferer à Pere & à Mere. Vous me ferez vne lettre viuante, & ie m'affeure que vous lui reprefenterez beaucoup mieux comme tout fe paffe, que ie ne lui fçaurois efcrire ; en vne feule chofe vous pourrois-ie furmonter, ce feroit à lui reprefenter mes affections : car il n'y a que la langue dont le cœur eft picqué, qui puiffe naïuement exprimer les fentimens d'vne ame paffionnée. Boleflaüs pour contenter l'impatience d'Iphigene, partit auffi toft auec cette commiffion, & à peine eftoit-il arriué auprès de Liante, que le mefme iour arriuerent à Mieflas, qui auoit lors fon fils auprès de foy, les nouuelles de la defcouuerte de l'imaginaire Liante, dont voici l'hiftoire. Ceux qui auoient eu charge de la conduite de Modeftine deguifée en hôme,

eftans

estans arriuez en lieu où ils estimerent pouuoir executer auecque seureté leur mauuais dessein en la personne de cette innocente, ayans pour cela gaigné vn Chirurgien pour vne grande somme, & l'ayans faict masquer, de peur qu'estant reconnu par celui auquel ils vouloient faire vn si horrible affront, il ne fust sujet à la recherche ou à la vengeance, la pauure creature fut liée & garrottée estroitement, ni plus ni moins

Qu'vne brebis obeissante
Que l'on meine sacrifier,
Qui dedans sa gorge innocente
Reçoit le couteau sans crier.

Soit que la modestie lui liast la langue, ou que la grandeur de l'outrage lui ostast par vn saisissement soudain l'vsage de la parole, elle fut quelque espace sans s'enquerir de ce qu'on vouloit attenter sur sa personne; à la fin comme reuenuë d'vne profonde pamoison, & ayant plus d'apprehension de la perte de son honneur que de celle de sa vie, elle s'escria comme vne fille qui reclame de l'aide quand on la veut forcer: car elle s'imagina qu'ayant esté reconnuë pour telle, ces bourreaux
voulussent

voulussent assouuir en elle leur brutal appetit. Mais elle apprit d'autres nouuelles par celui qui porta la parole, & qui lui dit comme si elle eust esté Liante, qu'il falloit se resoudre à imiter le Castor poursuiui par la meute, ou de perdre tout à faict la vie, que s'il estoit sage, de ces deux maux il deuoit choisir le moindre, & sauuer le tout par la perte d'vne partie. En vn mot, il lui fit entendre la volonté de Mieslas, qui estoit de le rendre Eunuque inuolontaire, puis qu'il n'auoit pas voulu se rendre tel volontairement & sans violence en embrassant l'estat Ecclesiastique. Alors Modestine se voyant reduitte à cette extremité, crût qu'il estoit temps de se declarer, & de faire tomber des yeux de ces personnages les escailles qui les offusquoient ; neantmoins ce fut apres auoir encore tenté ce moyen, qui fut de leur protester qu'il estoit prest d'obeïr à la volonté de Mieslas, & de se ranger tout à faict au seruice de l'Eglise, les suppliant de differer leur attentat iusques à ce qu'ils eussent sa derniere responce. Là dessus, le dé en est ietté, repliqua le chef de la troupe, il ne

Tome 2. I

faut point attendre d'autre determination que voſtre choix. ce n'eſt pas à nous à interpreter les commandemens qui nous ſont faicts, il n'eſt pas temps de parlementer, mais d'agir, eliſez la main du Chirurgien, ou celle qui vous plongera le poignard dans le ſein. Ici Modeſtine reconnut que c'eſtoit en vain qu'elle auoit tenté ce dernier remede, & qu'il falloit parler tout à bon. Barbare, lui dit-elle, aurois-tu bien le courage de plōger cette lame dedans le ſein d'vne fille innocente, qui eſt bien capable de receuoir la mort, mais non pas l'affront que tu me viens de propoſer? Il y a autant de difference entre celui à qui tu penſes parler & moy, qu'entre le frere & la ſœur, qu'entre Liante & Modeſtine, ie ne ſuis point celui-là, ie ſuis celle-ci, la belle-fille de ton Maiſtre cruel & impie, la femme d'Iphigene, qui ſçaura bien vanger ma mort, ſi tu me tuës, ou mon honneur, ſi tu me fais le moindre affront. Voyez, dit le Barbare, quelle inuention ce galand a treuué ſur le champ, pour ſe tirer du naufrage, tant l'eſprit ſe rend ſubtil aux extremitez du danger? mais nous n'en ſommes pas

venus

venus iusques là pour demeurer en si beau chemin, il le faut mettre en estat de ne pretendre iamais à la possession de Madamoiselle Clemence, c'est vn morceau reservé à vn plus grand Seigneur que lui. Alors il se voulut mettre en deuoir de faire vne recherche bien differente de celle que les Bergeres voulurent faire de Liante dans la prison de la forest de Plocens. Quelle resistance eust peu faire cette pauure brebis au milieu de tant de Loups? la chaste Andromede eut recours à ses larmes, eau forte & capable de grauer sur les marbres, & de cauer les cœurs plus endurcis que les rochers. Elle les coniura par tout ce qu'elle estima deuoir auoir plus de force sur ces ames brutales, de vouloir au moins reconnoistre à ses cheueux si ce qu'elle disoit de son sexe & de sa condition, n'estoit pas veritable. Alors sa perruque estant leuée, on vit s'espandre sur ses espaules des tresses blondes comme l'or, & longues iusques à la ceinture. ce qui les estonna ; encore crûrent-ils que ce fust vne illusion. Elle les supplia de desboutonner son pourpoint, & de voir en son sein vne dispo-

sition correspondante à sa cheuelure. Alors (s'il est permis d'vser de cette comparaison) comme Israël reconnut par le voisinage du deçà du Iourdain, l'excellence de la terre de promesse qui leur deuoit couler le laict & le miel, ou pour parler plus humainement, comme de la suauité des montagnes on iuge du territoire des vallées: de mesme le Chirurgien qui estoit present, & qui se connoissoit aux dispositions du corps humain, asseura voyāt les tertres de son estomac, le naturel de la plante. Si bien que cette coniecture suffisante deuoit seruir de bride à leur curiosité, si le desastre qui n'auoit pas encore mis cette miserable en assez mauuais point, pour en estre retirée par miracle, n'eust encore voulu faire éclaircir ces Tigres par l'entremise de quelques anciennes & honnorables matrones, qui affermerent en leur conscience (apres auoir traitté cette Dame auec toute sorte d'honneur, & sans vne plus ample visite que de son sein & de ses cheueux) que c'estoit vne fille pleine d'autant de pudeur que de vertu & d'integrité. Quelques brutaux que fussent ces Barbares, si
ne

ne peurent-ils s'empescher que la froide peur ne s'emparast de leurs esprits, & qu'ils ne deuinssent aussi estonnez

Que celui là qui dessous l'herbe
Presseroit vn serpent caché,
Releuant sa teste superbe
Et son col de marques taché,
Tout prest d'vne langue traistresse
De picquer le pied qui le presse.

Ils se crûrent perdus pour vn tel affront faict à vne telle femme, ne croyās pas que iamais vers elle ni sō mari il y peust auoir lieu de pardon pour eux. Aussi à la verité sans la rencōtre d'vne vertu signalée, n'estoit-ce pas là vn outrage qui selō le monde ne se peut lauer que dans le sang des offensans? Les voyla qui font ensemble vne consultation pour rendre leur derniere erreur pire que la premiere. Le sang de l'innocente est mis en balance, le chef de cette bande malheureuse propose de la faire mourir, disant qu'ils pourroient se iustifier vers Mieslas de cette action par la resistance qu'ils feindroient leur auoir esté faicte, & adioustant que par ce moyen il seroit libre à Iphigene d'espouser la Princesse Respicie, sans s'arrester à tant de formalitez. Cette affaire est mise en deliberation, & balottée de part & d'autre, à la fin le Ciel pitoyable, dont les yeux regardent les Iustes & veillent sur leur conseruation, fit contre le cours ordinaire du siecle, où les mauuais conseils l'emportent sur les bons, preualoir le meilleur & le plus sage auis en faueur de cette captiue. Ce qui me fait souuenir de l'expedient que donna Ruben à ses freres, pour sauuer la vie à Ioseph. Il fut doncques conclud que l'on surseoiroit vne execution si cruelle, iusques à ce que l'on eust auerti Mieslas de cette rencontre, & pris vn nouueau commandement sur cette occurrence. Prudente pensée, & que la pitié fit naistre en ces cœurs qui sembloient en estre priuez. Et ce furent ces nouuelles-là qui arriuerent au Palatin de Podolie, tandis qu'il estoit auec Iphigene, le messager adioustant du sien par maniere de galaterie, que d'vne poule ils n'auoient peu en faire vn chapon. Voyla comme selon le texte sainct les meschans se resioüissent en leurs trahisons, & se glorifient quand ils commettent des offenses. Ce qu'Iphigene auoit appris

de

de Menoque touchant la prise de Modestine, le rendit moins estonné de cette nouuelle; mais Miéflas en fut surpris & fasché en mesme temps; surpris de la nouueauté du faict, & de l'incertitude où il se treuua de l'impression que cet euenement feroit en l'esprit de son fils, qu'il croyoit deuoir beaucoup ressentir cet affront faict à vne personne qui lui estoit si côioincte, & fasché de voir qu'au lieu de Liante qu'il pēsoit rayer du nombre des hommes, il ne tenoit qu'vn fantosme, & qui estoit le pis, que le dessein qu'il auoit d'outrager ce Seigneur, estoit descouuert, & que venant à sa connoissance, il euiteroit soigneusement de tomber en ses mains, ou peut-estre par desespoir il se porteroit à quelque memorable vengeance. Neantmoins dissimulant son maltalent, & ne faisant pas paroistre son déplaisir, il feignit de tourner cet euenement en risée, ne pouuant neantmoins se tenir de protester que si iamais Liante venoit en ses mains, il lui feroit vn mauuais parti. Alors Iphigene, celui que vous lui auiez dressé, estoit bien le plus cruel & le plus sanglant que l'on puisse faire à vn

I 4

homme, & ie ferois marri que cela eust esté entrepris dans mon Palatinat : car i'ay tellement en horreur l'iniustice de cette procedure, qu'il n'y a sorte de pouuoir & d'effort que ie n'employasse pour l'empescher auant qu'elle fust attentée, ni sorte de vengeance & de supplice que ie ne fisse sentir à ceux qui l'auroiét mise en execution. Et si ie l'auois commandé, dit le fier Mieslas. Monsieur, repartit brusquement Iphigene, ie sçay ce que ie vous dois comme à mon Pere, mais ie sçay aussi ce que ie dois à mon Roi, à ma Prouince, au peuple qui n'est commis, à la Iustice, & à ma conscience. Le Grand Alexandre refusa à sa Mere vne grace qu'elle lui demandoit, parce que à son iugement elle n'estoit pas iuste. Comme vostre fils ie vous dois la vie, mais ie dois les honneurs & les biens que ie possede, à mon Roi, & mon Gouuernement à mon espée. Vous sçauez que la jalousie de regner fait mesconnoistre les enfans aux Peres, celle de commander fait aussi mesconnoistre les Peres aux enfans. I'ay autresfois leu dãs l'histoire qu'vn fils Consul Romain ayant faict descendre de cheual

cheual son Pere, pour lui rendre l'honneur qui estoit deu à sa magistrature, en fut loüé de son Pere mesme, & de tout le Senat & le peuple Romain, comme faisant ceder les droits de la nature qui estoient particuliers, à ceux de sa charge qui estoit publique. Et ie vous dis ceci Monsieur, affin que pas vn des vostres ne soit si osé que d'entreprendre aucune chose contre Liante, s'il se treuue dans les terres de mon Palatinat, autrement ie le ferois perir d'vne mort si cruelle, que son supplice seruiroit d'vn exēple d'horreur à la posterité. Et que ces brutaux qui ont faict vn si grand affront à celle qui est encore mon espouse, ne soient pas si temeraires que de se presenter deuant moi, car viue Dieu deuant qui ie suis, ie leur passerois & repasserois mon espée au trauers du corps pour punition de leur insolence. Le fier Mieslas qui n'auoit pas accoustumé de souffrir de semblables caresses sans repartir aussi tost de la main que de la langue, se sentant comme brauer par celui qu'il estimoit lui estre sujet, eut de la peine à se retenir. il le fit neantmoins lié par vn certain respect que la vertu & la verité ont de coustume d'imprimer dans les esprits les plus brutaux & les moins traittables. Filant doux il repliqua, Iphigene, ie voy bien que contre vostre coustume vous entrez en colere, & que cette passion vous porte hors des bornes de la reuerence que vous me deuez, ie pensois auoir plus de creance vers vous, & plus de credit sur vos terres que ie n'en ay, mais souuenez-vous que pour grand que vous ait faict le Roi, nulle loy humaine ne vous peut emanciper de l'obeïssance que vous me deuez par celle de Dieu comme à vostre Pere. En me contrariant vous plaidez contre vousmesme; car ne voyez-vous pas que ie ne trauaille que pour vous, & que ie n'amasse que pour vous faire riche? voulez-vous deffaire ce que ie desseigne pour vostre bien? voulez-vous conseruer ceux que ie veux destruire pour vous establir? ne ressemblez-vous pas au Pan, qui descoure la maison où il loge, & au lierre qui abbat la muraille qui le soustient? Monsieur, reprit Iphigene, chacun fait comme il l'entend & est artisan de sa bonne ou mauuaise fortune, ie ne veux nullement

fonder

fonder la mienne sur les maximes que vous tenez, ni en cela suiure vos voyes. Si ie suis homme de bien, i'ay desia assez de richesses & d'honneurs par la pure liberalité du Roi mon Seigneur & mon bon Maistre; si ie suis meschant, ie n'en ay que trop. Et ie tiens à vne speciale faueur du Ciel cette image de disgrace qui m'escarte de la Cour, qui m'empesche d'atteindre à ce haut & dernier degré de fortune enuié de tout le monde, & qui met ceux qui y sont esleuez en la haine publicque, & aux termes de tout craindre, quand ils n'ont plus rien à esperer. Et à n'en point métir, i'aimerois mieux estre reduit à l'extreme periode de la misere, que de m'en tirer par l'iniuste acquisition du bien d'autruy, resolu, si i'espouse la Princesse, de renoncer à tout ce que ie pourrois pretendre de Modestine, sans gesner sa liberté en la contraignant de se ietter dans vn Cloistre, & moins celle de Liante, qui m'a souuent dit n'auoir nulle inclination aux liures & à l'Eglise, mais aux armes & à la guerre; & il pourroit bien arriuer, si de bon soldat il se fait bon Capitaine, qu'il vous fist rendre les armes
à la

à la main en sa maiorité, ce que vous aurez vsurpé sur lui durant la foiblesse de sa minorité. De moy ie ne veux point mesler ainsi le bon auecque le mauuais, ce que i'ay de iustement acquis par don de Roi, auecque ce que vous aurez amassé par de semblables pratiques. Il faut auoir l'esprit iuste, & y conseruer vne volonté constante & perpetuelle de rendre à chacun ce qui lui appartient; les biens mal-conquis ressemblent aux plumes d'Aigle qui rongent les autres, & au ver qui gaste les meilleurs fruicts. Les desseins de Dieu sont bien autres que ceux des hommes, & ses voyes bien differentes. Peut-estre que vous desireriez que des successeurs de vostre nom heritassent du bien de Liante, & que Dieu permettra que des heritiers du bien de Liante portent son nom & possedent vostre bien. Dieu est puissant, & qui fait tous les iours des reuolutions plus grandes. Ceux qui pour auoir des biens superflus commettent des iniquitez & des iniustices, tombent ordinairement dans la confusion, & deuient leur substance comme le foin qui croist sur les toicts, qui se seche deuāt
la

la moisson, duquel les laboureurs n'emplissent iamais leurs granges, & qui ne tombe iamais sous le fer du faucheur. Ce discours, dit ici Mieslas, est enfant de vos scrupules, & naist du peu d'experience que vous auez aux affaires du monde. Il vous semble qu'il n'y ait qu'à ouurir les voiles pour y receuoir le vent de la faueur, comme vous auez faict iusques à present : mais si vne fois la fortune vous est contraire, vous-vous attacherez à ce que vous pourrez, & pour vous soustenir vous prendrez à toutes mains aussi bien que les autres. Mais i'apperçoy au trauers les cendres d'vne froideur dissimulée qui paroist en vos propos, des charbons ardans que vous auez encore dans le sein pour cette Modestine que vous appellez vostre femme, bien qu'elle ne le fut iamais de corps, & moins de cœur, selon vostre aueu mesme, puis que vous reconnoissez n'auoir consenti que des leures à son mariage ; & tant vous estes simple, vous regardez Liante comme s'il estoit vostre beau-frere, encore qu'il ne vous touche en rien. A dire la verité, repliqua Iphigene, ie n'eu iamais beaucoup

d'amour

d'amour pour Modeſtine, ouy bien de l'amitié autant qu'il ſe peut : car ſi l'on ſe haſle inſenſiblement au Soleil, & ſi l'on ſe parfume aupres des odeurs, il eſt impoſſible que la longue nourriture que vous m'auez faict prendre aupres de cette fille, n'ait ietté en mon ame des racines de bienueillance, qui me font auoir ſon bonheur en deſir, & ſon mal en horreur; car ie le dis de bon cœur, ie l'aime comme ma ſœur, & par vne meſme raiſon Liante comme mon frere, & en cette qualité nous-nous ſommes donné ſi ſouuent la main d'aſſociation, que ie penſerois eſtre vn traiſtre & vn monſtre execrable à Dieu & aux hommes, ſi ie penſois à lui procurer du mal. C'eſt pourquoy, Monſieur, ie vous prie par tout ce qui peut auoir quelque aſcendant ſur voſtre courage, de mander promptement que l'on ne face aucun tort à Modeſtine, autrement i'iray moi-meſme à ſon ſecours. Que ſi vous voulez la retenir encore en ce Chaſteau où vous l'auiez enfermée, iuſques à ce que la diſpenſe pour la quitter, ſoit arriuée de Rome, i'y conſens, mais auecque telle condition qu'eſtant

prouueu

prouueu à vn autre, vous la marierez selon sa qualité, autrement ie lui remplacerai du mien propre ce que vous lui retiendrez du sien, protestant de faire pareille condition à Liante, & qui plus est, de me rendre tellement leur protecteur enuers & contre tous, que ie poursuiurai à feu & à sang quicõque leur voudra faire quelque outrage. Ie preuoy dõc, repartit Mieslas iettant le feu par les yeux, que nous aurons vne querelle à demesler ensemble. Monsieur, repartit Iphigene, ie baiseray tousiours les armes, & baisseray l'estendard où vous paroistrez, mais hors vostre personne i'auray pour mortels ennemis ceux qui attenteront quelque chose contre des creatures qui me sont si amies. De moy ie vous declare que de qui que ce soit ie ne suis ami que iusques à l'autel, c'est à dire, iusques où l'honneur de Dieu est offensé, & la Iustice violée. Si ie souffre pour vne si bonne cause, ie benirai mes persecutions, & la mort mesme si elle m'accueille pour vn tel sujet; vous suppliant tres-humblemét de m'excuser, si pour la iuste deffense de mes amis i'yse de ces paroles de precipitation, &

passe

passe les termes de la reuerence & de la modestie. Ie voy bien, repliqua Mieslas, que vous parlez comme vn Palatin dans son Palatinat, c'est à dire, en Roi, & non pas en fils, mais Dieu duquel vous me menacez, pourroit bien tellement renuerser vostre fortune, que vous seriez trop heureux de reuenir sous l'abri de mes aisles, & vous tapir sous mon auctorité. Monsieur, vous voyez que ie fais tout ce que vous voulez, & que ie iuge estre raisonnable, ie me marie sans ioüir de ma femme, ie me demarie, ie me remarie, & tout cela plus pour vostre plaisir, & pour vous aggreer, que pour suiure mon inclination, vous estes le roc dont ie suis le poulpe, ie ne reçois que vos couleurs, ie suis de cire à toutes vos impressions, & si ie maintiens vn ami, vous criez à la desobeïssance. Pardonnez-moy, Monsieur, si ie dis que c'est mal reconnoistre la sincerité de mes intentions, & me donner sujet de me seruir de la liberté que Dieu m'a donnée, liberté qui est en mon ame, ame que ie tiens de Dieu, n'ayant de vous que ce chetif corps, que i'ay moi-mesme en horreur quand ie contemple sa misere.

misere. Encore le voulez-vous tout ieune qu'il est, attacher à vne vieille, qu'il seroit plus à propos que ie reuerasse pour mere, ou au plus pour belle-mere, que d'auoir à la caresser comme femme, comme si l'Amour qui naist de nostre election estoit enfant du deuoir. A la fin, dit Mieslas, qui se sentoit poindre au vif, & saisir à la colere, vous en direz tant que ce sera trop, & ma patience violentée se tournera en fureur, & vous m'obligerez à vous témoigner par quelque boutade combien ces propos me déplaisent. Monsieur, reprit Iphigene, ma douleur est si iuste, & mon sentiment si legitime, que si ie ne m'esmouuois de l'outrage faict à ma femme, ie serois indigne du nom de mari ; & de celui de beau-frere & d'ami, si ie ne m'opposois de tout mon pouuoir au malheur qui menace Liante. Le pis qui me puisse auenir, est de perdre par vos mains la vie que vous m'auez donnée, mais de perdre l'honneur & la foi, c'est ce que ie ne ferai iamais. Alors Mieslas creuant de rage, & ne pouuant plus durer en sa peau, & par (il iura tout outre) nous verrons, Monsieur le Galand, si Liante tombe vne fois entre mes mains, comme vous m'empefcherez d'en faire à ma volonté. Quant à Modeftine, fon innocence me fait pitié, joint que fon fexe la met à l'abri de ma colere ; & puis le deffein qu'elle a de fe faire Religieufe, lors que vous ferez marié à vne autre qui vaut mieux ni qu'elle, ni que vous, me la fera traitter moins rigoureufement, ie me contenterai de la remettre dans le Chafteau d'où elle s'eft fauuée, fous vne garde plus feure qu'elle n'auoit, ou bien de la ranger fous la conduite d'Aretuze, qui fçaura bien veiller fur fes deportemens, & executer fur elle ce qui fera de ma volonté. Ie voy bien que deformais vous voulez faire des voftres, & vous gouuerner à voftre tefte, mais en vous croyant prenez garde à ne prendre le confeil d'vn fol, car le repentir en fera le falaire. La Cour vous a appris des libertinages que vous auez referué à mettre en pratique lors que vous feriez en voftre Palatinat, & enflé de la faueur du Roi vous prenez des licences contre ma volonté, en vous efcartant de ma fujettion. Et bien, ie prendray patience, & faifant vertu de la neceffité, i'endurerai

en

en attendant le temps de m'en ressentir; que si vous ne vous resoluez à espouser la Princesse, qui vous fait cette grace de desirer vostre alliance, ie ne veux point que le Ciel me pardonne iamais, si iamais ie vous le pardonne. Monsieur, repliqua Iphigene, nous ne sommes hommes que par la raison, & la raison ne se manifeste que par la parole; ie suis homme de l'vne & de l'autre, & qui ne manquerai iamais à ce que i'ay promis, pourueu que les conditions apposées à ma promesse soient executées. L'vne est la dispense de Rome, l'autre qu'elle me vueille en l'estat où ie suis. Pleust à Dieu, reprit Mieslas, que la premiere fust aussi tost preste que la seconde; car à la passion qu'elle a pour vous, ie sçay qu'il n'y a disgrace de Prince, ni estat si miserable auquel elle ne s'estimast heureuse de vous auoir: & moy ie l'estime malheureuse d'auoir mis son affection en vn sujet tant ingrat, & qui reconnoist si peu & son Amour & son merite. Le voyage de Rome n'est pas si long, dit Iphigene. Non, reprit Mieslas, mais les longueurs sont telles en cette Cour en l'expedition des affaires, les gens qui les gouuernent y vont si lentement, & auecque tant de consideration, & ils espeluchent les moindres circonstances auecque tant de pointilles, que c'est vne mort de traitter auec eux; leurs decisions sont vraiment de la Rotte, car comme le tour d'vne roüe recommence sans cesse, leurs determinations n'ont point de fin, & la vie se consumant à la poursuitte, on a plustost treuué le bout de ses iours, que la resolution de ces subtilizeurs & raffineurs de negociations. Si bien que nous renuoyant à eux, & ne pressant point l'affaire autrement que vous faites, le flambeau de la vie de la Princesse sera reduict en cendre auant que de la voir terminer, en cela semblable à celui qui auoit promis au grand Turc de faire parler vn Elephant, mais qui prit vn temps si long qu'il falloit de necessité ou que l'animal, ou le grand Seigneur, ou l'entrepreneur fussent morts, & en l'vn des cas il estoit quitte de sa promesse. Ie vous protesté, Monsieur, respondit Iphigene, que ni ouuertement, ni couuertement ie ne mettray aucun obstacle, ni ne procureray aucun retardement à cette dispense, n'ayant exposé en

ma

ma requeste que ce que ma conscience me dicte estre tres-veritable. Aussi d'en solliciter l'auancement, c'est chose, à mon auis, que ie ne dois, ni ne puis faire auec honneur, estant assez que ie me tienne en l'indifference, & que i'attende en cet estat le mouuement de l'Ange du grand Conseil le Vicaire de Nostre Seigneur, qui reside à Rome, & preside à toute l'Eglise, pour me ietter en la piscine, me rendant humblement à l'effect de la prouidence de Dieu sur moi en cette occurrence. Ne vous voila pas reuenu à vos scrupules? dit Mieslas, quand serez-vous gueri de ce mal de bigotterie? Ie vous asseure que ce que les autres Peres souffrent de déplaisir pour les desbauches de leurs enfans, ie le ressens pour vostre trop grande retenuë. Pour vn homme du monde vous estes encore bien niais. Mon ami, si vous perseuerez en cette sotte humeur, vous verrez sans que la fortune vous manque, que vous manquerez à la fortune, ce qui est bien la plus grande faute qu'vn bon esprit puisse commettre en sa vie. ne voulez-vous pas en fin vous seurer de ces impressions là, & vous mettre en liberté? La vraye liberté, dit Iphigene, consiste en l'entiere soumission à Dieu & à son Eglise pour le regard de la conscience, comme pour le faict de la Police & de l'Estat à dependre absolument des volontez du Souuerain. qui prend vne autre route, se fouruoye de tout le Ciel & de toute la terre. A ce que ie voy, reprit Mieslas, vous n'estes pas pour conclurre, moins pour consommer vostre mariage auecque la Princesse en ce voyage, ainsi qu'elle & moi l'auions esperé. Monsieur, respondit Iphigene, cela est tellement esloigné des loix de l'honneur, que ie ne sçay comme vous me proposez cela, & comme elle y pense; car si ma requeste estoit reiettée à Rome, & mon mariage auecque Modestine declaré bon, dites-moi ie vous prie, en quel desordre nous serions, & quelle confusion couuriroit son visage? y a-t'il Roi au monde qui peust remedier à cela? Le Pape Chef de l'Eglise n'a-t'il pas souuent refusé de semblables dispenses à des Rois? veu que nul homme, fust-ce le Pape mesme, ne peut diuiser ni separer ce que Dieu a vne fois conioinct. Tout ce qu'il peut en ceci, n'estát que de declarer que

LIVRE XIII.

que Dieu n'a point conioinct des personnes dont les corps sont impuissans, & dont les volontez n'ont point esté conformes. Ie vous supplie dōc de ne presser point d'auantage cette affaire, si vous ne voulez me faire cabrer tout à faict, & de n'essayer point le pouuoir que vous auez sur moi, en vne chose où la conscience m'oblige de ne vous rendre point d'obeïssance. Plus vous m'y pousserez, plus ie m'en retirerai, & plus vous penserez m'engager en la bienueillance, plus vous enfoncerez l'auersion dans mon ame. Qu'on ne me parle point de secondes nopces que les premieres ne soiēt aneanties, iusques là ie garderai ma foi entiere & inuiolable à Modestine. ie mourrois plustost de mille morts, que de demordre d'vn brin de cette iuste resolution. O pauure Princesse, s'escria Mieslas, que tu as mal logé tes pensées en ce brutal, qui sous ombre de Pieté se mocque de ton Amour! Monsieur, dit Iphigene, la foi que ie garde à celle à qui ie suis encore, la doit asseurer de ma fidelité, si le Ciel permet que ie lui appartienne; ie ne sçay ce que c'est de feindre, & ie ne donne

K 4

point mon cœur à moitié. Mais, Mõsieur, il semble que vous ayez entrepris de ruiner sa feste, & de me faire prendre le reuers de vostre volonté; car tout ce que vous faites pour me lier à elle, est cela mesme qui me deslie, veu qu'il n'y a rien qui suffocque plustost l'Amour que la cõtrainte, ni eau forte qui efface si promptement le bienfaict que la reproche. Ie sçay qu'elle est Grande, riche, noble, & qu'elle a beaucoup de dignes qualitez; mais outre que mon Roi me peut rendre tel qu'il n'y aura point de parti en son Royaume que ie puisse égaler, ne sçauez-vous pas que l'Amour à qui on met vn bandeau sur les yeux, ressemble au Ciel, dont les regards sont tous retournez au dedans, n'ayant esgard qu'à soi-mesme? La fumée n'a point plus de force pour attirer le feu, comme l'Amour à attirer la bienueillance; à qui nous donne son cœur, il faut rendre necessairement le nostre. L'inclination que i'ay à honnorer cette vertueuse Princesse, ne prouient que de la passion que ie sçay qu'elle a pour moi, & la peur d'estre estimé ingrat me porte plus à son seruice, que le desir
de

de m'enrichir, & de m'aggrandir par son alliance. Mais toutes choses ont leur temps; celui-là n'est pas encore venu auquel i'aye à lui appartenir entierement, iusques là il faut que nous suspendions nos affections, & que nous les balancions sur les aisles de l'esperance. Iphigene, repartit Miestas, de toutes les imperfections qui peuuent souiller vne ame, il n'y en a point qui me soit tant odieuse que l'hypocrisie; vous faites ici le delicat & le conscientieux quand il se parle de mariage, & vous ne faites point de difficulté d'aller dedans les bois à vne autre chasse qu'aux bestes fauues. Ne seroit-ce point cette nouuelle flamme que vous auez admise en vostre cœur pour cette villageoise que vous m'auez depeinte en Diane, qui vous rēdroit moins sensible pour Respicie que vous ne deuriez estre? Par (il acheua de iurer tout à faict selon sa brutale coustume) si ie croyois que ce fust ce sujet là qui vous diuertist, apres l'auoir traitté comme ces villageois qui vous ont voulu offenser, ie l'enuoyerois apres eux en exil, & peut-estre plus loing que la Moscouie, car ie lui ferois changer à la

mort la vie. Monsieur, repliqua Iphigene, pardonnez-moi si ie vous dit que vous puniriez l'innocente pour le coulpable; car quel peché est-ce à vne fille d'estre aimée, si ce n'est à vostre iugement vn aussi grand mal d'estre aimable comme d'aimer? & si aimer honnestement est vn mal, que ne le punissez-vous aussi bien en la Princesse qui m'aime, comme vous le voudriez chastier en celle dont i'honnore la dexterité & la gentilesse plus que ie ne cheris sa beauté? Mais tout ainsi que la foudre ne bat que le front sourcilleux des montagnes, espargnant l'humilité des vallées, ie croy que vostre colere ne s'eslancera point contre la bassesse de sa condition & la fragilité de son sexe, veu que les femmes ont ce bien en leur foiblesse d'estre exemptes de la vengeance des hommes les plus mutins. Ioint qu'estant sur les terres de mon Gouuernement, qu'and l'affection legitime que i'ay pour sa vertu, ne m'animeroit point à sa deffense, ce que ie dois à la charge de Palatin, dont il a pleu au Roi m'honnorer, m'obligeroit à employer mon auctorité & ma puissance pour deffendre le foible de la
violen

violence du fort. Ie voy bien, dit Mieslas, que si nous-nous entretenions d'auantage, nous tomberions en de fascheuses paroles, & peut-estre en de pires effects; ie ne croyois pas estre si mal receu en vostre Gouuernement, ni qu'vn enfant ingrat que i'ay si bien esleué dans ma maison, me deust si mal traitter dans la sienne. Monsieur, dit Iphigene, il est en vous de disposer de ma vie, de mes biens, & de mes honneurs, mais ma conscience est pour Dieu, & quelque hypocrite que vous me croyez, celui qui sonde les reins, & qui iuge les cœurs dont il voit les pensées, sçait que ie vous honnore en lui autant qu'vn Pere le peut estre de son fils. Ils se separerent de cette façon assez peu satisfaicts l'vn de l'autre. Mieslas alla treuuer la Princesse, à laquelle quoy qu'il dissimulast, il ne peut faire aucun bon rapport: ce qui la mit en vne peine telle qu'on la peut imaginer en vne femme de son courage, altiere d'humeur & pour la noblesse de son sang, & pour la grandeur de son rang, & pour la multitude de ses richesses, mais qui aime esperduëment, & qui se voit à trauers tout cela en quelque

façon

façon mesprisée. Quelque temps après Iphigene la fut visiter; de raconter ce qui se passa en leurs entretiens, ce seroit remplir ces pages de passions, qui sont mieux reües que sceües, & meilleures coniecturées que racontées. Ce que i'en puis dire en vn mot, est que l'affection de Respicie lui faisoit en sa poursuite ioüer le personnage d'vn Amant qui s'essaye par toutes sortes de persuasions de charmer le courage d'vne personne aimée, & la froideur d'Iphigene le rendoit semblable à vne fille; que la modestie oblige à témoigner à ceux qui la recherchent vne pure indifference, & vne simple soumission de ses volontez à celles de ses parens. Tout son bouclier estoit en l'attente de l'Oracle qui deuoit venir de Rome, ce qui affligeoit autant Respicie, comme le Palatin en estoit soulagé, ce renuoy lui donnant le loisir de respirer, & d'acheminer doucement les desseins qu'il auoit pour Liante. Dedans le Monde on voit souuent de beaux habits, mais on ne sçait pas en quelle part ils blessent ceux qui les portent. La Cour est le theatre des dissimulations, & sous des fronts de roses le

cachent

cachent des cœurs trauerſez d'eſpines. tel rit au viſage qui pleure dans le cœur, & parmi les feſtes, les feſtins, & les pompes les plus ſolennelles ſe meſlent les querelles, les jalouſies, & les plus ſenſibles meſcontemens. Tout ce que la magnificence pouuoit ſuggerer à Iphigene pour regaler ſon Pere & la Princeſſe, ſoit en danſes, en banquets, en compagnies, en courſes de bague, en Comedies, en promenades, en chaſſes, bref en toutes ſortes d'honneſtes esbatemens, ne fut pas eſpargné. Mais las comme il ne faut qu'vne petite Remore pour arreſter le cours d'vne grande nauire, vne chetiue nuict pour nous oſter les rais du Soleil, la moindre fluxion pour nous oſter le gouſt des meilleures viandes, & bien peu d'abſinthe pour faire perdre la douceur à beaucoup de miel, de meſme

Parmi ces belles apparences
Viuoient de ſecrettes ſemences
De ſoucis arroſez de pleurs,
Et ils auoient en leurs poitrines
Des cœurs auſſi percez d'eſpines
Que leur teinct eſtoit plein de fleurs.

Voyla comme le Monde entretient ſes ſujets,

sujets, & comme il leur donne le fiel auecque le sucre, & iamais aucune satisfaction qui soit pure. Car en fin hors le point sans lequel toutes ces caresses n'estoient rien, que pouuoit souhaitter cette Princesse qu'elle ne possedast auec abondance? la presence de l'object aimé, sa conuersation ordinaire, les protestations de son affection, & toute la bonne chere imaginable estoient à l'entour d'elle, mais vne attente importune suspendant tous ces plaisirs, les lui faisoit paroistre comme des songes. Tout ce qui la soustient dans les inquietudes qui l'accablent, c'est la solennelle protestation qu'Iphigene lui reïtere souuent de la prendre pour femme, quand il sera destaché de l'obligation qu'il a à Modestine, adioustant tousiours cette clause, pourueu qu'elle le vueille pour mari lors qu'il sera en la liberté de se prouuoir. Clause qui offensoit les oreilles de Respicie, comme reuoquant en doute sa constance, & la resolution qu'elle auoit prise de se donner irreuocablement au beau Palatin; mais nous verrons en son temps qu'elle saignera du nez, & qu'elle sera la premiere à se
desdire

-desdire de sa recherche. Cependant elle meurt de langueur auprès de son remede, & au milieu de tant d'occasions de ioye elle ne peut empescher que ses souspirs à la desrobée ne témoignent sa douleur. Mais parce que la rime a plus de grace que la prose pour les exprimer, qu'il me soit permis de les representer par ces vers, où elle se plaindra

DE L'INCONSTANCE
DES HOMMES.

LE mal m'outrage trop, ie ne m'en sçaurois taire,
 Et les ressentimens ne s'en peuuent passer.
 Infidele Iphigene he! qui vous peut forcer
A promettre vne chose, & faire le contraire?
Mais quoi? c'est de son ame vn effect ordinaire,
 Et mon cœur ne s'en peut iustement offenser;
 Car malgré ses sermens ne dois-ie pas penser
Que des hommes la foi c'est chose imaginaire?
Cette constante foi dont ils cajolent tant,
 Ne sert rien que de fard à leur cœur inconstant,
 Puis que le changement est leur plus grande gloire,
Et leur fidelité si l'on croit aux effects,
 Est comme le Phœnix vne fable en l'histoire,
 De qui l'on parle assez, & qu'on ne vit iamais.

Tandis qu'elle souspirera de la sorte, & qu'elle sera comme vn Tantale alterée

au

au milieu des eaux, allons voir comme se comporte Boleslaüs en son ambassade. Arriué qu'il fut aupres de Liante, mon Pere, lui dit ce Seigneur, vostre venuë me resioüit comme celle du Soleil, quand il chasse les ombres que la nuict auoit respanduës sur la terre. Car durant celle-ci i'ay faict le songe le plus extrauagant, & qui m'a tenu en la plus grande peine que ie ressentis iamais, parce qu'il me sembloit qu'eschapé des ongles de ces harpies que i'estrillai si proprement dans la prison de la forest, i'estois tombé en celles de ces Barbares, qui me visitans tout lié que i'estois, m'auoient en fin treuué fille, ce qui me tenoit en vne agonie nompareille ; car à n'en point mentir, ie choisirois aussi tost la mort qu'vne si malheureuse condition : & quelque bien que me vueille mon frere, ie le prie de ne me souhaitter iamais tant de mal; & ce qui me tenoit encor plus en ceruelle, estoit cette brutale nouuelle qu'Arcade nous auoit apportée du dessein de Mieslas sur moi, lequel ie m'allay imaginer que ces bourreaux auoient executé en ma personne. Mais en fin le resueil m'a tiré de

cette

cette agonie, & vostre venuë deuoilant toutes ces enigmes, me deliurera de tout ennuy. Ie ne fus iamais auec Artemidore du conseil de Morfée, dit Boleslaüs, mais il y a de l'apparence que par quelque sorte de transpiration, ou, ce qui est plus probable, par le moyen des esprits les euenemens esloignez se portent aux absens, & se presentent à eux en dormant auecque des deguisemens estrãges. Tout ce que vous auez songé n'est que trop vray, car le Liante dont Arcade vous a annoncé la prise, n'est autre que vostre sœur qui venoit en habit d'homme chercher son mari, picquée de la jalousie d'Almerie; la pauurette s'estoit sauuée de sa prison, mais à l'arriuée de Mieslas à Plocéns elle a esté prise pour vous, & liurée à des Satellites qui ont charge d'executer ce qu'Arcade nous a rapporté : mais ie croy que s'ils en viennent iusques à vne si effrontée recherche, qu'ils se treuueront bien trompez, & que l'apprehension d'estre chastiez par Iphigene, leur fera chercher leur seureté dans la fuitte. Si cette nouuelle effraya doublement Liante, i'en fais iuge celui qui sçait combien

Tome 2. L

est sensible à vn frere honnorable l'affront faict à vne sœur. Que si nous considerons d'autre part combien la peau est plus precieuse que la chemise, le danger où il se voyoit exposé par la proximité & la rigueur de Mieslas, ne le tenoit pas en vne petite transe. Il se vouloit enquerir de plusieurs particularitez qui concernoient Modestine, mais Boleslaüs ne lui en peut apprendre que ce peu qu'il en sçauoit par le rapport de Menoque, & d'Arcade; bien l'asseura-t'il que le Palatin de Plocens minutoit vne haute vengeance de ces Barbares, s'ils attentoient rien d'outrageux sur vne personne qui lui estoit si chere. Et quant à lui qu'il le venoit asseurer qu'il exposeroit sa vie pour sa deffense contre les fureurs de Mieslas, duquel il ne deuoit aucunement redouter la prise, tant parce qu'Iphigene estoit le plus fort dās son Gouuernemēt, que parce que Mieslas ignoroit le lieu où Liante estoit, les Cheualiers mesme qu'il auoit veus dans la forest, estans tousiours en l'opinion qu'il fust Almerie. Nonobstāt toutes ces raisons l'allarme fut si chaude dans le cœur de ce Cheualier, que iamais
la

la confiance n'y peut auoir d'entrée. Il auoit trop de connoissance de l'humeur altiere, imperieuse & brutale de Mieslas pour s'y fier, l'experience de sa prison & du mauuais traittement passé frappoit viuement sa memoire. Si bien que ne mettant son salut qu'en ses talons, il crût que le seul esloignement de ces lieux où il auoit couru tant de dangers, le pouuoit garantir du naufrage. Il dissimula neantmoins prudemment son dessein à Boleslaüs, de peur qu'il ne s'y opposast par ses persuasions, ou par l'auctorité d'Iphigene. Il amusa donc ce vieillard de diuers entretiens, feignant vne grande asseurance contre les assauts que la crainte lui donnoit, assauts qui lui faisoient souuent repeter, mais est-il bien possible que Mieslas ait proietté contre moi vne entreprise si desnaturée? Et comme Boleslaüs l'en asseuroit, voyez le Barbare, disoit Liante, ne se contente-t'il pas d'engloutir tous les biens de nostre maison, d'arracher ma sœur des bras de son fils, si encore comme vn autre Saturne il ne deuore ceux qu'il auoit comme par adoption rendu ses enfans? quel Curateur, ou plustost quel devorateur est celui-là ? quel monstre d'Affrique ? quel Tigre d'Hircanie ? Boleslaüs pensant l'auoir mis en repos par l'asseurance de la protection d'Iphigene, prit congé de lui pour aller à Plocens apprendre d'autres nouuelles, lui promettant de lui en faire part. Mais Liante qui ne minutoit que sa sortie, dressa aisément le dessein de sa retraitte : car n'estant pas prisonnier dans ce Chasteau, il lui fut aisé de s'escarter de ceux qu'on lui auoit donnez non tant pour garde que pour deffense, & de faire vn trou à la nuict. Et ce fut sans doute son bon Ange qui le pressa de quitter ces funestes riues, qui lui estoient plus dangereuses que ne sont aux nochers de la mer Tyrrhene les gouffres de Scylle & de Carybde. Car soit que Mieslas se vouluft vanger sur cette Bergere imaginaire de la liberté de parler dont Iphigene auoit vsé deuant lui, soit qu'il s'imaginast que ce fust le seul obstacle qui le retardoit en la recherche de la Princesse, persuadé de cela par la Princesse mesme, il ne manqua pas de sçauoir en peu de temps où estoit ce Chasteau dans lequel Iphigene auoit faict retirer cette

fille

LIVRE XIII.

fille supposée. Car comme il est malaisé de celer ce qui s'est faict à la veüe d'vne grande compagnie, soit que Pomeran desiraft par ce moyen diuertir son ami de cette passion pour vne villageoise, qu'il estimoit ridicule, soit que quelqu'vn des gensdarmes corrompu par argent eust reuelé ce secret à Mieslas, il se desroba durant vne nuict, & bien accompagné fut à la porte de ce Chasteau, où il s'introduisit finement sous le nom d'Iphigene. Il demande Almerie, on lui respond que Liante n'y est plus, il croit que l'on se mocque de lui; le Maistre de la maison d'autre part pense estre mocqué, & se fasche de se voir braué en son logis, & qu'on on y soit entré sous le nom du Palatin. Comme ils sont sur ces contestations, Mieslas craignant que durant ces debats on ne fist euader ce qu'il cherchoit, fait visiter tous les recoins de cette demeure par ceux de sa suitte. Ni Liante, ni Almerie ne sont treuuez, car ils estoient alors en vn mesme lieu inconnu aux Palatins de Podolie & de Plocens. Le iour estant arriué, Iphigene ayant appris le depart de Mieslas, & sçeu qu'il estoit allé prendre

L 3

Almerie au giste, representez-vous en quel trouble il se vit, & quel desordre se mit en ses pensées. Mais en fin l'Amour plus fort que tout respect, le fit aussi tost monter à cheual, & ayant assemblé tant de gens qu'il ne pouuoit manquer d'estre le plus fort, il s'en alla la teste baissé, en resolution de deffendre son ami contre la violence de son Pere. Sans doute la rencontre eust esté sanglante, si Liante se fust treuué pris : car pour le prix d'vne telle victoire il n'y a effort que n'eust faict nostre Amazone. Il arriua auprès du Chasteau, comme Mieslas apres vne exacte recherche estoit prest d'en sortir. A la chaude Iphigene estoit d'auis de charger s'en reconnoistre, estant resolu de r'auoir Liante ou de mourir : mais Boleslaüs tempera cette impetuosité, & lui remonstra qu'auant que venir à cet effect, il falloit estre certain de la cause. On s'enquiert si Liante estoit pris, on respond qu'Almerie ne s'estoit point treuuée dãs le Chasteau. Il m'importe peu d'Almerie, repliqua Iphigene, pourueu que Liante soit libre. Vous pouuez penser, lui dit Boleslaüs à l'oreille, que si Almerie n'est pas prise, Liante

LIVRE XIII.

Liante est sauué, car ils vont tous deux d'vn mesme pas & sous vn mesme habit. Parmi tout le trouble de ses pensées Iphigene fut contraint de sousrire au propos du vieillard. La rencontre du Pere & du fils fût pareille à celle des Planettes de Mars & de Saturne, dont les aspects ne dardent que de malignes influences. Leurs regards furent trauersez, & si la force du sang ne les eust tenus en deuoir, leur choc eust faict vn éclat de tonnerre. Mieslas parla le premier, & dit à son fils : Ie croy que c'est là vn Chasteau enchanté, où l'on respond tout au contraire de ce que l'on demande, ie demandois vostre Diane, & l'on m'a dit que Liante n'y estoit plus, vostre beau-frere a-t'il donc esté en ce lieu-ci ? Monsieur, repartit Iphigene auec émotion, estes-vous venu en ces lieux pour faire des enquestes ? monstrez quelle commission vous en auez du Roi, autrement permettez-moi de vous dire comme Palatin de cette contrée, que vous n'auez que faire d'y venir chercher ni l'vn ni l'autre. Si est-ce que si i'eusse treuué ou l'vn ou l'autre, ie leur eusse bien faict connoistre

quel est mon pouuoir, & tous vos efforts eussent esté bien foibles pour les retirer de mes mains. Il vous est permis comme estant mon Pere, de me parler ainsi, reprit Iphigene, car à tout autre qu'à vous ie ferois bien sentir quelle est ma puissance sur les terres qui dependent de mon auctorité. Au demeurant Monsieur, il me faut dire si vous auez l'vn ou l'autre, car ie mourray en la place, ou ie le ferai lascher à ceux qui le tiennent, & quoy que vous sçachiez dire ou faire, rien ne m'empeschera de mettre en pieces tous ceux qui vous accompagnent, si on ne me les remet : car de souffrir cette breche en ma charge, & que sur mon visage on saisisse des personnes qui sont en ma protection, c'est ce que ie ne souffrirai point. Alors le fier Sarmate entra en vne si grande colere, que partant de la main il venoit fondre sur le Palatin de Plocens comme vn tourbillon, si cettui-ci autant adroict à cheual, que l'autre estoit brutal & farouche, n'eust dextrement esquiué, & laissé passer l'impetuosité de ce torrent. Alors ceux qui l'accompagnoient s'estans mis entre-deux pour empescher qu'ils ne se
ioignis-

ioigniſſent, vous euſſiez veu le fier Mieſlas eſcumant ſa rage, & l'eſpée à la main menaçant de la tremper dedans ſon propre ſang, qui eſtoit celui d'Iphigene, lequel n'ayant pas mis ſeulement la main ſur la garde de la ſienne, eſtoit reſolu de ſe laiſſer tuër pluſtoſt que de ſe deffendre contre ſon Pere. Mais comme pour perdus que ſoient les enfans, il leur reſte touſiours en l'ame vn rayon de reuerence paternelle; de meſme il y a touſiours dedans le cœur des Peres, quelque colere qui les anime côtre leurs enfans, vn ſecret Aduocat qui plaide leur cauſe, & qui leur fait tomber les armes des mains. Cela parut en cette occurrence, car quelque mine qu'il fiſt, il fut bien aiſe qu'on s'oppoſaſt à ſa fureur, & que l'on donnaſt loiſir à ſon courroux de ſe raſſeoir, aimāt mieux le deſgorger en paroles qu'en effects, & en menaces qu'en eſtocades. Cette foudre brute fut pareille à ces orages ſoudains, qui apres beaucoup d'eſclairs, de tõnerres, & de bruict ne verſent qu'vn peu de pluye. La bataille ne fut pas grande, parce que ſa fougue paſſa ſoudain: mais s'il ſe fuſt opiniaſtré au combat, ſans

doute la meslée eust esté sanglante, car Iphigene estoit enuironné de gens qui n'estoient pas resolus de le laisser perir, & qui pour le deffendre eussent exposé librement leurs vies. Apres tout, il se verifia que ni Liante, ni Almerie n'estoient entre les mains ou en la puissance de Mieslas, ce qui accoisa vn peu Iphigene, qui croyoit au commencement que ce fust vne feinte pour l'amuser, tandis que par vn stratageme malicieux on donneroit loisir aux meschans d'exercer leur cruauté sur la personne prise. Le Seigneur du Chasteau l'asseura qu'il s'estoit euadé le iour precedent sans en auertir personne, les gensdarmes, ausquels Iphigene fit mille reproches, affirmerent le mesme. & Boleslaüs le coniurant de se contenter de cette deposition, se remettant au téps pour en sçauoir de plus particulieres nouuelles; Mon bon homme, dit-il, vous me voulez faire croire qu'il est sauué maintenant qu'il est perdu, & ie vous dis, repliqua Boleslaüs, qu'il estoit perdu s'il ne se fust perdu de la sorte. Ha quel salut! reprit Iphigene, & que cette fuitte me causera d'ennuis. En fin le Pere & le fils
se

se raccosterent, & Mieslas ne rabbatant iamais vn seul point de sa fierté; Par (dit-il en iurant) ie croy que vous me voulez tirer des mains ceux que ie n'ay pas, & pleust à Dieu qu'il y fust, car on osteroit aussi tost la massuë de celles d'Hercule, que de l'arracher de mes pattes. Ie louë Dieu, Monsieur, que les choses soient en l'estat qu'elles sont: car à n'en point mentir, i'aurois bien de la peine à voir maltraitter deuant moi des personnes dont la conseruation m'est precieuse. Mais encore, dit Mieslas, ne pourrai-ie sçauoir si c'est Liante? Monsieur, respondit Iphigene, l'equiuoque vous abuse, c'est Almerie, qui s'estant vestuë en homme pour aller à la chasse, & faire d'autres exercices violens auecque plus de liberté & de disposition, sous l'habit d'homme se fait appeller Calliante, nom que ie lui ay imposé à plaisir, & qui veut dire Belle-fleur. Quelle Belle-fleur? reprit Mieslas, vraiment elle a bien faict de s'esuanoüir de deuant moi, car iamais la gresle ne fit vn tel rauage sur les prez que i'en eusse faict sur ses espaules, si i'eusse attrapé cette friponne. Monsieur, repliqua Iphigene, ie croy

croy qu'en ma confideration vous l'euffiez efpargnée, & qu'à fa feule veüe vous
euffiez reconnu qu'elle eft vne fleur plus
pure, & de meilleure odeur que vous ne
penfez. Ie n'en penfe, reprit le Sarmate,
que ce qu'il faut penfer d'vne galande
qui fe traueftit en homme, pour broffer à
trauers des bois en la compagnie des
chaffeurs. Vous en croirez ce qu'il vous
plaira, Monfieur, dit Iphigene, voftre opinion ne la rendra ni pire, ni meilleure
qu'elle eft, ces Gentilshommes qui l'ont
veüe & frequentée, fçauent affez que ma
Diane a le croiffant de l'honneur fur le
front, & que iamais il n'a faict d'eclipfe ;
bafte que fon bonheur l'a retirée de vos
mains, & Dieu garde ainfi la Lune des
Loups. quelque part qu'elle foit, ie lui
confeille de fe cacher fi bien qu'elle ne
tombe point fous vos ferres, puis que ie
voy que vous la prenez pour autre qu'elle n'eft. Auecque ces propos qui eftoient
auffi peu fans émotion que fans picotte-
rie, ils regaignerēt la Cité, Iphigene ayant
toufiours la main à fa playe, c'eft à dire, la
penfée retournée vers fa perte. Le nocher
qui eft parmi les efcueils agité d'vne fiere
tourmen

tourmente, & qui n'a plus deuant les yeux sa chere tramontane, n'est point en plus grand desordre que nostre Iphigene ne sçachant où estoit allé son cher Liante, qui estoit la lumiere de ses yeux. Ses plaintes me font souuenir de celles que fait le braue Nisus chez le plus fameux des Poëtes Romains sur l'esgarement de son Euryale. O de quel œil vit-il la Princesse à son retour, la croyant l'vnique cause de tous ces vacarmes! Le dirai-ie? il lui monstra tant de froideur, & il rabbatit tant de ces courtoisies & complimens dont il se faisoit appeller le maistre, qu'à peine que le depit de se voir ainsi maltraitté, ne la guerit de cette playe que la beauté d'Iphigene auoit si profondement enfoncée dedans son cœur. Mais las! elle estoit incurable, puis que ni le temps, ni l'absence, ni la cruauté, ni le desdain, souuerains antidotes de cette langueur, n'y pouuoient apporter aucun soulagement. Mieslas mal content de son fils resolut de partir le lendemain pour aller en Podolie donner ordre aux affaires de sa charge, & de sa maison, comme aussi pour faire serrer plus estroittement Modestine, & ramener

ramener à la Cour auecque soy sa fille Clemence, & la donner pour quelque temps à la Reine, iusques à ce qu'elle espousast le Prince Cyrin. Voila les desseins de ce mutiné; que restoit-il à Respicie sinon des cheuaux de renuoy? Aussi fait-elle estat de reprendre les brisées de la Cour plus amoureuse que iamais des beautez d'Iphigene, mais moins satisfaitte de sa courtoisie. L'espoir seul qui ne nous quitte iamais au milieu des plus sanglants déplaisirs, resta dans le cœur de cette Dame, sur l'asseurance que lui reconfirma Iphigene de se donner à elle, si tost que la dispense de l'Eglise l'auroit rendu à lui. Auecque cela elle s'en retourne, & certes elle n'eust pas esté bien loing, si pour regarder en arriere elle eust senti la punition de la femme de Loth. Le soir qu'elle partit, Iphigene treuua vn billet sous sa toilette, dont les characteres & les sentimens accusoient la main & l'esprit de Respicie; il contenoit vne plainte que sans rapporter ses paroles il sera plus seant d'exprimer par ce

SONNET.

SONNET.

Vous m'auiez tant promis Ame trop peu loyale,
Et promesse que l'air emporte auecque soy,
Que vostre Amour seroit tousiours viuant par moy,
Et d'en garder le feu comme vn feu de Vestale.
Mais par vne inconstance à vostre humeur fatale,
Vous me faites le froid, & si ne sçay pourquoy,
Sinon que vous soyez sans parole & sans foy,
Et d'vne humeur bigearre & du tout inégale.
Vostre œil ne me vait plus qu'à peine & qu'à regret,
Ma presence vous porte vn déplaisir secret,
Et la douceur pour moy vous est vne contrainte.
Vous nommez ces froideurs feinte & discretion,
Mais cette seule feinte est vne fiction,
Et pratiquez le vray sous l'ombre de la feinte.

Il ne fallut point qu'Iphigene recourust au Sphinx pour l'explication de cette enigme; il vit bien que Respicie se plaignoit de lui, mais il craignoit moins que le depit la guerist de sa passion, que de voir (comme c'est l'ordinaire) renforcer sa flamme à la glace de son mespris. Qu'elle s'en aille contente ou mal satisfaitte, disoit-il en soi-mesme, il m'importe fort peu, aussi bien tost ou tard faut-il que son erreur se manifeste; & que venant à connoistre que ie ne puis remedier à son à son mal, elle en perde l'espoir par la connoissance.

O qu'il me seroit desirable
Que ie ne fusse miserable
Que pour estre dans sa prison,
Mon mal ne m'estonneroit gueres,
Et les herbes les plus vulgaires
M'en donneroient la guerison.

Mais la rigueur de ma fortune iamais lasse de me persecuter, me fait aimer d'vne façon si estrange,

Que pour comble de mes malheurs,
Sous les efforts de mon martyre
Seulement ie n'oserois dire,
Me sentant mourir, ie me meurs.

Ha! si en la presence de l'object qui me rauissoit, & qui m'est maintenant raui auecque tant de cruauté, ie n'ay pas eu le courage de lui manifester & mon estat & ma peine, comme le ferois-ie en l'absence, & telle absence que c'est vne perte entiere, puis que ie suis en mon desastre priué de ce seul bonheur de sçauoir où il est? He! Liante auez-vous bien peu vous separer ainsi de la personne du monde qui vous aime le plus, sans lui laisser cette consolation de l'auertir du chemin de
voftre

voſtre retraitte? car voſtre fuitte & ma ſuitte euſſent pris vne meſme briſée, & ſi vo9 m'euſſiez precedé cõme l'éclair, i'euſſe eſté apres vous comme la foudre. Iugez à ce diſcours combien eſt fort l'attraict de l'inclination. Iphigene n'eſt plus où il eſt, mais où il aime, & comme il ignore où eſt ce qu'il aime, il ne ſçait bonnement où il eſt, pareil à l'archer qui deſcoche ſans voir ſon blanc, & au coureur, qui ſans ſçauoir ſon but, enfile ſa carriere. Tant de biens & tant d'honneurs qui l'enuironnent, ne ſont que des fardeaux aux aiſles de ſes deſirs, il ſe tiendroit plus heureux s'il eſtoit d'vne condition plus miſerable. tant eſt veritable cette parole ſacrée, que ſi l'homme donnoit toute la ſubſtance de ſes biens pour la dilection, il penſeroit encor auoir faict peu de choſe. Ouy, car ni le poids de ſa charge, ni les charmes de la Cour, ni la ioüiſſance de tant de commoditez ne lui eſt rien au prix de la veuë de Liante; & s'il peut vne fois ſçauoir de quel coſté il a pris ſa route, nulle conſideration ne le pourra retenir qu'il ne ſe precipite à courir apres. De vous dire les exclamations qu'il fit contre la rigueur de son Pere, qui non content de l'auoir persecuté dés sa naissance, ne sembloit viser qu'à la ruine de ses contentemens, il seroit superflu. Boleslaüs qui vient pour le consoler en cette affliction, ne sçait par où s'y prendre; car Iphigene lui reprochant qu'il estoit aucunement cause de ce desastre, l'ayãt empesché de se descourir à Liante dans la forest, me voyla, disoit-il, semblable à ces nautonniers qui estans à la rade, & n'attendans que le vent ou la marée pour entrer dans le port, se voyent par vne bourrasque contraire remportez au milieu de la mer à la merci d'vn element si perfide. Priué de l'aspect de l'Astre de sa pensée, ce n'estoiẽt qu'obscuritez & que confusions en son esprit. I'ay horreur de l'abandonner plus long temps en la noirceur de cette tristesse, plus poursuiui & deschiré de ses regrets qu'Acteon ne le fut de sa meute, faisons lui iour par vne bluette de lumiere, mais estincelle qui le replongera en de plus sombres tenebres. A la verité ie ne m'estonne plus si pour faire vne bonne lame il y faut tant de façons, & si on la passe par tant de feux & tant d'eaux, tant de

mar

marteaux, & tant de pierres. Cette ame d'Iphigene née pour la perfection, deuoit souffrir les mesmes essais, affin de franchir toutes les difficultez dõt la fortune jalouse de sa vertu trauersera le cours de sa vie.

Mais en fin les malheurs esleuans sa vertu,
Seruiront de degrez à l'autel de sa gloire.
Plus il aura de maux, moins son cœur abbatu
Flechira sous le sort, remportant la victoire
Dessus ses ennemis en tout euenement,
Pour donner à l'histoire vn futur ornement.

Quelques inuentions que recherchassent ses amis, entre lesquels Pomeran, Piside & Argal tenoient les premiers rangs, il n'y auoit moyen de le diuertir de ses resueries. En dormant mesme il ne pouuoit treuuer la paix, ni la donner à ses pensées, car par le moyen des songes

Tantost ce cher object dont il fait tant d'estime,
Lui paroist à l'autel, où comme vne victime
On le veut esgorger.
Or il voit dans les fers sa liberté rauie,
Et tantost la fortune abandonne sa vie
Aux tristes accidens de quelque autre danger.
En ces extremitez ce fantosme s'escrie,
Iphigene, Iphigene, oste moi ie te prie
Des griffes du malheur.
La fureur le saisit, il met la main aux armes,
Mais le resueil l'arreste, & lors verser des larmes
Est l'vnique moyen de charmer sa douleur.

En fin après la reuolution de quelques jours, passez en ces melancholiques exercices, lors qu'il n'auoit aucunes responses des diuers lieux où il auoit enuoyé pour prendre le vent de la piste de Liante, au temps qu'il y pensoit le moins vn homme inconnu l'abborda, qui lui mit vn papier entre les mains, où il leut ces paroles.

LETTRE DE LIANTE A IPHIGENE.

PVis que la fortune de vostre maison, & l'infortune de la mienne, veut que ie perisse, treuuez bon, mon cher frere, que i'aille chercher à la guerre vn honorable tombeau ; le fer des armes ne me sçauroit estre si cruel, qu'il ne me soit tousiours plus fauorable que ce que la cruauté de vostre Pere, insatiable de mes peines, a desseigné d'executer sur moy. Vous n'ignorez pas ce que ie veux dire, ce qui m'empeschera de m'expliquer d'auantage, de peur de faire rougir ce papier, de ce qui ne peut estre raconté auec vn front sous lequel il reste quelque goutte de bon sang, ni projetté que par vn esprit
tout

tout à faict brutal, car c'est trop peu de l'appeller barbare. Ce sujet est capable de iustifier ma fuitte, que ie n'eusse iamais entreprise sans vostre congé, si i'eusse peu donner à mon ame autant de confiance en vos forces, que i'en ay en vostre bonne volonté; & en arracher la iuste deffiance qu'elle a conceüe de la fureur de ce Tartare. Tout mon déplaisir est de n'auoir peu auant la mort, où ie me vay précipiter, vous dire le dernier Adieu; & vous asseurer que mon affection pour vous suruiura mes cendres, & que la froideur du trespas n'aura point le pouuoir d'en alentir la douce chaleur. Si ie n'ay pas merité de viure aupres de vous, & en vostre seruice, au moins sera-ce pour vostre seruice que ie mourrai esloigné de vous; trop heureux en ce dernier effort, si ie vous pouuois faire voir le sacrifice que ie vous ferai de ma propre vie. Ie sçay que c'est l'intention de Mieslas, & que ie ne sçaurois rien faire au courant de mes iours, qui lui soit plus agreable que de les finir, affin d'assouuir l'extreme conuoitise d'auoir ce peu que mon Pere m'auoit laissé. O que pleust à Dieu qu'il ne tinst qu'à lui faire vn present de toutes ces richesses, pourueu qu'il me laissast le bonheur de vostre presence ! ie me tiendrois trop satisfaict. Perissent les biens cause de tant de troubles ; & que celui là fit bien de ietter les siens dans la mer, aimât mieux les perdre, que d'attendre qu'ils le perdissent. Certes ie ne penserois rien perdre si ie vous auois ; & ne vous voyant plus, ie n'ay plus rien à perdre que la vie, si c'est viure que de trainer des iours languissans en la priuation de ce que l'on a de plus cher au monde. Tout mon desespoir est, que m'en allant à la guerre, dont cet Estat est menacé par ce dernier mouuement, ie seray contraint par la dure loy de la necessité, d'embrasser vn party que ma conscience, & la voix publique tiennent estre le pire. Et le pire est-il veritablement, puis qu'en faict de reuolte le tort est tousiours du costé des rebelles, & la raison de la part du Souuerain. Mais auec quelle seureté pourrois-ie demeurer dans l'armée du Roi, où Mieslas ne peut manquer d'auoir des commandemens ? ne seroit-ce pas me liurer à mes ennemis, en faisant seruice à mon Prince ? Celui qui

qui veut mourir se presente au coup, c'est ce que ie veux faire, non desseruir sa Majesté, à qui ma maison doit toute sa fortune. Ie vous coniure, si vous estes rappellé à la Cour, d'y faire connoistre la sincerité de mes intentions, & d'asseurer que me iettant au parti des rebelles, ce n'est pas tant pour le soustenir & le fomenter, que pour le ruiner & le destruire; au moins si ma naissance me donne quelque rang & quelque creance parmi eux. Cependant ie vous dy le grand Adieu par ces lignes, moins noires de leur encre que de ma douleur. Adieu mon frere, autant aimé que vous estes aimable, & l'vnique idole de mon esprit. Adieu, puis que la malheureuse influence de nos estoiles nous separe. & puis que ie n'ay peu viure pour mourir à vos pieds, si ie meurs (à quoy ie suis determiné) que ie viue en vostre souuenance. Conseruez-moi tousiours quelque place en vostre memoire, & croyez que vostre nom & vostre idée seront à iamais les plus riches thresors de la mienne.

Ce discours n'estoit-il pas capable de faire mourir d'Amour celui qui n'eust esté accablé de douleur? O souspirs d'Iphigene, il faut que le vent vous emporte, car toute autre langue que celle du silence est incapable de vous exprimer. Ces mots furent de l'huille sur son feu, & du bois dans les flammes de ses inquietudes. Et bien Iphigene, vous-vous plaigniez de n'auoir point de nouuelles de vostre cher Liante, & en voici de plus affligeantes que n'estoit l'ignorance qui vous tourmentoit. Pauures humains cessons de souhaitter, puis que nos propres desirs nous sont contraires, & puis que le feu se met à nos blesseures par les mesmes remedes que nous pensons y appliquer pour l'esteindre. Mais pour bien entẽdre le fonds de cette lettre, & donner iour à la suitte de ce Narré, i'ay besoin de faire vne petite digression dans l'histoire de ce temps-là, & de monstrer l'estat où se treuuoit alors la Pologne. Le Monarque de ce Royaume a de coustume d'adiouster au tiltre de Roi, ceux de grand Duc de Lithuanie, Prusse & Russie, bien que l'Ordre des Cheualiers Teutons lui occupe vne partie de la Prusse, & l'Empereur ou grand Knets des Moscouites la plus

grande

grande part de la Russie; mais quant à la Lithuanie il l'occupe toute, & a raison de s'en dire grand Duc, car c'est vne Duché de fort grande estenduë. En la mer les gros poissons aualent les petits, au Ciel la venuë du Soleil fait eclipser les estoiles, & au Monde les grands Estats deuorent les petits, comme la verge de Moyse celles des Mages. Plusieurs Ducs de Lithuanie furent esleus par les Polonnois pour estre Rois en Pologne, & par ce moyen les Lithuaniens ayans regné en Pologne, ont faict regner la Pologne en Lithuanie. Car depuis Iagellon encore Idolatre, & qui se faisant Chrestien eut à son baptesme le nom d'Vladislaüs, & qui espousa Huduigue fille de Louys Roi de Hongrie & de Pologne, la Couronne des Polonnois iusques à nostre Roi Henri III. fut tousiours entre les mains des Iagellons, d'autant que ce premier eut pour successeur Vladislaüs son fils, apres lequel regna Casimire son frere, & en suitte Iean Albert fils aisné de Casimire, auquel succeda Alexandre le puisné, & au puisné Sigimõd le Cadet des enfans de Casimire, & à ce Sigismond Premier Sigismond

M 5

Auguste son fils, sous lequel est arrivé l'euenement que ie raconte. Tous ceux-là estans grands Ducs de Lithuanie de leur estoc, furēt esleuez par election au thrône Royal de Pologne. Et bien qu'ils tinssent conioinctement ces deux Souuerainetez, neantmoins elles estoient distinctes, & pouuoient estre separées. Ce n'est pas que les Polonnois ne fissent tous leurs efforts pour vnir cette belle piece à leur Estat; & attacher cette riche fleur à leur Couronne; mais les Lithuaniens s'y opposoient puissamment. C'en est ici la raison. Il n'y a point ie ne dirai pas de nation, mais de si petite Prouince dont le peuple ne fust bien aise d'auoir vn Prince de son creu; & en cela le vulgaire animal ondoyant & diuers ne sçait ce qu'il demande. Car estant auoüé pour maxime entre les plus sages Politiques, que les petites Principautez sont de grandes tyrannies, & qu'vne Souueraineté est d'autant plus iuste qu'elle est plus grande, qui ne voit que les moindres Souuerains voulans imiter les grands Rois en pompe, en appareil & en magnificence, pour soustenir cet esclat sont contraints de surcharger leurs peuples

LIVRE XIII.

peuples de foules extraordinaires? Les grands & larges fleuues coulent plus doucement sur la terre, que ces petits torrens qui font plus de bruict, & ont moins d'eau & de fonds, & qui ne sont que de peu de durée. Et à dire la verité, quand tant d'enfans tettent en vn sein, il ne faut pas s'estonner si les mammelles en sont bien tost taries. Ce qui se remarque en l'Allemagne & en l'Italie, nations iadis si fleurissantes, & maintenant si descheües de leur ancienne splendeur, diuisées en autât & plus d'Estats que Xerxes ne fit de branches au fleuue Gindes pour tarir son cours. Au contraire de la France & de l'Espagne, qui se maintiennêt en gloire sous la conduite de deux grands Rois, qui soit vnis, soit desioints sont la terreur de toute la terre. Neantmoins les Lithuaniens malades de cette erreur populaire que nous reprenons, desiroient tousiours vn Duc particulier, & ne pouuoient se ranger à l'vnion auecque la Pologne. Les Rois en vnissant ce grand païs à leur Couronne, pensoient obliger les Polonnois à laisser succeder leur enfans à leur thrône, ce qui auint. Les Polonnois

d'autre

d'autre part ne vouloient pas quitter leur droict d'election. Les Lithuaniens fuyoiēt la suiettion des Polonnois, si bien que durant tous ces regnes que nous venons de nombrer, il y eut tousiours de temps en temps des sousleuemens & des reuoltes en la Lithuanie, accez fieureux, qui seruoient à tenir en haleine la valeur de la Noblesse Polonnoise. Car aussi tost que les Palatins de Lithuanie auoient quelque mescontentement à la Cour de Cracouie, ils se retiroient en leurs Palatinats, affin de brouiller tout par des factions & monopoles. Tantost ils se mutinoient, tantost ils battoient la campagne, tantost ils se cantonnoient en des places, tantost ils capituloient, & vouloient que les Rois fissent vne partie de l'année leur sejour à Vilne Capitale de Lithuanie; tantost ils vouloient participer aux honneurs & aux dignitez de la Couronne de Pologne, tantost ils ne vouloient point qu'aucun Polonnois pour le Roi commandast en leur païs, tantost ils demandoient de nouueaux priuileges, tantost ils se disoient maintenir les anciens: car la rebellion ne manque iamais de beaux pretextes pour
se

se rendre plausible, de mesme que ces laides femmes qui cachent leurs difformitez sous le masque ou sous le fard. Sigismond Premier fit bien tous ses efforts pour mettre fin à tous ces remuemens, & pour incorporer irreuocablement la Lithuanie à la Couronne de Pologne, appellant les Lithuaniens aux charges de l'Estat, & faisant quelques Polonnois Palatins & Castellans en Lithuanie. Mais comme il y a de certaines nations, bien que voisines, dont les humeurs sont tellement antipathiques qu'il est malaisé de treuuer vne soudure qui les vnisse perfaictement; ce qui est aisé à remarquer entre les Castillans & les Portugais, les Daufinois & les Sauoyards : aussi entre les Polonnois & les Lithuaniens il n'y auoit sagesse humaine qui ne fust deuorée à treuuer les accords qui leur peussent donner vne iuste harmonie. Leurs contestations estoient semblables à l'hydre qui foisonnoit par les retranchemens; c'estoit vne corde qui ne manquoit point d'estre pincée, & de sonner bien haut toutes les fois que les malcontens vouloient faire effor & se mettre en campagne.

pagne. Quelque paix que l'on fist, elle estoit à la Polonnoise tousiours fourrée, & ce n'estoit que ietter de la cendre sur des charbons ardans. Le Ciel n'est iamais si balayé de nuages, qu'il n'y ait tousiours quelques exhalaisons, ou quelques vents qui en troublent la serenité. Et pour calme que soit la mer, tousiours ses flots se debatent côtre ses riuages. Peu d'années se passoient en Pologne sans qu'il y eust quelque émotion en Lithuanie. Lors donc que Liante prit resolution d'aller perir dans les armes, les Palatins de Troc & de Minsce reuenus de la Cour mal satisfaicts, s'estoient liguez ensemble, & auoient attiré à leur cordelle ceux de Kiouie & de Poloce, plusieurs Castellans mesmes des autres Palatinats de Volhine, de Vitebscie, & de Mifcislau, s'estoient ioints à eux. Bref, c'estoit presque vn souleuement general de la Lithuanie, parce que Sigismond Second auoit determiné de mettre la derniere main à cette vnion, qui auoit tousiours esté si contestée. A peine Liante fut-il arriué auprès des Palatins de Troc & de Minsce principaux Chefs de cette mutinerie, qu'il
fur

fut accueilli d'eux selon que sa naissance le meritoit, le Palatin de Minsce lui protestant qu'il auoit tousiours faict profession d'estroitte amitié auecque le Palatin de Podolie son Pere. aussi tost les voila cousins, & Liante dans les charges & les commandemens, auant qu'auoir passé par la discipline & l'obeissance militaire. Comme Themistocle banni il benit son malheur, car il se voyoit tout à coup esleué à des honneurs où son ambition aspiroit, son ame ne respirant rien auecque tant d'ardeur qu'vn honnorable desir de gloire. Il ne penetre pas plus auant dans le fonds de la cause, il lui suffit d'auoir vn employ où il puisse témoigner par les effects de sa valeur, quelle est la bonté de son courage; si bien que l'on pouuoit dire de lui cela mesme que ce Poëte de l'ancien Caton, qui s'est rendu si fameux par son propre meurtre,

La cause des vainqueurs a esté soustenuë
Par la Diuinité,
Mais celle des vaincus a esté maintenuë
Par Caton depité.

Aussi tost qu'Iphigene sceust qu'il estoit parmi les rebelles, bien que son Amour excusast

excusast son desespoir, il ne pouuoit neantmoins comprendre de quelle façon cette ame genereuse auoit peu se resoudre à prendre les armes contre son Roi; action la plus lasche qui puisse tomber en l'esprit d'vn Gentilhomme bien né : car à dire la verité, le rayon ne semble point si attaché au Soleil que la Noblesse le doit estre à la Royauté. Mais si nous y prenons garde de plus pres, nous y descouurirons l'interest particulier d'Iphigene, qui se voyoit rangé entre deux merueilleuses extremitez, celle de la fidelité à son Prince, à qui il deuoit tout ce qu'il possedoit d'honneur & de fortune, & l'inclination de suiure l'object qui possedoit son cœur. Qui a iamais veu vn fer balancé entre deux aimans, a veu le cœur de nostre Palatin suspendu en cette occurrence. Car si Liante se fust allé ietter dans l'armée que preparoit le Roi pour chastier ces rebelles, & pour les ranger à leur deuoir, il n'y a point de doute qu'Iphigene y eust plustost volé que couru : mais maintenant qu'il est en vn parti qui porte sa reprobation sur le front, & qu'il ne peut suiure sans réuerser sa raison, & faire

à son

LIVRE XIII.

à son honéur vne breche irreparable, c'est ce qui le met en vne agonie qui ne se peut exprimer, parce qu'elle ne se peut conceuoir. De lui escrire aussi pour lui persuader de se ranger dans l'armée du Roi, c'est du temps perdu; ioint que ce seroit iouer à le perdre, & à le faire tomber en la puissance de Mieslas, qui lui estoit plus redoutable que la mort. Dieu! que fera-t'il? De viure aussi sans voir Liante, c'est à quoi il se peut moins resoudre qu'à la mort. Mieslas n'eut pas plustost donné ordre à ses affaires domestiques, & à celles de son Gouuernement, & remis Modestine sous la garde d'Aretuze sa femme, que le Roi pressé de remedier au trouble de Lithuanie, lui depesche vn courrier pour lui commander de venir à la Cour. Il s'y rend, ayant donné ordre que sa fille Clemence y fust amenée au plustost, où elle ne fut pas arriuée qu'elle fut bien receüe entre les Damoiselles de la Reine, & rangée parmi les Dames du Palais. Le Castellan de Cracouie, qui precede tous les Palatins du Royaume, & est l'vne des premieres personnes de l'Estat, fut rendu Chef de l'armée du Roi. Les

deux grands Mareschaux ne furent point employez, l'vn à cause de sa vieillesse incapable de soustenir les fatigues de la guerre, l'autre pour auoir faict alliance auec le Palatin de Misciflau, qui estoit vn des rebelles. Entre les Palatins de Pologne qui eurēt de l'employ, Mieslas que sa valeur rendoit signalé, obtint des principales charges. Que fit la Princesse Respicie pour empescher que son Iphigene ne fust destourné par les fonctions de la guerre, de donner contentement à ses pretensions, quand elle auroit obtenu sa dispense à Rome? Elle sceut si bien pratiquer la Reine par l'entremise de quelques Dames, & par ses propres persuasions, qu'il fut resolu de faire venir le beau Palatin à la Cour, & de prier le Roi de le rappeller de son exil apres vne assez longue absence. Or soit que le Roi & la Reine se fussent manifesté leurs pensées, & esclaircis de leurs ombrages, & eussent descouuert l'artifice des malueillans d'Iphigene pour l'escarter de la Cour, leurs Majestez se treuuerent disposées à ce rappel, mesme sur l'auis qu'elles eurent qu'affligé de voir si long temps durer son
esloigne

esloignement, il estoit resolu d'aller chercher dans les armes vne glorieuse mort, plustost que de trainer vne vie si obscure. Ce qui me fait souuenir du conseil des Dames de Troye, qui ne permettoient pas au beau Paris d'aller aux combats, leur estant auis que c'estoit assez qu'Hector y témoignast ses prouësses. Sur ce dessein le Roi lui escriuit des lettres si fauorables & si charmâtes, qu'elles eussent esté capables de tirer & Diane des bois, & la Lune des Cieux. Mais ce qui eust raui Iphigene si Liante eust esté de la partie pour l'accompagner à la Cour, lui sembla ennuyeux & de peu de consideration. Que faites-vous Iphigene? n'auez-vous point de peur que vostre Amour preiudicie à vostre fortune? non, car toute la fortune d'vn Amant consiste en son Amour. Il fit au Roy vne responde pleine de respect & d'humilité, mais qui ne témoignoit pas moins la grandeur de son courage. elle disoit ainsi.

LETTRE D'IPHIGENE AV ROI SIGISMOND.

SIRE,
Ie m'estimerois indigne non seulement de tant de bienfaicts qui me rendent vostre creature, mais encore de voir le Soleil image de vostre bonté, comme vous l'estes de celle de Dieu, si l'occasion s'offrant de vous témoigner au peril de ma vie ma deuotieuse seruitude, & le zele de ma fidelité, ie m'allois plonger dans les delices de vostre Cour, tandis que tout le monde est à cheual pour le maintien de vostre auctorité Royale contre l'insolence des rebelles. Et que diroient, ou plustost que ne diroient mes enuieux, dont les calomnies m'ont raui par vn si long temps le bonheur de vostre presence, l'vnique felicité de ma vie, si ie ne faisois paroistre en cette occurrence publique que ie ne suis point si desireux de receuoir vos liberalitez, que de les meriter par mon sang & mes peines ? foibles preuues neantmoins d'vne affection si forte que celle que i'ay pour vostre seruice.

uice. Permettez donc grand Roi, de qui ie tiens & l'honneur & les biens, que ie despense ceux-ci, & que i'employe celui-là pour vostre Majesté, à qui ie dois tant, que quand ie lui auray faict vn sacrifice de ma vie dedans les armes, ie n'auray pas encore satisfaict à la moindre des obligations dont ie lui suis eternellement redeuable.

Et puis qui ne dira que l'Amour est parmi les passions de l'ame, ce que le premier mobile est entre les Cieux, qu'il entraine tous apres soy par la rapidité de son mouuemét? La Cour toute pleine de gloire, de thresors & de delices (charmes ordinaires des mortels) est vne horreur & vne solitude à Iphigene, parce que le principal obiect de ses contentemens n'y est pas, & la guerre qui porte en son front l'image de la mort, lui est vne volupté, non tant pour l'honneur qu'il espere y moissonner, que pour s'approcher du sujet qu'il cherit, fust-ce au trauers de mille morts. S'estant ainsi deffaict des allechemens de la Cour, ausquels il boucha les oreilles, comme cet ancien nocher au chant des Sirenes qui minutoient son naufrage, & ayant respondu aux semonces de Respicie selon l'accortise & la gentillesse de son esprit, qui sçauoit entretenir chacun selon son humeur; il ne falloit pas que cet effort fust tout seul : car les tentations ont cela de commun auecque les malheurs, de n'aller iamais qu'en compagnie. Vne surcharge, dirai-ie d'affliction ou d'importunité? lui vint de Podolie, d'où il eut des nouuelles de Modestine, qui ne pouuoient estre que plaintiues, si nous auons esgard à ses malheurs. telle estoit la substance de son escrit.

LETTRE DE MODESTINE
A IPHIGENE.

IE ne sçay si l'histoire de mes infortunes est arriuée iusqu'à vos oreilles; sans doute, puis qu'estant en pleine liberté, vous ne pouuez ignorer que ce que vous dissimulez estre venu à vostre connoissance. Si est-ce que celle de vostre inconstance, & de vos flammes boccageres n'a pas laissé de penetrer ma prison, d'où i'estois heureusement sortie, pour vous

ramener

ramener de voſtre erreur par ma preſence, ou vous en purger par ma mort, ſi le malheur qui m'eſt hereditaire, & qui m'accompagne dés ma naiſſance, ne m'y auoit ramené. Ie ne ſçay ſi Menoque aura peu vous abborder ſous des habits deguiſez, ou ſi la crainte d'eſtre puni comme autheur de ma liberté, lui aura faict rechercher la ſeureté de ſa vie dās la fuitte. Ce ſera de lui, s'il a eu ce bonheur, que vous pouuez apprendre le ſucces de mes auantures iuſques à ma priſe; car depuis ce temps là ie ne puis croire que vous ayez ſceu au vray les outrages qui m'ont eſté faicts par le commandement de voſtre Pere, autrement, comme ayant part à ces affronts, voſtre courage & voſtre honneur vous euſſent obligé d'en faire vne memorable vengeance. Mais las! la fortune pour me rendre tout à faict malheureuſe, ou vous fait meſconnoiſtre mes déplaiſirs, ou vous les fait connoiſtre auecque deguiſement, ou, ce qui eſt bien le pire, vous en oſté le reſſentiment, en diuertiſſant vos paſſions en des obiects qui deuant Dieu ne peuuent eſtre qu'illegitimes. Reuenez à vous Iphigene, &

vous reuiendrez incontinent à moy ; & ne perdez pas la gloire de tant de belles qualitez qui vous font admirer, par le blafme d'eftre infidele. Voftre vifage qui fert d'efcueil à tant d'inconfiderées qui le regardent auec iniuftice, ne peut eftre legitimemẽt contemplé que par mes yeux; c'eft vn Soleil dont ie fuis l'Aigle. Certes fi parmi tant d'Aftres qui brillent dans le Ciel de la Cour, quelqu'vn vous euft donné dans la veüe, i'euffe en quelque façon pardonné à voftre esblouïffement, ayant plus d'efgard à voftre infirmité (qui vous eft cõmune auecque tous les hommes) qu'à voftre malice, veu que ie l'ay toufiours crû fort efloignée de voftre efprit. Mais que vous foyez forti bagues fauues du milieu de tant de charmes, pour vous rendre au teinct bazanné, & vous prendre aux filets d'vne Syluaine affettée, c'eft vne furprife qui ne peut eftre pardonnée à voftre iugement. Ie preuoy que la contagion de la Cour, qui rend doubles & artificieufes les ames les plus candides, vous fera chercher voftre excufe dans voftre diuertiffement, & protefter (car c'eft par vos beaux fermens que

que vous m'amusez, & que vous abusez ma simplicité) que ce n'est que par forme de passetemps que vous faites paroistre ces affections passageres. Mais, Iphigene, vous sçauez si dextrement cacher la verité sous la feinte, que ie ne fay plus de distinction entre vos feintes veritez, & vos fictions veritables. Mais quelle couleur toutes vos subtilitez pourront-elles donner à la recherche de cette vieille, qui la sacrifie à la risée d'vn chacun, & vous à l'opprobre de tout le monde ? Aux auantages de sa naissance & de ses biens, i'ay dequoi opposer ceux de la beauté & de la ieunesse; à quoy si i'adiouste vostre foi publiquement donnée, pourueu que vostre conscience soit libre d'ambition & d'auarice (taches indignes d'vne ame comme la vostre) ie ne doute point que vous ne prononciez vn arrest en faueur de ma constance. Vous ne pouuez alleguer la contrainte; car vous estes homme, & homme qui sçauez aussi bien les moyens de vous faire craindre, comme vous entendez ceux de vous faire aimer: vous estes grand, vous estes emancipé, vous estes Palatin, & si vostre Pere est violent, vous auez dequoy vous deffendre contre sa force. Mais, Iphigene, il est bien aisé d'estre surmonté, quand on ne se veut pas deffendre. Si ce parti vous emporte, ce ne sera point tant par son pouuoir que par vostre consentement. il n'y a rien de si foible que celui qui veut estre vaincu. Pour Dieu, Iphigene, souuenez-vous quelquesfois de ce nom d'Espoux, & pensez que s'il est doux, il est encore plus honnorable. Seruez-vous en comme d'vn bouclier, pour conseruer vostre cœur contre les atteintes des passions volages qui en veulent ternir la loyauté. Et quand vous-vous sentirez esmouuoir par les flatteuses esperances des biens & des grandeurs du monde, rappellez en vostre souuenir mes affectiõs & vos promesses : & lors l'aisle de toute legereté s'abbattra sous la fermeté de vostre parole. Non, ie croy asseurément, que si vous rameniez deuãt vos yeux de quel courage ie supporte les trauerses que i'endure à vostre occasion, rien ne leur paroistroit de beau, de grand, de digne, ni de desirable comme ma foi. Car il n'y a rien de beau sous le Ciel comme la fidelité

d'vne

d'vne ame vertueuse. Mais ne m'est-ce pas vne folie de penser que vous ayez quelque consideration pour ma foi, qui n'en auez point pour la vostre mesme ? iusques là qu'il semble que vous teniez à gloire le tiltre d'inconstant, & que vostre cœur comme le poulpe prenne les couleurs de tous les obiects qui lui sont presentez, & où il s'attache. Iphigene, prenez en bonne part l'auertissement que vous donne celle qui est toute à vous, & qui ne cherit son propre cœur qu'à cause de vostre portraict qui y est profondement empraint, & vous souuenez qu'estant au sommet de la rouë de la fortune, vous auez pris le penchant aussi tost que cette Princesse a essayé de desbaucher vostre fidelité, en vous faisant reuoquer l'inuiolable parole que vous m'auez donnée. Dieu ne suspend sa vengeance que iusques à ce que l'iniquité soit arriuée à son comble. si vous-vous rédez à la desloyauté, ne doutez point qu'elle ne vous precipite dans vn abysme de malheurs. Vous direz que c'est mon interest qui me fait parler ainsi, & Dieu sçait si ce n'est pas plustost la crainte de vostre perte. Cet

auis

auis fidele vous seruira de correction, si vous le voulez prendre comme il faut, ou de témoignage de ma fidelité, encore que vous ne le vouliez pas.

Cette longue trainée de discours ne ietta pas moins d'inquietudes en l'esprit d'Iphigene, qu'elle lui causa d'importunité. Mais que faire à cette passion affectueuse qui sonne tousiours ie ne sçay quoy de plaintif, quand mesme elle est la plus satisfaite, d'où naissent ces mots si frequens en la bouche de ceux qui en sont possedez, de langueur, de blesseure, de playe, & tant d'autres termes qui font sortir la douceur du milieu de la douleur? Certes comme la trop grande prosperité a tousiours quelque bouffée d'insolence, il est malaisé d'oster les doleances aux calamiteux, & de borner le flux de leurs langues : car outre que nous naissons Orateurs pour exprimer nos miseres, il est comme impossible de souffrir du mal sans gemir. C'est ce qui fit passer les bornes d'vne lettre commune à l'escrit de Modestine. Mais quoy ? la grandeur de son ressentiment ne pouuoit s'exprimer par

par de petites & courtes pensées. les Amans ne se lassent iamais ni d'escrire en absence, ni de parler en la presence du sujet aimé. Elle fut visitée auprès d'Aretuze, à qui Mieslas l'auoit remise, par quelques vns de ses parens; entre les autres elle fit ses plaintes de l'infidelité d'Iphigene à vn Gentilhomme de bel esprit & addonné à la Poësie, qui resuant depuis sur ce qu'elle lui auoit dit, prit l'humeur de representer par ces vers les sentimens de cette passionnée.

SONNET.

CHarmer de mille appas vn cœur facile à croire,
L'obliger d'amitié, affin de l'embraser,
Receuoir vne espouse, & puis la mespriser
Lui manquant de deuoir & mesme de memoire;
O triomfe inhumain d'vne indigne victoire!
O promesse sans foi, qui me sceut abuser!
Mais helas! de m'en plaindre & de l'en accuser,
C'est l'accuser d'vn mal duquel il fait sa gloire.
Son ame qui n'a point de longue passion,
Repute l'inconstance à si belle action,
Que le seul nom de foi l'offense & l'importune.
Vn seul moment le voit aimer & n'aimer plus;
Bref ce sont changemens dont les flux & reflux
Comme ceux de la mer sont effects de la Lune.

Cette

Cette premiere piece lui ayant pleu, tout d'vn mesme air, & de semblable veine il coula cette

AVTRE.

DE qui me dois-ie plaindre, ou des Cieux ennemis,
Ou de l'aueuglement de cette Ame inconstante,
Quand ie ressens l'excez du mal qui me tourméte,
Et repense à celui que son cœur a commis?
Oublier vn Amour si saintement promis,
Sans couleur de raison ni de cause apparente,
Comme si l'inconstance estoit indifferente,
Et que le faux serment fust vn acte permis.
Mais arriue le iour que quelqu'autre me vange,
Qui lui manque d'Amour, & lui rende le change
D'auoir si laschement abusé de sa foi.
Que se voyant traitté tout ainsi qu'il me traitte,
Il iuge par autruy la faute qu'il a faicte,
Et le mal qu'il m'a faict qu'il le ressente en soi.

Tandis que Modestine d'vn costé, & Respicie de l'autre souspiroient vne passion inutile & infructueuse, affligées d'vn mal qui ne se guerit pas auec des belles paroles, telles qu'Iphigene ne manquoit pas de leur renuoyer, pour entretenir leur humeur & satisfaire à la bienseance; voyons vn peu de quelle façon il se prepare à cette

cette guerre. Les Palatins en Pologne sont si absolus, que quand ils commandent de battre aux champs, il faut que ceux qui sont obligez à l'exercice des armes se mettent en ordre. Il fit vne belle leuée,& mit sur pied d'aussi braues troupes qu'il y en eust en toute l'armée : car comme il estoit liberal, il lui estoit aisé d'amasser de ces mousches picquantes, qui sont si aspres à mordre les rayons de ce miel doré, qui met en appetit tout le monde. Mieslas en fit de son costé : mais comme il estoit auare, & plustost tirant de l'autruy que mettant du sien, sa leuée n'auoit rien de conferable à celle de son fils, qui le vint ioindre au rendez-vous;& bien qu'ils fussent assez mal satisfaicts l'vn de l'autre, si est-ce qu'ils mirent sous le pied leurs riottes particulieres, pour s'appliquer entierement au seruice du public & du Prince. Vn iour les Spartains ayans sceu que leurs esclaues mutinez s'estoient assemblez & mis en armes autour de la ville, estimans indigne de leur courage de mesurer leurs espées auecque cette canaille, ils sortirent auecque des foüets en la main. De tant loin que les champions,

cette

cette seruile troupe, virent ces instrumens dont on les chastioit d'ordinaire, ils prindrent l'espouuante & se mirent en desroute, n'ayans pas l'asseurance de voir le front de leurs maistres venans en ce simple equipage. Les rebellions des sujets contre les Souuerains sont tousiours si foibles, que pour specieux que soit le pretexte de leur reuolte, & pour grand que soit le nombre de ceux qui les suiuent, ils ne peuuent supporter l'éclat des armes Royales, non plus que les hyboux la clairté du iour, ou les nuages la splendeur du Soleil. Ainsi quand le Lyon paroist les autres animaux se cachent dans leurs tasnieres. Les Lithuaniens mutinez n'eurent pas le courage d'attendre l'armée du Roi à la campagne, mais se mettans à l'abry des rampars des meilleures villes dõt ils s'estoient rendus les maistres. Il y eut bien quelques legeres escarmouches & petites rencontres, qui furent faictes plustost par essai & par galanterie, & pour effleurer que pour enfoncer; mais tout cela ressembloit à ces debiles vapeurs qui ne font ni pluyes ni orages, parce qu'elles sont aussi tost abbatuës ou dissipées qu'esleuées.

qu'esleuées. Comme ie ne fay pas profession de manier vne espée, ma plume n'est pas taillée pour représenter de grands combats, pour ne donner lieu au prouerbe; Il parle en Clerc d'armes. ioint que cela viét mieux à ceux qui ont peu escrire l'histoire de ce temps là, & de cette contrée. Tant y a qu'il fallut venir à vn siege, qui commença par la ville de Minsce assise sur le Nepor, qui est le fleuue appellé Boristene par les Anciens. Liante ne manqua pas de se ietter dedans auecque le Palatin du lieu, que nous appellerons Olaue, qui fut assisté du Palatin de Troc, qui se fera connoistre sous le nom de Bogdale, & de plusieurs Castellans & Gentilshômes de marque. La ville estoit bonne, & bien fournie de viures & de munitions necessaires pour soustenir vn long siege. Et comme le desespoir redouble le courage de ceux qui connoissent bien qu'ils ont mauuaise cause, il n'y auoit aucun de ces factieux qui ne fust resolu à toute extremité plustost que de se rendre. Olaue auoit en cette Cité toute sa famille, ses biens, & s'il faut dire ainsi, toute sa fortune. Ils furent bien tost inuestis par l'armée du Roi commandée par le Castellan de Cracouie, & où Mieslas auoit beaucoup d'auctorité: mais Iphigene y paroissoit sur tous, comme vn croissant qui emplit sa rondeur parmi les moindres flambeaux à qui la nuict fait faire monstre dedans le Ciel. Tandis que le siege se dresse, les rebelles tenans encore les dehors rendoient tous les iours des combats singuliers, des escarmouches ou des meslées. Ie grossirois trop cette histoire si i'en voulois deduire les particularitez, il me suffira de parler des personnes principales, & qui concernent mon sujet. Ce que ie feray, si premierement ie dy que les Planettes de Mars & de Venus, qui ont de si frequens regards dans le Ciel, ont des influences si fortes en la terre, qu'il semble que l'vn n'a pas plustost ietté son aspect sur vn courage, que l'autre par quelque doux obiect en prend possession. Et d'effect parmi ceux qui font profession de manier vne espée, il semble que le port ne leur en seroit pas heureux, si le fer n'en tranchoit pour la consideration de quelque Dame. Et les voit-on dans les armées s'exposer assez ordinairement

rement aux perils, pour donner des preuues de leur valeur en faueur de celle qu'ils seruét. Liante qui auoit iusqu'alors mené vne vie extremement contrainte, se voyant en la liberté de ses desirs, se laissa aisément emporter à l'inclination naturelle qu'il auoit à la bienueillance. Olaue auoit plusieurs enfans, & entre les autres deux filles, dont la beauté me stoit bien d'estre consideree. Il est vray que la plus ieune auoit en cela vn grand auantage de la nature sur son aisnée, qui lui cedoit en tout sinon en son âge qui estoit beaucoup plus auancé. Ce bouton de rose n'estoit pas encore espanoüi, mais il monstroit vn œil qui deuoit vn iour esclorre vne perfaitte rose. cette Aube promettoit de grands éclats en son midi. L'autre estoit pleinement nubile, & en des années qui appelloient le mariage visiblement ; & cette Cadette estoit encore si verte, que ses ans eussent dispensé les plus hastées de se rendre à ce joug. c'estoit vne humeur folastre & vaine, & qui pensoit plus à donner de la passion qu'à en prendre, son iugement ne l'en rendant pas encore susceptible. Ce ne fut pas grande merueille que Liante se prist à cette amorce, ouy bien eust fallu s'estonner s'il n'eust mordu à tant d'appas. Son cœur se treuua de naste à cette nouuelle flamme, entre voir & estre pris l'interualle ne fut pas de longue durée. Sa naissance & ses biens qu'il espere recouurer par le moyen d'Olaue, lui donnent assez de courage pour esperer cette alliance, & le merite de l'obiect ne lui fournit que trop d'attraicts pour le desirer. Il cache neantmoins son feu sous la cendre de la discretion, attendant le temps & l'opportunité de mettre ses desseins en euidence. Clemence sœur d'Iphigene n'auoit point tát de charmes qu'elle le peust obliger à beaucoup de constance, sa seule fidelité lui ayant autresfois attaché le cœur; mais depuis que le desespoir de la posseder, y voyant les obstacles de la cruauté de Mieslas, & de la recherche du Prince Cyrin, lui en eut faict perdre l'enuie, il songeoit plus à se vanger du Palatin de Podolie, qu'à rechercher son alliance. à quoy seruoit encore d'aiguillon le depit de voir sa sœur Modestine sur le point d'estre repudiée par Iphigene. Sur ces considerations

rations il se laissa aller à ce nouueau seruage, resserrant neantmoins son feu dans son cœur, & ne donnant aux apparences que ce qu'en pouuoit souffrir la modestie & la bienseáce. Tandis qu'il fait des projects pour la conqueste de cette Rachel, Olaue pourpesoit de l'engager en son alliance en lui donnant sa Lia. car c'est bien la coustume en ce temps, aussi bien qu'en celui de Laban, de marier les aisnées deuant les Cadettes, l'âge, la raison & la decance le requerant ainsi. Ayant autrefois eu amitié auecque le Palatin de Podolie Rosuald Pere de Liante, il sçauoit les grands biens qu'il lui auoit laissez en heritage, dont Mieslas s'estoit emparé en se rendant Curateur des pupilles; si bien que logeát sa fille en si bon lieu, il croyoit appuyer autant sa maison, & se donner vn gendre pour lors disgracié, & qu'il n'eust peu esperer estant en vne meilleure fortune, au reste plein de merite & de valeur, qualitez inestimables. Pour le faire donner dans ses filets, il le receut en sa maison tout moite de son naufrage, l'accueillit comme son enfant, & lui rendit tous les bons offices qu'il eust peu attedre d'vn Pere. Sa table, ses cheuaux, son equipage, sa bourse, rien ne lui estoit espargné; de sorte que Liante sentant son cœur genereux accablé de tant d'obligations, ne respiroit que le seruice d'Olaue; & ne tasdhoit que de lui complaire, pour témoigner qu'il ne semoit point en vne terre ingrate & mesconnoissante. Ce Palatin auoit vn fils qui estoit encore en son adolescence, & qui sur le point de ce mouuement mit à l'essai ses premieres armes, y estant conuié par le soustien de la fortune de son Pere engagée dans le parti de cette reuolte. Il lui commanda de rendre tant de deuoirs à Liante, qu'en fin ces courtoisies qui eussent peu gaigner l'esprit le plus reuesche, charmerent tout à faict Liante, qui noüa auecque ce ieune Seigneur vne estroitte amitié. Desia l'enuie de mourir s'estoit refroidi en Liante, & le desir de viure pour restablir sa fortune, & seruir Amiclée (ainsi appellerons-nous la plus ieune des filles d'Olaue) lui entra dans l'esprit. Et par la porte de cette Amour vne nouuelle pointe de gloire chatoüilla son cœur ambitieux, qui lui fit souhaitter de conquerir cette Michol pour

pour plusieurs testes des ennemis. Tandis qu'il brusle de venir aux mains, & de se signaler par quelque combat honnorable, Olorie aisnée d'Olaue souffre bien vn autre tourment, car le visage de Liante lui ayant donné dans les yeux, cette idée se glissa dans son ame, & s'y graua si profondemét, qu'il ne fut plus en sa puissance de l'effacer. A cette inclination qu'elle dissimuloit autant qu'il lui estoit possible, & par le priuilege, & pour la bienseance de son sexe, quand elle eut le vent par sa Mere, à qui Olaue auoit communiqué son dessein, qu'on proiettoit de lui donner cet homme là pour mari, representez-vous de quelle ioye son ame fut accueillie. Il faut auecque beaucoup de iugement & de consideration manifester aux filles les partis qu'on pretend leur donner, car autrement c'est mettre le feu en du bois sec, & causer vn embrasement qu'il est bien malaisé d'esteindre, & qu'est-ce sinon leur lascher la bride, & leur donner la liberté d'asseoir leur affection en des sujets dont la conqueste est encore incertaine? Olorie sur cette asseurance laisse prendre l'essor à ses desirs

O 4

auecque d'autant moins de retenuë, que la fin de sa pretension estoit honneste & legitime, & s'emancipant des bornes de la discretion & de la modestie qu'vne feruente Amour passe volontiers, ne se voyāt point recherchée par Liante, elle le preuient de caresses extraordinaires, qui esloignent ce courage d'elle d'autant plus qu'elle s'auance. car c'est la coustume des hommes de ne poursuiure auec ardeur que celles qui les fuyent, & de mespriser celles qui les estiment & qui les suiuent. Et tel est aussi l'ordre de la nature & de la ciuilité, que les Dames se laissent seruir iusques à ce que le mariage de Soueuraines les rende sujettes. celles qui prennent le contrepied, ont treuué le moyen de se rendre la fable & la risée de ceux qui les voyent. Mais aussi à quelles extremitez ne reduit l'ame la plus ferme cette passion qui a vn bandeau sur les yeux ? Liante qui se sent obligé aux faueurs du Pere, & aux caresses du frere, a de la peine à contraindre son humeur iusques là, de ne monstrer point à Olorie que ses attraicts affettez & ses mignardises lui déplaisent. Elle se sert de toutes ses ruzes pour l'aborder,

border, mais il euite sa rencontre par des fuittes si estudiées, qu'il sembloit qu'elles nasquissent plustost des occurrences que de sa subtilité; ce qui estoit ietter des legeres aspersions d'eau sur la braise d'Olorie, à l'imitation des forgerons. Ce qui mettoit cette fille en des perplexitez merueilleuses, & enflammoit extremement son desir. estát certain que ce qu'est la pierre aiguisoire aux couteaux, l'est la difficulté aux choses souhaittées. Et comme si Liante eust eu à prix faict de consumer cette passionné, cela le reiettoit plus fortement du costé d'Amiclée, de laquelle bien qu'il feignist l'empressé par galanterie, il en estoit touché en effect dans le plus vif de l'ame. Ce qui deuoroit Olorie d'vne enuie si estrange, qu'elle en perdoit toute sorte de contentement, & de repos. J'appellerois ce tourment la jalousie, si elle eust communiqué son affection à Liante, & s'il lui eust donné quelque esperance de lui rendre vne reciproque bienueillance, quand sa recherche seroit auctorisée de l'aueu d'Olaue: mais aucun ne s'estant encore descouuert, il me semble que le nom d'enuie represente mieux la gesne que ressentoit cette creature, qui ne reconnoissoit que trop par le fidele rapport de son miroir, les auantages que sa sœur auoit sur elle, & qui se là voyoit preferer par celui dont elle desiroit gaigner le courage, & le rendre susceptible de son sentiment. Et la prudence & la decence ne permettoient pas à Olaue d'en ouurir la bouche le premier, iugeant que ce seroit donner occasion à Liante de croire qu'il lui voulust vendre ses bienfaicts, qu'vn Ancien appelle les liens des cœurs, & le presser d'vn lien qui ne doit attacher que ceux qui le veulent. Polemandre (ainsi s'appelloit le fils d'Olaue) qui eust desiré pour beau-frere celui qu'il auoit desia pour ami, ne souhaittoit rien tant que de voir les yeux de Liante tournez vers Olorie; mais quelques filets que tendent les chasseurs, le gibier ne donne pas tousiours où ils veulent. Voylà où en est Liante, estimé de celle qu'il mesprise, & faisant estat de celle qui n'auoit pas encore le iugement assez fort pour reconnoistre ni son Amour, ni sa valeur. Voila les antitheses du monde, & de combien d'espines sont accōpagnées les plus belles roses.

roses. Ses affaires estoient en cet estat, lors que divertissant les soucis qui lui prouenoient des importunitez de l'vne, & de l'insensibilité de l'autre, par les entreprises de guerre qui se proposoient tous les iours, il alloit espiant les occasions de se rendre remarquable par les effects de sa vaillance. Ils se fit des sorties & des camisades où Liante fut tousiours des premiers à enfoncer, & des derniers à la retraitte. plusieurs combats singuliers se firent auecque la lance & l'espée par diuers Cheualiers, où tantost les assiegez estoient vaincus, tantost victorieux, selon le sort des armes qui est si iournalier. Liante qui auoit dessein de faire appeller Mieslas, pour se vanger des outrages qu'il auoit receus de sa barbarie, pensa qu'il seroit bon qu'il s'esprouuast auparauant contre quelque autre, affin de n'entreprendre point auecque temerité vn combat dont il n'esperast sortir à son honneur. Vn iour ayant obtenu auecque peine congé d'Olaue de s'essayer contre vn des ennemis deuant les murailles de la ville, il se couurit d'armes noires embellies aux extremitez de filets d'or, & ayant

pris

pris dans l'escuyrie du Palatin vn cheual de mesme poil, caparraçonné de velours noir semé de cannetille d'or, & tout l'assortissement estant de mesme parure, il fit sortir vn trompette qui conuia quelqu'vn des Cheualiers de l'armée du Roi de venir rompre vne lance, & donner vn coup d'espée en faueur de celle qu'il seruoit. Aussi tost parut sur le champ sur vn cheual plus blanc que la neige fraischement tombée, vn Cheualier de tres-belle presence, couuert depuis la teste iusques aux genoux d'armes d'argent, si bien ouuragées que la matiere quoy que fine & pretieuse estoit surmontée par l'artifice. Le harnois du cheual tout couuert de plaques d'argent fort polies, faisoit paroistre diuers miroirs selon les mouuemens du cheual, qui estoient de fort bonne grace; vn pennache blanc ombrageoit son timbre, & flottoit à ondes sur ses espaules. Son port estoit releué, sa contenance d'vn Mars, & son maintien faisoit paroistre moins de fierté que de courage. Liante n'eust peu faire eslite d'vn plus digne aduersaire pour contenter sa vanité. A peine furent-ils à la veüe l'vn de l'autre, que

les

les trompettes firent leurs chamades, & les Champions ayant pris du champ ce qui leur en falloit pour accomplir leur carriere, ils se vindrent à rencontrer de telle roideur, & auecque tant d'adresse, que sans s'esbransler non plus que des rochers, leurs lances brisée iusques à la poignée enuoyerēt leurs éclats bien haut en l'air, & iettans les tronçons ils acheuerēt leur course d'vne façon si belle, qu'elle ressembloit plustost à vn tournoy qu'à vn combat à outrance. Alors pour acheuer auecque les espées ce qu'ils auoient commencé auecque les longs bois, ils les mettent à la main, & se viennent reioindre sur les passades; comme ils estoient perfaittement bien armez, ils chamaillerent long temps sans s'offenser que bien legerement. A la fin le Cheualier aux armes blanches voulant porter vn reuers sur Liante, le cheual qui auoit faict vne baletade le receut sur la teste, ce qui le fit cabrer en se sentant blessé. Mais ce qui mit bien plus en peine Liante, ce fut de se sentir les resnes à la main, & son cheual sans frein dans la bouche, parce que le tranchant ayant coupé la testiere, auoit

faict

faict tomber le mords. Cet animal qui ne pouuoit plus estre dompté, ni conduit par celui qui le montoit, se mit à prendre le galot à trauers les champs, & conduisoit Liante à grands pas dans les tranchées des assiegeans. Or lui qui aimoit mieux mourir que de tomber entre les mains de Mieslas, ayant quitté les arçons laissa aller son cheual où il voulut, & reuint à pied se presenter au Cheualier aux armes blanches, qui le poursuiuoit à toute bride. Quand il entendit vne voix claire, & qui sortoit du heaume d'argent, qui lui dit: Cheualier, ie ne veux point me seruir de l'auantage que la fortune me donne, c'est auecque plus d'égalité que l'on doit espreuuer vne valeur; Liante qui se croyoit mort, & que ce Cheualier lui allast comme vn tourbillon passer sur le ventre, reprit vne nouuelle vie, quand il ouyt la voix aimée de la personne du monde qu'il aimoit le plus. A peine le Cheualier aux armes blanches eut-il mis pied à terre, que celui des armes noires flechissant le genoux, & leuant la visiere lui cria: Mon frere, comme ie n'ay pas eu dessein de vous attaquer, ce n'est pas contre vous

que

que ie me veux deffendre, quand ie vous rendray ma vie, ie ne croiray pas encore auoir satisfaict aux deuoirs que ie vous ay. A ceci vous pouuez connoistre que c'estoit Iphigene, qui autât desireux d'acquerir de la gloire, comme Liante de se mettre en credit, auoit entrepris ce combat sous des armes blanches. Que deuint-il, quand il entendit la parole de celui dont il ne pouuoit supporter ni l'éclat ni l'eclipse? Mon cher frere, repliqua Iphigene, c'est vous qui m'auez vaincu, mais las! vous ignorez les efforts de vostre victoire. Mais ce n'est pas ici le lieu où nous deuons disputer de courtoisie, de peur qu'on ne nous soupçonne d'intelligêce & de trahison. Releuez-vous promptement, & témoignons chacun à nostre parti, que nous estans reconnus, & nostre longue nourriture nous rendant freres d'alliance, nous n'auons pas voulu renouueller le tragicque spectacle d'Eteocle & Polynice, ny changer en horreur l'admiration que nous desirions faire naistre de nostre courage. Nous pourrons la nuict conferer en secret, ou nous faire entendre nos intentions par lettres, & par

d'autres

d'autres moyens que la subtilité nous fournira, pour auancer de part & d'autre le seruice de sa Majesté; & affin que nous n'ayons aucun auantage l'vn sur l'autre, regaignez la ville sur mon cheual, que ie vous donne, le vostre ne pouuant manquer de m'estre rendu, puis qu'il a pris sa course vers le quartier où ie commande. Liante crût Iphigene, & ainsi se separerent les deux amis au grand estonnement de ceux qui de loin assistoient à ce spectacle. Mais quand ils sceurent que le combat qu'ils auoient si glorieusement commencé auant que se connoistre, s'estoit terminé apres s'estre reconnus par la force de leur ancienne amitié, qui leur auoit arraché les armes des mains, il n'y eut aucun qui ne les loüast de cette franchise, plustost que de les blasmer de deffaut de courage, & qui ne deplorast la condition des guerres ciuiles, qui contraignoient quelquesfois aux occasions les amis de s'entretuër, & les parens de plonger leurs armes dedans leur propre sang. Il n'y eut que Mieslas, dont la rigueur ne pouuant estre assouuie que par la ruïne de l'honneur & de la vie de Liante, il publioit par tout

tout qu'il auoit laschement demandé la vie à son fils, contre lequel (tant la fureur est aueugle) il murmuroit de ce qu'il ne s'estoit pas serui de son auantage pour mettre Liante au rang des morts. Et par-ce que le mouuement de l'interest sordide qui lui faisoit souhaitter la mort de ce Gentilhomme, ne pouuoit estre publié sans sa honte, il le cachoit sous le manteau de la cause publique, rendant plus odieuse la reuolte de Liante que celle des Lithuaniens, veu qu'il estoit né Polonnois, & deuoit toute sa fortune à la munificence du Prince. Mais le Barbare n'auoit garde de dire le sujet qu'il lui auoit donné de se desesperer, & de se ietter par ce mouuement dedans le parti des rebelles. Sa brutalité en vint iusques là, de dire des paroles qui taxoient Iphigene d'intelligence auecque les ennemis, sur ce qu'il auoit laissé Liante viuant, le pouuant deffaire, ou au moins le faisant prisonnier, qui est ce qu'il desiroit le plus. Non content de ressembler à ces tonneaux remplis de vin nouueau, qui se salissent de leur propre escume, il crût que durant cette reuolte de Liante c'estoit la vraye saison de faire la moisson de ses biens, s'en faisant donner par le Roi la confiscation. Ce qu'il obtint à sa premiere demande, le Roi estant bien aise d'obliger ce Palatin qui estoit vne des plus fortes testes de son armée, & de donner terreur par cet exemple aux Polonnois qui se ietteroient parmi les Lithuaniens pour les assister en leur rebellion. Aussi tost Mieslas fit triomphe de cette grace, se vantant par tout qu'il auoit plus faict de mal à Liante auec vne fueille de papier que son fils auecque son espée. Ces brauades vindrent iusques aux oreilles de Liante, qui en entra en la plus grande colere qu'il eust iamais senti; si bien que reuenu à son premier desespoir, il se persuada que Mieslas estant son fleau, il falloit qu'il eust la vie de ce Barbare, ou qu'il perdist la sienne. Sur cette resolution il le fit appeller pour se battre à cheual auecque lui à la veüe de la ville & de l'armée. Au commencement Mieslas se mocqua de la temerité de Liante, & fit à son mespris des mocqueries qui auoient de l'air de celles de Goliath contre Dauid. Mais en fin se sentant presé par les paroles

outra

outrageuses & iniurieuses qui estoient dans le cartel, dõt Liante auoit faict courir des copies par le camp, il se resolut de se mettre sur les rangs pour chastier ce petit outrecuidé à la veüe de tout le monde, à la façon qu'vn Pedagogue corrigeroit vn escholier; c'estoient ses termes. Ce deffi si public ne peut estre ignoré d'Iphigene, qui voulut estre de la partie, tant pour se purger de la tache dont son Pere auoit voulu sallir sa fidelité enuers le Roi, que pour sauuer la vie à celui qui l'a lui auoit donnée, au cas que Liante eust de l'auantage, ou à Liante, de qui la sienne dependoit, si Mieslas estoit le plus fort, comme il y auoit beaucoup d'apparence. Ie ne m'amuseray point à dire l'equipage auquel ils parurẽt en ce combat, y ayant cette difference entre les tournois & les duels, qu'en ceux-là on songe plus à la magnificence & à la pompe qu'à l'vtile, en ceux-ci on ne regarde pas tant à la beauté des armes qu'à la bonté de leur trempe. Ils ne furent pas neantmoins negligeans de se monstrer en bon ordre, & sur les meilleurs cheuaux qu'ils peurent treuuer. Iphigene ayant renuoyé le

P 2

cheual noir de Liante, l'obligea par cette action à lui renuoyer le sien blanc, affin qu'ils ne semblassent par cet eschange auoir de l'intelligence ; ils en prindrent d'autres pour ce second combat qui iettoyent le feu par les yeux & par la bouche. Mieslas se monstra sous des armes dorées, & sur vn cheual pie plus grand & plus fort qu'à l'ordinaire. Iphigene sur vn alezan merueilleusement bien dressé parut sous les mesmes armes d'argent qu'il auoit au premier combat, mais auec vne cotte d'armes à la Sarmatique toute recamée d'or. Liante sur vn cheual bay & vn harnois tout noir porta les mesmes armes noires à filets d'or, dont il s'estoit serui au premier duel, mais auec des ajancemens de differente sorte. Son second, qui fut Polemandre ieune Cheualier, sembloit plustost paré qu'armé, l'inexperience le faisant aller à ce choc comme s'il eust esté aux nopces. Ses armes estoient à fonds de Sinople à escailles d'argent hachées sur le fer, vne aigrette blanche & verte ondoyoit sur le crinier de son habillement de teste ; son cheual gris pommelé dressé au manege plustost pour vne
feste

LIVRE XIII.

feſte que pour vn faict d'armes, auoit vn harnois & des bardes à fonds vert releué de broderie d'argent, ſon port ſentoit plus ſon Damoiſeau que ſon ſoldat; bref il eſtoit tel qu'il le falloit pour honnorer le triomfe d'Iphigene. La gloire de faire ſon eſſay contre le fauori du Roi, & contre vn Palatin ſi renommé dans la Pologne, releuoit ſon courage, & ſa vanité lui promettoit vne victoire qui deuoit mettre ſon front dans les eſtoiles. Mais le Ciel qui diſpoſe des euenemens autrement que les hommes ne ſe les propoſent, le rendit la proye de celui qu'il penſoit deuorer; & Iphigene qui eſtoit la meſme courtoiſie, lui fut comme le Lyon de l'embleme de Sanſon : car au lieu de l'engloutir, il lui donna la vie, & dans les effects de ſa valeur il lui fit ſentir les preuues de ſa manſuetude. Car (pour ne perdre point d'auantage de temps en la deſcription de ces appreſts) auſſi toſt qu'ils furent en preſence, & que les Iuges du champ leur eurent partagé le Soleil, chacun ſe reſolut à bien faire. Il n'y auoit que Mieſlas qui ſe portoit negligemment en cette action, comme s'il euſt deſdaigné

P

de mesurer son espée auec vn nouice, & comme s'il eust esté sur le point de faire à coups de poing auec vn enfant. Mais Dieu qui est là haut, & dont l'exercice iournalier est d'esleuer les humbles,& abbatre les superbes, ce Dieu qui sçait vaincre Pharao auec vne houssine, & qui par la main d'vne femme met la confusion en la maison de Nabuchodonozor, treuuera bien l'inuention de raualer ses crestes, & de le reduire en tel estat qu'il donnera plus de pitié que d'admiration. Car ayans pris de l'espace ce qu'il en falloit pour donner la carriere franche à leurs cheuaux, ils vindrent fondre l'vn sur l'autre auecque tant d'impetuosité que les riuages du Boristene resonnerent sous les pas de leurs cheuaux, & ses eaux en furent esmeües. Iphigene qui auoit vne adresse incomparable à cheual, ayant atteint Polemandre iustement où il falloit pour lui faire vuider les arçons, le porta par terre si rudement qu'il sembloit que le coup de sa cheute eust creusé son tombeau dans le sable. le poids des armes, la violence de la secousse, l'âge encore tendre de ce ieune Astianax le firent tomber en vn éuanoüisse noüissement qui l'empescha de se relever, & le fit paroistre comme mort. Iphigene le voyant hors de combat, tourna la teste du costé où estoit son cœur. Dieu que vit-il? son Pere au plus grand peril qu'vn homme puisse courir; car vous deuez sçauoir que comme il donnoit à son cheual ce demi tour qui lui baille le branfle pour enfiler vne carriere, l'estriuiere du costé du montoir se rompit, ce qui le mit tout en desordre, car le faix des armes l'appesantissant sur la selle, cette incommodité l'empescha de bien coucher sa lance, qui glissa sans effect sur les armes de Liante, lequel ayant porté son bois auecque iustesse en lieu où la pointe auoit prise, l'atteinte en fut si rude, que si Mieslas n'eust esté bien ferme dans les arçons, il eut tenu sans doute compagnie à Polemandre; il en ploya le corps presque sur la croupe, & la lance volant en pieces, vn éclat s'enfonça dans l'espaule du cheual, qui deuenu boitteux tout à plat fut incontinent hors d'escole, & son maistre biē empesché. Liante sans perdre téps, ayant ietté le tronçon qui lui restoit, & mis la main à son Sable, monté sur vn cheual Polonnois extremement preste, gaigne la croupe à Mieslas, & commence à chamailler sur lui si horriblement qu'il sembloit que plusieurs marteaux battissent sur vn enclume. Qui a iamais veu vn Taureau furieux attaqué par vn Taon qui le presse, ou d'vne ressemblance meilleure, vn gros Sanglier saisi aux oreilles par vn ieune limier, il a veu quelque image de ce grand corps attaqué par le genereux Liante. en fin la petite pierre de Daniel mit par terre le Colosse, & cela presque sans main d'homme. Ce qui arriua ainsi. Mieslas voyant son cheual inutile, & sa iambe pendante sans estrier, se voulut ietter en terre, estimant se mieux deffendre à pied qu'en ce miserable estat; mais ayant à descendre à gauche l'espée à la main, & embarrassé dans ses armes, son pied demeura pris à l'estrier. Le cheual blessé n'ayant pas encore perdu sa fougue, commence à ruër & à tirailler Mieslas, qui fut ainsi trainé quelques pas, & rendu si vermoulu & si froissé, qu'il pensoit estre à la derniere periode de sa vie. Il estoit au pouuoir de Liante de lui passer sur le ventre, & de l'acheuer de perdre.

perdre. Iphigene voyant le danger de celui dont il tenoit l'estre, quittant là son Chevalier abbatu, court (comme le sang ne peut mentir) à celui dont l'estat deplorable imploroit assez son secours. Il arreste le cheval de Mieslas, & sautant du sien en terre, il trancha l'estriuiere qui trainoit ce corps qui n'estoit pas en meilleur point que Polomandre. Il ne remuoit plus, & sans doute il alloit mourir, si le pieux Iphigene lui leuant la visiere ne lui eust donné de l'air. aussi tost qu'il le sentit, il respira; mais ce fut en iettant le sang par le nez & la bouche en fort grande abondance. Liante comme triomphant se contentoit de faire des passades aux enuirons, aussi desireux de conseruer le fils que d'outrager le Pere. Qui a veu vn oyseau de proye faisant sa roüe autour d'vne poulle, qui de bec & d'ongles deffend ses poussins, ou d'vn ton plus esleué, vne Lyonne qui s'expose aux espieux des chasseurs pour conseruer son fan, a veu le braue Iphigene resolu de deffendre en Lyon celui qui lui auoit donné l'estre. A la fin le desir qu'il auoit de sauuer Mieslas, tira de sa bouche ces paroles que son courage ne lui eust pas permises s'il eust esté reduit aux plus grandes extremitez ; Liante, il est en toy de te deffaire en mesme temps du Pere & du fils, si tu permets à ta vengeance de mespriser mon amitié : mais sçache que le Ciel ne laisse iamais vne ingratitude impunie, contente toy de l'auantage que le sort des armes t'a donné sans abuser insolemment de ta victoire, & si tu es aussi bon ami que gentil Cheualier, va secourir celui que i'ay reduit au mesme danger où tu as mis mon Pere. Braue Iphigene, reprit Liante, ton amitié qui ne mourra iamais en mon ame, aura tousiours plus de pouuoir sur moy que les outrages de ce Barbare ; c'est dommage qu'vn fils si plein de vertu soit sorti d'vn Pere si digne de haine. Adieu, & sçache que tes volontez sont les chaisnes de ma franchise. Il dit, & aussi soudain qu'vn esclair il fut à Polemandre, qui desia

D'vn pasle teinct de mort auoit la face peinte.
Ayant deslasé son armet, il le vit qui entrouurant les yeux pensoit reuenir de l'autre monde. Que tarde-ie plus à dire que chacun regaigna son quartier côme
il

il peut, laissant tous les iugemens des spectateurs suspendus sur l'estrangeté de cette rencontre? A n'en point mentir, il y auoit dequoy discourir de part & d'autre. Il me suffira de dire que tous reconnurent la main de Dieu sur l'arrogance de Mieslas, eurent pitié de Polemandre, estimerent l'heureuse valeur de Liante, mais esleuerent iusques au Ciel le courage & la Pieté du Palatin de Plocens. La Renommée si pleine de langues, n'en auoit point assez

Pour publier par tout le Monde
Sa grande generosité,
Et dire que sa Pieté
N'estoit à nulle autre seconde.

De dire la rage qui saisit Mieslas, quand reuenu à soy il se remit en la pensée l'affront qu'il auoit receu à la veuë de toute la Pologne, il seroit impossible, car l'eloquence n'a point de termes assez propres pour exprimer l'excez de cette fureur. Tantost il prenoit le Ciel à partie comme cause de son malheur, tantost il en accusoit ses Escuyers qui l'auoient mal monté, tantost il vouloit mourir plustost que de suruiure à vne telle disgrace, tantost au lieu

lieu de reconnoistre la courtoisie, dont son ennemi auoit vsé enuers lui; il sembloit qu'il deust comme vn torrent, ou comme vne foudre trauerser les murailles de la ville assiegée pour lui aller arracher le cœur; & puis auoüons que c'est flatter sa cruauté de ne lui donner que le nom de Rigueur Sarmatique. Qui a veu vn Ours blessé au flanc d'vne fleche demeurée dans la playe, se debattre contre le traict, & n'ayant pas l'industrie du Cerf qui le sçait chasser par le dictame, prendre cette fleche auec les dents, & en se debattant la tournoyer dans ses entrailles; il a veu la passion de Mieslas, qui lui donne des tranchées qui ne se peuuent exprimer que par le nom de desespoir. Tout moulu qu'il estoit dedans son lict se pouuant à peine remuër, il minutoit des vengeances memorables contre celui à qui il estoit redeuable de la vie. Voyla comme la cruauté ainsi que les Tigres ne s'appriuoise iamais entierement. Mais laissons lui escumer sa colere, & voyons ce que fait Liante dedás cette ville assiegée, où il n'y a point assez de Lauriers pour lui faire des couronnes, ni de mots assez
glorieux

glorieux pour esleuer son merite iusques au Ciel. Le mal de Polemandre troubla vn peu cette feste, mais le bien public l'emportant tousiours sur le desastre d'vn particulier, cela ne diminuoit pas ses loüanges; ioint que n'ayant autre mal que celui de sa cheute, le soin de ses parens, son âge & sa bonne constitution le remirent incontinent en estat de donner de sa santé plus d'esperance que de crainte. Cependant à mesure que le frere se guerit, la sœur empire: car la Ialousie, qui est vn Amour malade, croissoit dans le cœur d'Olorie à mesure que Liante (tant il est malaisé de cacher ce feu dans le sein sans en faire voir des estincelles) rendoit à Amicleé de plus euidentes demonstrations de son Amour. Car ayant le courage enflé de sa nouuelle victoire, que ne s'osoit-il promettre de grand, voyant que son premier combat auoit reüssi de la sorte? car imaginez-vous comme cet esprit naturellement ambitieux se laissoit emporter sur les ailes des vents, sentât bruire à ses oreilles le doux murmure de l'applaudissemēt populaire. Aussi ne se trompoit-il pas: car Olaue conceut vne telle
opinion

opinion de ce Cheualier, que deſlors il delibera de l'auoir pour gendre à quelque prix que ce fuſt, s'imaginant que ce mouuement eſtant aſſoupi, il lui feroit facile de faire caſſer la confiſcation que Mieſlas auoit obtenuë, ou pluſtoſt d'en faire vn des articles de la Capitulation qui ſe traitteroit auecque le Roi pour le repos de la Lithuanie. Mais parce que le cœur eſtant au milieu de la poitrine comme le centre du corps de l'homme, ne laiſſe pas pour cela de pancher plus d'vn coſté que d'autre : de meſme quoy que Liante compoſaſt ſes geſtes & ſa contenance, & reglaſt ſes paroles & ſes deportemens de telle façon qu'il ſembloit ne traitter qu'également auecque les deux ſœurs, il ne lui eſtoit pas poſſible d'empeſcher que ſes yeux qui ſont les feneſtres de l'ame, ne trahiſſent ſon inclination, parce que la preſence de l'obiect aimé eſt à l'amant ce que l'aiman eſt au fer, ce qu'à l'aiguille frottée d'aiman eſt le Nort. Ses regards le perdoiët, & ſes penſées ſortoient par ces feneſtres, ou pluſtoſt par ces portes entroient les deſirs, qui comme des larrons lui deſroboient

le

le cœur. A la fin Amiclée estant encore trop ieune pour entendre ce langage admirable des yeux, Liante ne pouuant plus sous vn tourment insupportable retenir sa passion prisonniere, il arriua que le mesme iour qu'il rompit son long silence, pour declarer à sa nouuelle Idole le sacrifice qu'il lui faisoit de ses affections, la pauure Olorie vint faire naufrage contre vn escueil de desdain, en declarãt à Liãnte sa Ialousie auant que lui auoir declaré son Amour. Ie ne veux point ici rapporter leurs pourparlers, pour ne remplir le papier de paroles inutiles, me contentant de dire que l'auersion qu'auoit Liante d'Olorie, s'augmenta de beaucoup quand il eut reconnu la maladie de son esprit, & cette humeur bigearre qui lui vouloit imposer des loix, comme si elle eust eu desia quelque empire sur son ame. Comme il estoit galand, sans la desobliger autrement, il sceut bien lui faire connoistre qu'il auoit aussi peu de souci de son affection que de ses ombrages, & que Dieu merci sa veüe n'estoit point encore si mauuaise, qu'il ne peust discerner les obiects capables d'arrester plus longuement

ses

ses regards. Et comme il estoit extremement accort, vn iour se promenant dans vn iardin d'où il pouuoit estre entendu par les deux sœurs, auec vne voix assez agreable il anima d'vn air tout nouueau ces

STANCES.

PAuure Orante mal-auisée,
　Quand serez-vous desabusée,
　En souffrant que la verité
　Vous témoigne vostre ignorance,
　Affin que perdant l'esperance,
　Vous perdiez la temerité ?

D'où naissent en vous ces pensées
　Qu'on peut appeller insensées,
　Qui vous font de vous presumer ?
　Vous seriez-vous bien faict accroire,
　Que vostre ame eust atteint la gloire
　De me contraindre à vous aimer ?

Vn Amour encore qu'extreme,
　Qui presume trop de soy-mesme,
　Se fait bien souuent mal-traitter,
　Et passant ses iustes limites,
　Ruine ses propres merites
　Par s'estimer trop meriter.

C'est

C'est d'Amarille que procedent
 Tous les ennuis qui me possedent
 Sans remede & sans reconfort :
 Elle file mes destinées,
 Et comme il lui plaist, mes années
 Sont ou pres ou loin de la mort.
C'est bien vn courage de glace,
 Où l'amitié n'a point de place,
 Et que rien ne peut esmouuoir :
 Mais quelque deffaut que i'y blasme,
 Ie ne puis l'oster de mon ame,
 Non plus que vous y receuoir.

Combien differentes furent les pensées de ces deux sœurs, iugez-le par le tissu de ces paroles. Olorie vit son procez tout faict, & sa Ialousie plongée dans vn desespoir. Amiclée estoit bien encore assez ieune, pour ne ressentir pas de grands assauts de cette passion, qui est si contagieuse que peu s'en exemptent de ceux-là mesme qui la blasment : mais aussi n'estoit-elle pas si glacée que le Chantre la depeignoit, ni d'vne matiere qui fust insensible. Cette inclination si naturelle qu'a ce sexe de donner de l'Amour, aiguise l'esprit des filles auant terme, & les rend subtiles & malicieuses auant l'âge d'vne perfaitte connoissance. Ce rayon de miel, ce chant enchanteur dessilla les yeux d'Amiclée, & lui donna des considerations pour Liante qu'elle n'auoit point eües auparauant. Mais comme ce sexe est né à la dissimulation, plus elle voyoit clair, plus feignoit-elle d'estre aueugle, & oyant bien les plaintes de Liante, elle faisoit semblant de ne les entendre pas : ce qui l'obligea vn iour de reciter ces vers.

Lors que ie conte mes douleurs
A celle-là qui de mes pleurs
Se rit superbe & insolente,
La ruzée qui le sçait bien,
D'vne façon toute innocente
Veut feindre de n'en sçauoir rien.
Et puis tyrannisant mon cœur,
Pour s'excuser de sa rigueur
En se couurant de sa ieunesse,
Elle feint d'ignorer ma foy ;
Mais ie connois à sa finesse
Qu'elle n'est enfant que pour moy.

Et d'effect depuis que Liante eut ouuert son cœur, & descouuert l'honnesteté de ses pretensions à Amiclée, elle marcha
d'vne

LIVRE XIII.

d'vne façon beaucoup plus reseruée en sa conuersation : car auparauant elle estoit d'autant plus libre qu'elle se conduisoit auecque plus de simplicité, & moins de deffiance. Ce qui me fait souuenir de ce qu'a chanté le Prince des Poëtes Toscans de la retenüe de sa Laure, qui ne se seruit de voile pour lui cacher son visage & ses yeux, que depuis qu'il lui eut declaré ses affections. Ie mettray ici ses beaux mots en faueur de ceux qui se delectent en son langage.

MADRIGAL.

Lassare il velo, o per sole, o per ombra,
Laura non vi vid' io,
Poi, ch'en me conosceste il gran desio
Ch'ogni altra voglia d'entr' al cor mi sgōbra.
Mentre io portaua i be' pensier celati,
C'hanno la mente desiando morta,
Vidiui di pietate ornare il volto :
Ma poi ch' Amor di me vi fece accorta;
Fur i biondi capelli allhor velati,
Et l'amoroso squardo in se raccolto.
Quel, che piu desiaua in voi, me tolto;
Si mi gouerna il velo,

*Che per mia morte & al caldo, & al gielo,
De be' vostr' occhi il dolce lume adombra.*

Cependant ces artifices couuerts du manteau de la naïueté & de la jeunesse, estoient de si viues amorces au cœur de Liante, qu'il n'aimoit plus ses pensées que quand elles estoient occupées autour de l'obiect qui les faisoit naistre.

IPHIGENE.

Liure quatorziesme.

MAIS ne vous semble-t'il point qu'il soit temps qu'Iphigene vienne apporter de l'eau à ce feu, de peur que son embrasement ne se rede inextinguible? Si Olorie estoit tourmentée de sa Ialousie, Iphigene ne receuoit pas vn meilleur traittement de sa passion; il n'y auoit qu'Amiclée qui sans engager autrement sa liberté, triomphoit subtilement de celle de Liante. Mais quel remede treuuerons-nous à Iphigene pour soulager son incomparable douleur en la priuation de Liante? Certes celui qui compara le feu qui fait aimer à la foudre, rencontra heureusement: car les effects de

l'vn & de l'autre sont esmerueillables, celle-ci brise les os sans endommager la chair, & en conseruant le fourreau, fond la lame de l'espée ; & celui-là a des soupplesses nompareilles pour esbloüir les yeux les plus clair-voyans. car en fin rien n'est impossible à celui qui aime. Iphigene pratiqua de si secrettes & faciles intelligences auecque Liante, que quand ils eussent esté en vn mesme camp, ils n'eussent pas eu plus de moyen de se parler & de se communiquer leurs pensées. Le iour c'estoit par des lettres qu'ils attachoient à des fleches, & les tiroient en certains lieux ; la nuict ils se parloient en des endroits esloignez de témoings, & tout à leur aise. Vne fois Iphigene apres d'autres deuis regrettant le temps de la paix, auquel dans la forest de Plocens ils ioüissoient d'vne conuersation plus libre & plus gracieuse, & souhaittant de voir vne pareille saison, en laquelle il peust dans son Gouuernement faire part de ses honneurs & de ses biens à son cher frere. De quelle paix & de quel bon temps, reprit Liante, parlez-vous là ? de moy ie ne croy point en toute ma vie auoir senti de
plus

plus grand trouble que celui qui me suruint par les yeux de Serife; car ces illusions extrauagantes saisirent tellement ma raison, que ie la pensay perdre dans vn labyrinthe de pensées si confuses, que ie dois appeller heureux le desastre qui m'a tiré de cette erreur. Mais maintenant mon estat est bien changé; car si durant la paix i'ay experimenté la guerre, dedás cette guerre i'ay rencontré vn si grand calme, & vne si douce paix, que ie ne treuue rien de si doux que la double prison qui m'enferme. Et quelles sont ces prisons-là? repartit Iphigene. La premiere, reprit Liante, c'est celle de l'enceinte de cette ville : mais la seconde & plus delicieuse c'est vn obiect dont ie suis captif, mais sous vn esclauage preferable à toute liberté. A ce mot vne sueur froide s'empara du front d'Iphigene, & à peine s'empescha-t'il de tomber en euanoüissemét. S'il pressa Liante de lui dire quel estoit le sujet auquel il rendoit ses seruices; comme s'il eust eu à prix faict de demonter tout à faict l'entendement d'Iphigene, & de lui renuerser la ceruelle, il lui alla faire vne si viue description des beautez d'Amiclée, qu'Iphigene eust souffert beaucoup plus volontiers le coup de la mort que la suitte de ce discours. Mais quand il adiousta que ces perfections n'estoient encore qu'en leur naissance, & que ce fruict encore vert estoit si aspre & si reuesche, qu'il agassoit plustost les dêts qu'il ne donnoit de la delectation, & que la foiblesse de son âge la rédoit si peu susceptible non seulement de bienueillance, mais de connoistre celle qu'on lui portoit, qu'au mesme lieu où il voyoit esclorre ses desirs, il voyoit estouffer ses esperances, alors Iphigene respira vn peu. Car si l'amitié eust esté reciproque, sans doute cette allarme l'eust tellement mis en desordre, qu'il n'eust peu soustenir l'assaut que la Ialousie lui eust liuré. Mais comme toutes les choses humaines ont deux anses & leurs contrepoids, quand il adiousta aux passions qu'il souffroit pour Amiclée, celles qu'il faisoit endurer à Olorie, Iphigene en fut soulagé, s'imaginant que cette contradiction empescheroit que Liante ne fist grand progrez en l'affection d'Amiclée. Mais il retomba de sa fieure en vn mal plus chaud quand il enten entendit Liante, qui lui proteſtoit que la Ialouſie de l'vne lui ſeruoit d'aiguillon pour ſe porter plus viuement à la recherche de l'autre, recherche qu'il croyoit ne deuoir point eſtre infructueuſe, veu les auis particuliers qu'il auoit du deſſein d'Olaue de lui donner l'vne de ſes filles, & que ſa derniere victoire l'auoit reduit à ce point de lui en laiſſer le choix, ſur l'eſperance de faire reuoquer la confiſcation de ſes biens par le traitté qui ſe feroit auecque le Roi, pour accoiſer le ſouſleuemét de la Lithuanie. En quoy il n'auroit pas tant à combatre les jalouſies de l'aiſnée, que la trop grande jeuneſſe de la Cadette. Or voyez comme la Ialouſie tranſporte les cerueaux les mieux faicts. Iphigene qui auoit toute ſa vie faict paroiſtre tant de diſcretion & de retenuë en ſes actions, ſe laiſſant aller tout à coup à la fureur éclata en ces paroles: Ha! traiſtre, & le plus noirci d'infidelité qui fut iamais, eſt-ce là ce que tu m'as promis tant de fois dans les ſolitudes de mon Palatinat, lors que tu iurois ô perfide (mais auecque des ſermens que le vent a emporté) de n'aimer iamais que moy, & de ne te rendre fusceptible d'aucune autre flamme ? Est-ce ainsi que tu laisses maintenant la trop facile & credule Serife ? Cette Serife qui n'a des yeux que pour toy, & qui n'aime son cœur qu'à cause de ton image qui y est si viuement empreinte. Cette Serife qui t'a retiré tout moitte de ton naufrage, qui te vouloit esleuer en des honneurs & en des biens que tu ne peux esperer d'aucun autre lieu. Et sotte qu'elle estoit, elle prenoit tous tes discours à son auantage, & repaissoit sa vanité des loüanges que tu lui donois auec autant de trahison que de flatterie ; & puis elle feroit iamais estat de la fidelité d'aucun homme ? ô que le Ciel la puisse tourmenter de quelque nouueau supplice (s'il en est quelque plus grand que celui que lui fait souffrir ta desloyauté) si iamais elle s'y fie. Tu la deuois tuër sur le corps de son Pere, plustost que de la reseruer à oüir des discours qui lui sont moins supportables que la mort. Si Liante fut surpris en oyant ces paroles, i'en laisse iuger celui qui aura remarqué iusques ici la conduite d'Iphigene. Voyla côme la Nature ioüe son roolle, & comme me nonobstant toutes les contraintes & les feintes elle se fait voir à la fin telle quelle est. Il pensoit songer, ou tout au moins qu'Iphigene resuast. Car à quel propos lui ramener en ieu les douces illusions de la forest de Plocés, lors qu'Almerie estoit aimée par Iphis, ou lors que Calliante faisoit le passionné de Serife? Mon frere, dit-il, à quoy pensez-vous? ie croy que les charmes de la forest enchantée vous possedent encore, ou, ce qui est le plus croyable, que vous dormez ayant comme le Lyon les yeux ouuerts. vraiment ie ne me departiray iamais qu'auecque la vie de l'amitié que ie vous ay iurée comme à mon frere, & au plus cher ami que i'aye, & que i'auray iamais. Mais aussi vous croy-ie si desireux de mon bien & de mon auancement, selon les témoignages que vous m'en auez rêdu, que vous ne m'empescherez pas de prendre la bonne fortune quand elle me vient, apres m'auoir persecuté dés ma naissãce, & faict sentir au courant de mes iours tous les effects de sa tyrannie. A la verité si ie voyois quelque autre porte que celle qui s'ouure deuant moy, pour sortir de

l'abysme

l'abysme de mes disgraces, i'y passerois librement : mais ie vous prie de considerer l'estat de mes affaires, & de voir que ie ressemble à celui qui se noye, lequel se prend à ce qu'il peut, & à ce qu'il rencontre, non pas tousiours à ce qu'il desireroit, pour se tirer de peril. Vostre Pere mon persecuteur m'a tellement ruiné aupres du Roi, que ie ne dois plus rien esperer en Pologne, où i'ay tout à craindre ; ce qui m'a faict resoudre ou à me perdre dans le bouleuersemēt de la Lithuanie, ou si elle se releue de ses ruines, d'en reparer celles de ma fortune. Que pleust à Dieu qu'il me fust permis d'vser mes iours aupres de vous ; car si ie possedois ce bonheur, toutes mes ambitions pourroient bien expirer, sçachant qu'à la puissance que vous auez, ie ne pourrois attendre que de grands effects de vostre bonne volonté. Au demeurant n'auez-vous point pris garde que vostre plaisante resuerie vous a faict parler en fille, comme si cette Serife à qui ie voüois mes affections, estoit autre que vous ? à pareil air vous me feriez croire que ie serois Almerie. Voyez où nous portent nos folies passées, agreables
folies

folies neantmoins, puis qu'elles vous plaisent; mais tres-ameres pour moy, à qui elles ont pensé faire perdre le sens. Cette longue replique ayāt dōné quelque loisir à Iphigene d'appaiser le tumulte de sa passion, & de rappeller son iugement, lui donnant vne crainte d'auoir trop brusquement descouuert sa condition, lui ouurit l'esprit pour reparer promptement cette faute, & escraser le scorpion sur sa picqueure. Ie parlois, dit-il, au nom de ma sœur Clemence, à qui vous faussez si laschemēt la foy. A quoy Liante; pourquoy m'accusez-vous, Iphigene, d'vn crime dont vous estes bien plus coulpable, rompant si cruellement celle que vous auez si solennellement iurée à Modestine, pour suiure les barbares inclinations de vostre Pere, qui vous fait changer la ieune à la vieille, la belle à la laide, la fille à la vefue, vostre égale en âge, à celle qui pourroit estre vostre Mere? & cela pour satisfaire à son auarice & à son ambition, & pour adiouster à vos tiltres celui de Prince; comme si la faueur du Roi, qui n'est point tout à faict esteinte pour vous, ne vous pouuoit pas esleuer assez haut, &

combler

combler d'autant de biens que vous en sçauriez desirer. A cette repartie Iphigene n'eut rien à repliquer, sinon que pour terminer tous ces debats, il souhaitteroit que l'vn d'eux deux fust fille. Non pas cela, dit Liante, car ie vous aime trop pour vous desirer vn si grand mal ; & quant à moy, tant que Dieu me laissera mon espée dans la main, i'empescheray bien que Mieslas ne me tire du rang des hommes. Voyla, reprit Iphigene, comme ie vous surmonte en amitié : car pour l'Amour de moy vous ne voudriez pas changer de sexe, & moy ie voudrois estre fille pour arrester vostre inconstance. Tandis que nous-nous amusons apres ces imaginatiõs chimeriques & impossibles, dit Liante, nous dissipons nos esprits, qui deuroiẽt prester leur attention à de meilleures pensées, & l'employer à procurer le repos public, pour y treuuer l'asseurance de nos affaires particulieres. Là dessus ils se separerent, Iphigene s'en retournant si troublé dans l'imagination, qu'il ne sçauoit où treuuer le filet pour sortir du l'abyrinthe de ses confusions. A la fin apres auoir resué long temps, tantost concluant, tantost

LIVRE XIV.

tost renuersant ce qu'il concluoit, tantost se resoluant, tantost reuoquant ses resolutions, agité de plus de mouuemens que la mer n'a de vagues, l'Amour le vray Mercure des esprits, lui ouurit vn expedient qui ne pouuoit sortir que d'vne ame extremement passionnée. Les Spagiriques en recherchant les vnions des essences, ont treuué par les sympathies & antipathies les dissoluans de tous les corps naturels, quelque solidité qu'ils ayent, & cela par le moyen de quelques ingrediens & d'vne simple rosée. La Chimie spirituelle apprit en mesme temps à Iphigene à dissoudre ce corps facticux, qui formoit la reuolte de la Lithuanie, en se donnant entrée dãs le Minsce, y semant de la poudre d'or, & la rosée des douces paroles, & des belles promesses ; & aussi à s'vnir à celui dont la possession lui sembloit plus desirable que celle d'vne Couronne. Ne fut-ce pas vne merueille de subtilité, de ioindre la paix publicque auecque le repos de son esprit, & le seruice de son Roi auecque le contentement de son ame ? Mais il fallut proceder en ce dessein à la façon des rameurs qui tournent le dos au

lieu

lieu où ils tendent: car Iphigene vainquit en se laissant vaincre, & fit voir par vn memorable exemple d'Amour & de fidelité, que les Zopyres n'estoient pas tous morts dans le Monde. Il ne voulut point cōmuniquer son secret à Boleslaüs, crainte qu'opposant les froideurs de son âge & de son iugement, aux ardeurs de sa jeunesse & de sa passion qui estoit aueugle, il ne le trauersast en son entreprise, plustost que de lui aider ; il se resolut mesme de le celer à Liante, encore qu'il en deust estre l'executeur, comme il en estoit la cause. Apres auoir donc bien pris ses mesures, il se determina pour le salut de son païs, de faire comme Curtius qui se ietta dans vn gouffre, en se liurant és mains des ennemis, pour y pratiquer leur reünion au seruice du Roi, & en mesme temps rompre le dessein de Liante sur Amiclée. La premiere fois qu'il l'aboucha, il fit semblant d'auoir meurement pensé à ce que Liante lui auoit proposé à leur derniere entreueüe, qu'il n'auoit point impreuué sa recherche sur la consideration qu'il faisoit de rentrer en son bien par cette alliance : mais que s'il vouloit contribuer

tribuer son industrie à pacifier ce trouble de la Lithuanie, en reduisant les rebelles à l'obeïssance qu'ils deuoient au Roi, non seulement il le restabliroit en tous ses biens, mais le rēdroit apres le Roi le plus grand & le plus riche Seigneur de toute la Pologne & Lithuanie. Cette proposition estoit bien assez specieuse pour rauir le cœur & faire ouurir l'oreille à Liante; mais voyez en quelle consideration est l'honneur dans vn gentil courage. Cette promesse est bien grande, reprit-il, mais si pour arriuer là il faut cōmettre la moindre ie ne diray pas trahison, ou desloyauté, mais supercherie, ne m'en parlez pas d'auantage; car pour vn Royaume ie ne violerois pas ma foy, ni offenserois l'hospitalité d'Olaue, qui par ses courtoisies a acquis sur moi de si grādes obligatiōs qu'il faudra que i'en demeure obligé toute ma vie, & à la fin que i'en meure insoluable. Aussi ay-ie tant de creance en la bonté de vostre ame, mon cher frere, que ie croy qu'vne lascheté n'y peut auoir d'accez: car ie sçay en quelle estime vous auez l'honneur, dont ie vous ay tousiours veu estre si ialoux. Iphigene apres auoir loüé

la generosité de Liante, lui dit que tant s'en faut qu'il le vouluſt engager à quelque acte deshonnorable, qu'au contraire il ſe vouloit le premier remettre entre ſes mains, pour lui ouurir les moyens de faire cette reduction de la Lithuanie aux ſoumiſſions deües au Roi. Liante lui en demandant les particularitez. La premiere, dit Iphigene, eſt qu'apres auoir terraſſé mon Pere, vous ayez l'honneur de m'auoir pris priſonnier, & lors que ie ſeray là dedãs auecque vous, ie vous enſeigneray le ſecret pour contenter tous ceux qui vous ont tant obligé, & ſans leur faire tort, ny à voſtre honneur, de vous rendre le plus grand de ce Royaume. Le gage ſi precieux qu'offroit Iphigene, remettant ſa propre perſonne au pouuoir des Lithuaniens, fit croire à Liante qu'il parloit du fonds du cœur. C'eſt pourquoy l'ayant preſſé de lui declarer plus particulierement quelle eſtoit ſa viſée: Mon frere, lui dit Iphigene, le Roi auparauant que ie vinſſe à ce ſiege, m'auoit commandé par lettres expreſſes que i'allaſſe à la Cour, m'aſſeurant que i'y ſerois mieux venu que iamais, & qu'en fin le Soleil de
la

la verité auoit percé & dissipé les broüillards de la calomnie; neantmoins le desir de lui rendre des preuues signalées de ma fidelité aux occasions de cette guerre, m'a faict preferer les trauaux & les hazards de l'armée aux delices de Cracouie. Ce témoignage de la volonté du Roi me fait esperer que la faueur n'estant pas morte pour moy, il ne sçaura pas plustost ma prison, qu'à quelque prix que ce soit il ne m'en vueille tirer, soit par rançon, soit par force. Or quelle plus belle rencontre pour vous remettre en vos biens sçauriez-vous desirer que celle-là? veu mesme que i'asseureray sa Majesté que ce n'a point tant esté le desir de reuolte, qui vous a porté parmi les rebelles, que la crainte de tomber entre les mains de Mieslas, & le desespoir où il vous auoit reduit. Ie feray plus, car estant assez bien informé des intētions & mouuemens du Roi, i'espere de disposer les deux Palatins qui sont assiegez, à quitter les armes, & à donner la paix à cette Prouince, auecque de tels auantages & pour la Lithuanie, & pour leurs maisons, que le general aura dequoy se loüer de la bōté du Roi, & eux en particulier de sa clemence & de sa liberalité. Comme ne se fust rendu Liante aux charmes de ces propositions si esleuées par dessus ses esperances, qu'à peine eust-il osé y porter ses desirs? Et bien qu'il conseillast à Iphigene, s'il n'estoit bien certain de l'affection du Roi, de ne s'exposer point à ce hazard, n'y ayant rien de plus incertain que l'inclination des hommes, & principalement des Princes, qui n'en ont point de plus forte que celle de leur interest; il fut toutesfois contraint de ceder à la priere d'Iphigene qui l'emporta sur ses persuasions. Ils auiserent donc de tramer cette prise en sorte, qu'encore qu'elle fust faicte à la main, elle parust fortuite. Iphigene deuoit venir durant quelques iours donner vn coup de pistolet à la porte de la ville, comme font d'ordinaire les Cheualiers pour témoigner leur galanterie, se fians pour leur retraitte en la bonté de leurs cheuaux, & en la vistesse de leur course; & en vn iour assigné Liante deuoit mettre quelques soldats en embuscade pour l'inuestir. Ce qui fut faict heureusement, ainsi qu'il auoit esté proiet proietté. A la nouuelle representez-vous la fureur du Sarmate Mieslas, le trouble du camp du Roy, & au contraire le contentement de ceux de la ville, & de quels Lauriers ils chargerent la teste de Liante. Olaue ne pouuant plus contenir sa ioye, le courut embrasser; & ne pouuant faire plus que de lui offrir tous ses biens, lui donna le choix de ses deux filles, auec telle part qu'il voudroit prendre pour la dote, telle part qu'il voudroit és biens de sa maison. Liante content à merueilles de tant de triomfes, & de trofées que l'on erigeoit à vne victoire qui lui coustoit si peu, reconnut par là combien est vain le jugement du Monde, & que comme les supplices ne sont pas tousiours pour les plus meschans, mais pour les moins fortunez, aussi la gloire estoit vne infame Courtisane, qui ne se rendoit pas tousiours entre les bras des plus vaillans, mais des plus heureux. Pour attirer d'auantage Olaue à luy presenter vn bien dont il estoit si desireux, par artifice il se disoit indigne de tant de grace, estant alors vn pauure Gentilhomme banni de son païs, & despouillé de tous ses biens

par vne confiscation iniuste. Alors Osaue donnant de soy-mesme dans les toiles, lui repartit que la restitution de l'heritage de son Pere, ne seroit que la moindre portion de la rançon du prisonnier dont il venoit d'enrichir leur ville, & que cette consideration ne le deuoit point arrester, veu qu'il auoit tousiours eu plus d'esgard à sa vertu qu'à ses richesses, aimant beaucoup mieux pour sa fille vn homme qui eust besoin de biens, que des biens qui eussent besoin d'vn homme. Mais Liante le remettant à penser à cette affaire auecque loisir, le pria seulement de penser à traitter Iphigene en sorte qu'il eust occasion de se loüer plustost que de se plaindre de la Lithuanie. Ce qui fut executé auecque tant d'honneur, que si le braue Iphigene eust esté Gouuerneur & Maistre de cette ville rebelle, il n'eust pas esté plus respecté. On ne luy donna point d'autre prison que sa parole, Liante se rendant caution de sa fidelité. Pour lors les deux Palatins de Troc & de Minsce auoient mis leurs femmes & leurs enfans, & ce qu'ils auoient de plus precieux dans le Chasteau, comme au lieu le plus
asseuré,

asseuré, & c'estoit là mesme que demeuroit Liante, & que fut mis Iphigene, dans
vne chambre si richement parée, que
dans le Palais du Roi il n'eust pas esté
mieux logé. La bonne chere ne lui manquoit point non plus que toutes sortes
de ieux & diuertissemens honnestes. La
compagnie des Dames estoit ordinairement autour de lui, lesquelles n'eurent
pas plustost gousté les charmes ineuitables de sa conuersation, qu'elles en furent
plus friandes que les abeilles ne sont des
fleurs & des rayons de miel. Que si ce
beau visage qui faisoit voir en terre l'image des Anges, auoit esté la coqueluche
des Dames de la Cour, imaginez-vous si
celles de Lithuanie furent exemptes de
cette douce contagion, dont aucune contrée ni nation ne se peut dire exempte.
Vous eussiez dit que ce nouueau Sinon
estoit venu apporter vn feu Gregeois
pour reduire en cendre cet Ilion, & qu'e-
stant prisonnier de corps, il estoit arriué
à dessein de mettre tous les cœurs non
seulement à la chaisne, mais encore à la
gesne. Car ce doux venin qui s'auale par
les yeux selon la varieté des esprits,

glissa tant de secrettes flammes, & ces flammes y causerent tant de tourmens, qu'il sembloit auoir la mesme destinée du cheual Sejan, qui mettoit le desordre en tous les lieux où il estoit receu. Car qui eust peu penetrer dans la confusion des diuerses pensées de ces Dames, qui ne pouuoient destacher leurs yeux de cet obiect le plus agreable, & le plus accōpli qui leur eust iamais paru, auroit icy dequoy faire voir de quelle façon agist le feu en la paille, ou en quelque autre matiere legere comme est le cœur des femmes. Bogdale auoit vne femme si auancée dans l'âge, que le sang de ses veines qui deuoit estre de glace, sembloit exēpt par le benefice des ans des ardeurs qui ne semblent excusables qu'en la jeunesse: de plus il auoit vne fille mariée à vn Seigneur Lithuanien braue & galand, & qui n'ayant pas voulu se renfermer dans la ville, battoit la campagne en la compagnie de son beau-frere fils du Palatin de Troc. Son merite estoit bien suffisant de faire terminer en lui toutes les affections de sa femme: mais les perfections du beau Polonnois lui parurēt telles, que comme

vn

vn premier mobile par vn mouuement violent elle ne peut empescher que son cœur ne suiuist ses yeux, dont les regards peu considerez trahirent sa franchise. Si bien que la Mere & la fille prindrent le mal des yeux en mesme temps. Quoy? & la femme d'Olaue toute sage & retenuë qu'elle estoit, se laissa surprendre à ce premier mouuement, auquel on n'attribuë point de resistance qui vaille. Et comme si ce bel aspect n'eust esté formé que pour ruiner la fermeté des plus continentes, peu le voyoient qui ne prissent plaisir à le regarder, & peu le regardoient sans émotion & sans allarme. Il faut que le feu soit bien aspre, quand il s'esprend soudainement au bois vert. Amiclée qui pour Liante n'auoit encore eu aucuns sentimens qui meritent d'estre mis en ligne de conte, fut aussi tost toute embrasée de cette fieure dõt les accez sont si gracieux, que ceux qui en ressentent les chaleurs & les frissons, ne redoutent rien tant que de se voir guerir de cette maladie. Tout à coup d'ignorante elle deuint sçauante, iugeant par la peine qu'elle endura, celle qu'elle auoit peu causer au cœur de

Liante. O Liante, vous ne ferez plus qu'vn difforme Esau, voici le blanc Iacob qui vous va supplanter, si bien que vous verrez naistre la ruine de vos pretensions du mesme lieu d'où vous en esperiez l'establissement. Il n'y eut que la pauure Olorie qui se treuua constante en l'affection de celui qui mesprisoit la sienne, parce que son ame remplie de l'idée de ce premier obiect, ne se treuua susceptible d'aucune autre impression. Si Iphigene eust esté homme, que de vanité il eust conceu en son esprit, se voyant le blanc de tant de desirs ; mais estant tel que la nature l'auoit faict naistre, ces roses lui estoient des espines, & ces adorations des importunitez. Pour dire le rauage que firent dans ces foibles ceruelles ces nouuelles passiōs, il seroit malaisé, plus encore d'exprimer les cōfuses broüilleries qui agiterent tous ces courages; car l'Amour, l'enuie, le desespoir, la jalousie, la honte, le desir, estoient autant de vers, ou plustost de Vautours qui rongeoient toutes ces poitrines. Iusques là que les hommes qui consideroient trop attentiuement ce visage Angelique, n'estoient point sans
émotion

émotion & sans allarme : car le croyans homme, ils le souhaittoient estre fille, pour y pouuoir asseoir en quelque façon leur complaisance ; & les autres qui ne le croyoient pas fille, se tenoient aussi heureuses d'auoir parmi elles ce beau prisonnier de qui elles estoient esclaues, que iadis les ieunes Troyens estoient contens d'auoir cette fameuse beauté de la Grecque Helene enclose en leurs murailles. O Iphigene, comme ceux qui lancent les feux artificiels se bruslent les premiers, aussi parmi tant de tempestes que tu excites, tu n'es pas sans orage. Car de quel pinceau pourrois-ie representer le partage de tant d'esprits ? Les vieilles mouroient de desespoir & de honte de se voir en vn temps, qui selon les loix de la nature les exemptoit de la tyrannie de ce petit boute-feu qui enflamme le Ciel & la terre, sujettes à des desirs iniustes & infames, & dont la cruelle douceur leur estoit plus redoutable que la douleur de la mort, au reste affligées d'vne langueur qui ne pouuoit attendre que le tombeau pour remede. La fille de Bogdale Dame pleine d'honneur, & qui se fust aussi tost iettée

dedans

dedans vn feu que de violer la foi qu'elle deuoit à son mari, se sentoit neantmoins malgré elle flattée de cette molle flamme que tant de sujets nourrissent, & que si peu esteignent; & de s'appliquer le soulagement de la moindre parole, c'est à quoy elle eust moins consenti qu'à sentir toutes sortes de supplices. Cependãt cette ardeur, comme celle des fournaises, se redouble estant enclose, & n'ayant aucun soupirail pour s'esuaporer. Quant à Amiclée, comme elle auoit assez d'âge pour connoistre, elle n'en auoit pas assez pour dissimuler tout à faict son sentiment; car il en est d'vne premiere flamme comme d'vn vin nouueau, qui creue son vase s'il n'a de l'air. Lors que pour Liante elle estoit moins agitée, il lui estoit facile de se retenir: mais vne vehemente & extraordinaire passion ne se met pas si aisément, aussi n'y auoit-il qu'elle qui en fist des demonstrations plus euidentes. Car outre la gloire de captiuer vn si grand courage, & de posseder vn Seigneur si accompli, quelle ame si stupide n'eust esté picquée d'ambition, voyant reluire en cette personne tant de grandeur, accompagnée

pagnée de richesses qui n'auoient point de bornes, puis qu'elles estoient fondées sur la faueur d'vn Roi des plus signalez de l'Europe? Adioustez à cela le desir qu'ont vniuersellement toutes les filles d'estre hautement & richement pourueües, & de se rendre agreables & admirables à tous les yeux. Bref le beau Polonnois estoit le commun obiect de l'estime de toutes ces creatures, voire mesme de celles de leur suitte, comme elles estoient le but de son mespris; & autant qu'elles se sentoient honnorées de sa presence, autant s'estimoit-il importuné de la leur. Il n'y eut pas iusqu'à Olorie qui ne donnast sinon en effect, du moins en apparence dans ses filets; car ou desireuse de se vanger de Liante, ou, ce qui est plus probable, de le ramener à soy par l'aiguillon de la Ialousie, elle feignit au cōmencement d'aimer Iphigene, & lui donnoit d'assez mauuaise grace tout plein de preuues de sa bienueillance; mais peu à peu elle s'y engagea si bien que la feinte deuint vne verité. Ce qui lui fut tomber de mal en pis, & pour vn corps courir apres vne ombre qui la fuyoit; car si elle auoit

auoit esté si disgraciée de ne pouuoir ietter aucune amorce dãs le cœur de Liante, qui l'obligeast à faire estat de son amitié, imaginez-vous de quelle façon cette mesche eust peu treuuer prise en Iphigene, si peu capable non de satisfaire à ses desirs, mais seulement d'auoir de l'inclination pour elle. Ainsi nostre prisonnier escueil de leurs pensées, & pierre d'achoppement pour toutes,

Coulpable de leurs maux
Se rit de leurs trauaux.

Aussi a-t'il bien d'autres fusées à demesler en son particulier, sans s'embarrasser dans toutes leurs folies. Car il n'estoit pas comme le Soleil, qui eschaufe tout n'ayãt aucun degré de chaleur en soy; s'il leur causoit du tourment, il en portoit en mesme temps la penitence. De quel œil à vostre auis pouuoit-il voir les soumissions, & les deuoirs auecque lesquels le passionné Liante assiegeoit le cœur de la desdaigneuse Amiclée? Quel depit deuoit-il auoir voyant l'orgueil de cette Riuale qui lui desroboit ce qu'il auoit de plus precieux, qui estoient les affections de Liante? & cela sans autre auantage que

que de l'habit. Que si quelquesfois il se contemploit dedans la glace d'vn miroir, vous eussiez dit qu'il s'équeroit soigneusement de ce crystal de la victoire que sa pleine beauté lui donnoit sur la naissante d'Amiclée. Et qui seroit si despourueu de iugement, qui voulust comparer vn foible Croissant à vne Lune qui perfait sa rondeur, ou la rougissante Autore aux vifs éclats que le Soleil eslance en son midy? Il ne lui restoit à son auis que de dessiller les yeux de Liante, & lui donner connoissance de sa condition, pour lui faire quitter les passions & les pretensions qu'il auoit pour ce cabochon & ce diamant brut, qui n'auoit encore ni garbe ni polisseure, pour ce bouton qui n'auoit autre beauté qu'en esperance. Mais c'est ici le point de la difficulté, & qui donne des tranchées à son esprit, non moins douloureuses que celles d'vne femme qui voulant celer son part, n'ose crier dans les trauaux de son enfantement. Pauure Iphigene, qui te deliurera de ces mortelles angoisses? On lit dans l'ancienne histoire, qu'vn soldat desesperant de sa vie pour vn mal intestin qui le trauailloit,

s'estant

s'eſtât ietté dans le plus fort de la meſlée, pour y perir honnorablement, y receut vn coup d'eſpée au trauers du corps, qui lui creua vn apoſtume qu'il auoit au dedans, & qui lui fut ſi fauorable qu'il rencontra la ſanté où il cherchoit la mort. O que deſirable ſeroit le coup de langue, qui pourroit faire entendre à Liante ce que la pudeur d'Iphigene lui fait celer auec tant de preiudice de ſon contentement! Souuent il prend la reſolution d'eſcrire, & d'employer à cet office la blancheur du papier qui ne peut rougir. Et puis ſe repreſentât diuers accidens qui pouuoient naiſtre de l'eſcriture, & ſa foibleſſe au prix de la force de la viue voix en pareille occaſion, il changeoit de deſſein. Et puis comme il vouloit mediter les paroles dont il ſe ſeruiroit pour ſe manifeſter, le deſordre de ſes penſées lui tariſſoit les paroles en la bouche, & le rangeoit aux termes de mourir dans la mort obſcure du ſilence, pluſtoſt que de prolonger ſa vie par vn diſcours qu'il ne pourroit à ſon iugement proferer d'vn front aſſeuré. Tant il eſt vray que la honte qui naiſt d'vn principe vertueux, a d'eſtranges & bigearres

bigearres effects. O sainte vergoigne, qualité inseparable des ames bien nées, que tu peins les visages de ceux que tu allarmes de differentes couleurs! celles que l'Aurore seme les matins sur le fil de l'orizon, n'ont point plus de varieté. Est-il possible que l'esprit d'Iphigene si plein d'accortise, & dont les gentilles inuentions estoiét tant estimées dans la Cour, demeure sterile en cette occurrence, où il s'agist de la plus importáte affaire qu'il ait à mesnager en toute sa vie? Certes il faut auoüer que quelque valeur que nous allions admirans en lui, il y a tousiours quelque dragme de la foiblesse du sexe. Lequel a cette qualité d'estre extremement subtil en de petites occasions, mais peu capable des grandes entreprises. Ou bien n'en seroit-il point des occurrences de la vie, comme des douleurs dont les mediocres ouurent l'esprit, mais les excessiues le surmontent & l'accablent? O honnesteté, que tu as de peine à mettre bas le voile que le gentil Iphigene porte depuis sa naissance non sur son visage, mais sur tout son corps! O que la parole sacrée a grande raison de dire que c'est vne belle chose

Tome 2. S

qu'vn sang illustre orné du lys des vertus la saincte Chasteté, & que sa memoire doit estre immortelle & deuant Dieu, & deuant les hommes! Depeschez-vous braue Iphigene, & rauissez tout à faict le cœur de Liante par vne franche declaration. cette pilule est vn peu amere, cette drogue reuesche au goust, mais il la faut aualer pour vostre salut & le sien. Vous possedez de si grands auantages en toutes façons sur vostre Riuale, qu'il ne faut que vous deuoiler pour la couurir de tenebres, ou bien pour lui faire le mesme affrōt que la venuë du Soleil fait aux estoiles, selon qu'a chanté ce Poëte Espagnol,

Dize l'Alua a las estrellas,
Viene el Sol vaianse ellas.

Comme si nous disions,

L'Aube arriuant dit aux estoiles,
Le Soleil vient, prenez vos voiles.

Me seroit-il permis en cette matiere qui semble peu serieuse, de mesler vn petit mot d'enseignement? Le texte sainct nous apprend que l'auantage qu'ont en nous les choses presentes sur les futures, prouient de leur visibilité; car ce qui est temporel, se voit & se touche, mais ce qui est
eternel,

eternel; est inuisible & passe nostre connoissance. O, disoit vn ancien Philosophe, que la Vertu exciteroit en nos cœurs d'admirables affections pour sa beauté, si elle se laissoit apprehender à nos sens! Iphigene, que Liante sçache au vray qui vous estes, & Adieu les Amiclées, les rebellions, & toutes les pretensions qu'il a en la Lithuanie. Il n'est doncques question que de treuuer vne occasion propre, où de faire venir ce sujet à propos, pour lui reueler tout ce mystere. Mais soit la jalousie de ces femmes qui l'assiegeoient, soit que les Palatins leur eussent ordonné de laisser parler Iphigene à Liate le moins qu'elles pourroient, de peur qu'ils ne fissent quelque monopole, estant vne maxime de guerre, de se deffier tousiours de son ennemy; le temps se passe de cette façon, Iphigene se consume comme vn flambeau qui éclaire les autres, & n'a que des tenebres pour soy, & l'occasion de parler à Liante ne s'offre point. Ce n'est pas qu'il ne lui parle tous les iours, mais en presence de tant de témoings, qu'il n'a garde de lui communiquer son secret deuant ces femmes, s'il ne veut le publier par toute la terre. Tellement qu'il languit en cet estat rongé de sa jalousie, qui comme vn feu deuorant s'accroissoit sans cesse, à mesure qu'il apperceuoit la recherche que Liante faisoit d'Amiclée à camp ouuert, se portant en toutes choses pour son Cheualier, bien que l'autre toute esbloüie de l'éclat du Palatin de Plocens, fist peu d'estat de son seruice. Ce seroit entreprendre de desmesler vne longue fusée, que de vouloir raconter les differens effects des passions de ces Dames; car si l'enuie agitoit les vieilles, la jalousie ne donnoit pas de moindres inquietudes aux ieunes. tant il est vray que tout esprit desordonné porte son supplice en soy-mesme. Ie me contenteray d'en remarquer les contrarietez. Les deux Palatines disputoient à l'enuy à qui rendroit au prisonnier de meilleurs offices, iusques à lui faire assez connoistre, s'il eust voulu les entendre, qu'elles procedoient autât d'Amour que de courtoisie. La fille du Palatin de Troc s'y conduisoit auecque plus de dexterité; mais Iphigene ne voyoit que trop clair en toutes ses ruzes. Olorie plus naïue en sa conduite, faisoit voir

dans

dans sa simplicité tant de sottise, qu'elle faisoit croistre la pitié au lieu où elle vouloit mettre des desirs. Amiclée comme plus ieune & inconsiderée, aussi plus hardie, non contente de la franche declaration de sa bonne volonté pour Iphigene, lui promettoit la clef des champs, pourueu qu'il la voulust emmener, & la prendre à femme, pour reconnoissance de la liberté qu'elle se promettoit de lui procurer. Mais celui qui estoit plus enchaisné par sa volōté que par sa parole, & plus enfermé par sa passion que par des murailles, quand les portes lui eussent esté ouuertes, n'eust eu garde de sortir d'vn lieu où pour entrer il s'estoit serui de tant d'artifice. De sorte que remerciant cette fille de son offre, parce qu'estant prisonnier sur sa parole, il ne voudroit pour rien du monde y contreuenir, il la laissa dans sa fieure continüe, laquelle receuoit des redoublemens tantost par la jalousie des ieunes, tantost par la fureur des vieilles, qui sous pretexte de surueiller ses actiōs, se faschoient que son âge & sa beauté lui donnassent plus d'accez aupres d'Iphigene qu'à aucune autre. Tant y a qu'elles estoient toutes semblables aux archers qui n'ont qu'vn blanc, mais qui y visent par diuerses routes. Or entre les diuers moyens dont se seruoiët ces Dames pour faire passer le temps à Iphigene, & empescher qu'il ne s'ennuyast, outre les ieux & les promenoirs où il auoit toute liberté, pourueu qu'il fust en compagnie, celui de la Conuersation comme il leur estoit le plus agreable, estoit aussi le plus ordinaire. Et entre les diuers exercices de la Conuersation, quelques-vns consistent en des inuentions loüables & subtiles de paroles ou de pensées, qui tendent toutes à vne honneste recreation & communication. Aucunes des plus fines se seruirent de ces moyens, pour lui faire entendre couuertement plusieurs choses que la bienseance & la modestie de leur condition ne leur permettoit pas de manifester d'autre maniere. A cela Iphigene faisoit bouclier de la dissimulation, ne faisant pas semblāt de les entendre, encore qu'il penetrast bien auant dans le fonds de leurs esprits; & cette feinte lui seruoit de jalousie, au trauers de laquelle il voyoit tout sans estre apperceu, selon qu'il est

escrit

escrit que le prudent iuge tout, & n'est iugé de personne. Vn iour il arriua que pour entretenir la compagnie, il fut & proposé & resolu que chacun diroit vne fable, ou vne histoire dont l'estrangeté du faict emporteroit la palme. Et celui ou celle qui selon le plus des voix auroit le iugement d'auoir dit l'euenement le plus estrâge, auroit pour recompense vn chappeau de fleurs, & vn baiser de tous ceux de l'assemblée. I'estendrois demesurémét le cours de cette Histoire, qui n'a desia selon mon ame que trop pris d'essor, si ie voulois enfiler les diuers recits qui furent faicts par les Dames, & les hommes qui furent de cette partie. Et outre que le fil de la Narration que ie poursuis, en seroit odieusement interrompu par vne digression hors d'œuure & ennuyeuse, l'inutilité de plusieurs fables qui n'auoient rien de recommandable que leur impossibilité & leur extrauagance, me fait quitter ce recit, pour ne dire des choses vaines & hors de propos. Ioint que n'escriuant ici que l'histoire d'Iphigene, ie ne croy estre obligé qu'à recueillir ce qui le regarde, ou ce qui sortit de sa bouche en cette

S 4

occurrence. En laquelle ayant treuué vne occasion qui lui sembloit si propre pour entrouurir les yeux de Liante, & le preparer doucemét à receuoir la lumiere de la verité qu'il auoit à lui proposer; & d'abondant n'ayant iamais leu ni appris aucune histoire qui lui parust plus estrange que la sienne propre, il la deguisa si accortement sous vne fable fameuse & ancienne, qu'il semblera, ie m'en asseure, à quiconque la lira en cet escrit, ou que la fable ait esté forgée sur son histoire, ou que son histoire ait esté fabriquée sur la fable, & cependant il y a autant de difference de l'vne à l'autre, qu'entre vne chose inuentée à plaisir & vne veritablement auenüe. Il est bien vray, pour dire ce mot d'auertissement au Lecteur en tirant païs, qu'ayant à cacher les noms veritables sous d'autres empruntez à ma volonté, i'ay eu esgard en ceux des principaux personnages, de les rendre approchans de ceux de cette fable que ie vay mettre sur les leûres d'Iphigene, & qui est tirée des transformatiõs du plus ingenieux Poëte que Rome ait iamais produit, ce qui se connoistra par le progrez du tissu. Apres donc

donc que le rang du Palatin de Plocens fut arriué, & que par des excuses industrieuses & faictes à dessein il eust irrité le desir de ces ames autant alterées de l'oüir, que leurs yeux estoient charmez de le voir, comme s'il eust esté vaincu par les prieres de tant de bouches dignes de consideration, il se mit en termes de s'acquiter de la charge qui lui estoit imposée, en commençant son discours de la sorte. Puis que ces Dames & ces Gentils-hommes qui ont parlé deuant moy, ont faict paroistre les merueilles de leur bien dire dans les estranges euenemens qu'ils ont racontez tant en des hommes qu'en des femmes, ie perdrois tout à faict l'esperance d'arriuer à la Couronne promise, & à ce baiser delicat qui est la Couronne de la Couronne mesme, si ie n'esperois que l'estrangeté de la fable que i'ay à deduire, deust suppleer au deffaut d'elegance qui est en ma langue; car desia ie renonce au prix quant aux ornemens de la parole, & aux autres parties requises à la perfection d'vn discours: mais soit que ie me flatte en mon iugement, ou que la verité soit telle, ie n'ay rien entendu iusqu'à present qui soit conferable à l'estrangeté de l'euenement que i'ay à raconter, aussi est-il tel que les Poëtes en ont faict vne de leurs plus celebres fables, y adioustans des circonstances permises à la Poësie, qui croit que tout lui est loisible; & neantmoins parmi tout cela il y a tant de traicts de vrai-semblance, que iusques à l'extremité de la Metamorphose qui fait voir le Narré fabuleux, il n'y a rien qui ne ressente son Histoire. Et ie vous prie, belle assemblée, y a-t'il rien de plus esmerueillable que de dire qu'vne mesme personne soit homme & fille sans estre Hermafrodite? representez-vous de quelle façon ce prodige peut tomber en vostre pensée, & si vous ne pourrez vous en former d'idée, aduoüez de bonne heure que ce que i'ay à vous deduire surmonte l'imagination. Si vous auez estonné nos esprits par les extraordinaires euenemens que vous nous auez faict entendre, il faut reconnoistre qu'au moins ils sont arriuez à des hommes ou a des femmes distinctement; mais quel monstre à vostre auis doit estre celui-là, qui sans s'estre baigné dans la fontaine de Salmacis n'est ni homme ni femme,

femme, & si est l'vn & l'autre? Mais pour ne tenir d'auantage vos oreilles suspenduës en abusant de la faueur de vostre attention, mon Narré prendra en ce lieu son principe. L'esprit des Grecs naturellement subtil & ambitieux, diuisa iadis tellement ce beau païs qui a tenu la troisiesme Monarchie du Mõde, qu'il y auoit presque autant de Roytelets que de contrées. Non loin du Bosphore de Thrace vne langue de terre se iette dans la mer, & fait vne presqu'Isle, que l'on appelle Chersonese, qui est à l'extremité de l'Europe, & qui n'est separée de l'Asie que de ce filet ou petit bras de mer, qui conioint le Propontide auecque l'Archipel, & qui se nomme communément Hellespont. Ce destroit qui s'appelloit autrefois le pas de Seste & Abyde, & appellé maintenant les Dardanelles, s'est rendu beaucoup plus fameux que des golfes plus larges, pour le celebre naufrage & si hautement chanté du braue Leandre, qui auoit accoustumé de le passer à nage pour visiter cette Hero prisonniere, qui estoit la maistresse de sa liberté. Or en vne Isle de l'Archipel, qui est celle de Crete, & en vne
Cité

Cité nommée Pheste, regnoit vn Prince, ou pluſtoſt vn faſcheux Tyran nommé Lygde, homme indigne d'eſtre appellé Grec, mais qui meriteroit pluſtoſt d'eſtre dit Barbare, ainſi que les Grecs qualifioient tous les eſtrangers, pour les raiſons qui ſe feront voir en la ſuitte de ce recit. La fortune aueugle, & qui ſe plaiſt pour faire depit à la Vertu, de fauoriſer les plus deſcriez, adiouſta aux felicitez de ce Roi celle-ci, qui eſt à mon gré la plus grande de toutes celles qui peuuent arriuer durant la vie, la rencontre d'vne beauté fort rare accōpagnée d'vne vertu ſans ſeconde. Mais comme il n'y a rien ici bas qui ſe puiſſe dire perfaictement heureux ou accompli, la fortune ialouſe de voir en vn ſujet tant de recommandables qualitez, voulut enuironner de l'ombre du malheur cette excellente lumiere. Apres auoir long temps gemy ſous vne importune & triſte ſterilité, qui la rendoit beaucoup moins aimée de ſon mari, iuſques à minuter ſa repudiation, pour en prendre vne autre qui peuſt donner des ſucceſſeurs à ſa Couronne ; en fin ayant flechi les Cieux par ſes prieres, elle fut renduë

Mere,

Mere, & si fertile que tous les ans la terre voyoit de ses fruicts. Mais voyez quels sont les contrepoids des contentemens de la terre, & comme l'on n'en gouste ici bas aucun de pur. Elle ne mettoit au monde que des filles, ce qui fut tolerable au Tyran pour quelque temps, à la fin sa patience finit, & l'extreme desir d'auoir des masles le porta iusques à ce point de cruauté, de menacer de mort la Mere & son fruict, s'il arriuoit qu'elle accouchast encore d'vne fille. Cela mit Teletuze (ainsi s'appelloit sa femme) en la peine que vous pouuez imaginer, se voyant par vn arrest si plein d'iniustice condamnée à la mort pour vn sujet qui ne dependant pas de sa volonté, rendroit son innocence coulpable. Quels vœux ne fit-elle au Ciel, pour destourner ce malheur de sa teste, ou pour changer l'humeur sauuage de son cruel mari? quels sacrifices n'offrit-elle à Lucine, à Iunon, & de quelles hosties ne chargera-t'elle les autels de ces diuinitez qu'elle croyoit presider aux accouchemens, pour la rendre Mere d'vn fils, qui par vn admirable reuers donnast la vie à sa Mere? Mais elle connut à la fin que

que rien ne peut flechir le cours des destinées, & que c'est en vain que l'on pense euiter les malheurs, ausquels nous sommes donnez en proye par la condition de nostre vie. Toutesfois la Prouidence qui veille tousiours sur la protection des personnes innocentes, ne permit pas que la rigueur de Lygde s'exerçast sur cette chetiue, qui estant accouchée lors qu'il estoit à la chasse, eut le moyen par l'aide de quelques confidentes, de supposer vn masle emprunté à la fille que son malheur lui fit pousser hors de ses flancs. Lygde à son retour fut si aise de voir ce garçon qu'on lui fit croire estre de lui, que perdant son ancien courroux, il renouuella son Amour enuers Teletuze, & depuis la traitta plustost en Amant passionné qu'en mari seuere. Mais la Reine portant auec impatience que cet enfant supposé possedãt les affections de Lygde, vinst à se rendre en fin successeur de sa Couronne, à l'exclusion de ses filles, elle fit esleuer sous main celle qu'elle auoit enfantée, & lui ayant donné le nom d'Iphis, elle commanda qu'elle fust vestue en masle, & instruitte en tous les exercices qui

qui sont propres au sexe des hommes. Ce qui succeda si heureusement selon le desir de Teletuze, que comme il n'y auoit rien de si beau qu'Iphis, il n'y auoit aussi rien de plus adroict. à peine cette fille vestue en garçon, auoit-elle atteint l'âge de quatre ans, que la Reine faisant retirer l'enfant supposé mit Iphis en sa place, qui croissant en beauté & en gentillesse par dessus l'esperance de Lygde, le Roi deuint tellement Idolatre de ce fils imaginaire, que pour le considerer il auoit trop peu de ses deux yeux. Et comme si en lui il eust voulu ietter les fondemens d'vne eternelle posterité, à peine estoit-il hors de l'enfance qu'il pensa à le marier. Il fut quelques années attendant qu'il se rendist d'âge nubile, à rechercher les partis qui lui seroient les plus conuenables. A la fin ayant faict dessein de donner pour femme à Iphis vne jeune Princesse, fille d'vn Prince de ses voisins, duquel par ce moyen il desiroit acquerir l'heritage, parce que c'estoit son vnique, autant par raison d'Estat, que pour contenter son desir il arreste cette alliance, Iphis n'ayant atteint que sa treziesme année. Durant
l'attente

l'attente de ces nopces accordées entre les parens, les partis se virent, & de cette veüe nasquit vne telle & si forte amitié, que la belle Ianthe, ainsi s'appelloit la Princesse, n'auoit point plus de desir d'estre femme de l'agreable Iphis, qu'Iphis d'estre l'espoux d'Ianthe. A quoy la nature opposant les obstacles que vous voyez, il est aisé de s'imaginer quels troubles agiterent l'esprit de ce mari qui n'estoit pas homme. L'Amour qui est le principe de la ioye d'vne ame, l'estoit de douleur & de tristesse à celle-ci, qui combattue d'vn costé de la vehemence de ses desirs, & de l'autre de l'impossibilité de les accomplir, sentoit des accez qui ne se peuuent exprimer que par le silence. La melancholie qui assiegeoit son cœur, se fit aussi tost paroistre sur son visage, y ayant semé les lys pasles & blanchissans, en la place des roses vermeilles qui s'y monstroient auparauant. ce qui affligeoit extremement Ianthe, de qui les sentimens estoient si tendres pour Iphis, que comme vne pomme iumelle elle ressentoit le contrecoup de l'affliction de son seruiteur. Et bien qu'il fist tous ses efforts pour

cacher

cacher son veritable mal d'vne ioye artificieuse, il ne pouuoit toutesfois empescher que sa paffeur ne le trahift, & ne fift connoiftre aux moins auifez qu'il auoit quelque chose en l'ame qui le tourmentoit. Iathe voit fleftrir les fleurs de ce beau visage, & s'en afflige, & ce qui redouble son affliction est qu'elle en ignore la cause; & quelle chose ne s'imagineroit-elle pluftoft que la verité de son origine? Bien qu'elle redoublaft fes careffes, & lui fift tous les bons traittemés dont elle fe pouuoit auifer pour le diuertir de fes refueries, elle experimenta que ces honneftes faueurs ne faifoient qu'empirer son mal, qui s'irritoit par ces remedes. Ni les promenoirs, ni la chaffe ne pouuoient charmer son ennuy; les compagnies l'accroiffoient, tout son soulagement eftoit de fe defrober pour entretenir en quelque lieu efcarté fes folitaires pensées, & ruminer en soy-mefme ce qu'il ne pouuoit soulager par la communication. Qui eft-ce de cette compagnie qui n'ait pitié de son angoiffe, lui voyant fouspirer vn mal fans remede? Car de dire que c'eft le remede des maux irremediables, de voir qu'on

Tome 2. T

n'y peut remedier, c'est vne proposition digne de la repartie de celui-là, auquel lors qu'il ploroit la mort de son fils, on dit pour le consoler que ses larmes ne le resusciteroient pas ; & c'est là mon desespoir, dit-il, c'est dequoy ie pleure, & ce qui rend ma douleur inconsolable. Il ne pouuoit viure en l'absence d'Ianthe, en sa presence il ne pouuoit durer : car comme se fond la neige à la face du Soleil, & la cire à celle du feu ; ainsi faisoit son cœur deuant cet obiect autant aimé qu'il lui sembloit aimable. Et ce qui le mettoit tout à faict hors de soy, c'estoit de se voir reciproquement cheri d'vn sujet auquel il ne pouuoit correspondre selon les desirs de leurs communes flammes. On dit que le miel apporte le feu aux playes où il est appliqué ; de mesme les soings si doux qu'Ianthe employoit pour guerir le mal d'Iphis, estoient autant de rengregemens de son déplaisir. Sur tout elle le touchoit en la prunelle de son œil, quand de bonne grace & comme desireuse de le resioüir, elle lui demandoit sur quoy il pouuoit fonder vne si noire & desraisonnable tristesse. Car alors il tressailloit au coup, &

toutes

toutes ses entrailles en estoient esmeües comme d'vne conuulsion vehemente. S'il pouuoit s'escarter, il s'enfuyoit, sinon il se taisoit, s'il estoit forcé de parler, il respondoit: Chere Ianthe, il m'est autant necessaire de vous celer la cause de ma douleur, qu'il me seroit messeant de la vous dire. Ignorez-vous, lui repliquoit Ianthe, l'affection que ie vous porte, & comme elle est sincere, vous laisse-t'elle quelque doute de ma fidelité? que si vous la reconnoissez par vne reciproque bienueillance, pouuez-vous bien dire que vous m'aimez, & me taire le sujet de vos déplaisirs? puis-ie estre vostre compagne sans prendre part à vos peines aussi bien qu'à vos ioyes? L'empire que vostre merite s'est acquis sur mes passions, repartoit Iphis, ne me permettroit pas de vous cacher le fonds de mon dueil, car vous auez tant de merite, & qui opere en moy de si absolus effects; que si l'Amour mesme que ie vous porte ne m'imposoit le silence que vous me commandez de rompre, il me seroit impossible de le garder. Quelque obstination que i'eusse à vous voiler mon cœur, & à vous défrober la connoissance de ses mouuemens, elle cederoit au moindre de vos commandemens accompagnez de tant de charmes, qu'en s'ouurant il seroit contraint de vous obeïr. Mais la qualité de mon desastre m'obligeant de preferer vostre vray bien à vostre inutile curiosité, me fait postposer la crainte de vous déplaire au desir que i'ay de vostre repos. De grace, belle Ianthe, ne me donnez point la gesne par ces enquestes, & ne ressemblez point à ces ialoux qui cherchent auec empressement ce qu'ils redoutent le plus de treuuer veritable. A ce dernier mot Ianthe se douta que la Ialousie ne le troublast, & ne fust le nuage qui offusquast la serenité de son esprit. Et comme elle se sentoit tout à faict sans coulpe, n'ayant iamais eu des yeux que pour ce beau Prince que ces parens lui auoient destiné pour Espoux: Ha! dit-elle, Iphis, ie voy bien que la fieure de la Ialousie vous consume, & que c'est la le mal qui vous saccage & enleue le sens. Mais dites moy, cruel Iphis, quel sujet vous ay-ie iamais donné de douter de ma foy? qui m'auez-vous veu ie ne diray pas aimer, mais regarder comme vous,

affin

affin que ie chastie mes yeux, ou renonce à mon cœur, s'il se treuue qu'ils ayent iamais ou admis ou commis vne telle perfidie ? Iphis, i'ay tant d'innocence de ce costé là, que ie me commettrois librement à l'essay des flammes pour preuue de ma loyauté. Que si vous ne me pouuez accuser de legereté qu'auec iniustice, combien plus, iniustement accuseriez-vous les doux, bien qu'honnorables témoignages d'amitié que ie vous ay rédus en toutes les occasions, où i'ay pensé sans interest de ma pudeur vous pouuoit estre complaisante ? De toutes les deux parts vous estes en deffaut : car que sçay-ie si en ces fuittes si estudiées, & en ces retraittes si farouches vous ne cherchez point sous pretexte de solitude, & de melancholie quelque autre obiect qui me supplante en vostre cœur ? Et quant aux deuoirs d'amitié, vous n'oseriez nier que ie ne vous en rende plus que ie n'en reçois de vous, en quoy peut-estre ie suis blasmable, passant si legerement au delà des bornes de la bienseance requise en mon sexe. Apres cela, me regardant à trauers vos propres manquemens, vous

T 3

m'attribuez les imperfectiós que ie treuue en voſtre amitié; iugez là deſſus quelle occaſion i'ay de m'en plaindre. Fidele Ianthe, repartoit Iphis, ſi vous tirez touſjours ainſi, vous n'atteindrez iamais au but de la verité. ô combien eſtes vous eſloignée de la vraye ſource de mon meſcontentement! Non, Ianthe, ce n'eſt nullemét la jalouſie qui m'altere le cerueau, ce n'eſt point aucune doute que i'aye de voſtre fidelité; car non ſeulement ie ſuis aſſeuré de vos bonnes graces, mais encore de vous eſpouſer, puis que vous m'eſtes promiſe, & en poſſedant ce bonheur toutes mes ambitions pourront bien expirer, puis que ie mets en cela le faiſte de mes felicitez, & le comble de mes eſperances. De vous imaginer auſſi que mes paſſions ſoient diuerties ailleurs, n'eſt-ce pas contredire aux veritez que vous preuue tous les iours voſtre miroir, qui vous font connoiſtre en vous tant d'imperieux attraicts, que vous auez plus de ſujet de vous fier en leur puiſſance, que de craindre les effects de ma legereté. Cette glace eſt la caution de ma conſtance, puis que parmi tant
d'auan

d'auantages dont la nature vous a richement pourueüe, vous auez à redouter le sort de Narcisse, si vous-vous arrestez trop à les cõtempler. Car qui ne sçait que la beauté est vne cause dont l'Amour est vn effect necessaire, & que c'est vne douce tyrannie à laquelle tant s'en faut que l'on resiste, qu'au contraire l'on aide à l'establir? De croire que ie sois si despourueu de iugement, que ie ne connoisse pas le bien qui m'est preparé par vostre alliance, c'est me faire tort. Si ce n'est que comme le Soleil qui fait tout voir, esbloüit ceux qui le regardent, aussi ie perdisse la connoissance de ce bien là par l'éclat de sa grandeur. Toutesfois soit qu'il faille attribuer cela à la douceur de vos rayons, ou à la force de ma veuë, ie puis dire que si en vous seruant i'ay perdu la connoissance de moy-mesme, ie ne me suis point fouruoyé en celle que i'ay de vos perfections: car comme si vous vouliez corriger les deffauts du Soleil, vous ne voulez point auoir celui d'esbloüir en vous reseruant la faculté de luire. Ianthe voyant qu'Iphis imitoit le Cerf pourchassé, qui n'ayãt plus ni vent ni iambes,

T 4

cherche dans ses ruzes ce qui manque à sa force pour fuir, recourant à plusieurs civiles & gracieuses inuentions pour penetrer dans le secret dont sa curiosité lui faisoit passionnément desirer l'intelligence: Cher Iphis, disoit-elle, nous deuons estre vnis de corps, soyons le encore d'auantage de cœur, & attendant le iour de nostre Hymen, qui rangera à vostre merci toutes les plus precieuses faueurs qu'vn mari peut rechercher de sa femme, anticipons ce temps là par la communication des pensées. De moy ie ne vous cele que ce que ie ne sçay point, & peut-estre attribuez-vous cela à l'imbecillité de mon sexe incapable de garder vn secret: mais ie vous iure par cette grande passion que ie souffre pour vous, la chose du monde qui m'est la plus sainte, que c'est la seule bienueillance qui m'y conuie, veu que ie ne peux dire à personne ce que ie communique à vn autre moy-mesme. D'où vient donc, sauuage Iphis, que reconnoissant si peu ma franchise, vous estes si particulier ? Ma chere Ianthe, respondoit Iphis, les maux sont si contagieux, que comme ceux de l'œil se glissent par le regard,

regard, les afflictions de mesme s'insinuët en vne ame par le recit; & moy qui souhaitte vostre bien plus que le mien mesme, de quelle façon vous raconterois-ie ce qui ne vous peut estre dit sans vous faire mourir de douleur, & moy de honte? Ah Iphis, disoit Ianthe, n'estes-vous pas iniuste de me taire la cause dont vous voyez que par vous ie ressens l'effect? n'est-ce pas me traitter plus rigoureusemét que les criminels, ausquels au moins on fait sçauoir le sujet qui les traine au supplice? ne voyez-vous pas que vostre tristesse m'afflige, & m'afflige d'autant plus durement que ie ne sçay pourquoy ie me tourmente? Si i'en sçauois la raison, peut-estre y treuuerois-ie du remede, sinon i'emprunterois de la Patience dequoy soustenir mon courage contre cet assaut. Ma douleur, reprenoit Iphis, n'est pas de celles qui se guerissent par paroles, & la vous communiquer, ce seroit me perdre tout à faict, & sans vous soulager. Le seul remede est en la main des Dieux, qui ont bien faict d'autres merueilles pour des sujets moins meritans que vous, & moins passionnez que moy. Iphis, repli-

quoit Ianthe, ce n'est point estre mon Seruiteur que d'auoir sans mon congé intelligence auecque mes ennemis. Iphis prenant ces mots à leur son, Madame, dit-il, la trahison n'entra iamais en mon courage, ie prie les Dieux qu'ils me facent perir auparauant qu'il admette aucune lascheté. Vos ennuis, repartoit Ianthe, ne sont-ce pas mes ennemis, puis qu'ils nous liurent vne commune guerre? Allez, ne me venez plus flatter de ces doux noms d'ame & de cœur, puis que ie ne sçay ce qui se passe en vostre esprit, ni quel est l'estat de vos pensées. Ce mot de Tout si souuent vsurpé pour m'obliger, s'accorde mal auecque vos procedures, puis que vous ne voulez pas me communiquer vne parcelle de vos déplaisirs. peut-estre que vous estes en la commune erreur, en laquelle viuent tous les hommes touchant la debilité de nostre sexe; ce qui leur fait passer en maxime entre eux, de ne communiquer iamais son secret à sa femme. Mais il vaut mieux sans interesser le general, que ie m'en prenne à mes deffauts particuliers, que ie veux croire veritables, puis que vous ne me iugez pas
auoir

auoir assez de merite pour apprendre le sujet de vostre chagrin. Vous auez tort, repliquoit Iphis, de vous accuser d'imperfection, & moy de deffiance, car ie suis autant exempt de ce deffaut que vous de tous les autres. Mon œil ne voit rien d'accompli comme vous, & mon iugement n'a de l'estime que pour la sincerité de vostre ame. vous estes le blanc de toutes mes passions, & pour faire le cercle perfaict, si elles tirent leur origine de vous, en vous elles aboutissent. Ie dis tout en cette parole, que ma melancholie procede du desir de vous seruir selon que le deuoir m'oblige, & la qualité que ie possede, vostre consideration ostée, rien n'est capable de me toucher. L'astre qui a presidé à ma naissance, vous a faict present de mes inclinations, vous estes mon premier mobile, vous entrainez apres vous toutes mes pretensions & mes esperances. La vie de mon ame, c'est la bienueillance que i'ay pour vous, autant que mon ame est la vie de ce miserable corps que ie possede. Tirez de là, chere Ianthe, que s'il y a quelque chose en mon esprit qui le tourmente, vous en estes la cause innocente,

cente, & sans vous en informer plus auant, qu'il vous suffise que cela ne prouient point de vostre coulpe, mais de mon deffaut. Ie ne puis aller plus auant, & sans offenser ma pudeur ie ne sçaurois passer ces limites. Ainsi le pauure Iphis charmoit sa propre douleur en amusant la patience d'Ianthe, qui ne sçauoit où prédre le filet pour demesler les contours de ce labyrinthe. Mais quand Iphis pressé d'amertume dãs le cœur, vint à la vuider par les yeux, ses larmes langage coulant & disert donnerent de si chaudes allarmes au cœur d'Ianthe, qu'il y auroit de la peine à deuiner qui fut la plus digne de pitié, ou de la passion de l'vn, ou de la compassion de l'autre. Mais comme les femmes sont plus opiniastres que les hommes, elles demordent difficilement d'vne entreprise, principalement quand leur curiosité est meslée d'interest : car alors elles ne cessent iamais de prier iusques à ce qu'elles ayent obtenu par importunité ce que la raison leur desnie. Elles ne sont iamais si aspres que de ce qui leur est deffendu, parce que la force d'vne place redouble la gloire de l'assail-
lant,

lant, elles n'ont du mespris que pour ce qui est facile. Ces obstacles irritans le desir d'Ianthe, aiguiserent son esprit, & le rendirent fertile en subtilitez pour penetrer dans ce secret, & se faire iour dans ces tenebres. Et comme ceux qui tirent de l'arc parmy des obscuritez, ne laissent pas d'arriuer quelquesfois bien pres du but, mais c'est sans y penser & sans le sçauoir : de mesme Ianthe à force de questions tiroit des estincelles de verité de la bouche d'Iphis, mais bluettes enuironnées de tant de fumeuses & embrouillées façons de parler, qu'elle ne pouuoit en tirer vne pleine lumiere. Peut-estre que comme celui qui baaille, excite naturellement les autres à baailler ; de mesme la curiosité d'Ianthe irrite celle de ces Dames, qui seroient bien aises de sçauoir quelques particularitez de ses artifices pour crochetter la cachette de ce cœur affligé. Et certes le desir que i'ay de les satisfaire, me fera respandre en quelques mots tantost aigus, tantost ambigus, dont la subtilité en rendra le rapport agreable. Ianthe meslant les effects auecque les raisons, se resolut de liurer de puissans

assauts

assauts au cœur d'Iphis. Si bien que prenant quelquesfois deuant sa Gouuernante la liberté de lui ietter les bras au col, affin que ramenant son ame sur ses leûres, elle fist sortir la verité de sa bouche: d'autres fois en lui pressant la main, vous eussiez dit qu'elle lui vouloit par cette gesne faire auoüer ce qu'il tenoit caché au profond de son cœur. Tantost auecque des reproches aigres-douces elle l'assailloit, auecque des coniurations qui eussent tiré des voix du milieu des pierres, & rédu les rochers mesmes susceptibles de sentimét. Iphis parmi ces oppressions qui n'auoient rien de si fort que leur douceur, se sentoit quelquesfois tellement surpris que chancelant en ses resolutions, que ne pouuant estre maistre de ses premiers mouuemés, il lui eschapoit souuent de dire, helas! ie suis perduë; & puis tout à coup en se reprenant, de peur de se descouurir il disoit, ie suis vne personne perduë. N'eust-il pas fallu qu'Ianthe eust eu comme Cassandre le don de diuination, pour expliquer cet Oracle? D'autres fois quand elle l'appelloit son Seruiteur, non pas vostre Seruiteur, respondoit-il, mais vostre Esclaue;

& puis

& puis tout à coup saisi d'vn extreme regret, il sembloit que par les larmes qui lui couloient des yeux, il deust verser son ame. Alors Ianthe le voyant pleurer lui disoit ; Cher Iphis, à quoy pensez-vous? à voir tant de pleurs, il semble que vous ne soyez pas homme ; si vous ne les voulez retenir pour mon contentement, ayez au moins esgard à conseruer la gloire de vostre sexe. Certes quelque sujet que vous ayez de vous attrister, vostre qualité vous oblige à témoigner plus de courage. Ne craignez-vous point d'estre apperceu en cet exercice? Certes si l'on vous voit, que pourra-t'on dire, sinon que i'espouse vne fille, & non pas vn garçon ? A quoy Iphis d'vne voix tremblante & semblable à celle d'vn criminel conuaincu : Cessez, Ianthe, de me persecuter, vous en dites trop, vous me reduisez en des extremitez qui me poussent au desespoir. Il ne me souuient que trop de ce que vostre reproche remet en ma memoire. I'auoüe que ie deurois estre homme, comme ie le parois, mais ce n'est pas vne chose si facile. Peu de gens se monstrent tels parmi les desastres, ie ne le suis nullement dans les malheurs

heurs qui m'accablent. Tous ceux qui paroissent tels, ne le sont pas, & les brauaches en la tente sont pour l'ordinaire des fuyards au camp. Mon plus grand martyre est, de ne pouuoir gaigner cet auantage sur ma foiblesse, que ie sois en effect ce que ie semble à la mine. Or en tous ces propos la pauure Ianthe s'imaginoit qu'Iphis parlast de la force, & de la resistance que l'homme doit auoir pour soustenir les efforts de la fortune côtraire. Et l'ineuitable destin l'incitoit tousjours à lui repeter que ce n'estoit pas estre homme, de s'abbatre ainsi sous le faix du malheur. Ce qui fut cause qu'Iphis la supplia de changer ses auis en prieres, & de tascher d'impetrer des Dieux qu'il deuinst tel qu'elle le souhaittoit. Ces repliques si pleines d'ambiguitez, & dont l'intelligence n'estoit claire qu'à Iphis, broüilloient fort le iugement d'Ianthe; mais pourtant sa curiosité l'empeschoit de se lasser en ses enquestes, lesquelles tissues d'vn fil bien delié estoient neantmoins eludées par la soupplesse d'Iphis, qui ne respondoit que comme les Oracles, à deux sens, ou par enigmes & emblemes. Et quand
Ianthe

Ianthe lui disoit que par ces finesses il vouloit secoüer la qualité de son Seruiteur, & treuuer vn sujet specieux pour colorer son inconstance. Tant s'en faut, repartoit Iphis, qu'au contraire il n'y a rien que ie desire à l'égal de ce tiltre, ni rien en quoy ie sois plus fermement arresté, qu'au vœu que i'ay faict de n'estre iamais qu'à vous. C'estoit ainsi que ces deux ames à la façon des vers à soye s'embarrassoient dãs leur propre ouurage: & tout de mesme que ceux qui cheminent en rond, ne voyent iamais le bout de leur course; ainsi ces deux esprits ne voyoient iamais la fin de leurs peines, parce que si l'autre auoit de l'accortise à surprendre, l'autre n'auoit pas moins de soupplesse pour euader. Mais en fin le Ciel qui met les choses les plus cachées en euidence, se seruit de l'ombre des bois pour descourir Iphis, & de leur silence pour l'accuser. Car vn iour comme il s'estoit retiré selon sa coustume dans vn boccage, pour y entretenir ses resueries, la curiosité qui mettoit des aisles aux talons d'Ianthe, & qui lui donnoit autant d'yeux qu'on en attribue à Argus, & autant d'oreilles qu'on en attache à la Renommée, la fit suiure ce beau Refueur, & s'eſtant miſe en lieu où elle le pouuoit voir & entendre ſans eſtre apperceüe; apres beaucoup de ſanglots & de ſouſpirs arroſez de larmes, ce Prince deſolé fit entendre ces plaintes que le Zephyr porta aux oreilles de la Princeſſe, bien qu'il ne les penſaſt faire qu'aux arbres & aux ombres de ce lieu retiré. Pourquoy faut-il qu'entre les mortels les deuoirs de l'amitié paſſent en ceux du mariage? Quel plus ſolide nœud ſçauroit-on deſirer que le vœu d'eſtre fidele? Eſt-il quelque vnion comparable à celle des eſprits, qui eſtans d'vne nature plus ſubtile, ſont en ſuitte de cela beaucoup plus vniſſables? Pourquoy les Dieux ont-ils voulu que noſtre naiſſance fuſt vn effect de l'Amour que l'homme a pour la femme? Pourquoy les ont-ils rendus differens auec vn ſi furieux appetit de ſe ioindre? Cette diſtinction meſme ſemble repugner aux loix de l'amitié qui ſe forme de la reſſemblâce, à laquelle rien n'eſt ſi oppoſé que ce qui fait differer. Ne pouuoient-ils treuuer d'autres moyens pour la propagation des humains? Il y a dans le le monde tant d'autres generations si pures, que l'honnesteté peut considerer sans se colorer le front. Le Ciel mary de la Terre la rend feconde par tant de douces & chastes influences. C'est à la veüe d'vn chacun qu'il embrasse son espouse, & qu'il la rend Mere & nourrice de tant d'enfans. Le Soleil qui concourt à la production de toutes choses, n'exerce cette fonction que par ses rayons, sa veüe le rend Pere, & sa lumiere le remplit de fecondité. Que si c'est vne temerité aux mortels de vouloir imiter en leurs productions ces corps celestes & incorruptibles, au moins que n'ont-ils le priuilege de cet vnique oyseau qui renaist de sa cendre, & est Pere de soy-mesme? Que ne tirons nous nostre origine de l'espanchement du Nectar comme fit Orion, ou du laict de Iunon comme les lys? les fleurs seront-elles dõc plus priuilegiées que les hommes? Et si la Musique naist du concert des voix, pourquoy l'accord des volontez n'est-il suffisant pour les engendrer? Que d'insectes & de reptiles (choses que nous estimõs impures) naissent auecque plus de pureté que nous. Sommes

nous moins que des perles qui prouiennent dans leurs nacres de la rosée des Cieux? ou si nous n'osons-nous comparer à ces pierres que leur rareté fait estimer precieuses, que ne resemblons-nous aux Cigales qui tirent de la rosée leur naissance & leur aliment? On tient pour chose asseurée que les fueilles d'vn certain arbre en tombant dans vn lac se changent en oyseaux. Qui ne sçait que certains animaux tant de l'air que de la terre concoiuent par le vent; que les poissons produisent en frayant; que la Tortuë fait ses productions par sa veuë; que les abeilles croissent dans le miel; que les palmiers se rendent feconds par la transpiration des Zephyrs; bref que des hommes tous armez sont sortis des dents d'vn serpent semées en la terre? Ha! Pere Deucalion, toy qui repeuplas l'Vniuers suffocqué par les eaux, en y mettant autant d'hommes que tu iettois de pierres derriere tes espaules, que tu auois bien en ta main le remede de mon mal. Mais quoy? la Nature qui s'est monstrée si bonne Mere à tant de personnes obscures & inutiles, est vne marastre pour moy.
Cruelle

LIVRE XIV.

Cruelle tu permets bien que le fer courtise l'aiman, que le palmier ait des sentimens pour la palme, que la paille vole & s'vnisse à l'ambre, que le vin selon sa couleur se distingue en masle & femelle, comme aussi l'encens; tu dônes vne image de sentiment à ces choses insensibles pour aider à leur vnion, & à Ianthe & à moy tu desnies cette grace. O Dieux, iadis du sang des Geans qui s'estoient reuoltez contre vous, des hommes prindrêt leur naissance, comme aussi vous donnastes vn corps & vn visage humain à des fourmis & à des champignons. Grands Dieux me refuserez-vous vne moindre grace, me rendant en effect aussi homme que ie le suis en apparence, & en la creance de ceux qui me voyent? Le merite d'Ianthe est bien digne de cette faueur; si vous ne voulez exaucer les prieres d'Iphis, il vous en coniure pour l'Amour de cette belle Princesse. Ici les sanglots estoufferent sa voix, & ses souspirs couperent le cours de ses paroles, quand tout à coup se iettant à genoux, & leuant vers le Ciel les yeux battus & tous baignez de larmes, il continua. O Hymen, puis que la pitié des autres Deitez est sourde à mes vœux, c'est toy que ie reclame, tu sçais mon deffaut, & il est en ton pouuoir de me procurer ce que les Dieux ont establi pour l'accomplissement du mariage. tu sçais que le iour de mes nopces sera celui de ma mort, si ie ne suis assisté de toy, que mon lict me seruira de tombeau, & que la torche qui m'y conduira, sera le flambeau de mes funerailles. Quelles Hecatombes ne fumeront sur tes autels, si tu fais en moy le miracle que ie desire? Et toy grande Isis, que ma Mere & moy auons tousiours si exactement seruie, & si religieusement adorée, si iamais aucune de nos hosties t'a esté agreable, fay nous voir maintenant dans la faueur de ta protection les effects de ta puissance. Comme le grand Iupiter espris de tes beautez t'à faict par deux fois changer de forme, sans m'oster la mienne rends moy de fille, masle; & corrigeant l'imperfection de ma naissance, fay que malgré la rigueur de la nature ie t'aye cette incomparable obligation. Ainsi puisse tu estre à iamais contente entre les bras de ton Ositis, sans que la jalousie allume iamais le

flambeau

flambeau de la discorde à la ruine de vostre amitié.

Ainsi de vostre teinct l'immortelle jeunesse
Ne soit iamais sujette à l'empire du temps,
Ni ne puisse iamais la ridée vieillesse
Vous rendre les miroirs des obiects mal plaisans.
Ainsi le beau Paris par vn libre suffrage
Vous puisse declarer Reine de la beauté,
Et tout ce qui desdaigne à vous en faire hômage,
Criminel enuers vous de leze-Majesté.

Si la pauure Ianthe fut esmeüe de ce discours, ie vous en fay iuges, mes Dames; car quelle est celle-là qui ne retirast aussi tost son affection d'vne fille qu'elle auroit aimée en la tenant pour homme, ou d'vn homme qui se confesse inutile à l'vsage d'hymen? A n'en point mentir, il falloit que l'embrasemēt du cœur d'Ianthe fust grand, pour ne s'esteindre point par le froid glaçon que ces paroles glisserent en son sein. Neantmoins s'imaginant ou que la melancholie eust troublé le cerueau d'Iphis, en sorte qu'il pensast estre fille, ou tout au plus que ce fust quelque impuissance naturelle qui le rendist inhabile au mariage, elle se resolut de passer outre en ce mariage, soit qu'elle voulust satisfaire à sa curiosité par l'experience, soit qu'elle se determinast de pratiquer vne perfaitte amitié auec Iphis, si leur sexe estoit semblable, ou s'il estoit incapable d'estre Pere, de lui monstrer que son Amour ne regardoit pas tant le corps que l'esprit, & que son honnesteté victorieuse des plaisirs n'empescheroit point qu'elle ne le tinst pour mari, & ne lui rendist toutes sortes de deuoirs & de témoignages de bienueillance. Ouystes-vous iamais parler d'vn si grand courage ? Le iour du mariage s'auance, & Iphis qui le regarde comme le criminel celui de sa côdamnation & de son supplice, s'enfonce dans la tristesse plus que iamais. Ianthe le console comme elle peut, & lui reprochant tousiours qu'il fait la fille, & quand il ne seroit pas homme qu'elle ne l'en aimeroit pas moins, met Iphis en des agonies inconceuables. Le lendemain ils se deuoient espouser solennellement à la veüe de toute la Cour du Roi de Seste, les pompes deuoient estre Royales, les festins magnifiques, les tournois celebres; tandis que chacun est en ioye, Iphis fond en pleurs. Teletuze d'autre costé redoutant

tant la cruauté de son mari, craint que sa tromperie venant à estre descouuerte, toute la confusion ne tombe sur son visage. Elle est tousiours en prieres, les temples ne fument que de ses sacrifices, elle est aux pieds des autels de tous les Dieux. A la fin comme elle estoit deuote à la Deesse Isis, à la veille de ces funestes nopces elle prit à part le desolé Iphis, & l'ayāt exhorté à prendre courage, & à se confier à l'aide des Dieux, qui n'ont accoustumé d'enuoyer leur secours qu'aux extremitez, affin de faire éclatter d'auantage leur puissance, ils allerent ensemble aux sacrifices. Merueille, comme l'on immoloit vne vache blanche à la Deesse (hostie qui lui plaisoit pour auoir autrefois par Iupiter esté cachée sous cette forme, & sauuée par ce moyen de la jalouse fureur de Iunon) voila côme l'on en veut consulter les entrailles qu'elle se treuue masle, & au mesme instant cet augure deuint vne verité en la personne d'Iphis, qui deuint en vn instāt aussi beau garçon qu'auparauant il auoit esté belle fille. Se reconnoissant tel, il en auertit sa Mere, affin que les remercimens suiuissent le bienfaict, en la maniere que l'ombre fuit le corps qui la fait naiftre. Ce qui fut faict fur le chāp par vn redoublement de facrifices, & par des loüanges à la Deeffe & à Hymen pour cette grace inefperée. Alors la viue ioye ayant rendu & les yeux d'Iphis plus luifans, & fon teinct plus vermeil, il courut à Ianthe, à qui d'vne façon riante; Madame, lui dit-il, toutes mes douleurs & mes triftefses font expirées, le Ciel en voftre faueur a exaucé mes vœux, & ie n'ay plus que faire de deguifement pour me dire voftre Seruiteur. Ie vous en apprendray plus de particularitez apres nos efpoufailles, & quand vous fçaurez par experience que ie fuis vraiment homme, & non point fille, que la Nature cede à la puiffance des Dieux, comme il n'y a point de fi mauuais naturel qui ne puiffe changer en bien par de vertueufes habitudes. Ianthe qui crût que comme vn flambeau qui fe veut efteindre iette alors de plus grandes flammes, & qu'il n'y en a point qui facent meilleur vifage que ceux qui veulent tromper : Ne me penfez pas fi ignorante de vos affaires, dit-elle à Iphis, ie n'en fçay que trop, ie fçay qui vous eftes,

estes, & de vostre propre bouche, les Echos qui sont toute voix m'ont redit vos plaintes, & les bois qui ont autant de langues que de fueilles, ne m'ont que trop clairement appris les deffauts de vostre naissance. Si ie n'auois beaucoup d'Amour, à quel excez de fureur & de colere ne reduiriez-vous ma patience? Maintenant que vous estes sur le point non pas de m'espouser, mais de me tromper, vous masquez vostre veritable creuecœur d'vne feinte ioye. Ha! Iphis, c'est mal reconnoistre mon affection, c'est abuser de ma simplicité par vne trahison inexcusable. Alors elle lui raconta ce qu'elle auoit ouy de sa bouche, lors qu'il se plaignoit dans le bois du deffaut de sa naissance, & apres lui auoir declaré que pourueu qu'il l'aimast ou comme sœur s'il estoit fille, ou comme frere s'il estoit incapable d'hymen, elle ne laisseroit pas de l'espouser. Iphis rauy de l'honnesteté & de la candeur de son espouse, lui auoüa ingenuëment que telle estoit sa naissance, mais que par vn changemēt autant desiré que peu attendu, il estoit deuenu homme, les Dieux ayans reserué ce miracle pour la
veille

veille de leurs nopces, pour aggrandir l'obligation qu'il leur auoit de ce bonheur par cette extremité; & d'vn mesme temps il lui expliqua les enigmes & les ambages dont il auoit destourné ses enquestes, & lui confessa que c'estoit là l'vnique sujet de ses tristesses passées. Quel contentement à ces Amans, dont la ioye se trouua lors toute pure sans aucune meslange d'ennuy ni de crainte! Si ce mot de ioye n'est point encore trop foible pour exprimer des contentemens qui à peine se peuuent comprendre. O Hymen, que de merueilles & de delices apres tát de peines & d'ennuis! Les nopces se firent auec vn appareil qu'il suffit d'appeller Royal, pour enclorre en vn mot toutes sortes de grandeurs. Et ce prodige fut si grand que les Poëtes qui changent en fables les veritez, & les corps en ombres comme les peintres, en ont forgé vne Metamorphose telle que ie la viens de raconter. En ce lieu Iphigene mit fin à son discours, laissant toutes les oreilles beantes, & les esprits suspédus en l'admiration de son bien dire & de sa gétillesse. Quád Liante qui voyoit, au vent du bureau, que
toutes

toutes les voix alloient à lui donner la Couronne, & ce baiser auquel il aspiroit à cause d'Amiclée d'vn desir demesuré; Mes Dames, dit-il, j'encheris sur ce recit, & ie croy que le prix me demeurera si l'on me fait Iustice. Quelle Iustice? dit la Palatine de Troc. En cela, Madame, reprit Liante, que i'ay à raconter vne verité nouuellemét arriuée, qui passe en estrangeté la vanité de cette inuention faicte à plaisir qu'Iphigene vient d'auancer. Que si vous me conseruez l'auantage que l'histoire a sur la fable, sans doute i'ay gagné. Iphigene non moins estonné que les autres, iettant les yeux sur Liante, but ordinaire de ses regards, se disposoit à l'escouter auec vne attention fort recueillie, quand Liante fit entendre ces mots qui furent des esclairs & des tonnerres pour Iphigene. Sans emprunter d'autres personnages que ceux qui sont presens en cette sale, ie vay changer cette fable en histoire, & par le iugement d'Iphigene mesme apres que ie l'auray recitée,

Il faudra que la Couronne
Mes deux temples enuironne.

En deux mots, mes Dames, cette fable
n'est

n'est autre chose que l'histoire d'Iphigene & de moy, voire mesme si vous considerez nos noms, ne voyez-vous pas que le sien se rapporte à Iphis, & le mien à Ianthe ? Quand vn éclat de foudre fust tombé sur la teste d'Iphigene, il en eust esté moins surpris que de ce propos, duquel redoutant la suitte comme la mort, il tascha de le diuertir, ou du moins de le renuoyer à vn autre temps, iusques à ce qu'il eust peu conferer auecque Liante, qu'il croyoit auoir percé dans le fonds de ses intentions. Mais voyant qu'il ne pouuoit empescher le cours du torrent de la curiosité des Dames, qui pressoient Liante de parler à mesure qu'il le coniuroit de se taire; à la fin il fut contraint d'vser de l'auctorité que son amitié & son rang lui auoit tousiours donné sur Liante, & de lui deffendre sous peine de son indignation de passer outre, qu'auparauant il ne lui dist deux paroles qu'il estimoit ne lui estre pas moins importantes que la vie. La façon graue & sourcilleuse, le ton poignant & aigre dont il profera cette menace, arresta Liante auecque non moins de merueilles qu'vne petite Remore fait demeu

demeurer ferme vne nauire qui vogue à pleines voiles. Iphigene sans perdre temps en vne occasion si pressante, s'enquit en particulier de Liante de quelle façon il entendoit reciter cette histoire, & ayant appris qu'il la vouloit seulement appliquer aux galanteries qui s'estoient passées dans la forest de Plocens, tout ioyeux que Liante n'eust pas penetré d'auantage dans son secret, la serenité reuint sur son visage, le battement de son cœur cessa, & reprenant ses esprits il dit à l'assemblée: Mes Dames, c'est vraiment vne histoire qu'il a à vous dire, mais qui sent autant sa fable, que ma fable a apparence d'histoire, c'est vn conte de ses folies & des miennes qu'il a à vous representer, auquel ie m'asseure que vous ne treuuerez rien de si admirable, que son estrangeté ne vous excite plustost à la risée qu'à l'estonnement. C'est pourquoy sans desesperer de la Couronne & de la faueur qui la doit suiure, ie le laisseray dire, en vous suppliant de ne vous arrester point à l'art de son eloquence, qui peut releuer les choses les plus basses, & faire passer vn crystal pour diamant. Sur cela chacun
ayant

ayant repris sa place, & preparé son geste & ses oreilles pour escouter, Liante leur raconta les tromperies, les deguisemens & les gentillesses qui s'estoiét pratiquées dans le bois de Plocens en la façon que nous l'auons descrit au cours de cette Histoire, à quoy il adiousta celui de sa sœur Modestine, & ce qui lui estoit arriué par la barbarie de Miessas. Mais comme il eust parcouru cette longue nauigation sans donner dans les escueils, iustement au port il mit Iphigene en de nouuelles transes. Car s'estant escarté sur les nopces non consommées d'Iphigene & de Modestine, & sur les pretensions de la Princesse Respicie, adioustant les passions de quelques autres Dames de la Cour, & le bruict qui auoit couru par la Pologne des affections d'Iphigene pour la bergere Almerie, il representoit Iphigene si chaste, si honteux, & si peu enclin aux femmes, qu'il le faisoit voir non seulement comme cet Hippolyte ancien, qui disoit,

Soit raison, soit fureur, ie les deteste toutes.
mais si semblable à l'Iphis de la fable, que sans changer de nom vous eussiez dit que la Metamorphose le regardoit.
Ce

Ce qui remit Iphigene en fieure, se doudant sans cesse que Liante n'eust reconnu en lui quelque chose de ce qu'il auoit tousiours celé auecque tant de soin. En fin reuenant à ses passions, ou comme il les appelloit, à ses illusions pour Serife, qu'il descriuit auec vn artifice qui surpasse le moyen de le rapporter; Mes Dames, dit-il, affin que vous me croyez mieux & ces Gentilshommes aussi, priez le beau Palatin de prendre quelqu'vn de vos habits, ie m'asseure que vos prieres lui serōt des loix, & qu'il les prendra pour des commandemens inuiolables, & ie croy qu'il n'y a personne qui n'auoüe que i'estois heureusement trompé, & qui ne confesse que comme il est trop beau pour vn homme, il l'est si perfaictement habillé en femme, qu'il n'y a celle d'entre vous (sans excepter celle qui me possede) pour amoureuse qu'elle soit de soy-mesme, qui ne lui cede librement la palme de la beauté. Iphigene oyant ces propos estoit comme celui qui sauué du naufrage auec vne planche, a de la peine à gaigner le bord, parce que les vagues tantost pitoyables, tātost cruelles le poussent au riuage,

Tome 2. X

& puis le reprennent & le reiettent en mer, tantoſt l'eſleuent hors de l'eau, tantoſt l'engloutiſſent. Car voyant que les traicts de Liante arriuoient ſi pres du but de la verité, il auoit peur que ſon ſecret ne s'euentaſt auant terme : d'autre part il eſtoit bien aiſe de voir que Liante donnaſt de lui meſme dans les rets qu'il lui tendoit, & ſans y peſer manifeſtaſt ſi clairement les ſentimens de ſon ame. Liante perſuada donc ſi viuement à ces Dames de coniurer Iphigené de ſe laiſſer veſtir en femme, que toutes en foule l'accablerent de coniurations, affin de donner ce contentement à leurs yeux, de voir ſous de beaux ornemens la plus eſmerueillable beauté du monde. Iphigene qui en auoit autant d'enuie qu'elles, pour donner en cet equippage dans les yeux de Liante, & y renouueller cette idée qui l'auoit rendu ſon eſclaue dans la foreſt, ſe fit neantmoins prier longuement, & en vraye fille de cela meſme qu'elle ſouhaittoit auecque paſſion. Feignant donc de ſe laiſſer vaincre aux deſirs de cette belle compagnie pluſtoſt qu'aux ſiens, apres quelques foibles excuſes ſur l'indecence

de

de cette action, il paſſa dans vn Cabinet, où la Palatine du Minſce & ſes filles lui ayans mis vne perruque à la Polonnoiſe, & l'ayans reueſtu de veſtemens fort riches, & de ioyaux fort precieux, imaginez-vous combien deuoit eſtre rehauſſée cette eminente beauté par tant d'ornemens, dont elle eſtoit pluſtoſt chargée que couuerte. Certes il ſeroit malaiſé de dire ſi les brillans & les pierreries donnoient ou receuoient du luſtre aux enuirons de ce viſage, dont la ſerenité ne peut eſtre mieux comparée qu'au Ciel lors qu'il eſt couronné ou des rayons du Soleil durant vn beau iour, ou des plus brillantes eſtoiles qui luiſent en vne claire nuict. Quand il rentra dans la ſale où le reſte de la compagnie l'attédoit auec impatience, à peine fut-il reconnu de ceux-là meſme qui le venoient de conſiderer ſous les habits qu'il auoit quitté. tant il eſt vray qu'vne choſe ne paroiſt iamais ſi bien qu'en ſon naturel, cõme vn tableau qui eſt mis en ſon iour & en ſa iuſte aſſiette; & comme vn arbre qui ne pouſſe iamais tant de fleurs que quand il eſt planté au terroir conforme à ſon Genie. Auec

X 2

quelle confusion virent toutes ces Dames les auantageuses & incomparables graces de cette Amazone? & elle mesme tirant quelquesfois le miroir qu'elles auoient attaché à sa ceinture, auec quelle ioye y regardoit-elle la victoire que ses attraicts lui donnoient sur ceux de sa Riuale Amiclée? O Liante, c'est sous l'effort de cette douce gesne qu'il se faut rendre, & confesser que les illusions de cet obiect sont plus fortes que les plus viues impressiõs de l'autre. Qui pourroit dire le tourment qu'il souffroit entre les nouuelles flammes qu'Amiclée auoit allumées dans son ame, & les puissantes ardeurs que l'image de Serife resuscite par sa presence? L'absence auoit bien ietté quelques cendres dessus ; mais comme les charbons cachez sous la cendre en sortent plus embrasez & plus estincelans, ainsi en est-il du feu de Liante. Le voila pris comme Phalaris à son propre artifice, & verifiant par son exemple ce mot d'vn Ancien, que le mauuais cõseil tombe tousiours au dommage de celui qui le donne. Il n'est pas à s'en repentir ; toutesfois la faute lui semble si douce, que mesme il se reprend de
sa

sa repentance. Tandis qu'il flotte dans ces incertitudes, ne sçachant s'il doit quitter le corps pour courir apres l'ombre, tant cette ombre a plus d'attraicts que le corps, figurez-vous les contraires pensées dont se treuuerent agitez les esprits de cette compagnie. Les Dames sur la creance qu'elles auoiët qu'Iphigene fust homme, accreurent leurs passions par l'accroissement de sa beauté, & les hommes ne le voyent point que comme Alexandre vit les Dames de Perse, auoüans qu'ils estoient esbloüis d'vn si grand éclat, & qu'il falloit estre bien ferme en la vertu, pour en soustenir la splendeur sans vn tournoyement de teste. La nature demeure tousiours en sa vigueur, quelque opinion qu'on lui oppose; & il est croyable qu'Iphigene paroissant alors ce que veritablement il estoit, ce n'estoit pas sans effort qu'ils resistoient aux attraicts inseparables de tant de graces. Liante tout transporté ne se peut tenir de dire; A ma volonté que le Ciel exauçant ma priere voulust faire vne autre Metamorphose, & comme iadis Iphis fut changé de fille en garçon en faueur d'Ianthe qui demeura fille, qu'en faueur de Liante demeurant homme (car à dire le vray ie ne voudrois pas changer de sexe pour tous les biens de la Terre) Iphigene deuinst vne fille. Si tant de bonheur m'arriuoit, & que i'eusse autāt de part en son Amour que ie m'en promets en son amitié, on me verroit plustost mourir que de sacrifier à l'inconstance. A ce que ie voy, reprit Iphigene, en feignant de m'aimer, vous-vous aimez sans aucune feinte, & me souhaittant vn mal pour vostre bien, vostre Amour ne me regarde que comme vn accident dont vous estes la substance, puis qu'il se termine en vous mesme. En verité Liante, si ie faisois vn mesme souhait de vous, l'auriez vous agreable? Pourueu que i'eusse vos beautez, reprit Liante, ie croy que i'y consentirois pour vostre contentement & mon auantage. Vos propos ne s'accordent pas, repartit Iphigene, car vous venez de dire que pour rien du monde vous ne voudriez changer de sexe, & maintenāt pour la beauté que vous imaginez en moy, vous-vous accordez à ce changement, comme si la beauté, fresle & caduque don de la nature, n'estoit

pas

pas de ce monde. Aussi n'en est-elle pas sans doute, repliqua Liante, car c'est vn don du Ciel, qui fait voir en la Terre vn rayon de la Diuinité. c'est ce qui fait que les belles creatures sont honnorées comme des Deesses mortelles, ou pour mieux parler, comme des Anges visibles ; & qui ne souhaitteroit d'estre Ange comme cela? Les Dames se rangerent du parti de Liate par leurs discours, bien qu'en leurs cœurs elles aimassent mieux Iphigene tel qu'elles le croyoient. Il se passa là dessus beaucoup d'agreables entretiens, dont ie pourrois embellir ces pages, si ie ne craignois l'ennuy inseparable de la longueur. A la fin il fallut assembler le conseil pour deliberer à qui seroit donné le chappeau de fleurs. La conclusion fut qu'il ne pouuoit appartenir qu'à Iphigene ou à Liante, qui au lieu de disputer à qui l'auroit, contestoient à qui le renuoyeroit à son compagnon. Incomparable Serife, disoit Liante, ne faudroit-il pas estre aueugle pour ne vous decerner pas les Couronnes & les triomfes de tous les cœurs? Vraiment si i'en auois vne, ie la rendrois volontiers tributaire de vostre empire.

Voyez, difoit Iphigene, cõme Liante contrefait bien le paffiõné; à la fin il me feroit prendre pour vne fille. Mais non Liante, ie ne vous cederay point en courtoifie non plus qu'en amitié, prenez ces fleurs, elles font deües à l'elegance de voftre difcours, & en cueillez d'autres fi vous voulez, qui font fi abondamment efpanoüies fur les parterres de ces vifages; auffi bié n'auois-ie dit qu'vne vaine fable, & vous vne hiftoire plus veritable que vous ne penfez. Leur debat n'euft iamais finy, fi par vn expedient Iphigene ne l'euft tranché, fouffrant que cette guirlande de fleurs tinft rang entre les paremens dont ces Dames l'auoient orné, & laiffant à Liante la liberté de chercher des fleurs en d'autres païfages. Les Dames ne furent pas moins deceües par cet arreft que Liante, qui penfoit acheter bien cherement vn baifer defiré par vne douzaine d'epitalles. c'eft ainfi qu'vne rofe eft enuirõnée de plufieurs efpines, & que nous n'auons pas vn bien qui ne foit accompagné de plufieurs maux. Mais ce qui l'eftonna le plus, ce fut qu'eftãt arriué au rang d'Iphigene, & le penfant faluër, tout beau,

LIVRE XIV.

beau, lui dit-il, Liante, vous me prenez pour Serife, ie voy bien que les illusions de la forest enchantée troublent encore vostre esprit. Contentez-vous de l'honneste recompense que vous venez de receuoir de ces vertueuses Dames, & vous souuenez que les hommes sont exempts de ces ciuilitez. Ostez donc cet habit, lui repliqua Liante, car par la vie de celle qui m'a engendré, vous voyant en cet equipage, il ne m'est pas possible de vous prendre pour vn homme, & il n'y a Gentilhomme de cette compagnie qui n'en die autant. C'est bien dit, reprit Iphigene, car ce m'est beaucoup de honte de me voir sous ces affiquets à present que ie deurois auoir le harnois sur le dos pour le seruice de mon Roi. Mais que dis-ie? certes la bonne chere que l'on me fait en ce lieu, me fait souuenir que ie suis prisonnier, & qu'estant en la puissance d'autrui, il n'est pas en moy de disposer de mes entreprises. Il vouloit se retirer pour reprendre ses habillemens de Cheualier, quand les Dames qui pensoient le posseder plus librement estant vestu de la sorte qu'elles l'auoient paré, le supplierent d'attendre le

X 5

retour des Palatins du Troc & du Minsce, qui estoient allez par la ville donner ordre à la garde, & aux autres necessitez de la deffense, sur l'asseurance qu'elles lui donnerent qu'il ne seroit point reconnu. Il eut de la peine à condescendre à cela, craignant de faire vne fable apres l'auoir recitée; neantmoins il donna les mains à tant de prieres, tãt il auoit l'esprit ployable & porté naturellement à contenter vn chacun. Les Palatines furent au deuant de leurs maris, & leur dirent qu'vne Dame de la ville les estoit venu voir, qui n'auoit point sa pareille en beauté en toute la Lithuanie, & qu'ils l'auoient arrestée au Chasteau iusques à leur venuë. Aussi tost parut deuant leurs yeux cette grace nompareille d'Iphigene, qui les remplit de tant d'estonnement qu'ils estimerent que ce seul sujet estoit digne, pour le bien conseruer, de rendre la ville mieux gardée. De reconnoistre le Palatin de Plocens sous cet habit, il n'estoit point de nouuelles, iusques à ce que les ris de tãt de Dames, à qui ce secret tardoit trop d'estre euenté, leur firent soupçonner quelque tromperie. Elle fut aussi tost

sceüe

sceüe que demandée, car chacune voulant auoir la gloire de la descouurir la premiere, elles la dirent toutes ensemble. Alors le Palatin du Minsce prenant la parole ; Seigneur Iphigene, dit-il, nous n'ignorons pas quels effects produisoit à Cracouie vostre bonne grace parmi les Dames de la Cour, pour moy i'en sçay bien des nouuelles particulieres. Mais si là sous vostre vray habit vous auez allumé tant de flammes dedans ces foibles cœurs, ici vous rendriez passionnez tous les hommes si vous demeuriez sous ces vestemens : car pour manifeste que soit la tromperie, elle si flatteuse qu'on la souhaitteroit estre vne verité. Et puis se retournant vers le Palatin du Troc, mon Cousin, continua-t'il, n'est-il pas vray que ce visage d'Ange ne semble estre donné à ce Cheualier que pour desbaucher de leur deuoir les courages les plus continens ? Ie croy qu'il n'y a personne en cette assemblée qui ne le pense ainsi, & qui ne iuge que c'est là le plus bel obiect qui ait iamais paru à ses yeux. Ce qui me le fait admirer d'auantage, dit le Palatin du Troc, c'est la douceur de son air,

dans

dans vne grandeur de courage qui se monstre en son front, veu que ces deux choses contraires semblent incompatibles en mesme sujet; car d'estre si hardy dans les perils, & si traittable en la conuersation, tout Mars dans les armes, toute Cythere parmi les Dames, toute generosité en la guerre, toute courtoisie en la paix, posseder tant de grace & de delicatesse parmi tant de valeur, c'est ce qui remplit les yeux d'estonnement & les esprits de merueille. Imaginez-vous combien cette Musique de loüanges qui charmoit le Grand Alexandre, deuoit estre agreable aux oreilles d'Iphigene, & comme fille se voyant prisée pour sa beauté, ce qui est le plus furieux desir de ce sexe; & comme homme de sa valeur, qui est toute la gloire que recherchent les Cheualiers à trauers tant de perils & de rencontres hazardeuses. A la fin s'estant faict vn silence né de ce que tous auoient les yeux collez sur lui, & les langues liées par l'admiratiō, ce faux garçon le rōpit en ces termes. Vous voyez à quel degré de folie m'a reduit le desir que i'ay eu de complaire à ces Dames; mais aussi que ne pourroit

leur

leur priere sur vn courage resolu à les honnorer mesme aux despens de sa réputation? Certes l'obeïssance a sa perfection dans son aueuglement, & elle n'est iamais si accomplie que quand elle ne discerne point ce qu'elle fait, aussi n'est-elle point suiette à garantir ses actions, celui qui commande en estant la caution, il touche à lui d'en respondre. Il me semble, dit ici Liante, que la fable de Mars & de Venus surpris dans les rets de Vulcan, est ici renouuellée en la personne d'Iphigene, qui fait voir en soy seul l'vne & l'autre de ces Deitez, mais auec cette difference qu'il prend au lieu d'estre pris. Ie ne sçay pas si ie prends, reprit Iphigene, mais que ie sois pris, il suffit de la qualité de prisonnier pour le iustifier. Seigneur Iphigene, dit le Palatin du Minsce, si le sort des armes nous a rendu si heureux que de retenir vostre corps dans nos murailles, vostre victoire est bien autre qui vous met tant de cœurs entre les mains. Ils eurent tout plein d'autres propos pleins de ciuilité & de courtoisie, qu'il seroit long de rapporter, tant y a que ce fut au regret des Dames qu'Iphigene quitta leur habit,

& peut

& peut-estre au plus grand des hommes; car sous tant d'ornemens il cachoit tant de charmes, que tous ces esprits en estoient broüillez. Ce ne fut pas à cette fois la seule qu'il fut prié par les filles de se laisser parer à leur mode, ce qui partagea tellement le cœur de Liante, que comme vne nauire agitée sur la mer de deux vents contraires, il ne sçauoit à quel port se rendre.

IPHIGENE.

Liure quinziesme.

MAIS tandis que nous-nous amusons parauanture trop longuement à dire ce qui se passe en ces murailles assiegées, nous ne nous souuenons pas de voir ce qui se fait au dehors. Le siege s'acheminoit tousiours, & l'armée du Roi se renforçoit tous les iours, non pas neantmoins iusques là que l'on en vinst encore aux batteries ni aux assauts, l'attirail du Canõ n'est pas si tost prest, & ces orgues là ne ioüent pas si viste. Les assiegez gardoient encore le dehors, & ayans les sorties assez libres, tous les iours se donnoient quelques legeres escarmouches. Qui pourroit exprimer le trouble du camp
lors

lors qu'Iphigene fut faict prisonnier, ne seroit pas mauuais Orateur; mais la rage de Mieslas doit sur tout estre mise sous le voile du silence. Car l'Amour qu'il auoit pour son sang, & pour ce fils qui estoit l'arc-boutant de sa fortune, & le meilleur fils de la Terre, iointe à la haine qu'il portoit à Liante, estoient d'estrages esperons dans les flancs de son humeur. Aussi tost qu'il se peut leuer estant à peine guery de ses froissures, il ne manqua point de venir faire des courses aux portes, & là de tonner des rodomontades qui eussent estonné des gens moins resolus que ceux qui gardoient cette ville. Il fit parler de rançon, mais Iphigene qui n'estoit pas en train de sortir, s'entendant auecque Liante, la fit mettre si haut, que cet homme qui estoit autant auare que cruel, eust aussi tost donné son sang que cette somme. Et s'imaginant que c'estoit Liante qui estoit cause de cela, il le fit appeller par vn billet qui contenoit ce deffy.

CARTEL.

TV dois l'auantage de nostre derniere rencontre à mon malheur plustost qu'à qu'à ta valeur, & mon desastre est plustost prouenu du deffaut de mon cheual que de celui de mon courage. La fortune ennemie iurée de la Vertu en veut tousiours aux plus vaillans, estât sa coustume de fauoriser les plus lasches. Les preuues que i'ay renduës en tant de lieux de ce que ie vaux, ne permettent pas qu'vne cheute de cheual me puisse estre reputée à blasme. ceux qui le feront seront aussi fots que toy qui en fais le glorieux, sans te souuenir que trois iours deuant mon fils moins puissant en armes que moy t'auoit donné la vie. Maintenant si tu as autant de courage que de vanité, ie te conuie de me rédre auec l'espée ce que tu penses auoir acquis sur moy par la lance, Car de laisser mon honneur entre des mains si foibles & si pueriles, c'est ce que ie souffriray moins que la mort. Tu peux venir en asseurance, puis que ie ne pretends que de te donner la vie apres que ie t'auray vaincu, ce que ie feray sans beaucoup de peine. Si tu me redoutes, & desires que ie te pardonne, renuoye moy mon fils.

Iugez par ces termes de la fierté & de

l'orgueil de ce Sarmate. Ce Cartel courut par les mains de plusieurs, Liante ne l'ayant peu cacher, parce qu'il lui auoit esté apporté par vn trompette. Il seruit de risée aux plus sensez ; car la vanité a cela de miserable, que plus elle se veut esleuer vers la gloire, plus elle s'enfonce dans le mespris. Il n'y eut qu'Iphigene de fasché voyant que chacun blasmoit, quoy que iustement, l'extrauagance de son Pere ; parce que à dire la verité, comme les Peres sont aueugles sur les imperfections de leurs enfans, les enfans aussi ne peuuent aüoüer les deffauts de leurs Peres. Ceux qui commandoient dans la ville, empescherent Liante de rendre à Mieslas la satisfaction qu'il desiroit par vn second combat. Ce qui l'obligea de renuoyer le trompette auecque cette

RESPONSE.

LA courtoisie m'oblige d'auoüer que l'auantage que i'ay eu sur vous, prouient plustost de vostre malheur que de vostre faute, & de ma bonne fortune que de ma valeur. Et certes c'est auecque
déplaisir

déplaisir que i'ay eu de voſtre ſang, puis que ie donnerois du mien pour vous ſauuer, faiſant en cela l'office de Tuteur enuers celui qui a abuſé de ma tutele pour me rauir le bien que mon Pere m'auoit acquis. Souuenez-vous Mieſlas, que Dieu qui ſe ſert des choſes les plus foibles pour confondre les plus fortes, me vangera toſt ou tard des rigueurs que vous auez exercées ſur mon innocence; car il eſt le Iuge de la vefue, & le protecteur de l'orfelin. Si i'eſtois Maiſtre en cette place, ie vous aurois auecque l'eſpée donné la ſatisfaction que vous deſirez de moy, & que vous aurez auſſi toſt que ie ſeray libre : mais n'eſtant que ſoldat, ie ne puis diſpoſer de moy que ſous l'aueu de mes Capitaines. Ce n'eſt point que ie redoute voſtre colere, puis que i'ay deſia appris les moyens de terraſſer voſtre fureur. Les témoignages que vous auez rendus de voſtre vaillance, ſont au deſſous de ce coup qui vous a abbatu. Ie le recommenceray quand il vous plaira d'en prendre l'eſbat, & quand i'auray la liberté. I'ay encore le meſme cœur & la meſme adreſſe, & qui plus eſt, le meſme deſir de vous redonner la vie, si vous retombez encore vne fois sous l'effort de mon bras. Encore que les loix de toute bonne Cheualerie me dispensassent sans interest de mon honneur, de me reioindre auec celui a qui i'aurois desia donné la vie, & qui m'en seroit redeuable, comme chacun sçait que vous m'estes. Vostre fils plus heureux en sa prison qu'il n'estoit aupres de vous, n'est pas tant en ma puissance que ie suis en la sienne. C'est à d'autres de capituler de sa rançon. De moy ie me tiens autant glorieux d'estre vaincu de lui, comme il m'est honnorable d'estre demeuré victorieux de vostre arrogance.

Cette replique pensa faire sauter aux nuées nostre Brauache; car il n'y a rien qui outrage tant vn homme vain, que quand on rauale auec des termes de mespris la trop bonne opinion qu'il a de lui mesme. Si fallut-il malgré lui prendre patience, & faire vertu de la necessité: car quand bien la rage l'eust porté comme Cesar à se chocquer la teste lors que Varus lui eut perdu ses legions, & quand il eust donné de la sienne par les murailles
de

de la ville assiegée, & faict sonner tout autour par plusieurs fois toutes les trompettes du camp, ie ne croy pas qu'elles se fussent abbatuës. Il sembloit depuis la prise d'Iphigene que les plus braues courages de l'armée fussent engourdis, & redus semblables aux abeilles lors qu'elles ont perdu leur aiguillon : car la presence de ce Palatin leur donnoit ie ne sçay quelle pointe, qui les animoit aux actions genereuses & comme s'il eust esté l'esprit de ce grand corps, vous eussiez dit qu'il languissoit priué de l'Astre qui luy donnoit la vie. Voila ce que vaut vn Capitaine, & ce que peut par son exemple vn homme de creance & de valeur. Aussi les sentimens de sa prise furent-ils tels à la Cour, qu'il sembloit que le Soleil fust eclipsé, ou au moins que Lucifer fust tombé des cieux. De vous dire les plaintes des Dames, & principalemét les souspirs de Respicie, il seroit malaisé. La Reine mesme toute sage & reseruée qu'elle estoit, eut de la peine à cacher son inclination sous sa modestie, & ne pouuant tenir ses larmes, qui coulent naturellemét des yeux de ce sexe infirme à la moindre

Y 3

calamité, elle mettoit à l'abry son dueil particulier sous le voile de la tristesse publique. Mais en fin le Roi ne se peut empescher de faire esclatter son ressentimēt.

Car qui peut empescher
De paroistre la flame,
Qui ne se peut cacher,
Quand elle est dans vne ame?

Ie parle de celle de la bienueillance, qui fait qu'au besoin l'on va precipitamment au secours de l'amy, de la mesme façon que le sang se porte vers la partie blessée. Quelques incommoditez que le Roi eust en sa personne, outre l'âge qui est vne continuelle maladie, & qui ne se guerit que par le tombeau, il se resolut d'endosser le harnois, & d'aller en personne à l'armée, si ces rebelles ne lui rendoient son fauory. Pour cela il leur depesche promptement vn courrier, affin qu'ils sceussent sa volonté, en ces mots.

LETTRE DV ROY AVX REBELLES DE LITHVANIE.

I'Ay sceu que par supercherie vous auez faict prisonnier mon Cousin le Palatin de de Plocens; il ne falloit que cela pour arriuer au comble de voſtre rebellion, & pour attirer ſur vos teſtes tout ce qu'vn Roi peut auoir de foudres & de coleres. La trahiſon compagne inſeparable de la reuolte, vous a donné cet auantage que vous ne pouuiez iamais eſperer par la voye de la vraye valeur. Mais le Dieu des vengeances protecteur des Rois qui regnent par lui, & qui ſont ſes viues images en la terre, me la fera prendre telle de voſtre inſolence, que ſi vous ne venez à vous reconnoiſtre, voſtre chaſtiment ſeruira d'vn exemple memorable à la poſterité. Vous ne treuuerez iamais d'eſprit ſi depraué (ſinon qu'il ſoit atteint de la contagion qui vous infecte) qui puiſſe auctorizer vos armes contre la fidelité que vous me deuez par nature, & que vous m'auez autrefois iurée; car il n'y a point de cauſe qui puiſſe diſpenſer legitimement des ſujets de l'obeïſſance qu'ils doiuent à leurs Souuerains. Mais quand vos armes ſeroient auſſi iuſtes qu'elles ſont criminelles, vous ne pouuez refuſer de mettre à rançon raiſonnable celui que le ſort vous a mis entre les mains. Vous n'ignorez-pas que ie l'aime pour l'eſtime que ie fay de ſa vertu. faites moy donc ſçauoir à quel prix vous mettez ſa liberté, affin que ie contente voſtre auarice. Que ſi vous ne le faites, & promptement, ſçachez que vous me verrez au premier iour à la teſte de mon armée attaché à vos murailles, que ie foudroyeray de cent Canons, & qu'ayant abuſé de ma clemence, ie ne vous expliqueray plus mes volontez que par leur bouche.

C'eſt parlé en Roi cela, & en Roi paſſionné pour vn ſujet plein de merite. Cette lettre fut receüe auecque tout le reſpect que des ſujets doiuent à leur Souuerain. Car quelque rebellion qu'il y ait, la mutinerie ne doit iamais venir à l'inſolence; le nom des Rois eſt ſi venerable & ſi ſacré, que comme le Laurier il ne doit point eſtre frapé des foudres des outrages. Et il faut eſtre meſchant iuſqu'à la rage, pour en venir au meſpris de leur ſupreme dignité. La colere d'vn Roi, dit le Sage, eſt côme le rugiſſement d'vn Lyon, & quand vn Lyon rugit il emplit d'eſtonnement toute vne foreſt, & les animaux qui

qui l'oyent fuyent de deuant lui, pour ne lui seruir de proye, & se retirent au plus creux de leurs cauernes & de leur repaires. La copie de cette lettre fut enuoyée aux autres Palatins & Seigneurs qui tenoient la campagne, & qui auoient ligue auec les assiegez, pour auoir leur auis touchant la responce que l'on y deuoit faire. Vn Conseil general se tint dans le Minsce sur ce sujet, & Iphigene sçauoit par Liante tout ce qui s'y traittoit. De dire s'il estoit aisé de voir l'estime que le Roi faisoit de lui, ce seroit vne chose superfluë. D'autre costé ne s'estant pas rendu prisonnier volontaire pour sortir contre son gré, & craignant de laisser Liante tellement embarqué dans la recherche & les affections d'Amiclée, qu'il l'espousast lors qu'il seroit absent, il cherchoit en sa pensée quelle inuention il pourroit treuuer, ou pour tirer Liante d'entre ces rebelles, ou pour les remettre tous en la grace du Roi, & moyenner quelque accord pour la paix & le repos de toute la Pologne. Certes comme peu de sel assaisonne beaucoup de viande, & vn petit de leuain cōmunique ses esprits à vne grande masse de paste: de mesme souuent vn grain d'interest particulier fait beaucoup de bien ou de mal aux affaires publicques. Qui eust dit que l'Amour eust ioüé tant de ressorts? & qui ne croira que c'est là ce vray point que demandoit Archimede pour enleuer toute la terre? A la fin par l'auis d'Iphigene dõt Liante estoit le truchement secret, il fut conclud que l'on garderoit le Palatin de Plocens, & que l'on en feroit vn bouclier contre la colere du Prince, peut-estre à l'imitation de Themistocle; qui contre le courroux du Roi de Perse animé contre lui, fit rampart du propre fils de ce Monarque. Liante se faisoit fort qu'Iphigene intercederoit pour eux, pourueu qu'ils se voulussent ranger à la raison sans preiudice de leurs libertez & franchises, pour la cõseruation desquelles ils auoient pris les armes. Et pour l'intelligence plus claire de ce mouuement, il sera bon de sçauoir que les Polonnois en l'vnion que le Roi pretendoit faire de la Lithuanie à leur Couronne, ne vouloit point consentir que les Grands, le Senat & la Noblesse de la Lithuanie eussent voix en l'election du Roi,

ni

ni mesme que les Palatins & Chastelains Lithuaniens paruinssent aux Offices de la Couroune de Pologne; ce qui estoit leur oster ce point d'honneur, qui picque si fort ceux qui tiennent rang dans le monde, & l'espoir d'arriuer iamais aux charges importantes, vnique but des cœurs ambitieux. De cette façon les Lithuaniens ennemis de longue main des Polonnois, fussent deuenus leurs sujets sans donner vn coup d'espée, & deux doigts de parchemin auec vn peu de cire eussent faict ce qui n'eust peu estre conquis par cent batailles. Les Polonnois disoient qu'il n'estoit pas raisonnable que des estrangers eussent part à l'election de leur Royaume. Les Lithuaniens repliquoient qu'il y auoit beaucoup moins d'apparence qu'ils se soumissent laschement à la domination des estrangers, sans y estre obligez par aucune conqueste. Ils adioustoient que comme ils estoient pour lors sujets d'vn mesme Prince, où ils estoient iustemét compatriotes, ou iustement ennemis. Si ennemis, il se falloit battre, & par les armes & la force decider leur differend, affin que l'auctorité demeurast

meurast du costé des vainqueurs. S'amis, ils deuoient estre associez en la communauté de la chose publicque, & auoir part aux honneurs, aux charges, & aux dignitez de l'Estat. Les Polonnois auançoient que les Duchez deuoient ceder aux Royaumes. Les Lithuaniens qui tenoient cette proposition pour vne brauade, repartoient que la Lithuanie estoit en possession depuis Iagellon, c'est à dire, il y auoit deux cens ans, de fournir des Rois à la Pologne, & par les Rois esleus qui estoient leurs Princes naturels, de donner la loy aux Polonnois; au demeurant qu'il valloit mieux estre grand Duc, tel qu'estoit celui de Lithuanie par succession, que petit Roi, comme celui de Pologne, par vne election qui ne transmet point la Couronne au successeur. Qu'au surplus la Lithuanie en estenduë de païs, en puissantes villes, en nombre d'hommes, estoit plus grande que la Pologne, & quand il n'y auroit que cette seule raison, ils ne cederoient iamais aux Polonnois. Ce qui me fait souuenir d'Agesilaüs, qui ne mesuroit l'estenduë de son Empire qu'à celle de son courage, disant qu'il ne recon-

reconnoistroit iamais aucun Roi plus grand que lui tant qu'il auroit les armes à la main. Les Polonnois disoient qu'ils auoient honnoré les Ducs de Lithuanie en les appellant à leur thrône, & que cet honneur rendu depuis tant de temps meritoit bien que les Rois rendissent la LIthuanie soumise à la Pologne. Les Lithuaniens respondoient que c'estoit aux Polonnois par cette raison à se soumettre aux Lithuaniens, qui leur auoient faict l'honneur de leur fournir de Souuerains depuis deux siecles, & que iamais Roi de Pologne n'ayant eu pouuoir en Lithuanie, s'il n'estoit naturel Lithuanien, il n'estoit pas raisonnable qu'estans accoustumez à auoir des Princes par succession, ils vinssent à en auoir d'electifs, qui seroient estrangers, & choisis par vne nation qui leur auoit esté tousiours ennemie. Que si les Polonnois se vouloient obliger à n'eslire iamais que des Grands de Lithuanie pour les esleuer sur le thrône de la Pologne, ils auiseroient s'ils se pourroient resoudre à leur faire cet honneur là de receuoir leur Royauté. Les Polonnois pour rabbatre l'arrogance des Lithuaniens ne parloient

parloient que de leur thrône Royal, & les autres pour abbaisser la fierté des Sarmates disoient que la Pologne auoit esté longuement sous des Ducs, & en tiltre de Duché, que depuis flattez du nom de Rois ils auoient obtenu cette dignité de l'Empereur Othon, qu'apres trois Rois le quatriesme, qui fut Boleslaüs, pour auoir faict meurtrir S. Stanislas Euesque de Cracouie, auoit esté priué par le Pape de cette qualité, & reduit à celle de Seigneur ou de Gouuerneur, & que treze auoient de suitte presidé à la Pologne sous ce tiltre iusques à Premislas, à qui la vertu redonna le nom de Roi. Si bien que la Pologne ressembloit à ces menus Astres du Ciel, que leur bassesse rēd sujets aux eclipses. Mais que la Lithuanie contente de sa propre grandeur, n'auoit voulu emprunter son lustre d'aucune autre puissance que de la sienne, ses Princes se contentans du tiltre de grands Ducs, à l'imitation de celui de Moscouie qui n'en veut point d'autre, encore qu'il soit reconnu pour vn des grands Monarques de l'Europe. Ie n'aurois iamais faict si ie voulois dresser vn inuentaire des raisons que

que ces deux nations quoy que voisines, neantmoins ennemies, alleguoient pour maintenir leur preeminence. & au fonds ie croy que leur antipathie naturelle estoit le fondement de leur discorde: car il est malaisé que des orgueilleux durent ensemble paisiblement, parce que chacun voulant estre l'huille, pas vn ne se veut resoudre à prendre le dessous. De dire en cette contestation de quelle part estoit le Roi, il seroit malaisé: car s'il aimoit les Polonnois qui l'auoient esleu, & esleué sur leur thrône, il affectionnoit les Lithuaniens dont il estoit né Prince, ceux-ci se pouuans dire ses enfans naturels, les autres n'estans qu'adoptifs. Mais comme il arriue és arbres entez que les fruicts ont rapport au greffe, & non au tronc; de mesme le thrône Royal engloutissant la dignité Ducale (à la façon que le Soleil efface les Astres quand il paroist dans le Ciel) ou peut-estre le seiour de Cracouie, ou l'humeur des Polonnois qui reuenoit plus au goust du Roi, & en suitte le degoust qu'il auoit conceu des Lithuaniës, qui pour maintenir la liberté de leur païs, dressoient à tous propos des mutineries

neries & des reuoltes, faisoiét incliner son cœur du costé de la Pologne. Ainsi arriue-t'il souuent que les Peres dont les fils sont dyscoles, prennent leurs gendres en affection, & les font heritiers à l'exclusion de leur propre sang. Et à augmenter le courroux du Roi aidoit beaucoup ce souleuement dernier: car bien qu'il eust l'esprit porté à égaler toutes choses, comme Prince plein de Iustice & d'equité, & d'vnir ces deux peuples en sorte qu'ils n'eussent plus qu'vn cœur & vne ame, comme vn mesme Roi; neantmoins comme les Astres plus voisins du Soleil participent d'auantage à ses influences, ainsi les Lithuaniens estans escartez, il estoit aisé aux Polonnois qui estoient tousiours proche du Roi, de le posseder, & de lui persuader ce qui estoit à leur auantage. Mais pour n'estendre point plus au long le narré de ce procez, dont le droict consistoit plustost en la force des armes qu'en celle des raisons, voyons vn peu ce que respondirent les Lithuaniens à ce que le Roi leur auoit faict entendre de sa volonté.

LETTRE

LIVRE XV.

LETTRE DES LITHVA-NIENS AV ROI SIGISMOND Auguste.

SIRE,
Vos tres-humbles & tres-fideles sujets & seruiteurs, les Palatins, Chastelains, Noblesse, & peuple de vostre Duché de Lithuanie, vnis pour la deffense de leurs vies, biens, franchises, & libertez, remonstrent en toute humilité à V. M. qu'ils la reconnoissent pour leur Prince naturel, & Souuerain Seigneur, ordonné de Dieu pour tenir les resnes de leur Empire, & qu'ils ne se departiront iamais du respect, de la fidelité, & de l'obeïssance qu'ils lui doiuent. Aussi n'auons nous pas pris les armes pour former vne reuolte, veu que nous detestons la rebellion comme le crime le plus noir & le plus lasche du monde, mais seulement pour nous deliurer de la Tyrannie de nos ennemis, qui assiegeans vostre personne sacrée ne nous permettent pas d'y auoir accez, pour exposer librement nos raisons deuant V. M. C'est ce qui nous a contraint de recourir aux armes, comme à vne aide que la

Nature nous enseigne, pour mettre nos personnes en seureté, nous exempter de leur domination qui nous est insupportable, & pour maintenir nos droicts, priuileges, & immunitez, qui est toute la gloire de nostre Patrie. SIRE, c'est la vostre, c'est vostre patrimoine, c'est vostre domaine, nous sommes vos enfans, vos sujets naturels, les brebis de vostre bergerie, nous-nous soumettons tres-volontiers à vostre sceptre, & ne voulons point d'autre liberté que celle de l'obeïssance à vos commandemés ; mais comme vous estes Iuste & establi de Dieu pour nous rendre la Iustice, nous ne demandons qu'à faire ioug sous vos loix, pourueu qu'elles ne soient point dictées par la bouche de nos aduersaires, & qu'ils ne les tirēt point par surprise de la vostre. Vueillions ou non nous sommes obligez de vous reconnoistre pour nostre Maistre, par le droict de succession que vous tirez de vos predecesseurs, & de rendre le mesme deuoir à vostre posterité, si le Ciel vous en donne. Ce que ne peuuent dire les Polonnois, car ils sont trop ialoux de leur election, pour attacher leur soumission

sion à la race d'vn Prince. Dieu vueille accourcir de nos années pour estendre les vostres : mais s'il vous appelloit en sa gloire, & du Royaume de la terre à la Couronne du Ciel sans auoir des heritiers, iuge V. M. si nostre condition ne seroit pas semblable à celle des esclaues, & si les Polonnois dont les voix sont venales aux elections, ne nous vendroient pas à tel Maistre qu'il leur plairoit. SIRE, nous sommes tous resolus de mourir plustost que de souffrir vn tel affront, & de donner nostre liberté à si bon conte. Vne mort glorieuse nous sera tousiours plus desirable qu'vne vie infame, & qui terniroit nostre nom à iamais dans la memoire de nostre posterité. Car que diroient de nous nos neueux, quand ils verroient qu'en nos iours sans respãdre nostre sang nous aurions receu le ioug de la seruitude des Polonnois, lesquels nous auons autrefois tant battus que reduits à de honteuses conditions? Vos predecesseurs par les armes de nos maieurs en ont remporté des victoires, qui les ont faict triompher de leur Couronne par l'espace de deux siecles. Grand Roi, reconnoissez ces

veritez, & que si vostre vertu vous a faict eslire aux Polonnois, c'est parce qu'ils ne treuuoient en aucun Estat rien de si digne de regner sur eux que dans le thrône de la Lithuanie. Leurs charmes auront-ils bien tât de pouuoir sur vostre esprit doüé de tant de sagesse & de conduite, que, de vous porter à trancher par vostre fer vos rameaux naturels, en faueur de ces sauuageons dignes de tant de haine? SIRE, nous supplions tres-humblement V. M. de nous maintenir aux honneurs, prerogatiues, & libertez dont nous auons iouy sous vos predecesseurs, & pour vous auoir tousiours esté fideles, que nostre recompense ne soit pas vn dur esclauage sous vne fiere nation qui nous a tousiours esté en horreur; principalement depuis qu'ayant enleué de ce païs les corps de nos Princes, pour les esleuer sur son thrône, elle nous en a voulu soustraire les cœurs, en nous priuant des effects de leur bonne volonté. S'il faut mourir, le pouuons-nous pour vne plus iuste querelle que celle que nous deffendons, non pas contre vostre Auguste Majesté, SIRE, mais contre la violence des Tyrans qui
abusent

abusent de vostre facilité, & de la bonté de vostre naturel? Que si V. M. nous vient voir en personne, quelle gloire nous sera-ce de passer par le fil de l'espée victorieuse d'vn si grand Monarque, & de rendre la vie à celui à qui nous la deuons? De cette façon nous lauerons dans nostre sang la faute dont nous serions tachez & honteusement taxez par nostre posterité, si nous estions si lasches que de lui laisser à moindre prix la seruitude en partage. C'est ce que nous attendons de pied ferme, & d'vn courage cõstant & ineffrayable aux perils. Et puis que le bonheur de nos armes fauorisées du Ciel, plustost qu'aucune supercherie, nous a faict tomber entre les mains la personne d'entre les Polonnois qui vous estoit la plus chere, & qui dans les vertus qu'elle nous fait paroistre de iour à autre, nous fait voir la beauté du iugement de V. M. au choix de ceux qu'elle veut honorer de sa bien-ueillance; elle nous permettra de faire rampart de ce thresor qui nous est escheu, & de nous en seruir comme de bouclier contre les traicts de sa colere & de sa vengeance. Car quand la bouche de ses

Canons viendra expliquer ses volontez à nos murailles, le premier gabion que nous leur opposerons sera le corps du Palatin de Plocens sa Creature, sçachans que portant l'image de Dieu en terre, elle ne voudra pas destruire l'ouurage de ses mains, ni se donner entrée en cette ville par vne breche ensanglantée du corps d'vn personnage qui lui est en telle consideration. Que si vous n'auez point d'esgard à cela pour executer vos rigueurs, quelle grace pouuons-nous esperer que celle de ceux qui ont perdu l'esperance, voyans traitter de la sorte celui que vous honnorez de vostre faueur? Mais nous attendons tout autre euenement de la Clemence & Prudence de V. M. & que comme Pere de vostre Patrie vous n'en procurerez pas la ruine. Et quand bien la persuasion de nos contrarians vous feroit prendre nostre legitime deffense pour vn crime, nous sommes asseurez que vos courroux & vos chastimens ne tomberont point sur nous sans meslange d'amour ou de pitié. Permettez grand Roi, qu'appellás de vous à vous mesmes, nous puissions obtenir, ou vne Conference

amia

amiable, pour decider nos differends auec les Polonnois, ou vne audience libre au tribunal de voſtre ſouueraine Iuſtice, pour eſpargner le ſang de vos ſujets, & là nous eſperons auancer des raiſons ſi fortes, que ſi la force ne ſuffocque point la raiſon, nous en rapporterons gain de cauſe, & nous dirons pour motet de noſtre triomphe, la vertu de SIGISMOND l'a eſleué au thrône de la Pologne, mais l'Amour de la Lithuanie a vaincu SIGISMOND.

A ce long Manifeſte Iphigene qui dans ſa captiuité auoit autant de liberté qu'il en vouloit prendre, eut auſſi celle d'eſcrire au Roi, rien ne lui eſtoit impoſſible ayant l'entremiſe de Lianthe. Mais entremiſe telle, que comme ce Cheualier pour rien du monde n'euſt voulu eſtre traiſtre à ſon parti; auſſi le gentil Iphigene n'euſt pas voulu pour vne Couronne l'inuiter à commettre vne laſcheté. A raiſon dequoy il communiquoit ſes depeſches à Liante, & comme elles ne tendoient qu'à la paix & à l'vnion de ces deux peuples ſous l'obeïſſance du Roi, Liante eſtoit bien aiſe de seruir d'entremetteur en vne si digne & si loüable entreprise. Il escriuit donc au Roi que c'estoit plustost par bonheur que par malheur qu'il estoit tombé entre les mains des Lithuaniens, ou au moins que ce lui estoit vn malheur si heureux qu'il ne remercioit le Ciel de rien tant que de cette disgrace, non tãt pour auoir rendu par cette preuue quelque marque de sa fidelité à sa Majesté, d'où il auoit recueilli ce cher témoignage de son affection au soin qu'elle auoit eu de procurer sa liberté; que pour auoir le moyen par cette prison, pourueu qu'on la laissast vn peu durer, de ramener les courages effarouchez de ces rebelles au train bien reglé d'vne iuste obeïssance. Ce qu'il estimoit si facile, que pour peu que l'on vsast de condescendance, il estoit aisé de guerir ces esprits malades, & de les remettre au point de leur deuoir. Qu'il auoit remarqué de grãdes semences d'Amour & de respect enuers leur Prince naturel & legitime, & que pour peu de pluye de douceur que l'on versast sur ces plantes, elles produiroient des fruicts en leur saison. Qu'estant né Polonnois, il desiroit

desiroit autant & plus que les autres Palatins la gloire de la Pologne, & la splendeur de son païs; mais qu'ayant consideré que la paix auec ses voisins estoit vn moyen pour faire fleurir la Pologne, & que vouloir subiuger auec vne lime sourde les Lithuaniens, nation & redoutable, & son auis indomptable, c'estoit vne entreprise si esloignée d'apparence, que c'estoit plustost exposer la Pologne à la conqueste de la Lithuanie, que ranger la Lithuanie sous le sceptre de la Pologne. Que cette Prouince estant aussi grande & aussi puissante que la Sarmatie, elle estoit pour mettre en balance & en compromis l'auctorité & la preeminence des Polonnois, qui d'aisnez sans contredit, pourroient estre supplantez par leurs Cadets, si l'on en venoit au sort des armes, dont l'euenement est si rempli d'incertitude. Qu'il n'estoit question que de donner quelque part en l'heritage à ces puisnez, & que peut-estre traittez auecque moderation ils se contenteroient de peu. Qu'il ne falloit pas leur faire la portion de l'Aigle (ce sont les armes de Pologne) qui ne laisse rien aux autres oyseaux, autrement que le Cheualier armé (ce sont les armoiries de la Lithuanie) pretendant au butin debattroit son lot des despoüilles. Qu'il falloit auoir l'esprit iuste, & se faire vendeur en achetant, & acheteur en vendant. Que les plus sages Politiques ne conseilloient pas que l'on reduisist iamais ses aduersaires à l'extremité, vne composition honnorable estát tousiours plus auantageuse qu'vne victoire obtenuë contre des desesperez. Que les cœurs des hommes ne se menoient que par la raison, & non par la force, & que les plus genereux à l'exemple de la palme se releuoient contre ce qui les vouloit accabler, & comme la vigne pouffoient par leurs retranchemens. Qu'en l'émotion qu'il voyoit dans les courages des principaux, il iugeoit que la composition qui se feroit par vne Conference, seroit fort auantageuse pour les Polonnois, s'il plaisoit au Roi témoigner vn peu d'inclination vers ce parti, sans se monstrer neantmoins contraire à l'autre, de peur que cette particularité n'engendrast vne partialité, qui romproit le bien de la paix publicque. Que le Roi comme Pere commun tenant en main la balance de la Iustice, sçauroit bien donner le poids à tel des bassinets qu'il lui plairoit, mais qu'il se deuoit conduire comme indifferent en l'apparence. Que de priuer les Lithuaniens de leurs priuileges & franchises, seroit vne chose iuste, si l'on auoit esgard à leur rebellion, toute coulpe appellant vne peine, mais que pour chastier, il falloit auoir beaucoup de force de reste, & il estoit perilleux de l'entreprendre contre vn peuple mutin & aguerri. Que comme beaucoup de choses estoient permises, qu'il n'estoit pas pour cela expedient, vn chastiment rigoureux estant souuent vn pur outrage; aussi falloit-il quelquesfois souffrir ce que l'on ne pouuoit corriger, tout ainsi qu'vne verruë en vn beau visage, qui ne se peut oster sans danger, ni voir sans fascherie. Qu'il y auoit grande apparence que les Lithuaniens aggrandissans de la moitié le Royaume de Pologne, ils eussent quelque part en l'élection & aux honneurs de la Couronne, qu'en cette sorte se feroit aisément l'vnion des cœurs auecque celle des païs. Que sa Majesté venant à mourir sans heritier, les Lithuaniens

niens rentroient au droict denolu à tous les peuples, quand les races de ceux qu'ils auoient choisis pour regner fur eux venoient à s'esteindre, & qu'il n'y auroit aucun effort en la Pologne assez puissant pour les empescher de faire l'election d'vn grand Duc telle qu'ils auiseroient, sinon qu'on leur donnast voix & seance en celle qui seroit faicte d'vn Roi de Pologne ; encore ne seroit-ce pas peu de gaigner sur ce peuple haut à la main qu'il se soumist à des Rois esleus, n'ayant accoustumé d'obeïr qu'à des Princes successifs. Qu'il remonstroit toutes ces choses à sa Majesté, les soumettant à son auis & à son conseil ; mais que si l'on procedoit autrement, il voyoit des obstacles insurmontables dans le dessein d'asseruir la Lithuanie, & de priuer ses Grands des honneurs de l'Estat. Qu'ils ne se reduiroient iamais à la soumission des Nobles qui sont dans Padoüe, Bresse, Vincenze, Verone, & Treuis, & dans le reste de l'Estat des Venitiens, qui tous obeïssent aux Gentilshommes de Venise comme à leurs Souuerains, n'ayans aucune part au Gouuernement de la Republique. Qu'il prenoit

noit la hardiesse de remonstrer à sa Majesté, que dominant ces deux nations d'humeurs si differentes, elle deuoit les conduire cõme vn cocher adroit, qui guide prudemment deux cheuaux qui sont mal accouplez, & par sa sagesse se seruir si bien de ces contrepoids, que son auctorité en fust d'autant plus esleuée, qu'elle seroit l'arbitre de tous leurs differends, & se maintenir en rehaussant ou rabbaissant tantost l'vne & tãtost l'autre, ou bien faisant de ces contrarietez comme vn pont, dõt les arcs façonnez de pierres opposées prestent vn chemin au dessus de soy aux passans, & laissent couler les eaux au dessous. Que cõme les bons Oeconomes des champs sçauẽt des espines (qui sont la malediction de la terre) faire des hayes & des clostures, pour conseruer leurs terres & leurs fruicts; de mesme les Monarques se pouuoient seruir vtilement de la diuision des peuples qui sont sous leur domination (comme Caton dans sa famille de celle de ses valets) pour l'auancement de leur seruice. Maxime si commune parmy ceux qui gouuernent, & asseurée par tant d'experiẽces, qu'elle ne laissoit aucun lieu de de douter de sa certitude. Qu'il ne lui appartenoit pas de donner des auis & des conseils à vn Roi si sage & si auisé, mais qu'il le supplioit de considerer qu'estant au milieu des flots, & en la puissance des mutinez, il pouuoit peut-estre mieux iuger de l'orage que ceux qui ne le voyoient que de loin & comme du riuage. Qu'il auoit tasté le pouls, & pressenty les mouuemens qui agitoient les principaux autheurs de la reuolte, & qu'il les auoit reconnus battre là, de mourir pour la deffense de leurs libertez (pretexte specieux & capable de sousleuer toute la terre) ou s'ils se rangeoient sous la Couronne des Polonnois, de participer aux charges & au gouuernement de l'Estat. Iphigene fit de grands memoires de tous ces auis dont nous venons de faire vn sommaire, & les enuoya au Roi accompagnez de cet escrit.

LETTRE D'IPHIGENE AV ROY.

SIRE,
J'espere tirer deux grands profits du
domma

dommage de ma prison. L'vn, de me remettre en vostre bienueillance (mon vnique desir) si i'en estois escarté, ou de m'y conseruer si i'y suis encore. L'autre, de vous rendre le plus signalé seruice qu'vn fidele sujet puisse rendre à son Souuerain. SIRE, ie suis vostre sujet auec beaucoup d'autres, mais ie suis de plus la Creature de V. M. & le but de ses liberalitez & de ses bienfaicts, ce qui m'a rendu le blanc de l'Enuie (si l'Enuie peut viser à quelque blanc.) Mais i'espere par cette occasion que i'ay en main, ou plustost en la main de laquelle ie suis, faire creuer la maluеillance de mes Enuieux, comme font certains animaux venimeux à l'odeur des roses. Car s'il plaist à V. M. prolonger ma prison, & auctorizer de quelque aueu selon les auis que ie lui marque, mes negociations & mes procedures, i'espere dans peu de temps reduire à tels termes les affaires de cette guerre ciuile, que V. M. triomphante au milieu de ses ennemis, les verra seruir d'escabeau à ses pieds; lesquels ie baise en toute humilité, pour reconnoissance & remerciment du soin qu'elle prend de ma seruitude. Heureuse
seruitu

servitude, prison aimable, puis qu'elle est pour le service d'vn Roi dont la bonté surpasse la grandeur, & qui meriteroit que les extremitez de la Terre fussent les bornes de son Empire, encore seroit-il moindre que sa vertu. Mais prison dans laquelle i'espere mesnager la liberté de mon païs, qui ne peut auoir lieu que dans la tranquillité publicque. SIRE, tout le fruict de la guerre c'est la paix : mais qui pourroit recueillir ce doux fruict beni du Ciel, & desiré en la Terre, sás arrouser les Palmes de sang, & les Oliuiers de larmes, ne seroit-ce pas le meilleur ? Qui doute que les halenées des Zephyrs ne soient plus agreables que le soufle des Aquilons, & que les voyes de douceur ne soient tousiours les meilleures & les plus auantageuses pour les Monarques, qui ne peuuent mieux que par la Clemence monstrer qu'ils sont les viues images de Dieu ? C'est ce qui me fait supplier V. M. de parler tousiours en Roi par ses lettres, & de témoigner son courage & sa hautesse par ses menaces, mais de garder dedans son cœur des inclinations à la mansuetude & au pardon. En se souuenant

qu'elle

qu'elle commande à des hommes, à des hommes libres, à des nations hautaines, & dõt le fier naturel les fait pluftoſt rompre que plier. Il eſt bon que V. M. en imitant la Diuinité qu'elle nous repreſente en Terre, face entendre le bruict de ſon tonnerre ſur la teſte des rebelles, affin que l'eſtonnement les tienne tous en crainte, bien que l'éclat en frape fort peu. Et que V. M. ne redoute point de mettre pour cela ma vie au hazard, & de l'expoſer à la mutinerie d'vn peuple enragé : car comme ie ne la veux garder que pour voſtre ſeruice, ie ne la puis mieux perdre que pour vne cauſe ſi glorieuſe. Pleuſt à Dieu que i'en euſſe mille, & qu'il ne tinſt qu'à les perdre toutes pour vous témoigner que ie ſuis le plus fidele, comme le plus obligé à V. M. de tous ſes ſujets. I'adiouſteray ce mot pour la conſideration de Liante, qui eſtõne la Pologne, en ce qu'eſtant Polonnois il s'eſt rangé du coſté des Lithuaniens. V. M. ſçaura que c'eſt pluſtoſt le deſeſpoir où la reduit le rigoureux traittement de mon Pere ſon Tuteur, qui l'a rangé à cette extremité, que le deſir de deſſeruir V. M. ni de fauoriſer la rebellion.

Quand ie lui diray vn iour en particulier ce qui l'a poufsé à cela, elle verra que c'est pluſtoſt vne neceſſité ineuitable qu'vn deſſein accompagné de malice & d'ingratitude. Auſſi l'experimente-ie tous les iours en l'aſſiſtance qu'il me rend pour auancer parmi ces Mutinez le ſeruice de V. M. Que ſi par la confiſcation de ſes biens elle lui a faict ſentir vn traict de la tempeſte de ſa colere, lors qu'elle ſçaura la verité, & que ſes ſeruices aurōt aueré ſon innocence, & purgé ſon accuſation, il eſpere auecque les autres gouſter autant les fruicts de ſa Clemence, que ie ſuis comblé de ceux de ſa liberalité. De V. M. le tres-humble, tres-fidele & tres-obligé ſujet, ſeruiteur & Creature,

IPHIGENE.

Le Roi ayant receu ces depeſches, fit grande conſideration ſur les auis que lui donnoit ſon fauory, duquel il auoit bien touſiours connu l'eſprit & la vertu, mais non pas certes ſelon l'eſtime qu'il en conceut en voyant ſa prudence & ſa conduite en changeant ſon deſaſtre au bien de la choſe publicque. Et en effect il ſer-

uoit

noit en cette maniere au Roi de la façon que le Daufin fert aux pefcheurs, qui le treuuans dans leurs rets le reiettent en la mer apres l'auoir carefsé, parce que c'eſt lui qui leur ameine à fa fuitte les autres poiſſons, qui l'accompagnent comme leur Prince. Mais las! tout ainſi qu'en temps de calme lors que les Daufins s'eſgayent fur l'eau, c'eſt vn prefage infaillible de tempeſte; de mefme lors qu'Iphigene trauaille en fe iouänt à donner la bonace au public, voici vn orage qui s'efleue auec tant d'impetuofité qu'il s'y penſa perdre, & il ne peut eſtre accoifé quelque induſtrie dont il vſaſt, que par le naufrage du fecret qu'il auoit gardé tāt d'années. Tandis que le Roi penfe à foy-mefme, & commande aux plus affidez & experimentez de fon Confeil, d'auifer aux moyens d'eſteindre cet embrafement qui menaçoit fes deux Eſtats de Pologne & de Lithuanie d'vne vaſte ruine, Iphigene par vn foudain tourbillon vit toutes fes efperances à deux doigts de leur perte. Car Olaue voyant le grand afcendant que Liante auoit fur l'efprit d'Iphigene, comme cettui-ci l'auoit fur celui du Roi, se pouuant dire l'ame de l'Estat & de la Royauté, il crût qu'il n'y auoit point de meilleur moyen pour mettre son vaisseau à l'ancre, & se garantir du naufrage qui menaçoit sa fortune, que de faire des alliances. D'aspirer à celle d'Iphigene, c'estoit ce qu'il eust desiré plus qu'il ne l'esperoit. O si sa fille Amiclée eust aussi bien donné dans les yeux de ce fauory, comme elle auoit baillé dans ceux de Liante, qu'il eust promis de grandes choses à son ambitiõ! mais outre qu'il sçauoit qu'Iphigene auoit espousé Modestine, & n'ignoroit pas les desseins de la Princesse Respicie, de plus voyant la grande indifference qu'il témoignoit pour toutes les femmes, comme il perdoit l'espoir d'arriuer à ce point là, il en quittoit aussi l'enuie. Ce qui lui fit tourner toutes ses pretensions vers Liante, se promettant d'obtenir par Iphigene aupres du Roi, ce qu'il feroit demander à Iphigene par Liante. Voila comme les Courtisans conduisent leur barque parmi les vagues & les escueils, & comme l'interest particulier est l'esprit mouuant toute la masse du Monde. Si ce Palatin auoit desir de faire Liante son gendre,

-dre, Liante n'estoit pas moins desireux d'estre gendre du Palatin; mais il n'estoit pas si simple que Iacob pour prédre l'aisnée en la place de la Cadette, il n'y auoit point de tenebres impenetrables à la veüe d'vn tel Amant. Depuis qu'Olorie auoit retourné ses regards vers Iphigene, les desdains de Liante ne lui estoient pas si fascheux à supporter, lui estant auis que si sa fidelité lui faisoit prendre terre, & gaigner païs dans la bonne grace du Palatin de Plocens, elle ne perdroit rien au change, en quoy, pour vne impertinente, elle ne se mescontoit pas. mais le fromage estoit trop mol pour estre attiré par vn tel hameçon. Qu'elle se contente de n'estre pas seule qui souspire pour Iphigene vn mal sans remede; si la ressemblance ou la multitude des affligez donne de la consolation, elle en a de reste. Mais emportée par le rauissement de ce bel object, elle se mocque des mespris de Liante; pour mesme cause Amiclée desdaigne l'estime que Liante fait d'elle, & rien ne l'importune tant que quand il l'entretient de sa passion. Melindre fille du Palatin du Troc d'vn costé combattue de

l'Amour legitime & de la fidelité qu'elle deuoit à son mari absent, & de l'autre des charmes que la presence d'Iphigene iettoit en son esprit, sentoit des combats de l'honneur & de la bienueillance dans son cœur, dont les conuulsions approchoient de la douleur d'vne femme qui veut & ne peut accoucher. L'effort & le heurt que le chaud & le froid font dans le creux d'vne nuée, sont quelque image de la contradiction qu'elle experimentoit en elle-mesme. Quand elle resuoit apres le desuoyement de sa loyauté, elle sentoit vne telle confusion en ses pensées, & se regardant en son miroir tant de rougeur montoit en sa face, qu'elle se fust de honte de soy-mesme cachée à ses propres yeux si elle eust peu. Et quand elle se voyoit seule, & en la liberté de soulager son tourmét par quelque plainte; Qu'est-ce ici, disoit-elle, chetiue Melindre ? d'où vient que tu es si foible côtre ces attraicts qui te volent & desbauchent le cœur? ha, non, l'honneur sera le victorieux m'en deust-il couster la vie. car la puis ie mieux employer que pour la conseruation de ma foy ? Que pleust à Dieu que ce bel
estran

estranger, de la prise duquel on se promet tant de felicité, ne fust point entré dans nos murailles! qui ne voit que c'est vn Basilic qui tue & empoisonne tout de sa veuë? helas! ce venin s'est tellement glissé dans mes veines, que ie n'en espere du soulagement que par la mort vnique & souuerain remede à tous les maux. Pleurez mes yeux, puis que vous auez faict la faute, puis que vous estes les fenestres par où ce brigandage est entré dans ma poitrine, puis que vous estes les traistres qui auez introduit chez moy cette passion ennemie de mon repos. Non Melindre, il ne se faut pas rendre, il faut mourir l'honneur sur le front, & reietter constamment les traicts de cette face qui nage dans ta fantaisie, & contre tant d'attraicts malheureux faire bouclier de tant d'amitié dont tu es redeuable à ton Espoux. O toy qui m'adores, & à qui le Ciel & mes vœux m'ont donnée & attachée par vn lien qui ne se peut rompre que par le tombeau, que ne viens-tu cher mari par l'éclat de ta presence dissiper les noires ombres de ces enchantemens qui m'enuelopent? Vraiment ie ne merite pas d'estre ta compagne, puis que ie me laisse si laschement aller apres des desirs qui m'entrainent auec des chaisnes dont la douceur a vne secrette force à qui tout cede. Helas! tout y cede, il est vray: car qu'elle d'entre nous a enuoyé ses regards vers cet escueil, qui n'en soit deuenuë esprise? Ce feu est si estrange qu'il brusle mesme dans les eaux de la vieillesse, & celles qui nous deuroient donner exemple de sagesse, & à qui l'âge deuroit bailler plus de retenuë, semblent raieunir & renaistre pour l'adorer. O cruelle, mais douce Tyrannie, qui fais tout plier sous la violence de ton flatteur attraict, & qui ensorcelles de telle sorte le iugemēt, que tu lui representes vne faute inexcusable non seulement digne de grace, mais pleine de merite! hameçon malheureux, qui deschires les entrailles où tu te glisses sous vn trompeur appast, pleust au Ciel qu'il fust aussi aisé de t'euiter que de te charger de blasme! O Melindre, tandis que la lumiere de ta raison n'est point encore tout à faict esteinte, à la lueur de l'estincelle qui te reste, voy que l'offense où te porte cette amorce, se commet plus facilement

lement qu'elle ne s'excuse. Mais es-tu seule atteinte de ce mal ? ne t'y abuse pas pauure Melindre, ce crime ne se iustifie pas par l'exemple, pour y estre enuelopée auecque d'autres, tu n'en serois pas moins coulpable. Que doncques la terre se creue sous mes pas, & que le Ciel à toutes ses foudres face vn but de ma teste, auparauant que i'admette en volonté la determination où visent ces illusions miserables qui broüillent ma pensée. Celui qui le premier a pris possession de mes legitimes affections, les possedera le dernier, & rien que la froideur de la lame ne pourra esteindre la iuste flamme qui brusle pour lui sur l'autel de mon cœur. Sainte pudeur, honnesteté adorable, blanc où visent les intentions des ames mieux nées; c'est à toy que ie sacrifie, arriere ces feux volages qui me veulent perdre par leur brillement, comme le flambeau brusle l'ignorant mouscheron. Ainsi disoit Melindre, quand aux remises de sa fieure elle pouuoit prendre le dessus de la passion; mais quand la presence de ce doux ennemy renouuelloit ses playes & redoubloit son accez, tous ces discours s'esuanoüissoient, ce n'estoit que trouble en son ame. Alors elle se flattoit de ces vaines pensées, que ce sujet auoit tant de perfection, qu'il ne meritoit pas seulement qu'on excusast son erreur, mais qu'on la loüast du choix qu'elle auoit faict pour y adresser ses vœux du plus bel autel de la terre, & pour y dresser ses yeux du plus luisant Astre du Ciel. Et puis pensant à la trahison que cette jdée brassoit contre son mari, elle disoit en elle mesme: Cher Espoux, ie sçay que vous m'aimez, & ie vous tiens pour vn des plus fideles de tous ceux qui en ont iamais porté le nom. Mais si vous auiez ietté les yeux sur le sujet qui me tourmente couuert des habits de mon sexe, vous y verriez tant de charmes que vostre constance seroit contrainte d'expirer, & pour vous y attacher vous-vous rendriez ingrat & desloyal enuers tout le monde. Et cette consolation me resteroit si vous m'auiez negligée pour vne pareille rencontre, que ie serois laissée pour vne cause si meritante, que cela amoindriroit mon regret & ma honte, & vous feroit obtenir de moy pluftost des pardons que des reproches. De semblables

blables imaginatiõs Melindre alloit grattãt sa blesseure, & enuenimãt son mal, tantost fuyant la guerison, tantost la souhaitrant auecque impatience. O cõbien il est vray que la femme est vn vaisseau fragile, & que son hõnesteté est vn thresor caché dans vn vase de terre, ou plustost de verre aussi brisant que luisant! Apprennent de son exéple les femmes mariées, à se garder soigneusemét d'arrester leur veuë sur des visages qui leur peuuét dõner des atteintes contraires à la fidelité qu'elles ont iurée à leurs Espoux. Si la premiere femme n'eust point regardé le fruict deffendu, elle ne l'eust pas desiré, & ne le desirant pas, elle ne l'eust point touché, ni flairé, ni mãgé, & nous ne payerions pas tous les iours dans les miseres humaines les arrerages de ce morceau funeste. Elle demeura neantmoins (comme elle estoit pleine d'honneur) si ferme dans le bien, qu'encore que ses regards languissans, ses souspirs entrecoupez de sanglots, & ses larmes témoignassent assez euidemment son mal à Iphigene, toutesfois elle demeura en silence, & ne donna iamais la liberté à sa langue de dire autre chose que ce qui

pouuoit

pouuoit estre borné dans les termes de la bienseance. En quoy certes elle témoigna autant de vertu que les deux vieilles Palatines en monstrerent peu : car elles deuindrent si ialouses de leurs filles dont elles auoient descouuert les alterations, que comme des furies elles estoient sans cesse attachées à leur collet, & empeschées à les reprendre d'vne faute qu'elles auctorisoient en leurs propres deportemens. La sotte chose qu'vne vieillesse amoureuse, ô qu'elle porte biē la penitence auecque le peché ! i'aurois honte de raconter les artifices dont se seruirent ces deux vieilles pour surprēdre le bel Iphis. Remettez-vous deuant les yeux l'histoire de Susanne & de ces deux viēillards qui la voulurent perdre, & vous aurez quelque crayon de celle-ci; car à la fin elles se communiquerent leur tourment, & confererent long temps des remedes qu'elles apporteroient pour en moderer l'inquietude. Qu'Iphigene eust des yeux pour elles, qui ne se pouuoient regarder l'vne l'autre sans se plaindre de la malice non de leurs enuieux, mais de leurs ans vieux, c'estoit ce qu'il ne falloit pas esperer.

rer. Ie ne veux point noircir leur memoire par le recit des moyens extraordinaires, dont elles se seruirent pour faire tomber ce poisson dans leurs filets. Imaginez-vous seulement ce que peuuent ou ne peuuent point des femmes animées d'vne passion violente, & en vn âge dont la foiblesse en redoubloit la force. A la fin le desespoir les eust portées à vne supercherie, & à changer leur inclination en vengeance, si les necessitez publicques ne les eussent retardées en leur animosité particuliere. Elles emprunterent du têps & de la patience le secours de l'espoir, qui ne manque iamais aux plus miserables. Mais Iphigene qui auoit bien esté battu d'autres tempestes que celle-là à la Cour, se rioit de ces diuisions feminines, & regardoit comme d'vn lieu eminent ces fraisles vaisseaux agitez de ces fieres bourrasques, le ioüet des vents & de son mespris. L'assaut que i'ay à dire est bien autre, car il vient du seul lieu capable de lui faire perdre l'escrime. Vous entendez desia que c'est de la part de Liante, qui rassis de cette émotion que lui auoit causée le traueftissement d'Iphigene, rentra

dans

dans la vehemence de ses passions pour Amiclée, dont les desdains le rebuttoient autant que la grace l'attiroit. A la fin comme les yeux de ceux qui aiment sont aigus, il s'apperceut que c'estoit la presence d'Iphigene qui ruinoit ses affaires, & qu'elle estoit tellement occupée de l'idée de ce Palatin, qu'elle n'en pouuoit admettre aucune autre en son ame. Voila Liante ialoux, & tant la Tyrannie de l'Amour est puissante sur l'amitié, il sent affoiblir celle-ci à mesure que l'autre s'estend en son ame. Il eust bien desiré auoir quelque sujet de n'aimer point tant Iphigene; mais sa bonne grace, sa vertu, & sur tout cette incomparable modestie qui accõpagnoit toutes ses actions, lui arrachoit des mains toutes les occasions de lui vouloir moins de bien. Et puis quel sujet pouuoit-il prendre d'accuser Iphigene d'vne chose dont il estoit innocent, & cause inuolontaire? Car si c'est la seule volonté qui offense, tant s'en faut qu'il voulust lui rauir les affections d'Amiclée, qu'au rebours il souffroit impatiemment les importunitez de cette fille, qui n'emplissoit ses oreilles que des plaintes qu'elle faisoit de son ingratitude; chanson qui lui estoit fort ennuyeufe. Ses mespris n'estoient-ils pas capables de rechasser par le depit cet esprit vers Liante, s'il eust peu rompre sa chaisne par ce marteau? Apres, lors que Liante se representoit à quel danger s'estoit exposé ce Palatin pour tirer sa fortune du naufrage, & les promesses qu'il lui faisoit de l'esleuer au faiste de la grãdeur de Pologne s'il vouloit suiure ses auis, qu'il auoit tousjours treuué aussi salutaires que sinceres, cela lui arrachoit du cœur toute sorte de fiel, & l'empeschoit de dire, ni faire quoy que ce fust qui peust preiudicier à vne si sainte & inuiolable amitié. Et cõme vn de ses principaux effects est la confiance, il se resolut d'ouurir son cœur à Iphigene, & de lui descouurir l'extremité de sa passion pour Amiclée, & mesme les pointes de sa jalousie. Il ne pouuoit prendre vn meilleur conseil, veu qu'vn mal d'esprit manifesté est à moitié gueri. Quand il lui eut donc faict ce discours de ses peines, la fin de ce recit fut le commencement de celles d'Iphigene, qui ne craignant rien tant que la perte de ce cœur qu'il vouloit auoir pour soy sans partage, ce lui estoit vn déplaisir inconceuable de voir qu'il qu'il fust si violemment porté vers vn autre obiect. Sur quoy il dit à Liante: Vostre Amour ne m'estonne pas, puis que le sujet le merite ; mais vostre jalousie m'effraye, car ie vous prie, quel sujet vous ay-ie iamais donné de douter de ma fidelité ? Voyez, Liante, iusques où va mon amitié, si vous m'auiez dit, Iphigene ie ne veux point que vous regardiez vne telle Dame, quand i'en aurois le portraict le plus profondement graué dans l'ame, ie l'en arracherois, & ie creuerois mes yeux s'ils estoient si temeraires que de l'enuisager. Ie m'asseure que si i'auois mis la vostre à cet essay là, elle se treuueroit de bas alloy, & que vous deffendriez vostre desobeïssance par les auantages que l'Amour, qui n'est qu'vn enfant, possede sur vn esprit rangé sous son empire. Voyez Liante, comme ie vous surmonte en toutes choses, & ce qui vous est aussi honteux qu'à moy honnorable, aux prerogatiues de l'amitié. C'est en vain que l'on dit qu'elle égale les amis, puis que vous m'y estes inferieur en tant de degrez, que vous n'oseriez auoir pensé à ce que ie voudrois executer pour vostre consideration.

A quoy

A quoy pensez-vous, à vous faire aimer par Amiclée malgré elle? Certes vous entendez mal les mouuemens de l'Amour, qui n'ont autre fondement que le choix & la liberté, ce qui fait que la dilection s'appelle ainsi, comme qui diroit vne inclination d'election. Et vous estes bien ignorant de l'humeur des filles, qui du naturel de l'ombre suiuét ordinairement ceux qui les fuyent, & fuyent ceux qui les suiuent. Vous auez raison de dire qu'Amiclée m'aime, il faudroit estre aueugle pour ne s'en apperceuoir pas, aussi font beaucoup d'autres dont les passions me desesperent; ie n'ay tous les iours que ses plaintes à mes oreilles, & cette importunité qui me fait desesperer, vous seroit vne faueur qui mettroit vostre front parmi les estoiles. Que ferois-ie à cela? ie ne puis non plus l'empescher de m'aimer, que la contraindre de vous vouloir du bien. l'affection ne se despoüille pas si facilement qu'vn habit, & rien ne se fait plus mal volontiers par deuoir que d'aimer. Elle sçait bien que ses desirs sont hors d'esperance pour mon regard, & cependant ie ne puis la desabuser de son erreur, ni faire en sorte qu'elle ne s'amuse plus apres vn sujet qui ne peut estre legitimement à elle. A ma volonté pour vous rendre content, que ie peusse la destourner de moy, & la retourner vers vous, certes vous connoistriez qu'entre tous les amis il n'y en eut iamais vn plus fidele, ni plus de desireux de vous plaire que moy. A ces mots la jalousie desempara du cœur de Liante, & se reconnoissant redeuable à l'incomparable amitié d'Iphigene, il lui dit; Mon frere, ie croy que le Ciel vous a faict naistre pour seruir d'vn spectacle d'admiration à tous ceux qui vous regardent, mais beaucoup plus à ceux qui vous frequentent. Certes il est impossible de vous haïr, & de vous connoistre, que dis-ie? mais ie soustiens qu'on ne peut vous connoistre sans vous aimer, non plus que voir le Soleil sans lumiere & sans chaleur. Mais d'où vous peut venir que comme cet Astre vous causiez tant d'ardeurs en ces foibles ames, sans en conceuoir vn seul degré en la vostre? Car iamais homme ne fut tant aimé des femmes comme vous estes, & iamais homme, comme ie croy, ne se soucia d'elles moins que

que vous. Quoy ? vous n'en aimez doncques aucune en sorte que vous ne puissiez la quitter, quand vn amy vous priera de lui estre infidele? A quoy Iphigene, vn vray amy ne me priera iamais d'vne chose si deshonnorable qu'est l'infidelité ; mais si vn de mes amis auoit beaucoup de flamme pour quelqu'vne de ce sexe, pour qui ie n'ay que des glaces, ie ne ferois point de difficulté de me departir d'vne bienueillance à laquelle ie ne me serois engagé que par bienseance & par honnesteté ; principalement s'il estoit le premier en la recherche, comme vous l'estes en celle d'Amiclée. Car ie tiens que c'est le plus grand outrage que l'on puisse faire à vn amy, que de courir sur son marché en faict de mariage, & qu'il n'y a rien de plus capable de rõpre toute amitié, que la ialousie née de ce sujet, parce que c'est vne offense irreparable. Il n'y a celui qui ne sçache que l'Amour & la Royauté ne veulent point de compagnon, & que ce sont deux torrës qui renuersent par la furie de leur cours toute sorte d'obstacles. O Iphigene, dit Liante, ie croy que tu as entrepris de me transf-

porter tout à faict hors de moy, me faisant voir en toy non pas l'image, mais l'essence du plus perfaict amy qui soit sous la voute des cieux. Ie te rends les armes mon frere, & en toutes façons ie me confesse ton vaincu ; que si tu m'as desia tant de fois donné la vie, c'est maintenant que tu me donnes le courage de te prier de conseruer en moy ton ouurage, & de me tirer de la peine où ie suis. Sçache dōc que sans la possession d'Amiclée ie ne puis plus viure. Or de posseder vn corps dont le cœur soit esloigné de moy, c'est ce que ie puis aussi peu souffrir que si l'on m'attachoit vn corps qui fust priué de vie ; ce seroit plustost vn supplice qu'vn embrassement. C'est pourquoy ie te prie de m'aider à conquerir cette volonté, & de fauoriser cette alliance de ton aide. Ie ne suis que trop certain de la volonté des parens, & qu'ils me desirent autant pour gendre que ie souhaitte leur fille pour femme. Mais puis qu'il n'y a rien de si libre que les mariages, pourquoy entreray-ie en ce sage marché par la contrainte, veu qu'il n'y a rien de si volontaire, & que le lien consistant au consentement, il n'y
a rien

â rien de si contraire à cette franchise que la force? Ie ne suis pas si plein d'ignorance que ie ne sçache que quand l'affection est reciproque, cette vnion est vn Paradis, & aussi vn enfer, quand les cœurs ont des inclinations differentes, ce n'est plus vn ioug qui se doit trainer auec accord, mais vne gesne dont le cheualet est la discorde. Que n'y ayant rien qui l'empeschast d'estre aimé d'Amiclée, que la passiõ qu'elle auoit pour lui, il le prioit de lui leuer tout à faict l'esperance, affin de lui oster le desir, & qu'auecque cela son Amour n'ayant plus d'aisles pour s'esleuer, iroit sans doute par terre; estant là le seul moyen de guerir sa fantaisie, & de lui arracher les espines du cœur, en lui ostant la rose de l'attente. Que pour lui persuader de diuertir ailleurs ses pensées, & sur vn sujet qu'elle peust aisément & iustement pretendre, il auoit mille raisons, & assez d'autres inuentions pour lui prester des merites qu'il n'auoit pas, & les ietter dans la creance de cette fille. Que s'il estoit cause qu'elle l'affectionnast, il mettroit ce bienfaict au dessus de celui de la vie dont il lui estoit redeuable, puis

Bb 3

qu'aussi bien la vie lui estoit ennuyeuse, s'il ne se voyoit logé dans l'affection d'Amiclée. Imaginez-vous en quelles extremitez Iphigene se voyoit reduit, ne pouuant honnestement refuser de seruir Liante en l'occasion qu'il redoutoit d'auantage, & qui lui estoit la plus ruineuse. Vraiment c'est bien ici la vraye pierre de touche de son amitié, & l'essay du feu, du cruset & de la coupelle, pour en espreuuer l'or & l'espurer iusques au dernier carat. Car si aux autres occurrences il auoit serui Liante contre ses ennemis, & mesme contre son propre Pere, c'estoit pour lui sauuer la vie sans laquelle il ne pouuoit viure, & en le conseruant il trauailloit autant pour son contentement que pour le bien de son amy. Mais ici il se resout de l'assister contre soy-mesme, & pour le perdre en se perdant. Il se rend officieux iusques là que de lui promettre de tascher de flechir sa Riuale, ce qui estoit ioüer à quitte ou à double, & hazarder les affections de Liante qui estoient son thresor plus estimé. Qui entendit iamais parler d'vne telle amitié, qui ait porté vn homme iusques là de se condamner
soy

soy-mesme à vn tourment perpetuel, pour acquerir du repos à celui que l'on aime? Cela n'est-ce pas en quelque maniere donner son ame pour son amy? Ce qui mit Iphigene en vne telle angoisse qu'il demeura lōg temps immobile, cōme s'il eust veu vne Meduse, ou comme s'il eust esté estourdy de quelque grād coup. A la fin reprenant ses esprits & son courage à la façon d'Antée, prenant vigueur de son terrassement donna passage à sa voix pour proferer ces paroles. Liante, si vous sçauiez le mal & le tort que vous me faites, vous en auriez pitié, & vous connoistriez que c'est me condamner à vn supplice beaucoup moins supportable que la mort, de me prier de vous seruir en cette rencontre. Ie sçay que vous direz que c'est aux occurrences difficiles, & au besoin que l'on connoist l'amy: mais si nous deuons aimer autruy sur le modele de l'Amour que nous-nous deuons à nous-mesmes, il s'ensuit necessairement que nous-nous deuons aimer par preference, selon l'ordre de la plus perfaitte charité. Il n'est pas encore temps que vous sçachiez l'outrage que cela me fait, ni l'extreme dommage que cela apporte à voſtre fortune que ie voulois eſleuer au deſſus de toute autre grandeur, exceptée la Royale. Ie voy bien que c'eſt le luſtre de quelques plaiſirs & vaines pretenſions qui vous fait precipiter de ce pinnacle, & chercher voſtre cheute par où vous-vous penſez eſleuer. Sans doute ie vous feray vne Caſſandre, ie vous diray beaucoup de veritez, mais vous ne les croirez pas. Et bien Liante, peut-eſtre que ma mort vous ouurira les yeux, & alors par vn remords tardif & hors de faiſon, vous regretterez de l'auoir causée à celui qui vous preparoit la plus heureuſe vie où voſtre imagination ſe peuſt eſleuer. Ie boiray neâtmoins ce calice d'amertume que vous me preſentez, & bien que ce ſoit pour moy vne poiſon irremediable, ie l'aualeray pour témoigner la force de mon amitié au preiudice de mon Amour, à vn homme que ie ne croyois pas deuoir eſtre capable d'ingratitude. Alors Liante penſant auoir treuué la feue au gaſteau : Ie vous y prends, dit-il, mon frere, & ie ſçauois bien que cette eſtrainte vous donneroit vne queſtion ſi viue, qu'en fin malgré vous

vous ie tirerois de voſtre bouche la verité que vous cachiez au plus profond de voſtre cœur. Quelle ſeureté y a-t'il plus dans le monde, puis que ceux qui ont tant de candeur ſur le front, n'ont que de la diſſimulation dans le courage? Vous aimez donc Amiclée, pour laquelle vous feigniez tant de froideurs & d'indifferences, & pouſſant le temps à l'eſpaule en attendant que la paix ſe face, vous me voulez amuſer iuſques là par des promeſſes de grandeurs imaginaires, comme ſi i'eſtois vn enfant, & en imitant ceux qui baillent à manger des ceriſes auec des lunettes qui les font paroiſtre auſſi groſſes que des pommes, affin de faire en ce téps là deux coups d'vne pierre, & en rompant la foy promiſe à la ſœur, priuer le frere d'vne Amour qu'il prefere à ſa vie. Vous euſſiez bien mieux faict de me l'oſter en l'ardeur du combat, lors que le ſort des armes m'auoit reduit en voſtre puiſſance, que de la prolonger pour me plonger en des douleurs pires que mille morts. Ie n'ignore pas les auantages de nature & de fortune que vous auez ſur moy, ie ne ſuis pas aueuglé iuſques là de l'amour de moy-mesme. Mais puis que Dieu m'a faict naistre Cheualier, & de tel estoc que vous n'auez point desdaigné ma sœur en mariage auant que la faueur & le vent de la Cour vous eust esleué où vous estes ; ie suis resolu de lauer dans mon sang cet affront, & de perdre la vie sous vos armes plustost que de souffrir ni que vous quittiez ma sœur, ni que vous me rauissiez ma Maistresse. Iphigene repliqua. Ie voy bien Liante, que vous entrez en de sinistres opinions de ma sincerité, & qu'interpretant mes paroles contre leur sens, vous-vous imaginez de receuoir de moy vn outrage fort esloigné de ma pensée. Ie sçay fort bien & par les discours d'Amiclée (car quel secret peuuent cacher les filles, principalement à ce qu'elles aiment auecque passion?) & par ceux de sa Mere, i'adiousteray & par ceux encore de son Pere tenus à ses plus confidens ; que le faiste de ses pretensions seroit de nous auoir pour gendres en nous mariant à ses deux filles. Ie sçay de plus qu'estant ce que ie suis, il me donnera tousjours la preference du choix, principalement estant auerti des affections qu'a

la

la ieune pour moy, & de celles que l'aiſnée a ou a euës pour vous. Mais le peu d'eſpoir qu'il a eu de m'attirer en ſon alliance, parce que (& ie prends le Ciel à témoin de cette verité) ie n'en veux aucune, non l'aiſnée, parce qu'elle n'eſt nullement belle, non la Cadette, parce que ſon humeur me déplaiſt, & (ſi vous me pardonnez cette liberté) d'autant qu'elle me ſemble trop affettée. Le deſeſpoir dis-ie de m'acquerir lui a faict ietter ſur vous tous ſes deſſeins, eſtimant acquerir par vous vers moy, la faueur dont il voit que ie ſuis honnoré par ſa Majeſté. De vous dire qu'il vous laiſſe le choix, il eſt ſuperflu, puis que vous le ſçauez de ſa bouche, & de vous enquerir du choix il eſt inutile, puis qu'Olorie eſt le but de vos meſpris, cõme Amiclée de vos affectiõs. Reſte pour vous ſatisfaire que ie vous declare que ie ne pretends rien à Amiclée, & pour vous en donner vn témoignage aſſeuré, diſpẽſez-moy de la priere que vous m'auez faicte de lui parler de vous, & ſi vous me la voyez regarder, ou entrer en diſcours auec elle, dites que vraiment ie ſuis vn diſſimulé, & qu'il ne ſe faut aucunement

nement fier en mes paroles & beaucoup moins en mes promesses. Vous ressemblez, reprit Liante, à ce Prince d'Italie, qui donna la grace d'vn criminel à sa femme apres l'heure qu'il auoit ordonnée pour l'executer dans la prison. Ou de mesme que ces geoliers, qui permettent aux criminels de se proumener dans vne cour ayans les clefs des portes & des guichets, & sçachans que de là ils ne se peuuent sauuer : vous tenez Amiclée dans vos filets, & vous me dites que ie la prenne, vous me laissez celle qui ne vous veut pas quitter. Cela n'est faire plaisir qu'à moitié ; si vous me voulez obliger comme de la vie, il faut que vous me faciez cette entiere courtoisie de trácher tous les liens, ou qui vous attachent à elle, ou qui l'attachent à vous, sans pratiquer aucune intelligence secrette, & alors ie croiray ce que vous dites pour veritable, & ie vous seray redeuable de tout mon bonheur, en renonçant à toutes vos autres specieuses promesses. Vous me cõmandez vne chose dont l'euenement ne depend pas de mon industrie, ni de mon trauail, vous voulez que ie tente l'impossible, qui est de

vaincre

vaincre l'opiniastre volonté d'vne fille, pour connoistre si ie suis vray amy. Et vraiment ie vous promets d'y faire tous mes efforts, mais si cela ne reüssit pas selon vostre desir, au moins Liante ne me reprochez point de lascheté, ni de supercherie, car celui-là merite de ne voir iamais prosperer ses affaires, qui iuge des faicts nõ par la solidité des raisons, ou par le courage de l'execution, mais seulement par le succez, qui ne peut estre garanty de personne. La volonté d'Amiclée, repliqua Liante, est tellement soumise à la vostre, qu'elle fera tout ce que vous lui ordonnerez, & croira tout ce que vous lui conseillerez. Ie vous prie Liante, dit Iphigene, ne me rendez point caution de la bigearrerie d'vne fille, commandez-moy quelque chose qui soit en ma puissance, & vous verrez que ie vous obeïray si absolument & si ponctuellement, que vous aurez occasion de dire qu'il n'est point d'amitié pareille à celle que ie vous porte. Non Liante, ne me croyez iamais, si ce que ie vous vay dire n'est veritable, que tant que vous serez en vie ie n'aimeray iamais ni Amiclée, ni aucune ne autre creature de qui vous puiſſiez conceuoir de l'ombrage ou de la jalouſie. Vous auez raiſon de parler ainſi, reprit Liante, parce que iamais tant que ie ſeray viuant ie ne ſouffriray qu'Amiclée vienne en la puiſſance d'aucun autre ; i'auray bien aſſez de pouuoir ſur moy pour receuoir couragement la mort de vos mains, mais ie depite la mort d'effacer ſon jdée de mon eſprit. O Iphigene, c'eſt taſter de bien pres, c'eſt tenter bien violemment ta patience ; & que tu monſtres bien ici que tu es & fille & Amante, puis que tu aualles ce hanap d'amertume auecque tant de facilité. Les groſſes larmes qui couloient ſur les iouës d'Iphigene comme les perles de la roſée ſur les fleurs d'vn parterre, témoignoient aſſez viſiblement la vehemence de ſa douleur. O Liante que ne la ſçauez-vous ? certes vous chágeriez bien toſt de langage, & voſtre repentir ſuiuroit de bien pres voſtre peché. Iphigene ſe ſentant vn peu ſoulagé par cette humeur qui lui ſortoit des yeux, releuant ſon eſprit abbatu, profera ces paroles dorées, & plus perles que celles qui couloient de ſes prunelles. Liante, vos paroles

les outrageuses seront tousiours au dessous de ma patience, puis que ie suis resolu de gaigner vostre courage par la souffrance des plus cruels effects que vous me voudrez faire sentir. Si vous ne mourez que par mes mains, asseurez-vous de l'immortalité : mais il y a bien plus d'apparence que vous serez cause de la mienne, si vous ne changez de resolution. Si par quelque autre façon vous perdez la vie, ce sera contre la raison, vostre deuoir, & ma volonté. L'Astre de ma natiuité vous a faict present de toutes mes inclinations; ie ne vis que pour vous honnorer, vous obliger & estre fidele, comment donc treuuerez-vous en moy quelque cause, ou mesme le moindre pretexte de mescontentement, puis que ie n'ay rien qui tende à vous desobliger, & qui ne soit disposé à vous seruir ? Les promesses que ie vous ay faictes ne sont point si friuoles que vous les croyez, si elles viennent à leur effect, vous aurez occasion de regretter de les auoir condamnées auant qu'elles fussent escloses. Plustost mourir que de tromper celui à qui i'aurois engagé mes affections, duquel par apres ie ne me

sçaurois

sçaurois souuenir qu'auecque la reproche de ma lascheté, non plus que l'oublier sans vne legereté inexcusable. Si ie me voulois ranger de ce costé-là, ie m'informerois auparauant des moyens de me sauuer en quelqu'autre Monde, car ie croirois celui-ci comblé de mon peché. Ie suis trop ialoux de vostre auancement pour y apporter des obstacles. Mais venez çà Liante, si ie vous mettois en ma place en Pologne, dans mes charges, dans mes biens, & qui est plus que tout cela, dans la faueur du Roi, estimeriez-vous cette fortune là aussi grande que de posseder Amiclée? Ie vous ay desia dit, reprit Liante, que vous ne m'amusiez plus de ces bagatelles, & que i'ay pasé l'âge de l'enfance. Ces montagnes d'or me sont des Chimeres & des ombres, ie ne me préds point à ces appeaux ni à cette glus. Il me semble que vous me faites comme ceux qui font voir aux enfans des villes, des chasteaux, & des batailles dans les nuées; ou comme ce Demon qui offroit tous les Royaumes du Monde, pourueu qu'on l'adorast. Il ne vous est pas tant impossible de flechir la volonté d'Amiclée à

me

me vouloir du bien, comme de me liurer les bonnes graces du Roi, vous les auez pensé perdre vous mesmes, & vous les voulez transmettre à vn autre; ie ne croy les miracles qu'en foy. celui-là en seroit vn des plus prodigieux dont on ouyt iamais parler. Les Rois sont des hommes, ausquels il ne se faut pas fier, car ils sont inconstans & muables comme les autres; s'appuyer sur leur faueur, c'est faire son soustien d'vn baston de rozeau, & mettre son esperance en l'homme, contre l'ordonnance de l'Eternel. Ie suis mauuais Courtisan, ie ne m'amuse point à suiure ces vanitez, ie suis mauuais chasseur, & ie prends le change apres ces fumées là. ie les laisse à ceux qui chassent de haut vent. Mon Royaume c'est mon Amour, ma Reine c'est Amiclée, c'est sa faueur que ie reclame, elle a en ses mains mes ambitiõs, c'est elle qui file ma bonne ou mauuaise fortune. Ses yeux courroucez ou desdaigneux me sont des Cometes de mort, mais quand ils sont serains, ils me paroissent comme des Planettes heureux qui me presagent le calme. Ie quitte toutes les vaines pretensions que vous me proposez, aussi vuides d'esperance pour moy, que vostre discours l'est d'apparence. A quoy Iphigene. Ce n'est pas auoir de la creance en vn homme, que de lui demander des preuues euidentes de toutes les propositions qu'il fait. ces disciples qui se contentoient pour toute certitude de la parole de leur Maistre, auoient bien plus de docilité. Croyez moy, nous n'estimons les choses que par leur perte; quand vous verrez vn iour ce que vous aurez perdu par vostre faute, & que vous comparerez vne basse fortune à vne haute & releuée que vous pouuiez acquerir, alors ces plaisirs si pleins d'ardeur, qui font autant desirer le mariage auāt qu'on les ait essayez, qu'ils le font paroistre desagreable quand on en est rassasié, vous seront en horreur, quand vous connoistrez que pour vne volupté passagere vous aurez perdu des rangs, des auctoritez, & des biens qui nous rendent considerables parmi les hommes. Liante, vous parlez en Philosophe & en vieillard, ce sont les affaires d'Estat qui ont faict meurir vostre esprit auant terme. Mon Estat & ma philosophie, reprit Liante, c'est ma passion,

passion, & ie reſſemble en cela à ces Poëtes ſi enyurez de leur verûe, qu'encore que pour la plus part ils ſoient pauures & miſerables, ils preferent leurs reſueries, leurs pointes, leurs fictions, & leurs rimes à tous les honneurs, & à toutes les richeſſes de l'Vniuers, & ſur tout leurs Maiſtreſſes à des Empires Ie ſuis de cette humeur là, ſi par elle ie ruine ma fortune, il n'y a que moy qui y perde, que perſonne ne me plaigne; la meilleure que ie deſire c'eſt d'eſtre content, ie ne le puis eſtre en quelque haut degré que ie fuſſe eſleué, quelques biens que ie poſſedaſſe, ſi ie n'ay Amiclée. c'eſt là le faiſte de mes ambitions, c'eſt ma couronne, c'eſt le comble de mes ſouhaits, Ie ne ſuis point ſi vain de me promettre la faueur des Rois ayant ſi peu de merite, & meſme d'vn Roi qui m'a condamné auant que de m'auoir ouy, & qui ſans me connoiſtre m'a faict ſentir des effects de ſa colere, d'vn Roi qui a confiſqué mes biens ſur le rapport de mon ennemy, & qui m'a puni de la faute que ie n'ay faicte que par deſeſpoir, ſi c'eſt encore vne faute que de mettre ſa vie, & ſon honneur à l'abry là où l'on peut treuuer

de la seureté pour l'vn & pour l'autre. Ie sens bien à vostre discours qu'il y a quelque secret que vous me desirez declarer il y a long temps, & à quoy vous auez de la peine à vous resoudre; de moy ie ne puis deuiner les songes, ni les interpreter si on ne me les dit. Ie ne sçay quel meilleur & plus auátageux parti ie pourrois posseder en toute la Pologne que celui qui m'est offert par Olaue, outre mes inclinations que ie mets au dessus de tout prix. Car outre mon bien que vostre Pere me rauit, vous voyez qu'il m'a osté toute esperance de posseder iamais vostre sœur Clemence, par l'alliance de laquelle i'esperois rentrer dans mon heritage, & dans le Palatinat de Podolie que Mieslas a eu par la mort de Rosuald mon Pere. Car outre qu'il l'a mise à la Cour où ie n'oserois aller, il l'a promise au Prince Cassin, qui sans doute la prendra pour femme si sa Mere vous a pour mari. Iphigene. Si vous voulez vous distraire d'Amiclée, ie vous promets en foy de Palatin que ie ne seray iamais mari de Respicie, & que ma sœur n'espousera point le Prince Cassin; car outre que i'ay ma liberté pour
me

me garder de l'vn, i'ay aſſez de credit &
d'auctorité aupres du Roi pour empeſcher l'autre. Ioint que ce mariage depend
en quelque façon de celui que proiette
Reſpicie auecque moy, mais elle eſt bien
loin de ſon conte, comme le temps lui fera voir. A quoy Liante. Et quand vous auriez deſtourné mon affection d'Amiclée
(bien que ce ſoit l'imagination d'vne choſe impoſſible) où voulez-vous apres que
ie donne de la teſte ? penſez-vous que ie
vueille comme cela décocher ſans but, &
perdre inutilement mes traicts en l'air ?
dites moy vn peu, quel eſt ce grand parti
que vous me deſtinez ? Iphigene repartit.
On ne remplit point vn vaſe de quelque
liqueur que premierement il ne ſoit vuide de toute autre, en vain vous propoſe-
rois-ie des partis dont le ſeul éclat feroit
le meſme affront à celui que vous pour-
ſuiuez, que le Soleil fait aux moindres
cõſtellations. Si vous eſtes ſi fort aheurté
à voſtre opinion, que meſme vn Empire
ne vous en puiſſe faire demordre, ce que
ie puis, c'eſt de plaindre voſtre malheur,
& de pleurer ſur voſtre perte. Alors nọ-
ſtre Palatin fit la fille, & coulant des

Cc 3

larmes en abondãce, n'estonna pas moins Liante par ce discours coulant que par ses paroles. Ce qui lui fit repliquer. Vous m'en pourriez bien tant dire qu'enfin vous me charmeriez le courage; car vostre amitié s'est acquise vne telle creance en mon esprit, qu'en vn besoin ie renoncerois à toutes mes opinions pour espouser les vostres, & si vous me disiez que la neige fust noire & le feu froid, ie serois tenté de le croire. Là dessus Iphigene. Le parti que ie vous destine en mon ame, & dont vous-vous pouuez tenir asseuré, est tel que pour les honneurs, les dignitez,& les richesses il ne cede en rien à la Princesse Florimonde sœur du Roi, hors la gloire d'vn si haut lignage & d'vn si glorieux sang, qui ne souffre point de comparaison. Et quant à la beauté (grace que vous logez au dessus des dignitez & des interests) ie vous puis asseurer qu'il n'y en a point de telle en la Pologne, & qu'aupres d'elle Amiclée n'est qu'vn foible rayon en la presence du Soleil, & plus digne de sa pitié que de son enuie. Il me semble, reprit Liante, que vous me contez des paraboles, & qu'il ne reste plus que
de

de me dire qu'il faut que ie me rende Moyne pour estre espoux de Dieu, dont les grandeurs, les richesses, & les beautez surpassent incomparablement tout ce que l'œil peut voir, & l'humaine pensée comprendre. Mais ie ne suis pas encore esleué à vn si haut degré de Contemplation; ie tiens trop de la terre, ie suis tout de chair & de matiere, ie croy ce que ie voy. Liante, reprit le Palatin, ie ne vous raconte ni paraboles ni fariboles, le parti dont ie vous parle, n'est point vn esprit ni vne chose spirituelle, c'est vne personne viuante de chair & d'os comme vous, & dont la seule peinture vous rauira, bien que le peintre au lieu de le flatter, lui rauisse beaucoup de sa splendeur & de sa gloire. Par lui vous aurez la faueur du Roi aussi asseurement que ie la possede, vous entrerez en de si grands biens, que les vostres ne vous paroistront estre rien, la dignité de Palatin sera la moindre de vos qualitez, si vostre ambition va iusqu'à auoir le tiltre de Prince; vous aurez vne terre erigée en principauté, & par la mort du vieil Mareschal Primislas vous pourrez aspirer à cet office de la Couronne.

Liante ne pouuant comprendre de quelle façon cela pourroit arriuer, entra dans vn fascheux caprice, s'imaginant que c'estoient des illusions dont Iphigene vouloit charmer son courage, pour lui faire entreprendre quelque trahison contre le parti des Lithuaniens qu'il auoit embrassé, & lui persuader de liurer au Roi la ville du Minsce. Ce qui fit qu'au lieu de remercier courtoisement Iphigene de ces belles offres, il lui respondit d'vn ton aigre, d'vn visage hagard, & d'vn œil enflammé de courroux : Ie voy bien, Seigneur Palatin, que vous estes entré dans le Minsce à autre dessein que d'enfiler des perles, & que vous y estes comme le cheual de Troye pour mettre cette ville en feu. Mais prenez garde que Dieu qui hait les supercheries, ne face tomber la tromperie sur son autheur, & que vous ne vous treuuiez enuelopé dans les ruines que vous nous preparez. Comme vous est-il facile d'en imposer à ces femmes, & à des hommes qui vous cõnoissent moins que moy, puis que vous osez bien par des montagnes d'or essayer de corrompre la fidelité que ie dois à ceux qui m'ont si

courtoi

courtoisement accueilli, & auecque lesquels ie suis resolu de m'enterrer, ou de sortir du desastre qui nous accable? Allez Iphigene, ie voy bien que vostre Pere a ietté sa malice dans vostre esprit, & qu'il vous a conseillé de vous ietter ici dedans pour y mettre la diuision, & ruiner par ce moyen la liberté de la Lithuanie, ou au moins si vous ne pouuez venir à chef de cette entreprise aussi temeraire que hazardeuse, de faire tant par vos subtils appasts que ie sorte de ce lieu, pour me remettre entre les mains de ce Tyran de ma liberté, qui m'ayant raui les biens (insatiable qu'il est de mon sang) me veut encor oster l'honneur auecque la vie. Vous eussiez mieux faict de me faire mourir, lors que dans le champ de bataille au lict d'honneur vous me teniez l'espée dans la gorge, ou de souffrir que ie prisse sur Mieslas mon implacable ennemy l'auantage que me donnoit le sort des armes, sans me reseruer par vos artifices à des malheurs si cruels qu'il faut que ie renonce à vostre amitié, la chose du monde qui m'a esté la plus chere, ou à mon honneur, deuenant infidele à ceux qui se fient à moy. Croyez moy, quelque grandeur que vous me promettiez, ie ne la veux point acheter par l'infamie, i'aime mieux, n'estre rien, & estre tousiours pauure Gentilhomme, que riche & Grād par des moyens qui me réprocheroient incessamment ma lascheté, & qui noirciroient ma reputation par toute la terre. Autant que ie vous ay crû vertueux, ie vous ay honnoré, maintenant que i'ay descouuert la meche de la perfidie en vne ame que ie n'en iugeois pas susceptible, le meilleur conseil que ie vous puisse donner, est que vous-vous retiriez promptemēt d'vn lieu où le crime que vous voulez commettre, ne vous peut donner aucune asseurance. Asseurez-vous que la fuitte vous sera plus vtile que les pratiques, & la demeure que vous faites ici : car si vostre mine vient à prendre euent, nulle puissance humaine ne pourra empescher que vous ne soyez escrasé sous sa ruine. Contentez-vous que ie n'auertiray point les Palatins qui commandent ici, du malheur que vous leur voulez procurer & à moy; que si par quelque autre voye cela vient à leur connoissance, ils ne sçauroient dōner à cet attētat vn supplice moindre que la mort, & toutes mes prieres & ma creáce seroient trop foibles pour empescher cette punition. Si le Palatin de Plocens fut estonné, voyant de quelle façon Liäte auoit receu ce qu'il estimoit deuóir rauir tout à faiĉt ses pensées, i'en fay iuge quiconque lira cette Histoire, & qui sçaura cõbien les desseins d'Iphigene estoient esloignez du but que leur donnoit Liante. O combien falloit-il que son Amour eust de force, puis qu'il ne se pouuoit rẽdre au depit apres vn tel outrage! Certes tout ainsi que rien n'oblige tant à la fidelité que la confiance, d'autant que la foy engendre la foy: de mesme n'y a-t'il rien qui brise plustost les nœuds de l'amitié que les soupçons de desloyauté & de perfidie. Ioint que la vraye amitié n'estant fondée que sur la vertu, ce fondement sapé il faut necessairement que l'edifice prenne coup à sa ruine. Ce qui fit dire à Iphigene apres vn grand souspir, que de repentirs ie voy preparez à Liante pour des imaginations si temeraires, & si peu conuenables à l'amitié qu'il me doit! A quoy Liante brusquemét. Il n'y a qu'vn Iphigene au mõde qui me puisse menacer d'vn d'vn repentir, sans espreuuer les effects de ma colere. C'est trop presser vn courage Liante, si vous poursuiuez, vostre erreur vous mettra non seulement dans l'insolence, mais dans la rage. La promptitude qui est aueugle en ses productions, precipite d'ordinaire ceux qui se laissent emporter à ses eslans en de tristes naufrages. Non, reprit Iphigene, ce ne sera pas moy qui vous mettra dans la repentance en la façon que vous l'entendez, ce sera vous mesme, & Dieu vueille qu'elle ne soit point comme celle des ames perduës, tardiue & hors de saison. Ie ne pretends en vous ni sur vous aucun auantage ni par grandeur, ni par force, ie n'ay autre ambition que de vous faire voir autrement que par des paroles, que ie vous surpasse en affection, si vous n'estes aueugle au témoignage present que ie vous en rends, ne m'abbatât point sous l'effort de l'assaut que vous venez de donner à ma patience, au contraire l'enfonçant & l'affermissant (comme l'on fait les paux) par cet esbranlement. Sçachez doncques Liante, que c'est de gayeté de cœur que vous m'attribuez des crimes qui n'entreront

LIVRE XV. 413

ront iamais en ma pensée. Ie me suis rédu volontairement entre vos bras par vne cõfiance extraordinaire, car vous remettant ma personne, ma vie, mes biens, & mes honneurs sont en vostre main. Ie suis entré en cette ville non comme vn Corbeau de mauuais presage, pour y faire flotter les corps dans vn deluge de sang, mais plustost comme vne Colombe sans fiel portant au bec le rameau de paix. Vous ne treuuerez point que i'aye parlé en particulier à aucun autre homme qu'à vous, i'excepte ces femmes & ces filles qui m'ont parlé à part, pour me battre les oreilles de l'importunité de leurs passiõs. Si i'ay auancé quelques propos visans à la tranquillité publicque, ç'a esté tout haut, & si ouuertement qu'il n'y a eu que les sourds qui ne les ont pas entendu ; & ie vous croy mesme trop amy de vostre païs, & de la splendeur de cet Estat, pour auoir des sentimens contraires à son repos. Si dans les accords que nous minutons pour le seruice du Roi & le bien de la Lithuanie, ie treuue les moyens de vous esleuer aux plus grandes charges du Royaume, deuez-vous le prendre en
mauuai

mauuaiſe part, & me ſoupçonner d'vn crime que ie n'oſerois nommer, & que mes plus grands ennemis auroient de la peine à coniecturer en moy? Ie ne croy pas que iamais aucune de mes actions, ni de mes paroles vous puiſſent auoir obligé de dōner credit à ces deffiances. Bien loin de recōnoiſtre l'extremité de l'affection que ie vous porte, ayant pour voſtre ſeule conſideration quitté mon païs, mes charges, l'armée, & en quelque façon le ſeruice de mō Roi, pour me rēdre voſtre priſonnier, de m'eſtre touſiours oppoſé aux cruels & barbares deſſeins de mon Pere ſur voſtre perſonne & ſur voſtre bien, vous-vous imaginez que ie ſuis d'intelligence auecque lui pour vous perdre, que deſarmé ie ſuis entré dās le Minſce pour y exciter vn carnage qui face des Iſles de corps dās vn fleuue de sāg, bref que ie machine la mort à celui de qui ie voudrois conſeruer la vie par la perte de la miēne. O Liante, ſont-ce là des penſées dignes de ſortir de vous, & d'eſtre dreſſées contre moy? Or ſouuenez vous qu'Iphigene ne peut eſtre accuſé de trahiſon que par ceux qui ne ſçauent pas ſon courage, & que quād ſon malheur le porte porteroit à ce vice contre tout le monde, sa generosité ne pourroit iamais souffrir qu'il cõmist vne supercherie contre vous qu'il cherit seul plus que tous les autres hõmes ensemble. Ouy Liante, quand i'aurois mis le feu dans cette ville, vous seriez le premier que sur mes espaules ie voudrois sauuer de cet embrasemẽt. Mais tãt s'en faut que ie pense à ce rauage, qu'au cõtraire ie ne m'estudie qu'à esteindre celui de la rebelliõ qui deuore les entrailles de la Lithuanie. Ie sçay que les intentions du Roi sont de contenter les Lithuaniens ses sujets naturels, & que s'il n'auoit à cõbattre les Polonnois qui veulent en tout auoir le dessus, il feroit des auantages à ceux-ci plus grands qu'ils ne s'oseroient promettre. Si vous treuuez en toute la ville vn seul homme qui puisse dire que i'aye par present, par promesses, ou par surprise tenté sa volonté (encore que ie ne pensse estre blasmé d'auancer le seruice de mon païs & de mon Prince par toutes sortes de voyes) ie veux passer cõdamnation, & me tenir pour cõuaincu des crimes dõt vous m'auez voulu noircir. Mais si cela n'est point, reuenez à vo' Liãte, & aussi tost vous

reuien

reuiendrez à moy, & recognoiſſez voſtre faute, de laquelle ie vous offre le pardon deuant que vous le demandiez. Ainſi fait l'oyſeleur, reprit Liante, quand par ſes appeaux il reclame les oyſillons, & les fait donner dans ſes lacqs. Ainſi fait celui qui par vne douce Muſique enchante les ſerpens, pour en faire des compoſitions. A d'autres Iphigene, les oyſeaux qui volent haut voyent de loin, & ne donnent pas aiſément dans les filets. Voſtre douceur m'eſt plus ſuſpecte que ne ſeroit voſtre colere, vos ris gracieux, & vos larmes charmantes me ſont plus redoutables que ne ſeroient les plus tranchantes armes. Si ie n'imite Vlyſſe, qui mit de la cire dans ſes oreilles pour n'oüir pas le chant des Sirenes, ie ſuis perdu, mon deſbris eſt aſſeuré, ma nef ſe va briſer contre vn rocher d'aiman. Iphigene. Ie croy que vous auez entrepris de faire ſonner la corde de ma patience au plus haut ton où elle ſe puiſſe monter. Pour Dieu, Liante, ne me donnez point ſujet de me repetir de l'extreme amitié que ie vous porte, ne ſortons point des bornes du reſpect, puis que c'eſt l'elemët des honnorables affections.

Autre

Autrement vous conuertiriez ma constance en fureur, ma discretion en sottise, & me reduiriez aux termes du plus grād desespoir qui ait iamais accueilli vne ame malheureuse. Vous en penserez ce qu'il vous plaira, reprit l'irrité Liante, ie vous prie de me laisser aussi la liberté de mes pensées, ie les vous ay dites simplemēt, si elles vous offensent, c'est que la verité est odieuse ; & ie suis homme à vous donner telle satisfaction que vous voudrez, quād vous serez en liberté. ie n'auray pas peu de peine à vous y remettre, sans m'enueloper dans le soupçon de vostre crime, & & sans me perdre, qui est en quelque façon que ce soit ce que vous pretendez. Or ie m'en vay trauailler à cela de toute ma puissance, affin que vous ayant remis en l'estat auquel vous-vous estes rendu à moy, vous ne me puissiez reietter au front la faute dont ie vous soupçonne. Quand vous serez libre, vous me ferez sçauoir de vos nouuelles, & ie vous promets sur vostre parole de me treuuer en lieu où vous tirerez de moy telle raison qu'il vous plaira, & en la façon que vous iugerez la meilleure. Auecque cette parole Liante

passa la porte, laissant Iphigene le marché à la main en la plus grande émotion de cœur qu'il eust iamais ressentie. car l'Amour, le depit, la honte, la colere, le desespoir, le regret, toutes passions vehementes & furieuses esleuerent par leurs souffles impetueux vne telle tempeste en son esprit, que ce fut vne merueille que le sens ne lui manquast. Car soit qu'il se considere comme Cheualier, qui peut endurer vn tel affront sans s'en ressentir? soit qu'il se considere cōme Serife, quelle Dame peut supporter vn tel mespris de quelque homme que ce soit, sans mediter vne vengeance? Neantmoins estant resolu de souffrir toutes extremitez auant que de rompre tout à faict auecque Liante, il cherchoit en sa pensée des excuses pour auoir sujet de lui pardōner. O Liante, si tu cognoissois ta faute, ton cœur en fendroit de regret ; tu demolis ta fortune, tu brusles ta maison, tu sapes les fondemens de la plus belle amitié qui fust iamais, & comme estant coniuré cōtre toy-mesme, il n'y a rien que tu ne faces pour te ruiner. Il n'y a qu'vn seul point d'ignorance qui amoindrit vostre peché : car il
n'est

n'est pas de merueille si vn aueugle heurte celui qu'il rencontre, ce n'est pas tant par malice qu'à cause qu'il ne le voit pas. Il trouble ainsi sa propre feste, & quoy qu'il face bien du mal à Iphigene, puis que iamais il n'en auoit senti de pareil, de son costé il ne souffre pas moins; car les douces chaisnes d'vne si ancienne & si forte amitié ne se brisent pas tout à coup sans vne extreme violence. O inconsideration que tu nous plonges en de grandes erreurs! que l'imprudence attire de malheurs sur nos testes! Quand Iphigene se vit seul, & en la liberté de souspirer son desastre, que ne dit-il? que ne fit-il? Sa confusion & sa perplexité se peuuent à peine imaginer, & ne se peuuent nullement dire. Il fit trois ou quatre tours de chambre, tantost s'asseoit sur vne chaire, tantost se leuoit, tantost il se iettoit sur le lict, ne treuuant en aucun lieu le repos qu'il cherchoit par tout, pareil à ces fieureux qui pour changer de lict ne perdent pas leur chaleur, parce qu'ils la portent dans leurs veines. Apres mille resueries, & autant de discours imaginaires, il demeure aussi confus & autant irresolu qu'auparauant, la lumiere de sa raison estant si foible, que comme le Soleil de l'hyuer elle esmouuoit assez, mais ne resoluoit rien, Ha! ingrat, disoit-il, & le plus inconstant amy qui fust iamais, c'est donc ainsi que tu reconnois les seruices que ie t'ay rendus? c'est ainsi que tu prends mes actions par le reuers, ma fidelité pour trahison, ma sincerité pour vne feinte, & mes saines intentions pour des supercheries? Pauure Iphigene où as-tu logé ton cœur? ô que tu l'as logé en vn mauuais lieu, & dans les griffes d'vn Lyon plustost qu'entre les mains d'vn homme! Ie me suis venu jetter entre tes bras, ô cruel, parmi tous les hazards de la guerre, estimant ma vie assez asseurée, pourueu que ie fusse aupres de toy, & maintenant tu me reiettes, tu me rebuttes, tu me renuoyes, & auecque des brauades dont l'insolence ne peut estre supportée que par vne ame passionnée pour toy, comme la mienne, Et bien, pour te tirer de peine, si ta cruauté ne s'estend apres la vie, i'euiteray ta tyrannie par la mort, & par mesme moyen je te deliureray de l'importunité de ma veüe, mais non des frayeurs de mon ombre,

bre, qui auecque les fureurs vangeresses de mon sang sera tousiours attachée à ton col, en te reprochant ton ingratitude. Mais quoy? mourray-ie sans ioüir du contement de quelque vengeance? non, car ie te monstreray que ie suis aussi capable de te nuire que de t'obliger. Ie sçay bien les industries de trauerser tes desseins, & de changer tes roses en de si cruelles espines, que tu n'auras iamais le repos que tu te promets en la ioüissance que tu desires. Mais las! continuoit-il en se reprenant, c'est toy-mesme ô Iphigene, qui es cause de ton mal, & tu en accuses l'innocent, tu lui bandes les yeux, & tu te plains s'il te heurte. Ouure, ouure lui la veüe en lui descouurant qui tu es, & lors tu connoistras que comme les ombres de la nuict s'enfuyent en la presence du Soleil, de mesme les soupçons s'effaceront quād tu lui auras faict voir le plein tour de la verité. N'a-t'il pas raison de t'accuser de trahison, de tromperie, de supercherie? en est-il vne semblable au monde à celle dōt tu te sers il y a tāt d'années, pour esbloüir les yeux de tous ceux qui te regardent? est-il vn charme plus estrange que celui

Dd 3

que tu exerces tous les iours sur la creáce de tant de gens? De cette façon Iphigene tantost iniuriant Liante, tantost lui criant mercy, tantost l'accusant, tantost l'excusant, digera cette amertume auec vne telle angoisse, que si vn doux sommeil causé par vne pluye de larmes, ne fust venu engourdir ses sens, & assoupir ses paupieres, il fust entré en quelque frenaisie. Cependant Liante faisoit sa diligéce pour treuuer les moyens de faire sortir Iphigene, lui estant auis qu'estant entré sous sa parole, son honneur estoit engagé à le rendre au mesme estat auquel il l'auoit pris: outre cela l'interest de son Amour le pressoit viuement, lui semblant que comme l'aiman perd sa faculté d'attirer le fer en la presence du diamant, iamais il ne tireroit à soy les affections d'Amiclée tant qu'elle auroit le beau Palatin deuant les yeux. Mais tout ainsi qu'il est aussi facile de se prendre en vn piege, que difficile de s'en deprendre ; de mesme en guerre il est aisé de se laisser prendre, mais malaisé de se sauuer quád on est pris. Liante pour acquerir la gloire de cette prise, auoit conduit cette intelligence sans la communiquer

muniquer aux deux Palatins du Minsce, & du Troc. De faire euader Iphigene sans les en auertir, c'estoit s'exposer à vn honteux supplice, & se faire declarer traistre & ennemy du bien public. Il ne sçauoit quel biais prendre, ni à quoy se resoudre. D'autre costé la passion qu'il souffroit pour Amiclée, ne le laissoit point à repos. De se marier à qui ne l'aime point, & dans ce grand trouble d'esprit, il voyoit fort peu d'apparence. voyla où l'auoit reduit son indiscretion. Mais la faute ne se voit que quand elle est faicte. On dit qu'il y a de certaines poisons qui portent auecque elles leur antidote, comme la vipere & le scorpion. Il deuoit soudain se repentir, & aller demander pardon à Iphigene : mais son courage altier ne lui peut permettre ce rauallement, ouy bien de l'aller treuuer, pour lui dire qu'il ne pouuoit sans son conseil treuuer de filet pour le tirer du labyrinthe où il s'estoit embarqué entrant dans le Minsce. Iphigene qui n'auoit pas desir de sortir, fut bien aise de prendre cet auantage sur Liante, en lui disant qu'estant entré sur sa parole, il croyoit que les portes lui seroiēt ouuertes quand il lui plairoit, & neantmoins qu'il ne vouloit pas estre si prompt à iuger, en lui reprochant qu'il auroit imité les mauuaises femmes, qui preuiennent les plus honnestes d'iniures outrageuses, affin que celles-ci leur reprochant la verité de leur vie blasmable, ne semblent que recriminer. Que s'il auoit tant de creance dans le parti des Lithuaniens comme il se l'imaginoit, il auroit bien le pouuoir de tenir sa parole, & de rendre la liberté à celui qui l'auoit remise à sa foy. I'en ay bien plus que ie ne me fusse iamais promis quád ie me iettay parmi eux, reprit Liante, mais ie ne croy pas qu'elle se puisse estendre iusques là d'obtenir vostre liberté, quoy que ie leur puisse dire de la façon de vostre prise: car ils vous tiennent pour vn tel thresor, qu'ils croyent que leur salut depend de vostre teste, & que le Roi vous fauorisant comme il fait, ils obtiendront de lui par vous telle composition qu'ils desireront, à l'auantage de leur païs & de leurs fortunes particulieres. De vous faire donc euader sans leur consentement, & demeurer parmi eux, ce seroit m'exposer à l'ignominie d'vn honteux suppli supplice. De m'en aller auec vous, ce seroit perdre ma reputation, qui n'est pas petite parmi eux, & me precipiter dans le courroux du Roi, qui m'a faict desia sentir les effects de son indignation, & entre les mains du plus implacable ennemi que i'aye au monde, qui est vostre Pere. Et quelque confiance que i'eusse en vostre parole, ie ne vous tiens pas assez fort pour resister à la puissance du Roi, & à la cruauté de Mieslas. Voila les extremitez où me reduit le beau dessein que vous fistes contre mon auis d'entrer en cette ville, où comme dans vn trebuschet vous estes venu auecque facilité, mais la difficulté, & comme ie pense, l'impossibilité est en la retraitte. Voila, dit Iphigene, comme vous auez vn grand nom en apparence parmi ces rebelles, & peu d'effect. Or ie ne suis pas ainsi dans le vray parti, qui est celui de sa Majesté: car ie me fay fort de la bonté du Roi qu'il vous accueillira gracieusement, & quand ie lui auray dit le motif de vostre desespoir, qu'il vous remettra malgré Mieslas en vos biens & en de grands honneurs. Quant à mon Pere, vous sçauez qu'il n'est pas Chef de l'ar-

mée Royale, mais le Chaſtelain de Cracouie, qui eſt fort mon amy, & ſous la foy
& l'appuy duquel vous pourrez eſtre en
ſeureté ; & quand la rage de Mieſlas le
porteroit iuſques là de vouloir enfrain-
dre la ſauuegarde du General d'armée,
i'ay mes trouppes plus fortes que les ſien-
nes, & capables de le tenir en ſon deuoir.
Au fort vous auez la Sileſie voiſine, ie
vous feray conduire auecque eſcorte à
Breſlau, vous ſerez dans les terres d'vn
Prince eſtranger ; que ſi vous craignez
l'intelligence qu'a le Roi auec ſa Majeſté
de Boheme, ie vous promets que le Duc
de Lignits, qui eſt mon amy, vous reccura
à ma recommandation auſſi honnorablement que vous eſtes ici. Que ſi vous voulez aller plus auant dans l'Allemagne, ou
bien en Italie, en France ou en Eſpagne,
ou tirer du coſté de la Moldauie, de la
Valachie & de la Thrace, & donner iuſques à Conſtantinople, en attendant que
cet orage ſoit paſsé, ie vous engage ma
parole que rien ne vous manquera en
quelque part que vous alliez, parce que
i'auray le ſoin de vous faire tenir ce qui
vous ſera neceſſaire pour paroiſtre ſelon
voſtre

voſtre qualité. Vous proteſtant qu'en tout ceci ie n'ay autre deſſein que de vous deſtourner de cette alliance, qui vous eſt auſſi ruineuſe que funeſte pour moy, pour des raiſons que ie ne vous puis encore dire. Du reſte remettez-vous à moy de la conduite de voſtre fortune, & ſoyez certain que non ſeulement i'en releueray le desbris, mais l'eſleueray ſi haut qu'à peine vos ſouhaits y pourroient-ils ioindre. L'òrs qu'on eſt vne fois entré en deffiance de quelqu'vn, il pourroit dire des Oracles auant qu'on adiouſtaſt foy à ſes paroles ; au contraire plus elles ſont veritables, plus ſont-elles ſuſpectes. Si vous iettez de bonne & douce liqueur dans vn vaiſſeau corrompu auſſi toſt elle s'aigrit ; ceux qui ont la iauniſſe voyent toutes choſes iaunes. La paſſion eſt vn milieu deceuant, au trauers duquel nous ne connoiſſons rien de ſincere. Liante preoccupé d'vn faux ombrage contre Iphigene, croit que tout ce qu'il lui propoſe n'eſt que pour le tromper, & que ſes promeſſes ſont autant de pieges de mort. Ioint que tout cela tendant à lui faire rompre vn cordage qu'il priſoit plus que

toute

toute grandeur ni liberté, & ne sçachant à quel sujet Iphigene y auoit tant de repugnáce, il se resolut de faire comme l'aspic, & de boucher l'oreille à ce sage enchanteur, & pour rompre tout à faict, de presser son mariage auec Amiclée. Sur quoy il repartit, que personne n'estant tenu à l'impossible, apres qu'il auroit faict tous ses efforts pour le faire sortir du Minsce sans trahison, il pensoit auoir rendu à son honneur & à son deuoir ce qu'il estoit obligé de rendre; & que s'il ne pouuoit obtenir cela des Palatins, ce seroit plustost à Iphigene à blasmer son imprudence, que de s'en prendre à sa foiblesse. Qu'il estoit là dedans en estat d'obeïr, & non de commander. Qu'au reste il n'estoit pas si peu iudicieux de quitter le certain pour l'incertain, & la proye qu'il auoit entre ses mains, pour courir apres de nouuelles fumées, qu'il estoit trop bien ameuti pour se garder du change. Qu'il preferoit la cõqueste de sa Maistresse aux faueurs du Roi. Qu'il ne vouloit point se commettre aux fureurs de Mieslas, moins se bannir de son païs, & errer par le Monde comme vn fugitif & vagabond. Qu'il
espe

esperoit que la paix publicque seroit la sienne particuliere, & que les Lithuaniés feroient en consideration de ses seruices vn article pour son particulier dans le traitté general, & qu'il ne pouuoit mieux les engager à cela que par l'alliance d'Olaue. Que c'estoit là sa derniere resolutiõ, la table & l'ancre de son naufrage, que toutes les persuasions contraires seroient deuant son cœur comme des vagues contre vn rocher. Ce fut ici qu'Iphigene pésa sortir hors des gonds, voyant que c'estoit lauer vne tuille, que de penser gaigner quelque chose contre l'obstination de ce courage inflexible; toutesfois il modera vn peu sa passion, non pas sans en faire paroistre quelque estincelle par ces paroles. Vous ne pouuez me remettre en liberté, & vous voulez contre mon gré espouser Amiclée, or sçachez Liante, que plus puissant que vous en toutes façons ie puis reprendre ma liberté quand il me plaira, & vous empescher d'auoir Amiclée pour femme. Car ie sçay que sans ma volonté cette fille consentira plustost à la mort qu'à vostre mariage ; & pour sortir de ce Chasteau, souuenez-vous que i'ay autant de de portes qu'il y a de fe. il vouloit dire de femmes, mais pour ne fe defcouurir par trop, il dit de feneftres. Icy Liante crût (voyez comme vne premiere abfurdité meine en plufieurs autres) qu'Iphigene eftoit Sorcier, & fe feruoit de Magie pour acquerir la faueur du Roi, paruenir aux grandeurs, acquerir de l'honneur en la guerre, gaigner les affections des Dames, & de tout le monde, & pour fe fauuer des prifons foit en volant comme Dedale, ou en fe changeant en oyfeau. Ce qui lui fit dire que cela ne fe pouuoit faire fans forcelerie. Ie ne veux point d'autres charmes que ceux que la Nature a mis fur mon front, reprit Iphigene, ni d'autres armes que celles de ma parole. Et bien, dit le depité Liante, ne vous en prenez donc pas à moy, fi vous ne vous fauuez pas. Et quoy que vous puiffiez faire, ie depite l'enfer & tous fes demons, vous & tous vos enchantemens blancs ou noirs, naturels ou diaboliques, d'empefcher que ie n'efpoufe ma Maiftreffe, puis que i'ay la parole de fon Pere, de laquelle depend fa volonté par la loy de l'obeïffance filiale & de l'auctorité paternelle. Là deffus il fe retira

ra aussi plein de courroux, qu'il laissa Iphigene comblé de tristesse. Et bien prit à Iphigene d'auoir retenu dans ses dents le mot de femmes, & de lui auoir subrogé celui de fenestres. Car soit que Liante en auertit le Palatin du Minsce, soit que ce fust de son auctorité propre, Iphigene fut resserré plus estroittement qu'il n'auoit esté iusqu'alors, & mis dans vne chambre dont on ferma non seulement les fenestres, mais le tuyau de la cheminée, de sorte qu'il se pouuoit conseruer là dedans sans prendre l'euent. Il souffrit cela sans estonnement, parce qu'il sçauoit d'où prouenoit ceste garde; & c'est vn plaisir si grand d'endurer par & pour ce que l'on aime, que l'effect ne paroist rien quand on a esgard à la cause. Celui-là n'auoit garde de sauter les fenestres, qui ne fust pas sorti de la porte de la ville quand il l'eust treuuée ouuerte, & que le passage lui eust esté libre. Liante n'a-t'il pas bonne grace de faire ce qu'il desire en le pensant desobliger? Il s'enquiert çà & là si Iphigene n'auoit point tasché de gaigner leurs courages, pour former quelque entreprise contre la ville. Il ne treuue point
de

de fumées, ni de pasées de ce gibier; aussi n'estoit-ce pas cela qu'il y estoit venu chercher. Tout ce qui le fasche, est de voir que de gayeté de cœur il perd vn Amy incomparable pour vne Amie qui ne daigne le regarder. Iphigene n'est pas plustost resserré que les Dames s'emprisonnent auecque lui, si bien qu'au lieu de le mettre dans vne chambre du Chasteau, l'on met tout le Chasteau dans vne chambre. le lieu ne pouuoit estre obscur esclairé de tant de flambeaux & de belles lumieres. C'est ce qui tue nostre jaloux de voir Amiclée tousiours attachée auecque les autres aupres d'Iphigene, qui estoit en cet estat comme vn Apollon au milieu des Muses, ou plustost comme vne Diane parmi des Nymphes. Toutes se plaignoiēt tout haut de la nouuelle seucrité dont l'on vsoit enuers lui, tandis qu'il se rit de toutes ces façons de faire, & n'y en auoit aucune en particulier qui ne lui promist la liberté s'il vouloit receuoir leur seruitude. Et comme il auoit en dessein principal d'empescher l'alliāce d'Amiclée auecque Liante, il lui fut bien aisé en faisant vn peu meilleur visage que de coustume

à cette

à cette Cadette, de la reduire si absolument à sa volonté, qu'on l'eust pluſtoſt mise en pieces que de la faire consentir à espouser Liante. Elle n'estoit pas si peu sçauante en l'art de se mirer, qu'elle ne reconnuſt dans sa glace les auantages qu'elle poſſedoit, & apprenant tous les iours de nouueaux attraicts, elle se persuadoit à la fin de ietter dans ce grand courage quelque eſtincelle de ce grand feu qui la conſumoit. Iphigene comme s'ouurant à elle lui dit vn iour : Amiclée, vous sçauez l'amitié qui eſt entre Liante & moy, & que c'eſt vne des plus perfaittes affections que le siecle où nous sommes puiſſe fournir. Mais il eſt arriué vne mesintelligence extreme entre nous à voſtre occaſion ; car n'ignorant pas la grande paſſion que vous lui cauſez, il s'eſt en quelque ſorte apperçeu de l'inclination que vous auiez pour moy, à laquelle sans vne ingratitude inexcuſable ie ne puis desnier vne reciproque bienueillance. de sorte que se perſuadant que ie vous diuertiſſe de lui vouloir du bien, il eſt entré en vne ſi forte ialouſie, que ie ne sçay par quel remede on le pourra guerir de ce

mal, qui s'embrase de tout, & ne s'esteint par aucune industrie. Ie sçay qu'il est le premier en la datte du temps à vostre seruice, & encore que ie ne lui voulusse pas ceder en l'inclination de vous honnorer, neantmoins ie me suis tousiours tenu fort reserué auprés de vous, de peur de troubler ses pretensions, & de lui donner de l'ombrage. C'est ce qui m'a faict si peu correspondre aux témoignages de vostre faueur, en quoy ie vous supplie de ne m'accuser pas d'ingratitude, mais de considerer la condition où la fortune de la guerre m'a reduit, & qu'il faudroit que i'eusse perdu le iugement de rechercher vne alliance estant en prison, & parmi ceux que mon Roi tient encore pour ses ennemis. Quand i'aurois toutes les passions du monde pour vostre merite, il me les faudroit dissimuler par raison d'Estat, pour la conseruation de ma fortune: mais si nous sommes vne fois à la fin de ce mouuement, & que par vn traitté qui satisface les Lithuaniens, & contente les Polonnois, vne bonne paix se iure, alors ie seray en la liberté de vous témoigner mes veritables sentimens, & que i'ay trop
de

de courage pour sacrifier iamais à la mesconnoissance. Ie sçay que les deuoirs qui
me lient à Liante, me deuroient empescher de le troubler en cette recherche, en
laquelle vostre Pere lui a dit qu'il ne per-
dra point son temps, lui ayant donné sa
parole, & vous ayant promise à lui ; mais
il faut que i'auoüe que les auantages que
les affections de l'Amour possedent sur
celles de l'amitié, & le priuilege de vostre
beauté qu'on ne peut voir sans l'aimer,
non plus qu'approcher du feu sans en
sentir la chaleur, m'ont faict passer sur ces
considerations, & resoudre à vous declarer ce que i'auois iusques à present con-
signé au silence, me contentant de souffrir sans vous importuner du recit de mes
plaintes. Amiclée fut si rauie d'entendre
vn langage qu'elle auoit si long temps
desiré, & si peu attendu, qu'en cette émotion elle demeura quelque temps sans
pouuoir obtenir de l'excez de sa ioye la
liberté de la parole, ioint qu'estant encore fort icune, elle auoit bien assez d'âge
pour aimer, & pour aimer esperduëment,
mais non assez pour bien expliquer les
mouuemens d'vne passion où elle estoit

Ee 2

encore nouice. Ce qu'elle peut faire, ce fut de témoigner en begayant à Iphigene qu'elle estoit toute à lui, & que ni le commandement, ni la violence de ses parens, ni les larmes de Liante, ni mesme la mort, ne la feroient iamais consentir aux nopces d'vn homme qu'elle n'auoit iamais affectionné, qu'elle s'estimoit trop heureuse d'auoir quelque part en l'amitié du Palatin qu'elle tenoit pour le plus accompli Cheualier de la terre, que cette creance la feroit viure d'espoir, & cet espoir lui feroit attendre auecque patience l'euenement de cette guerre, & dans la paix l'effect de ses promesses. Qu'elle auoit mille moyens de se deffaire de la poursuitte de Liante, son âge si ieune qu'il dispensoit les plus hastées du mariage, sa sœur qui deuoit estre pourueüe la premiere, & qui auoit eu de grandes passions pour lui, que s'il ne recherchoit que l'alliance d'Olane, il l'auroit aussi bien en prenant Olorie qui le desiroit, qu'elle qui ne le vouloit pas. Qu'elle ne pensoit pas que son Pere fust dénaturé iusques là, de vouloir contraindre sa volonté en la chose du monde qui doit estre

la

la plus libre, qu'elle opposeroit tousiours vne constante & genereuse resolution à sa cruauté s'il en venoit à ce point, & qu'elle témoigneroit par tant de façons à Liante que sa recherche lui déplairoit, qu'il seroit contraint de changer son Amour en depit, & se guerir de cette façon de sa frenaisie. Son ardeur la rendit eloquente au dessus de sa capacité; & lui ouurit l'esprit à des choses qui estonnoiēt Iphigene mesme; car que n'adiousta-t'elle à ce discours, sa langue parlant de l'abondance de son cœur? Elle lui offrit derechef de le sauuer de la prison, & de treuuer les moyens de lui rendre les passages libres, pourueu qu'elle fust compagne de sa fuitte. Mais Iphigenie qui craignoit de se rendre son obligé, & de sortir d'vn lieu où il auoit tant d'affaires à desmesler, se contenta de reietter ses propositions en disant que sa prison estoit sa parole, à laquelle il se tenoit plus lié que s'il eust esté couuert de chaisnes, aimant mieux estre honnorablement esclaue que honteusement libre. En somme il la disposa à tout ce qu'il voulut, qui estoit de ne cōsentir iamais au mariage de Liante, quoy que l'on fist pour l'y contraindre. Amiclée en faisant mille protestations de constance, lui prit les mains qu'elle alloit porter à sa bouche, si la presence de sa Gouuernante ne l'eust retenuë, & se fust sans doute iettée à son col pour y prendre ce que la bienseance ne permet pas, & que la perfaitte honnesteté oblige de taire. D'autre costé Liante pressoit fort son mariage auec Amiclée, estimant que cela faict il renoüeroit aisément auecque Iphigene en faueur de leur ancienne amitié. Il ne trouua point de resistance en l'esprit du Pere, qui lui donna librement le choix, qui fut bien tost faict de la part de nostre passionné. La Mere (comme femme ayant vn esprit né à la contradiction) y eut quelque repugnance, tant parce qu'il lui faschoit de voir Olorie laissée encore qu'elle fust nubile, & Amiclée encore toute verte, cueillie ; ioint qu'elle sçauoit que celle-ci auoit aussi peu d'affection pour Liante, que l'autre en auoit beaucoup ; & si elle desiroit contenter l'vne, elle auoit de la peine à contraindre l'autre, iugeant bien qu'vn mesnage commencé par la force n'a iamais de bon progrez

grez ni d'heureuse issuë. Mais quand il fut question d'en parler à Amiclée, Olaue reconnut bien qu'elle auoit vne autre volonté que la sienne, & que les filles ont des testes aussi bien que les femmes. Il eut beau lui dire qu'absolument il vouloit qu'elle espousast Liante, car elle respondit aussi vertement à son Pere qu'il lui parloit ouuertement, & ce ce fut apres lui auoir allegué plusieurs petites raisons precedentes, qui ne seruoient que de prelude à sa determination. Elle renuoyoit ce Seruiteur à sa sœur, qui par le droict du temps deuoit estre mariée deuãt elle; mais cette regle là n'est pas si necessaire qu'elle doiue tousiours estre suiuie. Elle s'excusoit sur sa jeunesse, qui ne lui permettoit pas encore de penser à cela. D'auantage sur quelque auersion qu'elle auoit de l'humeur de Liante, auec qui elle ne se promettroit pas de viure en assez bonne intelligence pour rendre son mariage heureux. De plus qu'il n'estoit pas seant durant des guerres & vn siege de penser à des nopces, qu'il ne falloit qu'vne sortie ou vn assaut pour la rendre aussi tost vefue que mariée Qu'elle ne vouloit point prendre pour mari vn homme qui n'auoit rien, difgracié de fon Roi, banni de fon païs, priué de fes biens, en vn mot, vn Cheualier d'infortune, & vn foldat de fortune. A tout cela Olaue interpofant fon auctorité, & lui difant que fon efprit furmontant fes années lui faifoit confiderer trop de chofes, & que fon peu d'experience l'empefchoit de bien connoiftre ce qui lui eftoit propre, bref il falloit qu'elle fe refoluft de lui obeïr. A cela elle oppofa vne negatiue fi tranchante, que fi le Palatin n'euft efté retenu par la Mere, vn reuers euft efté le payement de fa replique. La fille irritée que Liante procedaft de cette façon à fa conquefte, le prit tellemēt en horreur qu'elle n'en pouuoit fouffrir ni l'abbord ni la veüe. ce que ce bon garçon attribuoit aux forcelleries d'Iphigene, fans confiderer qu'au lieu de fe faire aimer, il faifoit tout ce qu'il pouuoit pour s'acquerir la haine d'Amiclée. Ayant appris d'Olaue la repugnance de fa fille à lui vouloir du bien, Seigneur Palatin, lui dit-il, les biens ne fe peuuent bien connoiftre qu'alors qu'on les a gouftez, toutes les filles font de cette humeur de ne

fe

se marier iamais que la larme à l'œil, mais le mariage leur fait bien tost perdre leur opinion & leur tristesse, benir ce qu'elles ont detesté, & cherir ce qu'elles ont hay. Que nonobstant ces mines & ces refus il ne deuoit pas laisser de la lui donner, l'asseurant que quand elle seroit plus sourde qu'vn aspic, & plus farouche qu'vne Tigresse, il la sçauroit si bien apprinoiser & adoucir par vn bon traittement, qu'il lui gaigneroit le cœur par ses seruices, & lui feroit loüer la tempeste qui l'auroit iettée au port. La foiblesse & l'inconstance naturelle des filles fait qu'elles sont battuës des vẽts comme les rozeaux du desert, les parens les immolent à leurs interests, & leur fait-on souuent dire ouy de la bouche à ce que nie leur cœur. Celle-ci neantmoins se monstra impliable, & de quelque tẽpeste que son Pere la tourmentast, elle ne s'estonnoit point, ayant tousiours quelque secrette cale pour se mettre à l'abry de l'orage dans le cœur de sa Mere, qui compatissoit à son infirmité, & ne pouuoit consentir à la rendre malheureuse. Que fit Liante? il pria Olaue de lui deffendre la veüe d'Iphigene, pour la

Ee 5

guerir des charmes de ce beau Sorcier. Mais au lieu d'esteindre sa flamme par l'eau de cette priuation, elle s'en accreut comme celle des forgerons. Il connoissoit mal l'humeur du sexe, qui augmente ses desirs par les obstacles, & les aiguise par les difficultez. Elle treuua mille inuentions & pour parler, & pour faire sçauoir à Iphigene tout ce qui se passoit. Ce qui le mettoit en vne extreme tristesse, voyāt de quelle façon Liante le traittoit, & sa vehemence à poursuiure son mariage auec Amiclée. Cependant Olorie, soit par enuie qu'elle portast à sa sœur (ce qui est assez ordinaire) soit qu'elle eust renouuellé le brandon de ses anciennes flammes par le desespoir de conquerir Iphigene, trauersoit autant qu'elle pouuoit cette alliance, comme preiudiciable à sa gloire & à son contentement. Elle recommença à importuner Liante de ses plaintes, & il ne lui estoit pas moins fascheux de se voir poursuiuy de cette laide, que d'estre rebuté de sa sœur.

IPHI

IPHIGENE.

Liure seziesme.

DVRANT tout ce temps-là il ne vit point Iphigene, duquel tous les iours il faisoit doubler la garde, & restressir la prison, & destournoit autant qu'il pouuoit les Dames de l'aller visiter. Ce qui minoit peu à peu la patience du beau prisonnier, qui ne desirant laisser rien d'intenté pour conquerir son courage, le fit prier qu'il le peust voir. La courtoisie si naturelle aux honnestes gens, ne lui permit pas de refuser vne faueur si petite à vn amy si grand, ioint qu'il esperoit que se repentant de l'auoir trauersé en sa recherche, il le pourroit aider à la conqueste des bonnes graces d'Amiclée. Et puis quand

quand ce seroit vn ennemy, si ne falloit-il pas selon la maxime des plus Sages le reduire au desespoir, mais pluftost lui faire vn pōt d'or pour fauoriser sa fuitte. Quād il fut en la presence de celui qu'il auoit tant aimé, & qu'il auoit si outrageusemēt offensé, a peine osa-t'il, pressé de mille remords, hausser les yeux vers son visage; ce qu'il fit, ce fut de lui prester ses oreilles auec vne contenance aussi pleine de honte que de desdain. Iphigene qui lisoit les alteratiōs de son esprit à trauers les changemens de son front, pour le conuaincre de la plus lasche ingratitude qui peust tomber en l'ame d'vn Cheualier, lui dit d'vn ton de voix qui eust enchanté les rochers. C'est donc ainsi, cruel Cheualier, que vous traittez ceux qui vous aiment? & quelle rigueur reseruez-vous à vos ennemis? C'est à ce point que vous reduisent ceux qui se fient à vostre parole, & qui pour vostre seule consideration s'exposent à tous les dangers les plus redoutables? C'est donc ainsi que pour vn faux ombrage vous tournez vostre bienueillance en vne haine implacable? A dire la verité ie ne croy pas qu'apres vn si grand
change

changement vous ayez peu conseruer voſtre propre nom, ni que vous ſoyez plus ce Liante que i'ay ſi religieuſement honnoré toute ma vie, Ie ne ſçay comme vous appeller, ni ne penſe point qu'il y ait vn mot en aucune langue qui puiſſe exprimer comme il faut les proprietez de voſtre inconſtance. L'amitié qui peut finir, ne fut iamais veritable. Si la voſtre l'a eſté, iugez-le par vos actions preſentes, & reconnoiſſez qu'elle eſt la mienne, qui ne peut ceſſer parmi tant d'indignitez. Vous eſtes l'homme du monde à qui i'ay rendu plus de ſeruices pour preuue de mon affection, ie ſuis celui qui vous a donné le moins de ſujet de vous offenſer, & apres cela ie ne reçois de vous que des outrages. Iugez ſi ce ſont là des effects de cette ſocieté fraternelle, & de cette inuiolable vnion de cœurs que vous m'auez tāt de fois iurée. De tout cela neantmoins ie n'en accuſe que mon malheur, & ne m'en prends qu'à moy-meſme, qui ay ſi mal aſſis mes affections. ô ſi ie pouuois retreuuer ma raiſon dās vn iuſte depit, & purger mon erreur par la douleur qui me preſſe, que ie tiendrois mon malheur heureux!
Mais

Mais i'ay tellement faict nature de vous aimer, que pour m'arracher cette passion du cœur, il faudroit oster mon cœur de ma poitrine. L'amitié qui se continuë dãs les bons offices, est vne amitié d'enfans, qui ne dure qu'autant qu'on leur donne des douceurs & des confitures; mais celle qui comme le meilleur poisson se nourrit dans les amertumes des aduersitez & des contradictions, peut estre appellée solide, parce qu'elle porte la preuue de sa valeur dans l'espreuue de sa sincerité. Ie vous en veux donner vne de la mienne, apres laquelle ie n'ay plus rien à adiouster sinon des prieres au Ciel, affin qu'il vous rende vostre bon sens, ne iugeant pas que les remedes humains vous y puissent remettre, si celui-ci ne profite de rien. C'est la jalousie qui vous tourmente, & Dieu soit loüé que la cause de vostre mal nous soit connuë, car c'est desia vn grand auancement de guerison. Vous auez opinion que comme ie vous ay voulu destourner de l'alliance d'Amiclée, ie destourne aussi Amiclée d'entendre au mariage qui se propose entre elle & vous. Si ie vous fay voir & ouyr le contraire de cette erreur,
que

que pourrez vous alleguer pour vos excuses? Mais on a beau dire des veritez à vn incredule, c'est semer de bon grain sur vn grauier infertil. Ie n'en suis pas logé à ce degré d'incredulité, respondit Liante, de ne croire ce que ie voy & ce que i'entends; mais iusques là il me sera permis de n'adiouster point de foy à vos dernieres paroles, puis qu'elles sont contrariées par les premieres, desquelles (s'il vous en souuient) ie ne pouuois recueillir autre chose, sinon que vous empescheriez autant qu'il vous plairoit, qu'Amiclée ne consentist à me prendre pour mari. Il est vray, reprit Iphigene, que si ie lui témoignois par le moindre signe le reciproque de l'Amour que vous ne pouuez ignorer qu'elle a pour moy, cela seruiroit de Remore pour arrester le vaisseau de vos desseins, quand il cingleroit à pleines voiles sur la mer de la plus belle esperance qui se puisse dire. Mais si iamais ie ne l'ay amusée en ses pretensions, si i'ay esté à ses oreilles vn perpetuel Aduocat plaidant la cause de vos merites deuant le tribunal de son cœur, si sans cesse elle a reietté mes persuasions, non tant pour le bien

qu'elle

qu'elle me veut que pour l'auersiō qu'elle a de vous, auersion changée en horreur depuis qu'elle a sceu que vueille-t'elle ou non, de gré ou de force vous-vous vantiez de la posseder, & qu'il ne lui estoit pas possible d'euiter qu'elle ne se mariast auecque vous : si i'ay tousiours tasché de rabbatre les pointes de son courroux, & de moderer ses aigreurs contre vostre procedé ; bref si ie me suis tousiours despoüillé de tout le droict que ie pouuois pretendre en elle & en sa bienueillance, pour vous en reuestir, où treuuerez-vous du front pour rougir des indignitez que vous faites souffrir non seulement à mon innocence, mais aux seruices que ie vous rends? Or il m'est aisé de vous en donner vne preuue inuincible, si vous faites en sorte qu'Amiclée ait congé de me voir, & si vous auez la patience de voir & d'oüir ce qu'elle me dira, lors qu'elle vous croira absent, & que vous serez caché entre deux pentes de cette tapisserie. Mais i'ay quelque chose de plus serieux à vous communiquer que ne sont ces folies d'Amour, qui deuroient au moins donner treue aux esprits durant les combats de ces

LIVRE XVI.

ces troubles. Il est vray que le Roi vous fait la guerre si mollement, sur l'esperance que ie lui ay dõnée de moyenner auecque le temps vn bon accord qui espargne le sang de ses sujets, que vous auez occasion de vous amuser à cette passion, qui est l'occupation de ceux qui n'ont que faire tandis que les armes sont comme suspenduës, que de penser au plus ordinaire exercice des Cheualiers durant la paix, qui est de faire l'Amour. Or comme ie ne veux pas empescher celui-ci, ie vous prie aussi par tout ce qui peut obliger vn gentil courage, par la reuerence que vous deuez à vostre Roi, par l'amour de vostre païs, par le soin de vostre fortune particuliere, par l'auancement du repos public, i'adiousterois par l'amitié que vous m'auez portée, s'il vous restoit encore quelque estincelle de ce sainct feu, que vous ne mettiez point d'obstacles au traitté que ie pretends faire par le commandement & pour le seruice de sa Majesté auecque les Lithuaniens. Faisons comme ces deux grands Capitaines Grecs, qui estans ennemis deposerẽt leurs riottes particulieres, pour secourir leur païs par vne bonne intelligence. Et bien que de ma part ie vous protefte de n'auoir point de fiel pour vous, si deuez-vous contribuer au falut de voftre patrie, fous peine de cōmettre vne impieté qui vous rendra odieux à Dieu & aux hommes. Si cet accord peut eftre faict, que voftre rigueur execute alors fur moy tout ce que lui fuggerera la jaloufie ou la colere, ie ne veux point de meilleure deftinée que celle qui me fera filée par vos mains, ni furuiure à la perte de voftre affection ; parce que

Si voftre cœur a fi peu de pitié
Que de m'ofter voftre chere amitié,
Il ne faut point d'autre coup de tonnerre
Pour me bannir tout à faict de la terre.

Ie n'ignore pas, refpondit Liante, que voftre deffein principal ne foit l'accord de la Lithuanie auecque la Pologne, entreprife que ie loüe, pourueu qu'elle fe conduife auecque fincerité & iugement, & pour laquelle ie voudrois employer mon fang & ma vie, eftant à mon auis le plus riche tombeau qu'vn homme de bien fe puiffe baftir, que de mourir pour le repos & le falut de fon païs : mais vous pouuiez bien

bien vacquer à cela fans trauerfer les particulieres inclinatiõs que i'ay pour Amiclée, comme fi cette alliance importoit beaucoup au feruice du Roi & du public. Ie vous promets donc que s'il vous plaift m'aider à l'vn, que ie poufferay autant qu'il me fera poffible à la rouë de l'autre, & que ie vous rendray les mefmes deuoirs pour faire tenir vos lettres à la Cour, & vous en faire auoir les refponfes, que ie vous ay rendus auparauant noftre broüillerie. C'eft dequoy ie vous coniure, reprit Iphigene, de la part du Roi voftre fouuerain Seigneur & le mien, & pour vous y obliger, regardez de quel pied vous defirez que ie marche en l'accompliffement de voftre defir, & affeurez-vous de ma part d'vne prompte & fidele obeïffance. Liante prenant cette occafion au poil, & penfant beaucoup plus à l'acquifition d'Amiclée qu'au bien public, fit fouuenir Iphigene de la promeffe qu'il lui auoit faicte de lui faire oüir les perfuafions qu'il iettoit dans l'efprit de cette fille pour la porter à lui bienuouloir. ce qui lui fut accordé fans refiftance. Liante qui auoit vn grãd credit aupres

Ff 2

d'Olaue & de sa femme, obtint aussi tost le congé necessaire pour cette entreueüe d'Amiclée & du prisonnier. Et voyez comme les ialoux sont industrieux à chercher ce qu'ils craignent le plus de rencontrer. Il achemina tout cela comme il souhaittoit, pour voir le desespoir de ses pretensions. Car Iphigene ayant sous main auerty Amiclée de tout ceci, & lui ayant faict le bec, imaginez-vous s'il en pouuoit sortir que des fureurs pour Liante. Apres donc que cettui-ci se fut mis en sentinelle auec ses yeux de Lynx & des oreilles de Cerf, que l'on tient estre fort subtiles, Amiclée entra dans la chambre d'Iphigene auecque sa Gouuernante, qui s'estant tirée à quartier laissa ces ieunes gens en la liberté de dire ce qu'il leur plairoit, sans qu'elle les peust entendre. Iphigene prenant la parole, vous voyez, dit-il, Madamoiselle, que tous les mauuais traittemens que ie souffre, ne prouiennent que de l'opinion qu'a prise Liante que ie vous empeschois de l'espouser, vous sçauez de quelle façon ie vous ay tousiours parlé des merites de ce Cheualier, & que pour vous diuertir de cette

passion

passion que vous m'auez témoignée, ie vous ay faict voir les empeschemens que j'auois de la reconnoistre ainsi que le deuoir & la bienseance m'y obligeroient si j'estois libre. Ie vous prie donc de perdre le desir d'vne personne qui ne vous peut legitimement estre acquise, pour appliquer vostre cœur à celui que vos parens vous destinēt, & qui vous honnore si perfaictement que ie ne croy pas qu'il se puisse rien adiouster à la grandeur de son affection. A cette priere m'oblige l'ancienne amitié que j'ay dés mon enfance contractée auec Liante, & le bien de vostre seruice, & si j'ose y adiouster ce particulier interest, le desir que j'ay d'estre vn peu eslargy de cette prison si obscure & si estroitte. Seigneur Palatin, respōdit Amiclée, vous estes meilleur amy que fidele Amant; ie vous ay dit tant de fois qu'il m'est autant impossible de loger Liante en mon ame que de vous en arracher, & cependāt vous ne cessez de faire le sourd à mes plaintes, & vous voulez que ie sois exorable aux siennes, vraiment vous auez tort de me reprēdre d'vne faute que vous auctorizez en vous-mesme, & de me persuader par vos paroles ce que vostre exemple me dissuade. Car si vous ne voulez pas me receuoir en vostre bienueillance pour de foibles raisons que vous m'opposez, pourquoy ne voulez-vous pas que ie me deffende de son alliance pour beaucoup de bonnes & fortes que ie vous ay tant rebattuës ? Ie ne sçay quelle naturelle antipathie m'escarte si fort de lui, que quelque côtrainte que ie face à mon humeur, ie ne puis treuuer en lui rien d'agreable. Et puis quelle apparence y a-t'il que ie me rende à la force dont il violente mon courage ? il se trompe s'il me croit emporter de cette façon, car au lieu de m'attirer à soy il m'esloigne, vraiment en me desobligeant il m'a obligée, parce que me faisant connoistre son humeur jalouse auparauant que ie m'engageasse à lui vouloir du bien, il me rend sage assez à temps pour me garder de me donner à vn homme de qui ie ne deurois attendre que des tyrannies. Quoy ? en me tenant pour Maistresse, il me voudroit desia traitter en esclaue, & m'imposer des loix non selon la raison, mais suiuant son humeur. S'il desire que ie prenne part à cette

ardeur

ardeur qu'il se dit souffrir pour moy, ne voir-il pas que par cette folle regle il m'obligera à cherir tous ceux qui feront semblant de m'aymer? Il veut que ie l'aime, & que ie ne vous aime pas; vraiment il a bonne grace, s'il pense auoir plus de merite que vous. pourquoy veut-il gesner ma liberté? n'aurois-ie pas meilleure raison de le prier qu'il ne m'aimait point, puis que ie n'ay nulle inclination vers lui, & de souffrir que ie vous honnorasse, puis que ie n'aime mes pensées que quãd elles sont de vous? est-ce ainsi qu'il pense gesner la franchise de celles qui sont autant que lui, & leur imposer desia les loix d'vn imperieux mari, au lieu de se tenir dans les respects d'vn Amant plein de reuerence? Ie ne sçay pas d'où lui naissent ces pensées, ni s'il se feroit peu persuader que ses seruices me deussent obliger à estre à lui, ie ne sçache point qu'il m'en ait rendus de si signalez qu'ils meritẽt ma liberté pour recompense. Si ses souspirs, ses larmes & ses plaintes, qui me sont autant d'importunitez, sont prises pour argent contant, ce n'est point au prix de choses si legeres, & qui ne sont que d'eau & de

vent, que ie veux acheter vn esclauage. Il m'a souuent dit que sa vie est tellement attachée à ma possession, que sans cela il faut qu'il meure, & moy ie l'ay tellement en horreur depuis que i'ay reconnu sa bigearrerie, que i'espouseray vn tombeau plustost que de lui engager ma foy. Mais s'il vous aime, dit Iphigene, vous ne pouuez sans vne espece d'ingratitude lui desnier vostre bienüeillance. Par la mesme raison, repartit Amiclée, vous estes obligé de me vouloir du bien, puis que ie ne vous ay point caché la passion que i'ay pour vous. Mais ie suis vn sujet incapable de receuoir vos vœux, dit Iphigene. & ie le suis, repliqua Amiclée, de receuoir ceux de Liante. Iphigene. Vous estes libre, & ie ne le suis pas. Amiclée. C'est à moy de parler ainsi, car ie ne suis que trop vostre esclaue; & vous n'estes que trop desdaigneusement libre. Non, non Iphigene, ne vous feignez pas tant engagé au mariage, ie sçay de vos nouuelles, la curiosité d'vne fille qui aime penetre les secrets les plus cachez. Celle qui pense estre vostre femme, ne l'est que de nom; si elle n'est pas plus belle que son frere, elle
n'est

n'est pas digne d'arrester vos yeux. L'autre qui vous desire posseder, estant vieille deuroit plustost penser au sepulchre qu'à vn mari, & quelque grādeur qu'elle vous propose, il y a trop de disproportion entre vos âges, pour faire consentir vostre courage à se ietter tout viuant en vn tombeau reblanchy. Il n'y a point de grandeur ni de richesse comparable à vn cœur constant & fidele comme le mien. Qui vous en a tant appris? dit Iphigene. Pensez-vous, reprit Amiclée, que ie n'aye point d'oreilles pour entendre les nouuelles du monde, qui n'a point d'autre entretien que des actiōs des Grands comme vous, & qui sont esleuez sur le Theatre de la Cour? Vous iugez par là, dit Iphigene, que ie ne suis pas à moy, & que la raison d'Estat m'emporte. Vous deuriez faire plus d'estat de la raison, dit Amiclée, que de conte de la raison d'Estat. La raison ne contrarie iamais à la Nature, puis que c'est vne lumiere naturelle qui nous conduit doucement au train bien reglé des actions de nostre vie. Souuent la raison d'Estat renuerse l'estat de la raison, contrepointe la Nature, & bouleuerse tout ordre & toute police. Laissons là, dit Iphigene, la raison d'Estat, vous estes trop ieune pour en cõnoistre l'importãce; mais ne faites-vous pas estat de faire raison à Liante, en lui rendant vostre cœur pour le sien qu'il a remis entre vos mains? Ie ne lui sçaurois dõner vn cœur qui n'est plus à moy, reprit Amiclée, & quelque amitié qui soit entre vous, vous oster vn cœur qui vous appartient, comme celui que ie vous ay donné, pour le lui bailler, il m'est plus aisé de lui rendre le sien que ie n'ay iamais receu, quelque offre qu'il m'en ait faicte, ou le prier de le reprendre, & de chercher quelque autre sujet que moy pour exercer ses tyrãnies. Iphigene. Vous sçauez que la loy de Cheualier ne permet pas aux hommes de gentil courage de courir sur les brisées de leurs amis, & que Liante estant le premier en temps à vostre seruice, ie ne puis entrer en ce dessein qu'il ne vous ait quittée, ou que vous ayez tout a faict rompu auecque lui. Quant au premier, repartit Amiclée, il depend de lui, & ie ne sçay si s'obstinant à son malheur, il voudra lascher ce qu'il ne tient que par imagination. Pour le second, il est

tout

tout faict en moy; car ie l'ay prié tant de fois de ne m'importuner plus de ses pleurs & de ses sanglots, que ie ne sçay quel plaisir il prend à faire tant de naufrages côtre vn escueil qui se rit de ses émotions. En vn mot, quoy que vous puissiez dire, & quoy qu'il puisse faire, ie ne seray iamais à lui de corps ni de cœur. Ie n'ay point si peu de courage que ie ne sçache les moyens de me deffaire d'vne vie, quád ie la verray pire que mille morts. Mais m'estimeriez-vous bien si desloyal que ie voulusse, dit Iphigene, rôpre les desseins de mon amy? Et vous Monsieur, dit Amiclée, m'estimeriez-vous bien si ennemie de mon propre sang, que ie voulusse rauir à ma propre sœur celui que ie sçay qu'elle a aimé plus que ses yeux, auparauant que vostre presence lui eust faict voir que Liante n'estoit que lie à comparaison de vostre esclat? Iphigene. Mais il ne peut aimer vostre sœur. Amiclée. mais moy ie ne le puis aimer. Iphigene. Aussi vostre sœur n'est-elle pas belle. Amiclée. & lui ie ne le treuue pas beau. Iphigene. O Liante, si tu estois aussi beau aux yeux d'Amiclée que tu le sêbles aux miens, de quelles ardeurs ne seroit atteint son courage? Amiclée. Faute de vous mirer, vous l'admirez, mais si la vanité vous portoit iusques là de voir les ornemens dont la Nature s'est pleüe à embellir vostre visage, vous seriez contraint d'auoüer que tous les hommes du monde sont aupres de vous des obiects mal-plaisans. Vous n'auez à redouter l'vsage des miroirs, ou le cryftal des fontaines, que de peur de tõber dans l'amour de vous mesme, qui est la plus forte resuerie dont vn esprit puisse estre agité. Iphigene. Helas! Amiclée, les déplaisirs & les chagrins de cette prison m'ont tellement alteré le visage, que le moyen de ne me cõnoistre pas, seroit de m'auoir veu autrefois. Si ie me regardois, ie me ferois peur, & i'exciterois pluftoft en moy l'horreur que l'amour de moy-mesme. Amiclée. Que sera-ce donc quãd la viue ioye aura repris son siege sur vostre front, & redõné la serenité à vos yeux, si tous battus de larmes, si enfoncé dans le deüil & dans la tristesse de cette prison, vous iettez tãt de feux du milieu de cette cédre, que i'ay autant de riuales que de cõpagnes, trauaillée au dedans de mes propres passions, &

au

au dehors de l'enuie & de la crainte qu'vne autre plus heureuse, mais nõ plus affectionné que moy, ne face butin de vostre amitié à mon preiudice? Au moins souuenez-vous de replier contre vous la raison que vous me reiettez en faueur de Liäte, & de recõnoistre que mõ Amour nasquit au mesme instãt de vostre premiere veüe, & tout à coup elle fut si grãde & si extreme, que depuis ce moment elle n'a peu ni croistre ni diminuer, & ie croy qu'en cet estat quelque mespris dõt vous payez ma constãce, elle m'accõpagnera au cercueil. Si donc ie suis la premiere à vous hõnorer d'entre celles qui sõt en ce lieu, si i'ay esté la premiere qui vous ay descouuert mon amitié au preiudice de la modestie & de la retenuë de mõ sexe: si ma sœur est la premiere à cherir Liãte, pourquoy réuersant tout ordre iray-ie sur les erres de ma sœur? pourquoy Liante courra-t'il sur mes desseins? pourquoy veut-il que sõ seruice enuers moy cõmence par mon obeïssance? pourquoy veut-il que ie le treuue beau, s'il ne peut treuuer ma sœur assez belle? pourquoy veut-il par vne vanité ridicule estre preferé à vous, se seruant de vous
contre

contre vous-mesmes ? S'il aime la vertu, ma sœur en a plus que moy : si la sagesse, elle a plus d'âge & plus de maturité. Si elle n'est mariée maintenant qu'elle est encore de saison, peut-estre ne le sera-t'elle iamais, & i'aurois esté cause de cette disgrace. La fille est vne rose qui veut estre cueillie en son point, ie ne suis pas encore au mien, & le sien commence à decliner. S'il ne cherche que l'appuy de sa fortune en l'alliance d'Olaue, il l'aura aussi bien par ma sœur que par moy. S'il cherche l'égalité, l'amitié & la sympathie, il en treuuera plus en Olorie qu'en Amiclée, leurs âges ont plus de correspondance, ils sont bigearres tous deux, tous deux mutins, tous deux melancholiques, tous deux couuerts de larmes, tous deux jaloux ; ne voila pas de belles ressemblances pour faire vne excellente vnion ? De moy ie suis trop esloignée de ces belles humeurs là, pour contracter iamais auecque lui aucune societé qui fust de bonne intelligence. Que s'il m'est impossible de lui vouloir du bien, il m'est encore moins possible de me distraire de vous en vouloir. Car ie proteste

Que

Que l'amitié de tous les Rois du monde,
Tous les presens de la terre & de l'onde,
Tous les pouuoirs qui sont en l'Vniuers,
Ne me sçauroient faire quitter mes fers,
Ne me sçauroient arracher du courage
Les traicts aimez de vostre belle image.
Comme les Grands se plaisent à la Cour,
Comme les yeux sont aises d'vn beau iour,
Comme vn printemps tout l'Vniuers recree,
Iphis ainsi vostre grace m'agree.
Le Boristene arrestera son flux,
Le temps mourra, le Ciel ne sera plus,
Et l'Vniuers aura changé de face
Auparauant que cette humeur me passe.

Madamoiselle, dit Iphigene, ie ne veux pas par l'Amour que ie vous inuite de porter à Liante, acquerir vostre haine, ie vous supplie seulement de regler vos affections (comme fille bien née) selon les loix du deuoir & de l'honnesteté, vous pouuez iustement donner celles qui tendent au mariage à Liante, & me reseruer vne commune bienueillance, laquelle ie recomnoistray comme vne faueur signalée par tous les seruices que ie vous pourray rendre, & en consideration de vostre propre merite, & pour celle de mon amy. Quittez

Quittez donc ie vous en supplie cette cruelle resolution pour lui, & fascheuse pour moy. Pour moy fascheuse, puis que ie suis marry de ne pouuoir rendre comme ie voudrois le reciproque à vostre affection. Pour lui cruelle, parce que ie sçay que cette nouuelle si elle viēt à ses oreilles, sera le message de sa mort. Imaginez vous auec combien d'inquietudes & de perplexitez l'affligé Liante auoit ouy de la propre bouche de sa mortelle Deesse l'arrest de sa condamnation ; que d'iniures lui disoit-il en son ame, & pour cela il ne l'en aimoit pas moins, sa cruauté au contraire & son ingratitude estans comme deux pierres aiguisoires où il affiloit sa passion, & la rendoit plus tranchante. A la fin ne pouuant plus soustenir la violence de sa douleur, contre la promesse qu'il auoit faicte à Iphigene de ne paroistre point, il sortit tout à coup emporté de sa fureur, & les yeux baignez de larmes, le cœur enflé de sanglots il se mit à genoux aux pieds d'Amiclée, au mesme instant qu'elle prenoit les mains d'Iphigene, & les vouloit appliquer à ses leûres. cette action & ce qu'il auoit ouy pensérét
faire

faire perdre le respect à Liante, & le mettre hors des gonds. A la fin ayant obtenu quelque treue de sa douleur, il se fit entendre en ces paroles. Puis qu'apres tant de souspirs vainement espandus, pour estre le plus fidele de tous les Amans, i'espreuue de l'ingratitude en vn courage que ie n'en eusse iamais iugé capable, & que pour auoir offensé le Ciel en honnorant trop religieusement vne creature, i'en ressens la punition en sa mesconnoissance : puis qu'il semble que les respects & les seruices que ie lui ay rendus sont des offenses, puis que ie suis trahi par celui à qui ie me fiois le plus, & mesprisé par celle que i'ay le plus estimée, que fay-ie d'auantage en cette vie, sinon prolonger sur moy l'insolence de la fortune iamais lassée de me persecuter ? Fiere Amiclée plus dure que les rochers, plus sourde que la mer, moins exorable que la mort, acheue, acheue ton ouurage, arrache auecque la pointe de ce fer (ce qu'il dit en lui offrant son poignard) de ce corps que tu haïs cette ame qui t'est importune. Ie tiendray ce dernier office pour vn acte de pitié, & pour te témoigner que ton

mespris m'est moins supportable que la mort, tu me verras honnorer l'effect de ta cruauté aux derniers traicts de ma vie. Amiclée bié qu'auertie de la cachette de Liante, fut neantmoins, côme fille, tellemét troublée de sa presence, & de le voir en cette action de desespoir, que sa voix s'attachât à son palais elle ne sceut que lui respondre. Iphigene craignant que le refus qu'elle faisoit de prendre cette lame, ne portast Liante à se l'enfoncer dans le sein, le fit courir au bras qu'il auoit ia leué, pour lui arracher de la main ce fer homicide. Et sa preuoyáce ne fut pas vaine, car sans doute la rage eust transporté Liante à des extremitez horribles à penser, & odieuses à dire. Quand il se vit saisi par Iphigene ; Si cette fille, lui dit-il, le regardant d'vn œil tout flambant de courroux, n'a pas le courage d'auancer le terme d'vne vie si miserable qu'est la mienne, tranche toy, si tu m'as iamais aimé, le fil de mes iours, & puis que tu m'as rauy vn cœur où estoient toutes mes esperances, mets fin à ton brigandage en m'esgorgeant. Vous iugez bien que la violence de la douleur tiroit ces paroles
furieu

furieuses de la bouche de Liante, & en mesme temps les larmes des yeux d'Iphigene. Amiclée reuenüe de son estonnement, pour remettre cet enragé voulut vser d'vn ton plus doux, & lui remonstrer le tort qu'il auoit de se laisser ainsi gaigner à la violéce de sa passion. Mais comme les medecines sont inutiles à ceux dont les maux sont incurables, ou qui ne sont pas disposez à les receuoir; de mesme le desespoir auoit tellement en l'ame de Liante bouché les auenües de la raison, qu'il ne pensoit pas pouuoir autrement que par la porte de la mort sortir de sa douleur inconsolable. Ie serois long si ie voulois raconter les diuerses raisons dont Iphigene & Amiclée tascherent de satisfaire à son esprit, qui n'en estoit pas capable, comme aussi les estranges mouuemens qui sortoient de ce frenetique: car tantost il s'en prenoit au Ciel, tantost à la terre, tantost à soy-mesme, tantost à la Prouidence, tantost accusant Amiclée, & puis lui demandant pardon, tantost outrageant Iphigene, & puis se retractant; bref il fit & dit des choses qui seront mieux enuelopées dans le silence que estalées sur ce papier, & qui firẽt connoistre que si la colere est vne courte fureur, l'Amour est vne pure folie. Cependant il fut contraint de digerer son angoisse, sans estre iamais consolé d'Amiclée d'aucune parole qui peust conseruer son esperance au milieu de tant de troubles qui l'assailloient. Car outre sa trop grande ieunesse, dont elle se couuroit comme d'vn bouclier, elle feignoit si dextrement de ne vouloir pas offenser sa sœur en passant aux nopces auant elle, que Liante sortit de cette chãbre de la mesme façon qu'vn Taureau sort d'entre les mains de ceux qui l'ont mis en fureur, & vn Sanglier d'entre les espieux des chasseurs ayant rompu les toiles. De fiepre il tombe en fureur, & de caprice en forcenerie, mieux que iamais il se met en fantaisie qu'Iphigene est vn Sorcier qui possede tellement Amiclée, que comme ces demons qui obsedent les Energumenes, il la fait parler ainsi qu'il lui plaist. Sans prendre d'autre conseil que de sa manie, il delibere d'auoir sa vie ou de perdre la sienne, & pour ne faire point tout à faict banqueroute à l'hõneur, il ne se veut seruir ni de poison,

ni

ni d'assassinat, mais comme vn desesperé il veut se battre auecque lui à pied entre quatre picques auecque le pistolet & le poignard, affin que necessairement l'vn ou l'autre demeurast sur la place. Il ne manque iamais de fauteurs à vn mauuais project. Polemandre frere d'Amiclée, qui auoit esté si rudement porté par terre par Iphigene au combat de Miessas & de Liante, auoit contracté vne si estroitte amitié auecque Liante, qu'il se fust ietté dans vn feu pour lui complaire, desia ils s'appelloient freres, & cettui-ci brusloit de desir de voir sa sœur mariée à son amy. Il fut aisé à Liante de le rendre susceptible de ses resueries, car nous croyons comme des Oracles ceux que nous aimons. Ce fut celui qui se chargea de faire l'appel, & de conduire Iphigene dans vne cour du Chasteau, où en peu de tẽps ce differend se verroit terminé. Voyez où la rage transporte Liante; il n'auoit pas voulu se battre contre le Pere qui l'auoit si outrageusemẽt offensé, sans le congé de ses Chefs, & le voyla qui sans les en auertir se porte à outrance contre le fils qui l'a si extraordinairement obligé. Qui ne

Gg 3

dira que la Ialousie est vn monstre, puis qu'elle produit des effects si prodigieux, & demonte les cerueaux les mieux faicts? Polemandre se chargea de cette commission en partie pour seruir son amy, en partie pour se vanger d'Iphigene, estant l'ordinaire des vaincus de ne regarder iamais de bon œil la gloire de leurs vainqueurs. Ce n'est pas qu'il fust ennemy de sa vertu, mais il estoit ialoux de sa reputation, parce qu'aspirant à quelque nom, il lui sembloit qu'il perdoit tout son lustre quand il venoit à se comparer aux perfections d'Iphigene. L'Ennie a vne humeur estrange, qui fait son dommage du bien d'autruy, & comme les chauuessouris ne peut souffrit de lampe allumée. Polemandre s'estant donc deschargé de sa commission aux oreilles d'Iphigene, & lui offrant de le mener où son amy l'attendoit, il eut cette responfe. Ie ne sçay quelle raison pretend tirer Liante d'vn d'vn tort qui ne lui est point faict, s'il se l'imagine, ie ne suis pas obligé de contenter ses imaginations, m'estant assez de lui dire que si c'est la seule volonté qui offense, ie n'en ay point eu de l'offenser, non pas

pas mesme de pensée. Il se plaint iniustement que ie le trauerse en vn dessein où i'ay faict toute sorte de deuoirs pour le seruir, & le comble de l'iniustice est qu'il me veut du mal, parce qu'on me veut trop de bien, & qu'on ne lui en veut pas assez, comme si i'estois caution des mouuemens d'autruy, & si les volontez sur lesquelles Dieu ne s'est point reserué de contrainte, estoient en ma puissance. Il a assez d'autres moyens pour se deffaire de ma vie, sans en employer vn qui le rendra blasmable deuant les hommes, & grandement coulpable deuant Dieu. De ma part ie n'ay affaire d'aucunes armes, parce que ne pretendant auoir receu de lui aucune offense, non plus que ie ne lui en ay point faict, ie n'ay aucune vengeance à prendre de lui, s'il la veut prendre de moy, qu'il vienne ici, & ie lui promets de souffrir constamment & sans me plaindre tel genre de mort qu'il m'ordonnera, me tenant assez heureux dans vn si cruel malheur, s'il me vient de sa main qui me sera chere iusques à la derniere periode de ma vie. S'il ne veut prendre la peine de venir ici, ie descendray sur voftre parole en la mesme disposition, prest de rendre ma vie à son courroux sans examiner s'il est iniuste ou equitable, parce que sa volonté me tenant lieu de raison & de loy, m'oblige à croire contre mon ressentiment que tout ce qu'il fait est la mesme iustice. Seigneur, reprit Polemandre, cette responce ne contentera pas mon amy, qui vous attend là bas auecque d'extremes impatiences & vn desir nompareil de vous voir les armes à la main, ioint qu'elle semble vous accuser de quelque manquement de courage, ce qui est bien contraire à cette grande reputation que le monde vous attribuë. Iphigene se sentant toucher au vif par vn hōme à qui il auoit donné la vie, Seigneur, repartit-il, pour preuue que cette renommée n'est point vaine, ie ne voudrois point d'autre témoin que vous, car vous en pourriez parler comme sçauant & par experience, & Liante mesme en vn besoin vous y pourroit tenir compagnie, affin qu'en la bouche de deux la verité fust appreuuée. Toute loy de Cheualerie me dispense de remettre ma vie au hazard contre ceux qui la tiennent de ma courtoisie, mais la fureur

fureur qui possede Liante, ne lui permet pas de comprendre ces raisons là. Outre cela, l'estat où ie suis me permet de soupçonner vn assassinat de ceux qui ne font point conscience de me soupçonner de sortilege. Si vous me voulez faire mourir en cette prison, vous le pouuez, puis que vous en auez la force, sinon que mon supplice fust destiné en lieu public, car alors ie ne craindray point d'aller à la mort comme au seul port de toutes mes miseres. Comme Polemandre continuoit ses reproches, disant que le cœur lui manquoit au besoin. Ie voy bien, reprit Iphigene, qu'il faut mourir, allons donc, & faisons voir combien il est aisé de mourir à celui à qui la vie est ennuyeuse. Il alloit, quand la Preuoyance de ce grand Dieu qui ne dort iamais en gardant les iustes, fit entrer la Palatine du Minsce dans la chambre d'Iphigene accompagnée de ses filles & de Mélindre. A leur venuë Polemandre feignit d'entretenir Iphigene de propos indifferens, ausquels le Palatin de Plocens respondoit d'vn esprit si rassis, que l'on n'eust iamais iugé qu'il eust esté vn moment auparauāt sur le point d'aller affronter la mort. Quand ces femmes furent entrées en discours, Polemandre faisant vne grande reuerence à sa Mere passe la porte, & va pour parler à Liante qu'il ne treuua plus au lieu où il l'auoit laissé, parce que le Palatin du Minsce l'auoit enuoyé chercher pour lui communiquer vn auis qu'il auoit eu du camp du Roi, où il y auoit vne grande rumeur sur ce qu'on y auoit sceu que la prison d'Iphigene auoit esté resserrée. Il lui remonstra que la cause de ce traittement auoit esté bien soudaine & peu considerée, parce que le Roi en estant auerty, cela pourroit alterer son esprit, & apporter du trouble au traitté qui se proiettoit pour la paix publicque. Vraimēt Seigneur, repartit Liante, ie lui allois tailler vne closture bien plus estroitte, si vostre commandement ne m'eust obligé de vous venir treuuer. Et de qu'elle façon? reprit le Palatin. Ie vous asseure, dit Iphigene, que si vous eussiez tardé encor autant qu'il y a que nous en parlons, l'vn de nous deux seroit mort, & n'auroit point besoin d'autre demeure que d'vn sepulchre. Et le Palatin voulant sçauoir ce que cela vouloit dire,

Liante

Liante lui raconta naïuemēt l'appel qu'il auoit enuoyé faire à Iphigene par Polemandre, le sujet de cette querelle, & la forme du combat selon qu'il l'auoit resoluë, suppliant le Palatin de lui accorder cette grace, qu'il peust les armes à la main tirer raison du tort qu'il croyoit auoir receu d'Iphigene. Olaue qui connut que cela ne prouenoit que de la jalousie qui renuersoit le iugement de Liante, l'ayant extremement blasmé de ce qu'il auoit faict sans lui en demāder auis, lui deffendit si expressement de se battre qu'au mesme instant il lui donna des gardes, & ayant faict venir son fils, le tança aigrement de l'appel qu'il auoit faict auecque temerité. & comme ce ieune Galand voulut repartir que le nez auoit saigné à Iphigene qu'il auoit laissé parmi les Dames, où il auoit meilleure grace que dans vn camp clos : C'est vous petit badin, lui dit son Pere, de qui il a faict saigner le nez, lors que vous ayant couché tout de vostre long, & passé Cheualier on vous treuua dans vostre casque presque suffocqué de vostre propre sang. Apprenez à ne parler iamais de plus grands & de plus

plus vaillans que vous qu'auecque respect, & sur tout à ne mespriser iamais ceux qui sont honnorez de la bienueillance des Rois, car ce sont les Astres qui font la pluye ou le beau temps. S'il vous arriue iamais de faire de telles eschapées, ie vous feray sentir combien ces insolences me sont desagreables. Ce fut à Polemandre de se taire, & à Liante de creuer de depit se voyāt esloigné de cette vengeance où sa rage lui faisoit mettre le plus grand bien de sa vie. De ce pas il alla treuuer le Palatin de Plocens en sa chambre, auquel (l'ayāt tiré à part) il fit de grandes excuses de la fureur de Liante, & de la folie de son fils, reiettant toute la faute sur la ialousie de l'vn, & la ieunesse de l'autre. Iphigene fit semblant de n'entendre pas ce qu'il lui disoit, & d'ignorer ce qui s'estoit passé. Mais en fin Olaue lui en dit tant de particularitez, qu'il ne peut douter qu'il n'en eust esté bien auerti. Sur quoy prenant la liberté de se plaindre que l'on traictast vn prisonnier de sa qualité de cette façon, le Palatin lui promit qu'il le satisferoit de telle maniere qu'il auroit occasion de se contenter. A peine

les

les Dames furent-elles descenduës auecque Olaue apres auoir pris congé d'Iphigene, qu'elles treuuerēt tout le Chasteau en trouble & abbreuué de cet appel. Sur quoy elles ne pouuoient assez admirer la discretion d'Iphigene, qui ne leur auoit dōné ni par ses paroles, ni par sa cōtenance aucun sujet de soupçonner aucun mescontentemét; ni d'autre part assez blasmer l'aueuglement de Liante, & l'ineptie de Polemandre. Comme elles estoiēt toutes affectiōnées au beau Palatin, c'estoiēt autant de guespes animées & enuenimées cōtre les appellans. Dieu! que ne dit la Palatine à son fils Polemandre? Mais que ne dit contre Liante celle de qui il redoutoit autant la colere qu'il desiroit son amitié? Quand elle eust eu pour lui les meilleurs mouuemens du monde, cette seule action estoit capable de perdre sans reserue toutes ses attentes. La premiere fois qu'il se presenta deuant elle, elle le chargea d'outrages, le foudroya de menaces, & lui dit des iniures que la colere n'auoit point encore inuentées. Il auoit beau s'excuser sur le desespoir où elle l'auoit reduit, c'est qui l'irritoit d'auantage. Va, lui disoit-elle,

traistre,

traistre, & le plus desloyal amy qui fut iamais, ou plustost ennemy plus cruel qu'vn Tigre. c'est donc ainsi que tu traittes celui qui n'idolatre que toy, qui ne parle de toy qu'auecque des respects admirables, & des loüanges dont tu es indigne, celui qui ne parle que pour toy, qui ne semble viure & respirer que pour te rendre de bons offices ? O que le Ciel ne me le pardonne iamais, si iamais ie te pardonne vne si brutale entreprise. Si tu es si osé que de me regarder, ie t'arracheray de mes propres mains les yeux qui sont si hardis que de s'arrester sur mon visage. Va Basilic qui me viens empoisonner & polluer de ta maudite veüe, que tous les supplices imaginables puissent fondre sur ma teste plustost que ie consente d'estre sujette à ta tyrannie. Elle en dit bien d'autres qui furent auctorisées par Melindre, par la Palatine du Troc, & par beaucoup d'autres, qui toutes donnoient vn coup de bec à Liante, comme s'il eust esté vn hybou picqué de toutes parts par les oyseaux du iour. En quelle agonie deuoit-il estre se voyant perdre en mesme temps par son imprudence, & le meilleur amy

qu'il

qu'il eust au monde, & la bienueillance de celle dont il faisoit son Idole? Iphigene se voyant seul, & ramenant en son esprit ce qui s'estoit pasé touchant l'appel de Liante & son refus, se voyant balancé entre les eslans de son Amour comme fille, & entre les considerations chatoüilleuses du point d'honneur comme Cheualier, ne sçauoit que iuger de ce qu'il auoit faict. Car s'il consultoit son affection, il appreuuoit son refus, si son courage qui estoit tout masle, il pensoit auoir commis vn acte d'insigne lascheté. Ainsi l'Amour & l'honneur combattans dans son ame, lui donnoient les mesmes conuulsions que sentiroit vne femme qui seroit grosse de deux enfans qui se battroient dans ses entrailles. Plus il multiplioit ses resueries (selon l'ordinaire de ceux qui songent creux) plus il s'embarrassoit, & plus il s'efforçoit de s'en desueloper, plus il s'y enlaçoit, tantost il se vouloit vanger de Liante, tantost se laisser tuer par ce cher ennemy, tantost lui témoigner en mourant le sacrifice qu'il lui faisoit de sa vie, & lui laisser vn eternel regret de sa faute. Tantost il se retractoit

de

de ces furieuses pensées, & se representoit à quel danger il exposoit sa reputation, s'il venoit à estre apres sa mort reconnu pour ce que la Nature l'auoit faict estre, & bien qu'il fust innocent, à combien de calomnies il exposoit sa renommée. Et tout ainsi que la honte d'estre exposées nuës aux yeux d'vn chacun, retint la fureur des filles Millesienes que le desespoir faisoit courir à la mort qu'elles se donnoient : de mesme l'honneur bridoit en Iphigene tant de desseins temeraires que la douleur lui suggeroit pour se deffaire de ses peines auecque sa vie. Il ne peut neantmoins tant resister à l'impetuosité de ses passions, qu'il ne fust contraint de s'abbattre sous le sourd effort d'vne langueur, qui le rendit en peu de iours & si triste, & si foible qu'il lui fallut prendre le lict. & c'est là où il paroissoit auecque tant d'auantage, qu'il sembloit n'auoir esté abbatu par le mal que pour releuer par ce lieu l'éclat de sa beauté, qui estoit alors entre la pitié & l'enuie, rauissant de compassion les ames qui ne se rendoient point à la passion. Ce fut alors que celles qui se fussent volontiers

attachées

attachées à son chcuet, se collerent autour de son lict auecque le mesme empressement que monstrent les abeilles aupres des rayons de miel. De vous dire les inuentions qu'elles cherchoient toutes à l'enuy pour le desennuyer, & pour diuertir sa melancholie, il seroit impossible. Les Palatins mesme du Minsce & du Troc le venoient souuent visiter, & lui promettoient de lui donner tout le contentement qu'il desireroit de leur courtoisie. La Musique, le ieu, les deuis, la bonne chere, les complimens, les contes facetieux estoient les ordinaires entretiens de cette compagnie. Et bien qu'vn cœur vraiment affligé augmente sa peine par tout ce qui semble le deuoir diuertir, neantmoins le gentil Iphigene releuant son courage comme vne palme genereuse, s'essayoit de leur témoigner que leur bonne volonté l'obligeoit bien que son inconsolable déplaisir en receust vn peu de soulagement. Et pour n'estre point agreste en la conuersation, il contribuoit sa part aux entretiés, disoit son auis comme les autres, & ayant la voix fort belle, il ne se faisoit point trop prier quand on lui proposoit de toucher vn luth & de faire entendre quelque air. Le chant a cela de propre ou d'enchanter les ennuis, ou de les nourrir; & pour l'vne & pour l'autre de ces raisons, & aussi pour complaire à cette trouppe honnorable, il en sonna vn de fort bonne grace, qui reuenoit au sons & au ton à celui-ci qui a eu tant de vogue en France en son temps, & qui part d'vn si digne Genie.

AIR LAMENTABLE.

CEpendant qu'heureux on me nomme,
  Ie passe ma vie en langueur,
  Ressemblant à la belle pomme
  Qu'vn ver ronge dedans le cœur.
O respect, ô crainte discrette,
  Que tyrannique est vostre loy!
  Mais en vain ma bouche est muette,
  Mes yeux parlent assez pour moy.
Mes yeux il est bien raisonnable
  Que vous témoigniez mes douleurs,
  Par vous ie languy miserable,
  C'est pour auoir veu que ie meurs.
Par vous la fleche qui me tue
  Se vint en mon ame ficher.

                      Las!

Las! eusse-ie crû que la veüe
  D'vn beau Lys m'eust cousté si cher?
En vain vne chose si belle
  Est vne merueille des Cieux,
  Si pour viure libre aupres d'elle
  Il en faut destourner ses yeux.
Mais il falloit qu'à mon dommage
  I'espreuuasse les cruautez,
  Qui font viure dans ce courage
  Autant de morts que de fiertez.
Ah! que ne pouuons-nous atteindre
  Ce fier esprit de mesmes coups?
  Las! nous ne sommes guere à craindre
  Qui ne pouuons nuire qu'à nous.

Cet air lamentable me fait souuenir d'vn autre qui est de nostre Tragicque François, qui fait ainsi souspirer le chaste Hippolyte.

AIR PLAINTIF.

Faisons cheres compagnes
  Retentir les montagnes,
  Et les rochers secrets
  Au son de nos regrets.
Que le clair Boristene
  Sensible à nostre peine,

Face rider ses flots
 Au vent de nos sanglots.
Que les larmes roulantes
 De nos faces dolentes,
 Des sablonneux ruisseaux
 Facent enfler les eaux.
Et toy, Soleil, lumiere
 Du monde iournaliere,
 Cache ton œil honteux
 D'vn voile tenebreux.
Mes fortunes funebres
 Se plaisent aux tenebres,
 Commodes sont les nuits
 A nourrir mes ennuis.
Car dequoy plus ma vie
 Peut-elle auoir enuie
 En ce funeste dueil,
 Si ce n'est du cercueil?
Les pleurs en pluye espaisse
 Tombans doiuent sans cesse
 Témoigner la langueur,
 Qui accable mon cœur.
En plombant ma poitrine
 D'vne dextre mutine,
 Ie rendray sous mes coups
 Mon estomac tout roux.
Que sçaurois-ie mieux faire,

Voyant

Voyant le Ciel contraire
Ruer tant de meschef
Dessus mon triste chef ?

Ie mets ces vers en la place de ceux que recitoit Iphigene, & en faueur de celui qui lisant ces pages se voudra diuertir par quelque Poësie. Tandis que le beau Palatin s'amuse apres ces diuertissemens, le forcené Liante tousiours beant apres sa proye, & ne pouuant souffrir que le dementy lui en demeurast, se resolut d'auoir Amiclée malgré elle, & contre les empeschemens d'Iphigene (estrange façon de se marier) s'appuyant sur cette creance que le temps remettroit toutes choses en leur point, & que ce qui auroit eu vn commencement contraint, en fin se rendroit volontaire. Il auoit la parole du Pere, qui se faschoit que l'opiniastreté d'vne fille s'opposast à sa promesse & à son auctorité. Par le moyen de Polemandre il gaigna pied dans l'esprit de la Mere, qui iugeant ce parti auantageux pour Amiclée, eut peu d'esgard à sa contradiction. Les accords sont faicts sans que la fille soit appellée, & bien qu'elle en soit auertie par Olorie qui en est au desespoir, elle console sa sœur sur l'asseurāce qu'elle lui donne de ne consentir iamais au mariage de Liante, ni à aucun autre qu'elle ne la vist premierement pourueüe, ce qui adoucit en quelque façon sa douleur. Aussi tost Iphigene par Amiclée fut auerty de ce qui se brassoit, & il pensa finir sa vie en acheuant d'ouyr ces fascheuses nouuelles. Car la foiblesse des filles plus legeres que des fueilles lui reuenant en l'esprit, commét pouuoit-il esperer qu'vne si foible barque peust resister à tant de vents contraires sans naufrage de sa resolution, veu qu'Hercule mesme ne pouuoit pas soustenir l'effort de deux combattans? C'est à ce coup qu'il pense estre perdu, & qu'il se voit à la veille de voir euanoüir toutes ses esperances; sa consolation en sa solitude est en son Luth, qui n'a plus que des accés funebres, ausquels il range ces paroles sous le nom de Fleur-de-lis (c'est ce que signifie celui de Liante) affin que sous cette escorce son secret demeurast enuelopé.

PLAIN

PLAINTE PASSIONNEE.

Rien ne peut doncques Fleur-de lis
 Flechir ton obstiné courage,
 Tu veux par ce dernier outrage
Rendre mes malheurs accomplis.
Ni ma constance, ni ma foy
 Que ie te garde toute entiere
 En me priuant de ma lumiere,
N'oseront se plaindre de toy.
Ie sçay bien que ma fiction
 Me fera paroistre coupable,
 Mais aussi seray-ie excusable
Si l'on sçait mon affliction.
Appreuue seulement les maux
 Que me cause ton inconstance,
 C'est là l'vnique recompense
Que ie veux de tous mes trauaux.
Que si quelque iour la pitié
 Rallume en ton cœur quelque flame,
 Vien t'en souspirer sur ma lame
La ruine de nostre amitié.

La langueur d'Iphigene esmeüe par cet assaut, le fit aussi tost tomber en vne maladie si vehemente que l'on crût qu'elle seroit capable de trancher le cours de sa vie. Comme elle venoit de l'ame, les remèdes corporels y feruoient de peu. Tout le monde est en eschec sur ce mal, car il n'y auoit rien que les habitans du Minsce redoutassent à l'égal de la perte de leur prisonnier : car outre que sa courtoisie en auoit attiré plusieurs à l'aimer, sa vertu forçoit tous les autres à lui vouloir du bien, joint que par son credit ils croyoient deuoir estre deliurez de leurs miseres & de l'oppression de la Pologne. Cependant l'ingrat Liante peu soucieux de la vie de celui dont il ne souhaittoit que la mort, auançoit son dessein. Le iour des fiançailles fut arresté, l'assemblée faicte. Mais combien est vraye cette sacrée parole, que ceux là sont confondus & renuersez en leurs desseins, qui meditent inutilement des projets iniustes ! A la presence de tant de gens qui furent inuitez à cette action, vne fille comme vne autre Iudith mit la confusion en la maison de Nabuchodonozor, & seule resista à toute vne armée. Son Pere lui ayant remõstré ce qui estoit de sa volonté, le soin qu'il auoit de son bien & de son auancement, les auantages qu'elle auroit au party de Liante, les

passions

passions que ce Cheualier auoit pour elles, & mille autres raisons qu'il auoit premeditées & meurement digerées ; tout cela fut renuersé par l'Amour, qui se mettant sur les leûres d'Amiclée ainsi qu'il estoit dans son cœur, apres auoir monstré la foiblesse de toutes ces propositions, lui fournit tant d'autres cōsiderations, dont les vnes empeschoiēt tout à faict, d'autres retardoient ce mariage, qu'elle attira de son costé la plus grande partie des opinions & des volontez de l'assemblée. Si bien que presque tous crians qu'on la laissast en paix, & qu'on ne violentast point sa liberté, Liante demeura mocqué, les parens confus, & Amiclée triomphante. S'il estoit loisible de conferer les choses sainctes auec les mondaines, qui ne voit ici quelque foible rayon de ce que fit la grande Vierge & Martyre Saincte Catherine d'Alexandrie, surmontāt la science de tant de Philosophes pour maintenir le mariage sacré qu'elle auoit contracté auecque le diuin Espoux ? Ni les menaces & les outrages de son Pere, ni les tempestes de sa Mere, ni les fougues de son frere Polemandre qui iettoit le feu par la gorge, ni les larmes, les souspirs & les coniurations du desesperé Liante, ne la peurent flechir, ni arracher vne parole de sa bouche contraire à ses premieres protestations. Si bien qu'apres vn grand orage de crieries, il se fallut retirer sans rien faire de ce qui auoit esté resolu par ceux qui auoient conté sans leur hoste. Amiclée est enfermée dans vne chambre qui lui est donnée pour prison, auecque de grands sermens qu'elle n'en sortiroit point qu'elle ne se fust renduë à la volonté de ceux qui auoient droict de lui commander. Les filles qui aiment sont admirables en subtilité; de là mieux que iamois elle treuua moyen de faire sçauoir de ses nouuelles à Iphigene, & de receuoir des siennes fort souuent. Comme elle auoit vn grand loisir d'escrire, elle faisoit tenir au beau Palatin mille protestations d'vne inuiolable fidelité, auecque des témoignages de l'extreme contentement qu'elle auoit de ressentir des peines à son occasion. Mais à Liante quels outrages m'escriuoit-elle? quelles imprecations ne faisoit-elle sur lui? & quelles marques d'vne haïne implacable ne lui faisoit

faisoit-elle voir? Cependant la maladie d'Iphigene se rengrege de sorte qu'elle fait voir de signes de mort. Cette nouuelle est incontinent sceüe au camp du Roi, & de là portée à sa Majesté. Ce que les Lithuaniens redoutoient le plus, qui est qu'on ne les soupçonnast de l'auoir empoisonné, fut le premier bruict qui courut, & la premiere impression que le Roi en prit. Sur quoy entrant en vne colere demesurée, il leur escriuit des lettres plus sanglantes que le drapeau rouge de Tamberlan. Alors vous eussiez veu les plus hardis trembler au tonnerre de ces menaces Royales, car les coleres des Rois sont d'ineuitables tempestes. Ce ne sont qu'excuses & protestations d'innocence; mais les empoisonnemens ne se purgent pas par serment, & ceux qui sont si abominables que de bailler des venins, font peu de scrupule du pariure. Le Roi depescha de ses Medecins & de ses Chirurgiens qui furent tresbien receus, comme auoient esté ceux du camp du Roi enuoyez par le Chastelain de Cracouie & Mieslas, qui estoit sur la maladie de sõ fils vnique en vne rage desesperée. Boleslaüs

qui

qui auoit pour son cher Iphigene des entrailles plus que paternelles, treuua moyé de se glisser à la suitte des Medecins du camp, feignant d'estre Apothicaire. Les Medecins assemblez reconnurent bien qu'Iphigene n'estoit pas empoisoné, mais les bonnes gens n'estoient pas si subtils que celui du Roi Antiochus, qui descouurit que Demetrius son fils estoit malade d'Amour pour sa marastre Stratonice. O si le cruel Liante fust venu visiter Iphigene, qu'il eust esté aisé à recónoistre au battement de son cœur & de son pouls de quel costé lui venoit ce mal. Les Medecins estans retirez, quand Boleslaüs parut aux yeux d'Iphigene desia offusquez d'vne ombre de mort, ils prindrent vn peu de vigueur, & ses esprits se resueillans de l'assoupissement que l'ardeur & la melancholie causoient au beau malade, sa langue se denoüa pour lui dire ces mots d'vne voix foible & comme mourante. Mon Pere, ie benis Dieu qui vous a amené ici comme mon Ange tutelaire pour me rendre les derniers deuoirs, ainsi que de vostre officieuse pieté i'ay receu les premiers, vos bras qui m'ont autrefois seruy

de

de berceau, me seruiront bien tost de bière, car ie ne puis plus resister à la douleur qui me destruit. Ie n'ay rien plus à vous recommander que le soin de mon honnesteté, que i'ay tousiours maintenuë inuiolable malgré les malheurs qui m'ont persecuté, faites que la terre couure mon corps & mon secret en mesme temps, puis que i'ay mieux aimé mourir comme ie fay que d'en rompre le silence. Puis que ie meurs deuant le temps que vostre sagesse auoit determiné pour le descouurir, i'en loüe la Prouidence de celui sous le vouloir duquel roulent tous les momens de nostre vie. Car de suruiure à la perte de l'amitié de Liante, c'est ce que ie ne puis quand ie le voudrois, c'est ce que ie ne veux quand ie le pourrois. Ici les larmes, la foiblesse & la douleur lui arracherent la voix, & il tomba en syncope dont il fut quelque temps à reuenir. Imaginez-vous quel estoit l'ennuy de Boleslaüs voyant tout cela, & sçachant si peu d'où procedoit vn si grand desastre. En fin apres auoir vn peu remis son cher nourrisson en meilleure assiette & d'esprit & de corps, voulant s'informer

d'où

d'où lui prouenoit vn si grand trouble, qui estoit le fondement de sa maladie: Mon Pere, lui dit-il, laissez moy mourir en silence, & ayez seulement soin de conseruer l'honneur à ma cendre dont vous auez esté si ialoux durant que i'ay vescu. Le sage vieillard qui connoissoit à qui il auoit affaire, & qu'Iphigene ne vouloit pas estre pressé, feignit de vouloir mourir auecque lui, comme n'ayant pas le courage de voir le iour apres auoir perdu celui qui lui en faisoit aimer la lumiere. La pitié qu'Iphigene eut de ce bon homme le picqua, & pour l'empescher de mourir il sembla reprendre le desir de viure, & pour descharger son cœur de tant de tristesse qui l'accabloit, il prit la peine de lui raconter tout ce qui s'estoit pasé depuis qu'il s'estoit rendu volontairement prisonnier dedans le Minsce en la maniere que nous le venons de descrire. Par où Boleslaüs ayant veu à clair le fonds de l'ame & du mal de son nourrisson ; Courage, dit-il, nous n'en mourrons pas, si nous voulons croire vn bon conseil. Mon Pere, dit Iphigene, quand les choses sont desesperées il n'est plus question de consulter,

mais

LIVRE XVI.   495

mais de souffrir ; i'auray plustost faict d'acheuer de mourir, puis que i'en suis si auant, que de rentrer dans mille morts en reuenant à conualescence. Le cœur de Liante estant mort pour moy, ie n'ay plus rien à faire en ce mortel seiour. O Dieu, dit Boleslaüs, le nom de cet ingrat qui doit estre en horreur au Ciel & à la terre, est-il encore en vostre bouche ? ô le Barbare, il est indigne d'occuper la moindre de vos pensées. Où est vostre colere ? où est vostre iuste ressentiment ? où sont vos desdains ? où est vostre iugement ? quoy, faire estat apres tant d'affronts d'vne ame si vile & si basse ? ha! mon enfant vous meritez d'endurer ce que vous souffrez, puis que vous ne vous armez point de mespris pour payer ses insolences. Ha! mon Pere, reprit Iphigene, auez-vous entrepris de m'acheuer de tuer ? n'est-ce pas assez de la cruauté & de la mesconnoissance de Liante pour me tirer l'ame du corps, sans encore la presser d'en sortir par des paroles contre lui qui me semblent autant de blasphemes ? Vraiment, dit Boleslaüs, ie ne sçay qui l'emporte en excez, ou la fureur de vostre Amour, ou la rage de sa jalousie.

Non,

Non, non mon fils, il faut ici faire vertu de la necessité, & arracher de vostre cœur cette passion si funeste pour vn sujet tant ingrat. Ha! le Tigre il-a donc peu vous reduire à ces termes par sa desloyauté; & le Ciel ne punira pas vne telle iniustice? Mon Pere, dit Iphigene, si vous ne voulez me voir trespasser deuant vos yeux, ne parlez plus de cette façon, car ie vous asseure que toutes les rigueurs, & tous les outrages de Liante ne m'ont point esté si durs à supporter, comme vos paroles me sont cruelles. Ne voyez-vous pas que toute sa faute ne vient que de ne me connoistre pas? & qui est cause de cette mesconnoissance sinon moy-mesme, qui n'ay peu impetrer de ma pudeur assez de hardiesse pour lui dire qui ie suis? Car s'il le sçauoit, ie ne doute point qu'il n'en fust frapé comme d'vn éclat de tonnerre, & tout ainsi que la foudre tombant sur vn serpent lui oste le venin, & lui laisse la vie, de mesme que tout le fiel qu'il a conceu contre moy, se tourneroit en vn miel qui me redonneroit la santé. Mon enfant, dit Boleslaüs, puis que vous ne me permettez pas de blasmer sa rigueur, qu'il me soit au moins

moins permis de loüer la grandeur de voſtre Amour, & de vous dire que ie croy qu'il eſt de ces feux artificiels qui s'enflamment par le vinaigre. O Amour, combien il eſt vray que tu as les yeux bandez pour ne voir les deffauts de ce que l'on aime! La Lyonne qui cherit le Lyon, le treuue plus doux qu'vn Agneau, & les playes d'vne main aimée ſont des careſſes, les iniures d'vne perſonne cherie ſont des faueurs; ainſi le ſaffran profite ſous la greſle, & l'enclume ſe polit ſous le battement des marteaux. Quoy que vous me puiſſiez dire de lui, repartit Iphigene, & quoy qu'il me peuſt faire, il faut que ie l'aime, ie ne puis changer cette reſolution qu'en perdant la vie. Et ſi tu m'aimes, mon Pere, dequoy ie ne fay nulle doute, & ſi tu me veux obliger à t'aimer encor d'auantage, ie te prie de courir pour moy vers cet ingrat, & le coniures de ne fuir point Iphigene, qui le chercheroit & courroit apres lui ſi ſa maladie ne l'en empeſchoit. Dy lui que quand ie n'aurois iamais contracté auecque lui qu'vne commune bienueillance, la ciuilité l'obligeroit à me viſiter, & beaucoup plus puis qu'il eſt cauſe

Tome 2.   I i

de l'extremité où ie suis reduit. Dy lui que ie le quitte de la parole qu'il m'auoit donnée de me remettre en liberté quand ie me rédis en ses mains, que ie ne le veux point contraindre de quitter Amiclée, que ie prendray pluſtoſt le ſoin de ſolliciter contre moy-meſme ſon mariage auec elle. Que ie ne ſuis point cauſe du refus qu'elle lui a faict de l'eſpouſer, qu'au lieu de le contrarier ie l'ay aidé autant qu'il m'a eſté poſſible. Qu'il daigne ſeulement me voir, & me fermer les yeux, affin qu'auecque la grace de Dieu ie meure encore en la ſienne. A cela ie te prie, mon Pere, de ne faire ni excuſes ni repliques, ſi tu deſires que ie viue. Boleſlaüs qui ſçauoit l'humeur du Palatin, lui promit tout ce qu'il voulut, y adiouſtant pour le conſoler qu'il croyoit que l'ancienne connoiſſance qu'il auoit de l'eſprit de Liante, le lui rendroit plus flexible & plus docile. Et puis ayant pris dextrement ſon temps, mon enfant, dit-il, puis que vous auez tellement changé en nature cet Amour, qu'il s'eſt fait vn accident inſeparable de voſtre eſtre, entreprenant de conſeruer voſtre vie, ie veux auſſi viſer à la conſeruation

uation de vostre affection, & puis que ie voy que vous ne pouuez viure content sans Liante, il faut que ie dresse toutes mes inuentions pour faire en sorte que ce cœur retombe en vostre puissance. A ces mots vous eussiez dit qu'Iphigene resortoit du tombeau, ou au moins qu'il ressembloit à vne belle fleur battuë du Soleil, qui reprend vne nouuelle vigueur par la fraicheur de la rosée. Ce qui lui fit dire, mon Pere, il est tellement détraqué que ce sera bien assez pour me laisser mourir à mon aise, qu'il ne me haïsse point, sans me promettre de le faire rentrer en mon amitié. Apres tout Iphigene estoit vne fille, & parmi tant de vertus qu'il possedoit, l'inclination à la curiosité si naturelle au sexe n'auoit peu s'esteindre. Le ruzé vieillard qui le voyoit bien, se vouloit vn peu faire prier pour descouurir l'artifice dont il se vouloit seruir, affin de reconquerir le courage de Liante. A la fin apres beaucoup de destours, il dit à Iphigene, mon enfant, il n'est plus téps d'espargner quand on est arriué au bout de son argent. La derniere chose qu'il faut faire en ce monde c'est de mourir, pour

empescher cet eschec, & reculer cette heure fatale il ne faut rien laisser d'intenté. Quand vous voulustes vous descouurir à Liante en la forest de Plocens, vous n'estiez pressé que de la tentation, maintenant vous l'estes de la necessité. Vous direz que ce remede n'est pas encore de saison, & que ce sera ruiner vostre fortune; si vous mourez vostre fortune sera bien autrement perduë, apres la mort les medecines sont inutiles. Vous repliquerez que ce remede est bien dur à digerer, & ie vous repartiray que la douleur guerit la douleur, qu'il n'y a point de medicamens qui ne soient aspres, & que pour euiter la mort il ne faut point espargner les bruslures ni les incisions. Vous repartirez que la pomme est beaucoup moins meure qu'alors, veu que Liante est tout plein de fiel, non pas embrasé d'Amour, & ie vous respondray que c'est au feu que l'on porte l'eau, & que les maux se guerissent par leurs reuers. Il est temps ou iamais d'ouurir les yeux à Liante, & de lui faire voir le tort qu'il a d'entrer en soupçon & en ialousie contre vous, la nature ayant mis aux pretensions qu'il croit
que

que vous ayez pour Amiclée, les obstacles que vous sçauez. Au reste ie me veux comporter en cette descouuerte auecque tant de dexterité qu'il ne vous en puisse arriuer de dommage, parce qu'en vous espargnant la honte de le dire, (vnique sujet de toutes vos douleurs) ie vous laisseray en la puissance de nier cette verité, & de rendre ridicules ceux qui la voudroient auancer. Au commencement ie la feray entendre à Liante par enigmes, par ambages & par figures, & selon que ie verray qu'il mordra à l'amorce, ie le sçauray bien conduire à bord, & auparauant que ie lui desuoile tout à faict le mystere, ie l'obligeray par de si horribles sermens à le tenir secret, que s'il lui venoit en volonté de le deceler, il ne le peust sans redouter que le Ciel ne foudroyast sa teste. Tous ces propos estoient au pauure Iphigene autant de paroles de vie, & quand vn Ange lui eust parlé, il ne l'eust pas ouy auec plus de ioye & d'attention qu'il faisoit Boleslaüs. Mais comment? car en fin il faut donner quelque chose à la curiosité feminine. Mon fils, lui dit son nourrissier, il ne faut iamais dire, ie feray cela, & de

Ii 3

cette façon, à cause de l'incertitude des euenemens, & des tenebres qui enuelopent l'auenir: mais quand les choses ont eu bonne issuë, on peut dire, i'ay faict cela ainsi, & il a reüssy de telle sorte. Ie ne feray rien dont ie ne vous en face aussi tost le rapport, mais laissez-moy vn peu de liberté, & permettez qu'à l'imitation des plus gens de bien ie face auparauant que ie die. Ie n'aime pas à me vanter, mais i'aime bien à vous seruir. Souuenez-vous seulement que ce vieillard qui a blanchy à vostre seruice, a des ruzes de maistre qu'il n'employe qu'aux grádes occasions, & que celui qui vous a tiré de la prison de la forest d'entre les mains des harpies, vous tirera encore de ce bourbier, si vous voulez suiure son conseil auecque patience, & vous resoudre à vous aider à recouurer vostre santé. Mon pere, dit Iphigene, ie ne veux rien plus voir que par vos yeux, ie feray tout ce qu'il vous plaira, excepté de n'aimer point Liante, car ie n'ay plus ce pouuoir là sur moy, & ie me suis tousiours si mal treuué de suiure mes caprices, que desormais si Dieu me fait voir le visage d'vn estat plus heureux; ie

n'entre

n'entreprendray plus rien sans vous en communiquer. Dieu le vueille, mon enfant, reprit Boleslaüs, car vous sçauez que le conseil des ieunes ruina autrefois vn grand Roi. Mais i'ay peur que l'Amour ne vous face faire banqueroute à cette sage resolution, & puis pour toute excuse on allegue la folie qui fait aimer, & qui transporte l'ame hors des termes de la droitte raison. N'ayez point cette opinion-là de moy, mon Pere, dit le malade, si ie ne deuenois auisé par tant d'experiences, il me faudroit ranger parmi les incurables insensez. Entre les Medecins qui estoient venus pour la guerison d'Iphigene, l'Apothicaire Boleslaüs fut bien tost reconnu de Liante, qui s'accostant de lui, depuis quand, lui dit-il, mon amy estes-vous deuenu Pharmacien? Seigneur, lui respondit Boleslaüs en le tirant à quartier, le seruice de mon Maistre, & le desir que i'ay de la conseruation de sa vie m'a faict vser de ce stratageme pour le voir au lieu où vostre rigueur le fait mourir. C'est bien plustost lui, reprit Liante, qui est cause de ma mort, en me soustrayant vn object sans lequel ie ne puis viure. Ce n'est pas pourtant ce qu'il m'a dit, repliqua Boleslaüs, au côtraire il m'a iuré qu'il a faict pour vous aupres de celle que vous desirez, tout ce qu'il a crû estre du deuoir de vray amy. Il ne manque point de belles paroles, dit Liante, mais c'est aux effects que ie donne ma creance, & ie n'ay que trop reconnu qu'il est le seul obstacle de mon bien, & qu'Amiclée s'est tellement attachée à lui qu'elle ne peut se retourner vers moy. Cela, dit le vieillard, n'accuse pas Iphigene, mais Amiclée, que si c'est vn crime d'estre aimé, il faut donc declarer criminels tous ceux qui sont aimables. Ils eurent tout plein d'autres propos sur ce sujet, qui seroient longs à rapporter. La conclusion fut que le Palatin de Plocens supplioit Liante de ne lui refuser point sa veüe deuant sa mort, aux portes de laquelle il estoit. A cette priere Liante fut en vne perplexité qui le rendit muët & immobile comme vne statuë. Car d'vn costé il voyoit que c'estoit vne ingratitude inexcusable de refuser si peu de chose à celui qui l'auoit autrefois tant obligé, & dont la faute estoit pluscost en l'obstination d'Amiclée à l'aimer, qu'au desir qu'il qu'il euſt de la tenir captiue. De l'autre il s'imaginoit que ce lui ſeroit honte de faire vne action par laquelle il ſembleroit rechercher ſon ennemy. Et comme il arriue d'ordinaire que celui qui offenſe pardonne mal-aiſément, parce qu'il ſe reconnoiſſoit auoir le tort, il ne penſoit pas pouuoir auoir aſſez de force ſur ſoy pour ſouſtenir ſans alteration la preſence de ſon amy outragé, il deſnia cette grace aux prieres de Boleſlaüs. Dieu me le pardonne, reprit le vieillard, ſi ie vous dy que ie mourray pluſtoſt ici à vos pieds que de ſouffrir que vous commettiez vne telle faute. Quoy, voulez-vous acheuer de tuer ce pauure malade par le creuecœur qu'il aura de ce refus? eſt-ce là le ſalaire du hazard où il s'eſt mis, des trauaux qu'il a ſoufferts & qu'il endure encore pour vous? Seigneur, ie vous en coniure, ne vous faites point ce tort, ſinon vous fleſtrirez pour iamais la grandeur de voſtre courage, & la gloire de tant de genereuſes actions que vous auez deſia faict voir au monde en vne ſi grande ieuneſſe. Vous arreſterez aupres de lui auſſi peu que vous voudrez, & ie vous promets de ſa part que vous n'entendrez aucune reproche ni plainte, & qu'il vous seruira au lieu de vous contrarier en l'affection que vous auez pour Amiclée. Donnez ce contentement à celui qui vous a si perfaictement aimé, & pour toute reconnoissance de l'amitié qu'il vous porte, & pour satisfaction du tort que vous lui faites, qui ne vous demande qu'vne seule veüe. Ni pour toutes ces coniurations le sage enchanteur ne peut charmer cet aspic, d'autant plus sourd qu'il vouloit moins entendre. Quelque promesse qu'il eust faicte à Iphigene de lui rapporter fidelement tout ce qui se passeroit entre lui & Liante, il n'eut garde de lui raconter cette obstination, car cela n'eust rien apporté à la santé du malade, qui s'affligeant d'vn espoir si long temps differé, alloit pluftoft empirant qu'ameliorant. Cet estat deplorable me remet en memoire vne douce peinture poëtique dont les couleurs me semblent le representer fort naïuement, elle est d'vn pinceau des plus delicats de nostre âge, & elle dit ainsi.

PEIN

LIVRE XVI.

PEINTVRE D'VNE LANGVEVR.

Abandonné de Fleur-de-lis
Languissoit l'aimable Iphigene,
Ioyeux de voir finir sa peine
Par ses iours bien tost accomplis.
Sur les aisles du desespoir
S'enuoloit son ame enflammée,
Et la mort cent fois reclamée
Voiloit ses yeux d'vn crespe noir.
Son cœur enflé de ses desirs
Monstroit ses blesseures mortelles,
Et la douleur auec ses aisles
Aidoit au vent de ses soûspirs.
Plusieurs amiables vertus
Rebouchoient de la mort les fleches,
Et de leurs plus douces flammeches
Rauiuoient ses sens abbatus.
Mais que pouuoit à cet effort
Opposer ce braue courage,
Sinon ceder à cet orage,
Et rendre sa vie à la mort?

Boleslaüs l'alloit toûsiours amusant de quelque nouuelle excuse, en imitant les Medecins qui ne pouuans tout à faict assecher

assecher vne humeur, la diuertissent sur quelque partie moins dangereuse que celle où elle tomboit. Il voit bien tous les iours Liante & lui parle, mais il euite si soigneusement les propos des douleurs d'Iphigene, que cela met fort en peine l'habile vieillard. Toutesfois que ne peut vn esprit prudent & affectionné? Il faut auoüer que toutes les vertus sont aueugles sans la prudéce, mais quand ce flambeau marche deuant, il n'est point d'entreprise pour difficile qu'elle soit, qu'on ne voye reüssir. Il espia si bien les occasions de parler à Liante, que l'ayant vn iour treuué dans sa chambre comme il acheuoit de se faire habiller, il le pria de lui donner vn moment d'audience particuliere, & qu'il lui diroit de grandes choses. Toute la curiosité n'est pas tellement escheüe en partage aux femmes, qu'il n'en soit encore demeuré vne bonne piece pour les hommes. Liante qui ne respiroit que grandeurs ouurit l'oreille à cette promesse, & le retint aupres de soy, commandant à ses gens de sortir, & de les laisser seuls. Alors Boleslaüs, Seigneur, dit-il, toute la mesintelligéce qui est entre vous

& mon

& mon Maistre, ne prouient que du deffaut de vous manifester vn secret qu'il n'a pas eu le courage de vous dire, parce qu'il ne voyoit pas (à ce qu'il m'a confessé) assez de dispositions en vostre esprit pour le receuoir en bonne part. Car quand vne fois nostre ame est occupée & remplie de quelque obiect, il n'y a plus de place vuide pour en loger d'autre; & tout ce qu'on nous peut dire pour nous en destacher, tombe dans l'inutilité. Il est vray, reprit Liante, qu'il m'a tousiours celé ie ne sçay quoy qu'il ne se pouuoit resoudre de me dire : mais i'ay crû que c'estoit vne ruze pour me faire lascher prise de ce que ie tenois, & me faire courir après l'ombre. Tout au rebours, repliqua Boleslaüs, car à comparaison du corps solide de la bonne fortune que le Ciel vous promet, ie voy que vous poursuiuez vne Chimere. A ce peu de mots, reprit Liante, ie reconnois le iargon d'Iphigene, & connois que tu as conferé auecque lui, & peut-estre que par sa contagieuse communication tu es deuenu aussi desloyal, pour Dieu ne viens point ici abuser de ma patience à me conter des sornettes, car ni ie ne suis pas à la raille

raillerie, ni plus enfant pour croire des fadaises. Seigneur, repartit le vieillard, quád il est question de sauuer la vie à vn homme, il est temps de parler serieusement, ie ne suis pas si peu iudicieux que d'abuser de la grace que vous me faites de m'entendre en particulier. Pour ne m'arrester donc point d'auantage à preparer vostre esprit, vous deuez sçauoir qu'ayant gouuerné Iphigene depuis sa premiere ieunesse, ie l'ay tousiours veu enclin aux sciences abstruses & curieuses, les choses communes & vulgaires lui estans à degoust. Aussi tost Liante interrompant Boleslaüs, ie me doutois bien tousiours qu'il y auoit du sort en toutes ces affaires qui se sont passées, mais acheue ie te prie mon amy, & ie te coniure par la lumiere du Soleil, & par la premiere cause qui la lui donne, de me dire la verité. C'est elle seule, reprit Boleslaüs, qui vous deliurera de tout ennuy, & vous tirera de peine Sçachez donc que cette inclination qui estoit debile en lui auant qu'il sortist de la maison de son Pere, se rendit si puissante lors qu'il fut à la Cour, que pour penetrer dás la cachette des tenebres, c'est à dire, dans
les

les secrets de l'auenir, il n'y auoit sorte d'Astrologues, Chiromanciens, Metoposcopes & Deuins, & d'autres semblables gens qu'il n'attirast aupres de soy. & ce qui est d'estrange, ils lui ont si bien dit tout ce qui lui est auenu soit de sa faueur, soit de sa disgrace, soit de son restablissement, qu'il ne tient rien de si certain que ce que ces personnes là lui ont predit. Or apres auoir faict faire son horoscope auec vn grand soin, faict considerer toutes les lignes de sa main, & de son visage, baillé mesme iusques à ses songes à examiner, il ne s'est pas contenté de cela, mais il a faict faire ceux de son Pere, de sa Mere, de ses sœurs, de sa femme Madame Modestine vostre sœur; & parce qu'il vous a tousjours si passionnement aimé; il fit faire le vostre, & lui dit-on que vos naissances auoient tât de rapport qu'elles sembloiêt estre bessonnes. N'y ayant que cette seule difference, c'est que les Astres de vostre natiuité ont vne telle domination sur ceux de la sienne, qu'il semble que sa fortune soit liée & sujette à la vostre, comme si vous ressembliez à ces iumeaux que les Prescheurs nous disent qui vindrêt au
monde

monde l'vn tenant le pied de l'autre, leurs naiſſances eſtans de cette façon entre-liées. C'eſt ce qui l'a touſiours rendu ſi ſoigneux de cultiuer voſtre amitié, qu'il ſemble que pour la conſeruer il ait meſ-priſé la conſeruation de ſoy-meſme, par-ce qu'on lui a dit que ſa fortune depen-doit abſolument & entierement de la vo-ſtre, que vous eſtiez ſon tiſon fatal, le trôc ou la muraille où ſe deuoit attacher le lierre de ſa fortune, & l'ormeau où ſe de-uoient enlaſſer les pampres de ſes eſpe-rances. Par vous on lui a predit qu'il arri-ueroit au faiſte de toutes les grādeurs de cet eſtat, excepté le thrône Royal, mais qu'apres ce degré rien ne ſeroit égal à ſa fortune & à la voſtre. Au contraire s'il ne meſnageoit bien voſtre amitié, & n'auoit vn ſoin particulier de voſtre conſerua-tion, il tōberoit en des malheurs ſi cruels, que la perte de la vie lui ſeroit plus ſou-haittable que de ſe reſeruer à les ſouffrir. De plus on lui a predit que par lui vous deuiez arriuer à la faueur du Roi, & la poſſeder en vn degré ſi eminent que ſa fortune releueroit de la voſtre & en de-pendroit entierement. Que ſon reſtabliſ-

ſement

LIVRE XVI.

sement ne se pouuoit faire sans vous, en somme que de vostre amitié ou de vostre haine dependoit sa bonne ou mauuaise fortune. Ie lui ay souuent voulu oster ces pensées de l'esprit, en lui remonstrant combien les hommes sont vains qui s'amusent aux predictiõs des Deuins, comme si nous ne sçauions que la science de l'auenir est vne des choses dont Dieu s'est reserué la connoissance; mais ie n'ay iamais peu le faire quitte de cette superstitieuse credulité. I'oubliay à vous dire vne des principales remarques de vostre horoscope, qui est que vous espouseriez vne des filles de Mieslas plus belle qu'Iphigene, & que par elle vous seriez non seulement restably en vos biens, mais esleué ainsi que ie vous ay dit aux premiers grades de cette Couronne. Ici Liante ne se pouuant taire, voyla comme mentent les Astrologues. Car il n'y a pas vne des filles de Mieslas qui approche de la beauté d'Iphigene, au contraire elles sont toutes difformes, excepté Clemẽce, qui ne peut estre appellée belle, mais la moins laide de toutes. Seigneur, dit Boleslaüs, ni vous ni moy ne sçauons pas tous les enfans que

Mieſlas a mis au monde; vous connoiſſez ſon humeur non ſeulement barbare, mais desbauchée. Ioint que tout homme qui traitte mal ſa femme, cõme il fait la ſienne, donne ſujet de coniecturer qu'il a des affections ailleurs. ie ne ſuis pas ici pour vous dire d'auantage de ſes nouuelles, baſte que i'en ſçay ce qu'il en faut ſçauoir. Ici ſe teut le fin vieillard, & Liante prenant la parole, par l'ame de mon Pere, dit-il, ſi Mieſlas auoit vne fille auſſi belle qu'Iphigene, fuſt-elle baſtarde mille fois, & qu'il me vouluſt rendre mon bien, ie ne lui demanderois autre doüaire que ſa beauté, ni ne ſouhaitterois autre fortune que celle que mon Pere m'a laiſſée. Et d'Amiclée, dit Boleſlaüs, ne ſeroit-il point de nouuelles? Point du tout, dit Liante, car il y a autant de difference entre vne beauté ſemblable à celle de Seriſe, & celle qui ne fait que poindre, & qui eſt à peine née en Amiclée, qu'il y a entre la clairté de l'Aube, qui n'eſt qu'vn iour naiſſant, & celle d'vn clair midi, qui eſt vn iour perfaict. ioint que i'eſpouſerois celle-ci ſur la ſeule eſperance de retirer par le traitté de paix, ce qu'il m'vſurpe auec
autant

autant de cruauté que d'iniuſtice. Boleſlaüs tranſporté d'aiſe de voir ſi heureuſe-
ment reüſſir ſon project, touchez en ma
main, dit-il, Seigneur Cheualier, & tenez
pour certain que vous voila hors de peine, Iphigene en ſanté, & vous le plus grād
de Pologne, ſi vous auez ce pouuoir ſur
vous de mettre à execution ce que vous
me venez de dire. Et comment cela ſe
pourra-t'il faire? dit l'eſtonné Liante. Boleſlaüs repliqua: Sçachez que Mieſlas a
quelques enfans qu'il n'a pas encore reconnus pour ſiens, mais il ſera aiſé de les
faire legitimer par lettres patentes de ſa
Majeſté, ou par l'auctorité du Pape. Entre
leſquels il y a vne fille de ſi eminente
beauté, qu'Iphigene aupres d'elle n'eſt
qu'vne Lune deuant le Soleil, ie m'aſſeu-
re que ſi vous auez tant ſoit peu d'inclination vers vne telle beauté, que Mieſlas
qui a deſtiné Clemence pour le Prince
Caſſin, tiendra à grande faueur que vous
eſpouſiez cette fille qu'il reconnoiſtra
auſſi toſt, & ſera bien aiſe de lui donner
pour dote la reſtitution de voſtre heritage. Que ſi l'auarice le poſſedoit iuſques là
de ne vouloir pas vous le relaſcher, ie

vous promets de la part de mon Maistre (qui fera par le Roi legitimer cette sienne sœur) qu'il vous donnera de son bien autant que le vostre sera estimé, iusques à ce que Mieslas par sa mort vous laisse la paisible ioüissance de vostre heritage. Liante quelques specieuses & desirables que fussent ces propositions, neantmoins il les auoit pour suspectes à cause de l'ombrage qui lui offusquoit le iugement. Ce qui lui fit dire, escoute Boleslaüs, ne pense pas me repaistre d'illusions, ni me charmer comme ton Maistre ; car par la vie de mon ame, si ie m'apperçois qu'il y ait vn seul mot de ce que tu m'as dit qui ne soit veritable, ie te tueray, en deusse-ie tomber dans tous les malheurs du monde. Seigneur, ie consens à ce meurtre, dit le vieillard, & ie vous pardonne ma mort si ie suis treuué en mensonge. ie sçay bien que ce n'est pas en de pareilles occurrences qu'il faut conter des fables, ie suis en vostre puissance, si ie manque à ce que ie vous dois, il est en vous de me faire sentir tel chastiment qu'il vous plaira. Si tu dis vray, reprit Liante, ie te donne ma parole de ne penser iamais à l'ingrate & insolète

Amiclée,

Amiclée, au contraire en sortant de ses fers & de sa tyrannie, ie seray bien ioyeux de brauer ses brauades, & de mespriser ses mespris, pour lui monstrer que ie suis homme à me guerir d'Amour par le depit, & à ne souffrir pas des affrôts tels que ceux qu'elle m'a faict, sans ressentiment & sans vengeance. Mais aussi Boleslaüs, ie veux voir, ma creance est en mes yeux comme à S. Thomas incredule, & si ie m'apperçois que tu me vueilles diuertir de l'Amour d'Amiclée par l'illusion de quelque autre beauté imaginaire, ie te passeray tant de fois l'espée au trauers du corps, que ma lame en tirera ton ame, car c'est ainsi que ie traitte les Sorciers & les Affronteurs. Seigneur, dit Boleslaüs, ie ne crain point ces menaces, n'ayant graces à Dieu ni l'vne ni l'autre de ces qualitez, pourueu seulement que la foy que vous m'auez donnée soit aussi ferme comme ce que ie vous ay promis est veritable, vous, mon Maistre, & moy serons abondamment satisfaicts. Mais comment ferons-nous pour voir ? dit Liante, car tu sçais que ie ne puis effacer le cachet du visage d'Amiclée de dessus mon cœur que par l'impreſſion d'vne plus grande beauté, laquelle rauiſſant à ſoy mes affectiõs, comme le premier Ciel traine apres ſoy les autres, rende mon inconſtance non ſeulement excuſable, mais digne de loüange. L'auiſé vieillard qui ſçauoit que le marché eſt à moitié faict auecque le ſecond marchand, quand on eſt degouſté du premier: Seigneur, dit-il, ie ſçay où eſt la fille & de qui elle eſt née, elle eſt de meſme âge qu'Iphigene, on les prendroit pour iumeaux ſi grande eſt leur reſſemblance, ſinon que celle-ci comme fille a beaucoup plus de mignardiſe & d'attraict. Mais ie vous croy ſi equitable que vous ne me voudriez pas obliger à l'impoſſible, qui ſeroit de vous la remettre dans cette ville entre les mains, vous ſçauez les difficultez de la guerre, le ſiege qui eſt ici autour, la difficulté que i'ay eüe à m'y gliſſer à la ſuitte des Medecins. adiouſtez à cela que ie ne ſçay pas la volonté de la fille, qui ne peut pas aimer ce qu'elle n'a iamais veu, & quand elle auroit de l'Amour, qui ne ſeroit peut-eſtre pas ſi franche ni ſi hardie que de ſe remettre ſi librement que ſon frere à voſtre diſcre discretion. De plus les accords d'vn mariage sans le consentement du Pere, vous feroient pluftost perdre que rédre voftre heritage par Mieslas. Il faut auecque cela qu'Iphigene interuienne pour voftre asseurance, que Mieslas en soit auerty, bref que le tout se passe auec honneur & solennité. Les mariages qui se font par le mouuement impetueux d'vn appetit desreglé, ne sont iamais benis de Dieu, c'est vn sage marché que celui-là, & qui doit estre acheminé & conduit auec iugement & meure consideration. Ie l'entends bien ainsi, reprit Liante, mais comment que ce soit, ie veux voir auparauant, car pour iouïr seulement de la veüe d'vne beauté de fille qui approche tant soit peu de celle d'Iphigene, il n'y a sorte de peril où ie ne coure volontiers; & comme sur ma foy ton Maistre est entré dans le Minsce, i'en sortiray sur la sienne, pour aller au bout du monde à trauers mille hazards voir vne beauté qui ait quelque rapport auecque celle qu'il faisoit paroistre à mes yeux, lors que sous le nom de Serife il estoit couuert d'habillemens feminins. A quoy tient-il Boleslaüs que vous ne

parliez? quelle plus grande disposition voulez-vous dans le cœur de ce Gentil-homme? quelle plus entiere maturité desirez-vous pour recueillir le fruict de vostre dessein? ne sçauez-vous pas qu'il faut cueillir en sa saison ce que la terre produit, & que les fruicts qui tombēt d'eux-mesmes se pourrissent quand ils sont à terre? ignorez-vous le naturel de l'occasion? Disons la verité, cet homme eust esté bon à tailler des diamans, il ne se fust pas hasté à sa besongne. Nostre vieil rompu voyant l'oyseau dans ses filets, voulut faire comme l'esperuier qui se ioüe quelque temps de sa proye auant que de s'en repaistre. Seigneur, dit-il, il faut songer au plus pressé, & tout ainsi que celui qui est blessé fait panser la premiere celle de ses playes qui est iugée la plus dangereuse: de mesme il est necessaire de pouruoir à la vie & à la santé de mon Maistre, & puis si ie ne vous donne tout le contentement que ie vous ay promis, tuez-moy. Suis-ie Medecin, dit Liate, pour le guerir? Si vous n'estes Medecin, reprit Boleslaüs, ie sçay que vous estes la medecine de son ame, & puis que toute cette fusée ne se peut desmesler

mesler sans lui, & depend de sa vie & de sa conduite, il est besoin que par vne visite que la courtoisie exige de vous, vous redonniez la serenité à son esprit, & en suitte à son corps qui n'est reduit à l'extremité que par la tristesse. S'il ne tient qu'à cela que nous ne sortions de toutes ces perplexitez, reprit Liante, nous en serons bien tost quittes, va le voir, & l'asseure de ma part que ie suis disposé à l'aimer & à l'honnorer plus que iamais, si en me tirant du ioug d'Amiclée, il me dõne vne de ses sœurs qui soit aussi belle que lui, & qu'il prenne soin de releuer ma fortune; & quand tu auras appris l'heure à laquelle ie l'incommoderay le moins, fay la moy sçauoir, & ie me rendray aussi tost aupres de lui. Quand la Lyonne ou la Tigresse ont treuué de la proye, & la portent à leurs petits, ce n'est point auecque tãt de legereté & d'allegresse que le vieillard porta ces nouuelles à son nourrisson, qui les receut comme vne terre seche fait la rosée ou la pluye longuement attenduë. Mon Maistre, lui dit-il, bon courage, il est à nous, ie le tiens cet ingrat, & ie lui feray faire à vos pieds vne telle penitence

Kk 5

que vous l'aimerez mieux en cet estat abbattu & humilié, que s'il se fust conservé dans l'innocēce de sa premiere affection. Ces fautes qu'il a commises vous donneront vn eternel auantage sur lui, & quand vous serez à lui ce sera lors qu'il sera tout à vous, & dependra absolument de vos volontez, comme si vous estiez sa Reine. Là dessus il lui raconta tout ce qu'il auoit traitté auecque Liante, & de quelle façon il auoit plié son esprit, & l'auoit rendu susceptible de raison. Le bon commencement, dit le prouerbe, est la moitié du tout; mais si c'en est la moitié, ce n'est pas le tout, la seule fin met la perfection à l'œuure. Iphigene ne voyoit point d'autre expedient que de se descouurir franchement par la bouche de Boleslaüs, car par la sienne propre il lui estoit impossible. Mon enfant, lui dit son Gouuerneur, laissez-moy continuer le progrez, & acheuer la closture de ce que vous voyez que i'ay si heureusement commencé. Mon Pere, dit Iphigene; ma vie & ma mort sont entre vos mains, faites ce que vous voudrez, & en la façon que vous iugerez la plus propre. Quant à l'heure que me demande

mande Liante, dites lui que nous n'auons pas tousiours vescu auecque tant de ceremonie, & que de ce temps-là heureux auquel nous coulions nos iours auec plus de franchise, il ne m'en reste que le souuenir qui me rend miserable. Puis que ie suis tout à lui, à lui aussi est tout mon tēps, puis que ie n'ay qu'vne seule pensée, qui est de lui, & qui se termine en luy-mesme. Boleslaüs ayant ietté cette consolation dans le cœur d'Iphigene comme l'vnique remede de sa langueur, fut retreuuer Liante, & lui dit que tous les momens qui rouloient autour d'Iphigene estans à lui, il deuoit disposer du temps & l'heure à sa volonté, de laquelle Iphigene vouloit entierement dependre, porté à cela par l'influence de son estoile. Ie n'eusse iamais crû, dit Liante, qu'vn esprit si sage se fust laissé emporter aux resueries des Iudiciaires ; mais quoy ? tous les humains pour prudens qu'ils soient ont quelque dragme de folie. Mais apres tout auez-vous pensé aux moyens de me faire voir premierement, & puis auoir celle dont la seule jdée charme desià mon imagination? Les pescheurs sçauent faire des
nasses

nasses si glissantes, & les mettre si iustement au fil & au plus fort du courant, que les poissons y coulent souuēt mesme malgré qu'ils en ayent. Nostre matois auoit dressé la sienne d'vn tel artifice qu'il sembloit que Liante s'y precipitast, quelque effort qu'il fist pour s'en retenir; vous l'allez voir auec vne recreatiō qui ne sera pas moindre que de voir bailler vne trouppe de perdrix dedās vne tonnelle. Mon Braue, lui dit-il, si vous estiez vn Bellerophon, & que vous eussiez le cheual Pegase, ou que vous eussiez l'vsage d'vn hyppogriphe, ie vous pourrois mener promptement au lieu où est celle qui vous rauira le cœur, s'il est vray que la ressemblance de Serife ait quelque ascendant sur vostre ame. Mais estant enfermé dans ces murailles, il faudra que vous-vous contentiez de la voir en la façon que ie vous diray, mais il ne faut estre ni trop curieux ni timide. Quoy? dit Liante, ie pense que ce vieil Magicien me veut enchanter? mais ne serois-tu point le diable qui sous la forme de Boleslaüs vinsses ici pour me tromper, enuoyé peut-estre par les sortileges d'Iphigene? Si tu es le diable, ie t'adiure

t'adiure & te commande au nom du Dieu viuant, & en vertu du signe de la Croix (il dit cela en se signant) de nostre Redempteur que tu te retires; & voyant que Boleslaüs ne disparoissoit, il continua, & si tu es le vray Boleslaüs, parle au nom de IESVS-CHRIST. Au nom de IESVS soit, reprit Boleslaüs, & de sa Saincte Mere la tres-heureuse Vierge, & en vertu de sa tres-saincte Croix estendard de nostre Redemption, duquel en me signant vous connoissez Liante que ie suis le vray Boleslaüs Gouuerneur d'Iphigene, non vn phantosme ni vn spectre diabolique. Mais ie vous auise qu'il n'en faudra pas tant dire, si vous auez la curiosité de voir celle de qui dependent vos bonnes ou mauuaises destinées, selon qu'il a esté predit à mon Maistre. Sans doute il y a quelque sortilege, dit Liante, mais pourueu qu'il me soit permis de prononcer le sainct nom de Dieu, celui du Sauueur & de sa Mere, j'irois l'espée à la main au trauers de tous les diables d'enfer. De moy ie croy qu'il y en a vn peu, & ie l'ay dit ainsi à Iphigene, reprit Boleslaüs, mais il m'a asseuré que non,
& que

& que tout ce qu'il faut faire est naturel, & depend d'vne certaine Magie qu'il appelle blanche, qu'il n'y a en cela aucune paction auecque les demons, que l'on peut en pratiquant ce qu'il m'a dit, inuoquer le nom de Dieu, du Sauueur & de la Saincte Vierge, porter sur soy des Chappelets, des Croix, & des reliques ; bref que c'est vn secret qui depend d'vne certaine côposition de perfum fort odorant, ce qui fait croire qu'il n'y a point d'esprits immondes, car ils haïssent mortellement les bonnes odeurs. Et encore que faut-il faire ? dit Liante qui auoit mordu à l'amorce. Seigneur, dit Boleslaüs, il n'y a qu'vne seule petite chose à obseruer, qui me semble n'estre pas bien difficile à vn homme, non pas certes à vne femme qui perdroit plustost la vie que la curiosité. Sçachez donc qu'vn Astrologue (s'il est Magicien, c'est ce que ie ne sçay pas) fit voir à Iphigene à trois diuerses reprises dans vn miroir la figure de celle de ses sœurs qui vous estoit destinée en mariage. Et parce qu'il vit dedans la glace qu'elle lui ressembloit extremement, il croyoit comme dans les autres

miroirs

miroirs voir sa propre image : mais se voyant vestu en homme, & celle qui lui paroissoit habillée & coiffée en fille, il crût que le Magicien se mocquoit de lui, parce qu'il n'auoit iamais veu cette sœur là, & il sçauoit bien que les autres n'estoient pas si belles. Alors l'Astrologue lui dit que c'estoit vne de ses sœurs naturelles que son Pere faisoit nourrir à l'escart, ne l'ayant pas encore auoüée. Il lui dit le lieu où elle estoit, son âge, de qui son Pere l'auoit eüe, de quelle façon elle estoit esleuée, & plusieurs autres particularitez que depuis il a treuuées tres-veritables. Et c'est à cette occasion que pour vous disposer à aimer cette creature, il s'habilla en fille en la forest de Plocens, & sous le nom de Serise tascha d'acquerir vos affections. Le déplaisir qu'il a que cette sœur ne soit pas legitime, & la crainte de vous offenser en la vous proposant pour espouse, l'a tousiours retenu de vous dire ce qu'il proiettoit ; mais en fin le voyant à l'extremité, i'ay crû pour le sauuer qu'il falloit se seruir des extremes remedes. Vraiment, dit Liante, il est bien deffiant, & ne lui auois-ie pas assez témoigné aux

nompa

nompareilles alterations que Serife causoit en mon esprit, qu'il n'y auoit rien que ie ne fisse pour vne beauté semblable? à n'en point mentir, c'est viure auec moy sous trop de retenuë & de dissimulation. Et ce miroir qu'est-il deuenu? ne sçauriõs nous le voir, ou faire venir ici celui qui le porte? Mon Cheualier, dit Boleslaüs, il le laissa à mon Maistre pour vne bonne somme d'argẽt, & par diuers secrets qu'il lui apprit, il y voit tout ce qu'il veut, ie lui ay souuent dit que ce n'estoit pas bien faict, & qu'il y a aussi peu de seureté de traitter ainsi sourdement auecque les demons sans paction expresse, comme de gouuerner vn Lyon, qui paye à la fin à coups de dents & de griffes celui qui l'a repeu & nourry long temps. Mais i'ay tousiours eu pour response qu'il n'y a rien de noir en cette Magie, & que cela se fait par le moyen de l'Optique & de la composition de certaine bougie, à la lueur de laquelle il faut regarder dans le miroir sans prononcer aucune parole suspecte. Il est vray qu'il faut obseruer trois circonstances: l'vne, que ce soit de nuict, l'autre, qu'on ne touche point à la bougie qui doit

doit estre suspenduë, & la troisiesme, qu'on ne tourne la teste ni deçà ni delà. Et c'est en ces chimagrées là que consiste le sortilege? dit Liante; voila comme le diable se mocque des Sorciers, & se ioüe de ceux qui les croyent, mais pour si peu de chose ie ne veux pas m'en retourner d'vn si beau chemin, où i'espere me mocquer du diable & me rire de ses singeries. Et si ie touchois la bougie, ou si ie regardois en arriere, que m'arriueroit-il? Mon Gentilhomme, reprit le vieillard, souuenez-vous que ie vous ay dit qu'il ne falloit estre ni curieux, ni timide, il semble que vous ayez peur. Peur, dit Liante, c'est ce que ie ne vy iamais, & si ie me suis treuué en des lieux où il faisoit plus chaud que deuant vn miroir. Contentez-vous donc, repliqua Boleslaüs, de sçauoir que ne touchant point la bougie, & ne regardant point en arriere, il ne vous arriuera aucun mal; & pour donner quelque satisfaction à vostre curiosité, sçachez que si vous estendiez la main à la lumiere, vous entendriez vn bruict qui vous espouuanteroit, & que si vous tourniez la teste, vous verriez quelque chose qui

vous donneroit de l'horreur, & mesme seriez en danger d'auoir durant toute vostre vie la teste tournée de ce costé là, à la façon de ceux qui ont le col tortu. Est-ce là tout ce qu'il faut non pas faire, mais ne faire pas? dit Liante. Ouy Seigneur, dit Boleslaüs. Vraiment, reprit le Cheualier, pour si peu ie ne veux pas me priuer de cette veüe, car encore que ie reconnoisse en ces superstitieuses obseruations quelque trace de Sabath, il y a plustost de la mommerie que de la Magie. Mon Braue, adiousta Boleslaüs, à n'en point mentir il y a encore vn certain petit mot à dire par trois fois, mais il n'est aucunement barbare, au contraire il n'augure que felicité. Liante. Et quel est ce mot? Boleslaüs. C'est celui de Philice. Liante. Est-ce le nom de la fille? Non, dit Boleslaüs. Le diable, dit Liante, se fait tousiours connoistre par quelque corne ou quelque griffe: Va meschant, ie voy bien que tu es aussi grand Magicien que ton Maistre, va en la male heure auecque ta mine de vray Sorcier. Ce mot me vient de descouurir ta malice; car que penses-tu que vueille dire ce mot de Philice, sinon i'aime vne image? &
c'est

c'est ce que tu pretéds auec ton faux Maistre de me rendre comme Narcisse amoureux d'vne ombre, ou comme Pygmalion passionné d'vne image. Et peut-estre ferez vous contre moy quelque image enchantée, pour me faire perir miserablement par vos charmes, si ie preste tant soit peu de consentemét à vos malefices. Le vieillard vit bien que cette parole qu'il auoit dite par hazard, estoit accueillie contre son intention, & seroit capable s'il n'y remedioit promptement d'arrester tout son mystere, & qu'il seroit semblable à ces Alchimistes, desquels si vous cassez vn verre, vous euaporez tout le trauail, c'est pourquoy releuant hastiuement ce propos : Seigneur, dit-il, cette parole est inutile, & ie me viens de souuenir que c'est à vn autre secret qu'elle doit estre appliquée, pour produire vn effect qui ne vous regarde point. Tu as bien faict, dit Liante, de m'oster de cette sujettion, ie n'ay autre intention en regardant dans la glace que de me mocquer du maling, en prononçant le nom adoré au Ciel, en la terre, & sous la terre, auquel seul nous deuons estre sauuez. Vous le pourrez, dit Boles-

laüs, & fiez-vous en à ma parole. Mais ne verray-ie que cette ombre passagere dans ce miroir? dit Liante. Si vous en voulez auoir vn portraict, repliqua Boleslaüs, vous l'aurez dans peu de temps. Tout cela n'a point de corps, reprit Liante, & ie ne suis pas homme à me contenter d'illusions & de spectres. Allez, dit Boleslaüs, ie vous promets si cela ne vous contente, de vous faire parler à la fille, ou dans cette ville, pourueu que vous en ouuriez le moyen, ou en quelque lieu aux enuirons, si vous auez l'industrie de sortir sans estre connu. Tu as oublié de dire tout, repartit Liante, c'est que peut-estre tu me feras voir par tes enchantemés vne charongne morte animée d'vn demon sous la forme d'Iphigene, me la faisant prendre pour sa sœur. Seigneur, dit Boleslaüs, puis que i'ay si peu de part en vostre creance, ie pourrois faire des miracles que vous les prendriez pour des tromperies, si vous auez quelque confiance en la foy d'Iphigene, reposez-vous sur la promesse que ie vous fay que lui mesme vous fera voir qu'en tout ceci il n'y a rien d'illusoire. Quoy qu'il en soit, il ne me coustera rien d'essayer

fayer ce que tu m'as proposé, mais affeure toy que fi tu y manques d'vn point, que ie te tiendray rigoureufement ma promeffe. Ils prindrent le temps de cette vifion dés la nuict fuiuante, tant l'impatiéce preffoit Liante. Il y auoit vne chambre auprés de celle d'Iphigene, où couchoient quelques gardes, & où Boleflaüs fur vne paillaffe auoit defia paffé d'affez mauuaifes nuicts. Il auoit preparé pour faire fa tromperie, & lui donner vn vifage de fort vn grand miroir, vne bougie parfumée, & peinte de differentes couleurs, affin qu'elle femblaft d'vne compofition eftrange; de plus vn portraict d'Iphigene veftu en fille. Ayant donc choifi ce lieu pour faire voir à Liante cette charmante merueille, entre deux pentes de tapifferie il coula le tableau qui fe hauffoit & baiffoit par le moyen d'vne corde qui fe tiroit de la chambre d'Iphigene, & auecque deux autres eflargiffant doucement la tapifferie, ce tableau fe môftroit. Tout à l'oppofite de l'autre cofté de la chambre il mit le miroir, & ayant fufpendu la bougie à vne treffe de crin qui eftoit attachée au plancher, il auoit fi bien pris

ses mesures, qu'au mesme temps que la tapisserie se leuoit, le tableau donnant dans le miroir faisoit voir clairement le beau visage de Serife. Et tout ce mystere magique se conduisoit par le moyen d'vne petite ouuerture, qui estoit à vne porte qui respondoit dans la chambre d'Iphigene. Que tarde-ie tant à descrire cette galanterie dont le vieillard auisa Iphigene, qui parmi toutes ses douleurs en pensa pasmer de rire ? Tant y a qu'elle reüssit auecque tant d'heur, que Liante entrant en ce lieu d'où il auoit faict retirer les gardes quelque temps auparauant, auquel Boleslaüs dressoit son stratageme, faisant deuant lui quelques cercles, & marmottant quelques paroles extrauagantes, & puis l'ayant monté sur vn petit placet pour regarder dans le miroir qui estoit esleué, & l'ayant supplié à iointes mains de ne toucher ni au miroir ni à la bougie, & de ne regarder point vers ses espaules, il se retira dans la chambre voisine d'où il voyoit Liante, qui auoit mis l'espée en vne main, & qui tenoit vn pistolet de l'autre, droit comme vn ionc, & immobile comme vne statuë qui est sur
son

son piedestal, regardant dedans ce miroir, & proferant non sans fremir le nom du Sauueur, & disant assez souuēt, Seigneur soyez en mon aide. Boleslaüs ayant par trois fois leué la tapisserie, & donné loisir à Liante plus attētif sur cette glace qu'vne Tortue ne l'est sur ses œufs quand elle les escloſt par sa veüe, tout à coup ayant tiré à soy la cordelette de crin noir qui tenoit la bougie suspēduë, il l'esteignit contre le plancher, & au mesme instant dondant le feu au trauers de la porte à trois ou quatre fusées qu'il auoit disposées expressément, Liante effrayé de ces soudaines tenebres, crût à voir courir ces fusées par la chambre, que ce fussent des demōs deschainez, si bien que laschant son pistolet, & puis escrimant de son espée contre les murailles, il combattit iusques à ce que la peur, l'horreur de l'obscurité, & la fumée l'abbatirent comme esuanoüi. Boleslaüs qui auoit faict la malice, fut soudain au secours auecque de la lumiere, & ayant loisir de recueillir ce qui eust peu descouurir sa tromperie, tandis que Liante estoit transi, il le fut aussi tost esueiller, & l'ayant faict reuenir, il le treuua si troublé qu'il penſoit deſia eſtre au milieu de l'enfer auecque tous les demons. Alors Boleſlaüs voyant ſon imagination ſuſceptible en cet inſtāt de toutes impréſſions, il faut, lui dit-il, neceſſairement que vous ayez touché de la teſte ſans y penſer à la bougie en vous hauſſant pour bien voir dans le miroir, ſi vous-vous fuſſiez tenu en l'aſſiette où ie vous auois mis, ceci ne fuſt pas arriué. Le Cheualier eſpouuanté crût ce qu'il lui diſoit, & enquis par le vieillard s'il n'auoit rien veu dans le miroir : l'ay veu, dit-il, par trois fois la plus rauiſſante beauté qui ait iamais paru à mes yeux, mais ie croy que c'eſt vne illuſion. Au reſte ie n'eu iamais vne telle peur en toute ma vie, & ne me faut plus appeller l'homme ſans peur. Auſſi à dire la verité ce ſont d'horribles champions que les diables, encore auecque les hommes on diſpute ſa vie, & en les tuant on ſe peut ſauuer de leurs mains : mais quel moyen d'offenſer les demons qui ſont des eſprits, auecque les armes, & le moyen d'eſchaper leurs atteintes eſtans ſi legers & ſi ſubtils ? A peine le fin vieillard ſe pouuoit-il tenir de rire, voyant auecque combien

combien d'efficace son enchantement auoit reüssy. Seigneur, dit-il, les demons ne peuuent rien sur ceux qui inuoquent le nom de Dieu, s'ils donnent quelque peur, ils ne sçauroient faire de mal. Ie l'ay bien experimenté, dit Liante, car au milieu de leurs feux & de leurs flammes en prononçant le nom du Sauueur ie suis demeuré sans estre offensé Ie ne voudrois pas neantmoins pour toutes leurs tempestes n'auoir veu ce que i'ay veu, mais veu helas! comme trois pointes d'esclair qui sortent d'vne nuée, ou comme les rais du Soleil qui se monstrent, & qui se renferment aussi tost dans les broüillards. Ne sçaurois-tu, cher Boleslaüs, me faire auoir vne peinture plus solide de cette beauté que i'ay veüe? car il n'y a rien de si passager que ce qui se forme dans vn miroir. Ie n'en croy pas de plus viue, reprit le vieillard, qu'Iphigene mesme quand il est vestu en fille; mais pour vous monstrer que ie n'ay autre desir que de vous satisfaire, si vous me voulez faire auoir vn passeport pour aller iusques au camp du siege, ie vous promets de vous apporter vn portraict de cette Damoiselle, qui est dedans les coffres de mon Maistre. Tu l'auras dãs deux heures, dit Liante, mais encore ne me sçaurois-tu dire comme elle s'appelle, où elle demeure, & de qui l'a eüe Mieslas? A cela Boleslaüs. Vostre curiosité n'a point de cesse, mais pour vous tirer d'inquietude, sçachez que Mieslas l'a eüe d'vne Damoiselle de Cracouie, qu'il la fait esleuer en vn bourg qui n'en est pas esloigné, & parce qu'elle approche de la ressemblance de son fils, il lui a donné vn nom qui se rapporte au sien, ie ne sçay si c'est Iphigenie ou Eugenie, mais ie sçay que c'est l'vn ou l'autre. Il n'estoit point necessaire (sinon pour la mine) que Boleslaüs allast au camp prendre vn tableau qui estoit attaché où nous auons dit. Que si sa seule representation dans la glace d'vn miroir alluma tant de feu en l'ame de Liante, quel doit estre l'embrasement que sa plus longue veüe y excita? Ce portraict, dit-il en le voyant, se rapporte entierement à celui que i'ay veu dans le miroir. Les demons aussi, adiousta le vieillard, sont d'admirables peintres. & tellement, reprit Liante, qu'il me semble ou que

que ce tableau estoit dans le miroir, ou que le miroir representoit ce tableau : car ni aux traicts du visage, ni en l'habit, ni en la coiffeure il n'y manque vn seul point. Mais dy moy ie te prie, comme se peut-il faire que cette bougie ait eu la proprieté de former cette image dans le crystal? Hé! Seigneur, dit Boleslaüs, ne sçauez-vous pas que l'on peut mesme sans enchantement composer des flambeaux de certaines graisses, qui feront paroistre tous ceux qui seront en vn banquet ou en vne compagnie auecque des testes de Cerf? ignorez-vous en combien de façons on peut tromper la veüe, soit en faisant paroistre loingtain ce qui est proche, estendu ce qui est resserré, releué ce qui est plat? ne sçauez-vous pas en combien de façons ceux qui font des miroirs abusent de nos yeux? Combien de couleurs paroissent en du crystal, en des diamans, en l'arc en ciel, qui n'ont rien que l'apparence? Maintenant demandez de quelle sorte les demons qui sont si sçauans, font paroistre en des miroirs des choses absentes. de moy i'en ay veu qui au lieu de mon visage, quand i'y regardois me faisoient

soient voir celui de la mort. Par ces raisons le vieillard alloit enfonçant dans sa tromperie la creance de Liante, qui se figuroit auoir veu mille horribles formes, lors que ses yeux n'estoient esclairez que de la lueur des fusées. Tandis que Liante fait vne Idole de ce portraict, & sans pouuoir arracher sa veüe de dessus il lui sacrifie les plus viues affections de son ame, Iphigene & son Gouuerneur rient à pleine teste de le voir ensorcelé sans charme, & de le voir pris en la mesme façon qu'il estoit espris de Serife dans la forest de Plocens. Il fut aisé au vieillard de luy persuader de venir voir Iphigene. Car l'esperance qu'il auoit de rentrer en son bien par cette alliance, & de paruenir à vne grande fortune par l'amitié du fauory du Roi, le rendit souple à tout ce qu'on desira. A quoy seruit encore le desir qu'il auoit de voir la viue image d'Iphigenie en Iphigene, ce qu'il faisoit assez clairement paroistre au vieillard, auquel il demandoit souuent s'il estoit possible qu'Iphigenie fust aussi belle qu'Iphigene. D'autant plus, repliquoit le vieillard en sousriant doucement,

cement, que les graces d'vne fille ont plus de douceur & d'affetterie que celles d'vn homme. ce qui rauissoit l'escoutant. Mais encore, lui disoit-il, est-elle aussi agreable que son portraict la represente? le peintre ne l'a-t'il point flattée? ne me renuoyeras-tu point à la douce mensonge de son pinceau quand tu m'auras deceu? Seigneur, disoit Boleslaüs, les ruisseaux ne sont iamais si clairs qu'est leur source, les copies descheent tousiours de leurs originaux, mais tout l'art des peintres demeure court quand sur vne toile inanimée il leur faut coucher vne estincelle de vie. Ie sçay que quelquesfois ils font des prests à celles que la Nature a faict necessiteuses de quelques graces, qu'ils peuuent faire les ridées polies, les vieilles ieunes, les brunes blanches, & donner des yeux rians à telle qui les aura naturellement enfoncez & melancholiques, & cela n'est pas representer, mais trahir. Et quant à celles qui sont en vn eminent degré de beauté, ils confessent librement que leur art ne peut ioindre à leur grace, & que la Nature s'est reserué des traicts de

maistresse

maistresse qui surmontent tout l'artifice des humains. Prenez la peine de conferer la peinture que ie vous ay remise auecque le visage d'Iphigene, & tenez pour certain qu'autant que le front de mon Maistre surpasse cette toile, autant celui d'Iphigenie deuance en beauté celui d'Iphigene. C'est donc son nom qu'Iphigenie, repliqua le transporté Liante. Seigneur, reprit Boleslaüs, ie vous ay desia dit que son Pere la cache, & la cele autant qu'il peut, ne l'ayant pas encore reconnuë pour sienne, à cause de l'honneur de sa Mere Damoiselle de qualité qu'il veut conseruer. Et bien qu'il l'ait faict nommer Iphigenie en consideration de son fils à qui elle ressemble, toutesfois crainte que ce nom ne la descoûure, il a commandé à celle qui la nourrit & qui la gouuerne de l'appeller Eugenie. Mon amy, dit Liante en embrassant le vieillard, si tu me rends possesseur de cette creature, tous mes desirs pourront bien expirer, car toutes mes ambitions se termineront en ce perfaict obiect. Mon Braue, dit Boleslaüs, il ne tiendra qu'à vous, car il n'y a pas d'apparence que Mieslas, s'il n'a perdu le iugement,

ment, refuse vn tel party pour vne fille de telle naissance: & quand il seroit desnaturé iusques là, soit pour la haïne qu'il vous porte, soit pour la crainte de lascher la possession de vostre bien, mon Maistre se fait fort d'entremettre l'auctorité du Roi, dont la volonté fait loy à celle de Mieslas, & en tout euenement de vous remettre cette sienne sœur naturelle, & de vous donner autant de bien que Mieslas vous en retient, & mesme d'y ioindre la qualité de Palatin de Plocens, si vous voulez auoir ce Gouuernement, parce qu'ayant les faueurs du Roi, les Palatinats ne lui peuuent manquer, ni mesme celui de Podolie apres la mort de son Pere. Tout ce qu'il desire de cette alliance, est de lier auec vous vne amitié inuiolable, & d'attacher la conseruatiõ de sa fortune auecque vostre auancement. Tout ceci parut si vrai-semblable à Liante, qu'il commença deslors à dõner creance non seulement à ce que le vieillard lui auoit dit auparauant, mais mesmes aux diuinations des Astrologues; parce qu'il est aisé de se persuader que ce que l'on desire ardamment arriuera vn iour

iour. Si Iphigene fut estonné de treuuer tant de flexibilité en vn courage où il auoit veu tant d'aigreur, ie le laisse à coniecturer ; s'il n'eust bien connu Boleslaüs, il eust lui mesme pensé que ce vieillard se fust serui de quelque charme pour changer ainsi l'humeur de Liante. De vous raconter les discours de leur entreueüe, la honte qu'eut Liante en se presentant deuant celui qu'il auoit si cruellement offensé, il n'est pas possible. La ioye d'Iphigene reuoyant si doux celui qu'il auoit experimenté si rude, se peut encore moins exprimer. Au commencement ils se contenterent de se contempler, laissans parler leurs regards comme meilleurs interpretes de leurs pensées que leurs paroles. En fin Liante voulant faire des excuses, se treuua si confus que plus il taschoit de s'expliquer, moins se faisoit-il entendre. Iphigene connoissant le desordre de son ame par celui de ses propos, & lisant son repentir dans la confusion de son visage, fut plus satisfait du trouble de ce cœur, qui paroissoit en sa contenance estonnée, que de toutes les soumissions qu'il lui sceut faire. Si bien que

que receuant cette perplexité pour marque du regret de sa faute, il obtint aussi tost pardon qu'il l'eut demandé. Ce pardon ayant balayé les nuages qui offusquoient son esprit, sa langue renduë plus libre se deslia par ces paroles. Mon frere, ie prends le Ciel à témoin que c'est la rage, & non pas la raison qui m'a transporté à tant d'actions dont le souuenir me sert de supplice, & que c'est maintenant la raison, & nul autre sujet qui me porte à vous satisfaire en vous apportant ma vie, & vous suppliant de lui faire tant d'honneur que de contenter par sa perte vostre vengeance. Si i'auois quelque chose de plus cher ie vous l'offrirois, sçachant que si vostre bonté ne supplee au deffaut de mon pouuoir, ie ne repareray iamais par aucun deuoir les fautes que i'ay cõmises. Mais puis que ie n'ay riẽ de plus precieux que la vie, i'offre de l'immoler à vostre courroux, en vous suppliant de receuoir cette reparation volontaire des offenses qui sont sorties du mouuemẽt forcé de la fureur. Ha! Liante, reprit Iphigene, pourquoy me parlez-vous de destruire vne vie que ie voudrois conseruer par la perte de la mienne? que vous auez bonne grace de m'offrir ce que ie n'ay garde de prendre! i'appelleray deformais heureux les outrages que ie voy si dignemét reparez; que ie suis aise d'auoir de iustes sujets de me plaindre pour en auoir pour vous pardonner! Toute la satisfaction que ie veux, est que vous reconnoissiez que vostre colere est moindre que ma bonté, vous suppliant d'imiter les vrais Astres, qui eclipsent sans s'esteindre, au lieu que les fausses estoiles tombent sans se releuer. Ce m'est assez de contentement que vous vouliez triompher de vostre fragilité par la recónoissance de vostre faute, laquelle ie ne veux point vous estre matiere de hôte & de desespoir, mais plustost qu'elle vous serue d'occasion de reconnoistre ma constance, & d'en entreprendre l'imitation. Ainsi vous ayant tousiours chery comme vn frere tres-aimable, ie vous priseray à l'auenir comme vn thresor recouuré. Car ie suis resolu de vous traitter iusqu'à la fin de mes iours, de telle sorte, qu'au lieu que iugeant de moy selon l'ordinaire des hommes, vous n'auriez point esperé de pardon de vostre crime, vous ne

remar

remarquerez iamais en mes deportemens apparence quelconque d'en auoir commis. Vn bon naturel ferme la playe sans laisser de cicatrice, & vne ame franche n'oste pas seulement de sa volonté le desir de se vanger d'vn tort receu, mais l'arrache encore de sa souuenance. Concluez de là cher Liante, que si en l'Amour les riottes redoublent la flamme, les querelles entre amis quand elles sont appaisées augmentent l'amitié. Ces mots prononcez d'vn iugement si beau, en termes si bons, & d'vne grace qui eust entrainé les arbres apres soy, firent que Liante embrassant Iphigene, & lui deuorant les mains à force de les baiser, & de les arroser de ses larmes, fit renaistre des cendres de son courroux passé le Phœnix rajeuny & renouuellé de son amitié ancienne. Car d'vn costé rappellant en sa memoire les desdains & les rigueurs dont Amiclée auoit outragé sa constance; de l'autre se representant des grandeurs & des biens infaillibles en la possession d'vne beauté toute semblable à celle qu'il auoit deuant les yeux, de plus comme vn flambeau nouuellement esteinct, & qui fume

encore se rallume auecque plus d'ardeur qu'auparauant, aussi Liante rattizant ses affections pour Iphigene, que la colere auoit endormies, mais non pas estouffées, tout cela ensemble le combloit d'vne telle ioye qu'il n'auoit point assez d'vn cœur pour la contenir. Mais mon frere, disoit-il, pourquoy faisiez-vous difficulté de me parler de cette belle sœur que vous me destiniez pour espouse? Helas! mon frere, respondoit Iphigene, qui eust pensé qu'ayant le courage haut & releué comme vous l'auez, vous eussiez voulu entendre à l'alliance d'vne fille inconnuë de tout le monde, & sinon mesconnuë, au moins non reconnuë de son propre Pere? Tout ce qui vous ressemble, dit Liante, porte son priuilege sur le front: car il n'y a point de lettre de faueur qui donne tant de creance & d'entrée que fait vn beau visage, qui porte l'Amour par tout où il paroist, ainsi que le Soleil sa lumiere là où s'estendent ses rayons. A ce que ie voy, vous-vous portez vers le beau auec vne merueilleuse actiueté, dit Iphigene. C'est l'aiman des yeux & le Nort des cœurs touchez de cet aiman, dit Liante, qui ne
l'a

l'a pour visée est ou aueugle ou stupide, & ie croy que les yeux ne sont faicts que pour voir la lumiere, & par la lumiere la beauté; car comme naturellement ils se destournent des choses horribles & laides, aussi se portent-ils volontiers vers les belles & agreables. Et qui fait que toutes les Dames ont tãt de passions pour vous, bel Iphigene, si ce n'est à cause des graces dont la Nature a non moins embelly vostre corps que vostre Ame? Ie vous ay dit autrefois, lors que sous le nom de Serife vous iettiez tant de douces inquietudes en mon esprit, que si i'auois rencontré vne fille qui vous ressemblast, de quelque qualité qu'elle fust, elle arresteroit toutes mes affections, ie m'estonne que dessors ayant dessein de me donner vostre sœur Iphigenie, vous ne m'ouuristes vostre sein, pour me faire connoistre ce secret que vous y cachiez auec vne trop grande deffiance de mon ingenuité. I'auoüe, dit Iphigene, que ie n'eu iamais le courage de vous l'ouurir, quelque passion que ie visse que vous eussiez pour la miserable Serife, parce qu'il me sembloit que la bienseance ne le permettoit pas. Cependant, dit Liante, c'est ce qui nous a porté dans toutes ces broüilleries. Ie ne le voy que trop, reprit Iphigene, mais quoy? ie n'ay peu vaincre ma mauuaise honte, & si Boleslaüs ne fust accouru à mon secours, ie croy que ie fusse mort en cette erreur. Mille autres propos se passerent entre eux, auec vn renouuellement & renoüement d'amitié par des sermens si solennels que si Liante les rompt, il ne sera plus excusable.

IPHIGENE.

Liure dixseptiesme.

A cause de la langueur d'Iphigene estant cessée, cessa aussi l'effect, si bien qu'en peu de iours il reprint auecque son embonpoint sa perfaitte santé. Les Medecins se retirerent, & le Roi auerti de cette guerison, enuoya des deputez de son Conseil au camp, & vne commission à Iphigene pour traitter auec eux & les principaux de son armée de l'accord des Lithuaniens, & de la paix generale. Pour cela il y eut cessation d'armes de part & d'autre, suiuie d'vne treue de certain tẽps; durant lequel ceux de l'armée du Roi alloient librement dans le Minsce, & les assiegez sortoient en toute liberté, & se promenoient dans le camp du Roi. La Conferéce pour le respect deu au Souuerain se faisoit hors de la ville en vn logement choisi pour cela, & tant pour la seureté des Lithuaniens, que pour caution d'Iphigene, quelques ostages entrerent dans le Minsce. Liante accompagnant le Palatin de Plocens & les deputez de la part des Lithuaniens pour faire le traitté, fut souuent au camp. La familiarité y fut si grande qu'ils se faisoient des banquets les vns aux autres, auec vn tel témoignage de bienueillance qu'il ne sembloit pas que iamais il y eust eu de guerre ni de querelle entr'eux, soit que la dissimulation qui a de coustume d'accompagner les accords, iouast son roolle, soit que las des incommoditez que traine apres elle la discorde ciuile, ils conspirassent tous au mesme desir de la paix. Liante qui auoit plus auant dans la teste l'estat de ses affaires particulieres, que les publicques affaires de l'Estat, ne pressoit que l'article de son restablissement en ses biens. Ce que les Palatins de Lithuanie demandoient pour lui, & les deputez du Roi accordoient, quelque opposition qu'y fist

Mieslas,

LIVRE XVII.

Mieſlas, qui perdoit en la reſtitution de cet heritage le plus beau moyen qu'il euſt pour ſouſtenir ſa deſpence. Mais comme Liante auoit ſans ceſſe dans l'eſ-prit ſon Iphigenie, il preſſoit continuelle-ment Boleſlaüs de la lui faire voir. Le vieillard differa touſiours de lui promet-tre ce contentement iuſques à ce que le traitté fuſt acheué, ayant vne aſſez legi-time excuſe de ne pouuoir faire venir vne fille parmi les armes, & dans vn tel em-barraſſement que celui d'vn ſiege. Mais l'impatience ramenant ce Cheualier à ſes premieres fureurs, & à l'opinion que tout ce qu'on lui auoit faict voir, n'eſtoient qu'illuſions magiques pour le diſtraire d'Amiclée, & qu'il alloit perdre la crean-ce que ce fuſt vne verité s'il ne voyoit; Boleſlaüs ayant auerti Iphigene de cette faſcheuſe humeur qui reprenoit Liante, il n'y a rien ſi facile que de la lui faire paſſer, dit Iphigene. Promettez lui dans quelques iours de la faire venir à deux lieuës d'ici en quelque maiſon voyſine, & tãdis qu'il me croira au camp à mon quar-tier, ie m'y rendray, & là veſtu en ſimple Damoiſelle, ie le receuray de telle ſorte que ie m'asseure de lui faire croire que ie ne suis pas moy-mesme. S'il fut dit, il fut faict. Boleslaüs s'engage à Liante de lui faire voir dans quelques iours la vraye & viuante Iphigenie. Liante ioyeux outre mesure embrassa le vieillard, & se disposa d'aller où il le meneroit. Là donc estimant qu'Iphigene fust demeuré au camp où il l'auoit laissé, il vit Iphigenie sous la conduite d'vne vieille Matrone qui se disoit sa nourrice & sa Gouuernante (car pour de l'argent Iphigene treuuoit des gens qui faisoient & disoient ce qu'il lui plaisoit.) Et l'ayant treuuée encore plus belle qu'Iphigene, il treuua son entretien si plein d'esprit & de iugement, qu'il disoit quelquesfois à Boleslaüs qu'il pensoit traitter auecque le mesme Iphigene. Il falloit auoir le front bien asseuré pour s'empescher de rire de cette gracieuse tromperie: neantmoins le vieillard & la vraye Iphigenie furent si fermes qu'ils s'en abstindrent. De vous dire la modestie, la simplicité & la pudeur que témoigna Iphigenie en cette rencontre, & comme reiettant cette entreueüe sur l'obeyssance qu'elle deuoit à son frere, elle renuoyoit

toutes

LIVRE XVII. 555

toutes les propositions de Liante aux volontez de son Pere, ce ne seroit iamais faict. Deux ou trois fois Liante eut cette faueur de voir la vraye Iphigenie, & mesme quelquesfois de lui prédre les mains, sans qu'elle vouluſt souffrir qu'il les baisaſt ; & à cela connut-il que ce n'estoit pas vn esprit, mais vn corps formé comme les autres. Il n'est question que de faire consentir Mieslas. Sur quoy il faut sçauoir que vraiment le Palatin de Podolie auoit quelques enfans naturels qu'il auoit eus hors de son mariage ; car comme il estoit cruel, vicieux, auare, & de peu de cóscience, vous pouuez iuger que faisant de lógs sejours à la Cour, où il ne vouloit point que sa femme Aretuze paruſt, il n'estoit pas doüé de ce beau don de pureté & de temperance, qui ne loge qu'en des corps dont les ames sont fort nettes. Tout vaillant qu'on l'estimaſt, il brusloit impuissamment pour les obiects qui lui sembloient agreables, & comme il estoit brutal, taschoit par tous moyens de les corrompre & d'y assouuir ses plaisirs. Voila comme sont foibles contre les molles atteintes de la tentation du sens ceux qui
semblent

semblent ineffrayables aux perils, & qui donnent de l'espouuante à leurs ennemis plustost par vne aueugle temerité, que par vne iudicieuse vaillance. Mais pour ne souïller point ces pages du recit des sales & illicites voluptez de ce mauuais hōme, contentons-nous de dire qu'entre ceux qu'il pouuoit auoir de cette façon, il auoit vne fille qui approchoit aucunement de l'âge & de la forme d'Iphigene, à laquelle à cause de ce peu de ressemblance il donna vn nom voysin de l'autre, en l'appellant non Iphigenie ou Eugenie, mais Virginie, toutesfois ordinairement celle qui l'esleuoit, la nommoit Iphigenie, comme estant sœur de ce grand Iphigene dont la splendeur & l'esclat remplissoit toute la Pologne d'estonnement. A la proposition que fit Iphigene à son Pere de donner vne de ses filles soit legitimes, soit naturelles à Liante. Quoy? dit ce Barbare, voulez-vous aussi ayder à me mettre en chemise, & à me despoüiller du plus beau bien que i'aye, & que ie possede maintenant auecque Iustice par la confiscation faicte sur ce rebelle qui m'a esté donnée par le Roi? Seigneur, reprit Iphigene,

gene, vous voyez que fa Majefté par fes deputez conclud à cette reftitution, ne voulant pas que cet obftacle particulier preiudicie au bien public; pour Dieu que voftre intereft ne trauerfe pas le bien public, i'ayme mieux vous donner la valeur de ce bien fur les bienfaicts que i'ay receu du Roi, duquel i'efpere bien d'autres graces, fi ie le fers en l'occurrence de ce traitté felon fes intentions, & la fidelité que ie dois à vn fi bon Maiftre. Miferable, dit Mieflas, ne vois-tu pas que tu plaides contre toy-mefme, & que ce que tu me tires des mains, tu l'arraches de tes aifles? iufques à quand fouftiendras tu ce frippon, duquel il faut que i'aye la vie & que ie mange le cœur, ou ie ne feray iamais content? Seigneur, dit Iphigene, c'eft à moy de vous honnorer, non de vous reprendre; mais ie vous fupplie de permettre que ie vous remonftre le tort que vous auriez d'ofter la vie à celui à qui vous la deuez, pour moy ie tiendrois cette action pour vne efpece de parricide. A qui ie la dois, dit le fier Sarmate, & vous & lui, & tout autant qu'il y en a qui diront que ie lui dois la vie, en auez menty, ie

pense

pense estre quitte de cette debte par l'appel que ie lui ay faict faire, & qu'il a refusé, par où il a assez témoigné que c'estoit à la fortune, & non à sa vertu qu'il deuoit l'auantage qu'il eut sur moy à nostre derniere rencontre. Mais ie prepare bien vn autre chastiment à sa temerité. A ce que ie voy, dit Iphigene, ce n'est pas ici le moyen de traitter vne alliance, & ie l'auois reduit à ce point là que vous laissant durant vostre vie l'vsufruict de ses biens, duquel ie lui promettois donner la valeur durant vostre vie, il prendroit à femme vne de vos filles soit legitimes, soit non reconnuës. Ie croyois qu'en vous laissant cette ioüissance, & receuant vostre fille sans dote, & mesme consentant que son premier fils portast vostre nom & vos armes, vous ne refuseriez pas vn tel parti qui en toutes façons ne vous peut estre qu'auantageux. Ie ne me contente pas de l'vsufruict d'vn bien, dit Mieslas, dont ie veux auoir la proprieté, & la vous laisser en heritage. Quant à mes filles, vous sçauez que ie ne lui puis donner Clemence estant promise au Prince Cassin, moins les autres qui
sont

font Religieufes, des autres ie croy qu'il n'en voudroit point. Il ne demande point Clemence, dit Iphigene, ni celles qui font voylées; car bien que quelques vnes peuffent oppofer la contrainte à la validité de leurs vœux, neantmoins leurs incommoditez les retiennent affez volontairement dans leurs Cloiftres, & ce n'eft pas le deffein de Liante de les en tirer, il fe contentera de Virginie dont il a veu le portraict, & par là en eft deuenu amoureux. Amoureux, reprit Mieflas, & par (il iura tout outre) ie fçay bien le moyen de lui faire paffer fes chaleurs; non ie ne confentiray iamais de donner ma fille à mon ennemy, & qu'on ne me parle plus de de cette alliance, non plus que de lui rendre fon bien. Il aura pluftoft ma vie que ie confente iamais à l'vne, ou à l'autre de ces chofes. Cette refponfe de la bouche d'vn homme autant impliable qu'impitoyable troubla extremement Iphigene, parce qu'il fe doutoit bien que cela apporteroit de l'obftacle à fon deffein. Et de faict Mieflas ayant rencontré Liante lui dit: Petit Galand vous remuez Ciel & terre pour rauoir voftre bien que ie tiens

par

par vne iuste confiscation, mais sçachez que vous arracheriez aussi tost la massuë d'entre les mains d'Hercule. Au reste on m'a auerti que vous pretendez encore à vne de mes filles, mais par l'ame de celui qui m'a engendré, si vous regardez iamais si haut ie raualeray vos crestes, & de Polonnois ie vous feray Hongre, affin que vous ne hannissiez plus, & que nous perdions l'espoir d'auoir de vostre engeance. Vous faites bien, repliqua Liante, de parler ainsi dans le camp du Roi, si nous estions en lieu libre, & si ie ne craignois de violer la treue, ie vous ferois tenir vn autre langage, i'auray mon bien par la mesme auctorité du Roi qui me l'a ostée, & en deussiez vous creuer de depit ie vous en feray vuider les mains. Quant à vostre alliance elle est si funeste à nostre maison, que ie ne l'ay souhaittée que pour complaire à vostre fils que i'ayme & honnore, & pour pacifier nos differends; que si vous auez tenu pour auantageux de donner ma sœur à vostre fils, ie croy que n'estant pas moindre que ma sœur ie vaux bien vne de vos filles. Que si vous rōpez ce premier mariage, comme
vous

vous voulez empescher le second, souuenez-vous que nous-nous verrons encore vne autre fois les armes à la main, & que si le bonheur se ioint à la justice de ma cause, vous n'aurez pas si bon marché de moy que la premiere fois. L'outrageux Sarmate qui n'auoit pas accoustumé d'ouyr auecque patience des semblables discours voulut mettre la main à l'espée, & Liante se preparoit de lui vendre cherement sa peau, s'ils n'eussent esté empeschez de se ioindre par ceux qui se treuuerent presens à ce contraste. Ceci pensa gaster toute la trame d'Iphigene, parce que le Palatin du Minsce auerti que Liante recherchoit l'alliance de Mieslas, comme si le traitté public n'eust pas esté assez fort pour lui faire restituer son bien, crût que par ce moyen il perdoit l'esperance de l'auoir pour gendre, ce qu'il desiroit auecque passion, si bien que prenant son temps dans le refus du Palatin de Podolie, il recommença à solliciter de plus beau ce Cheualier à acheuer ce qui auoit esté commēcé pour Amiclée. Lui qui flottoit en de continuelles irresolutions, & qui ne voyoit pas clairement le but où le faisoit viser le Palatin de Plocens, reprit aisément ses premieres erres, & s'imaginant que tout ce que Boleslaüs lui auoit promis & faict voir, n'estoient que sortileges & illusions magiques, il delibera de se retourner du costé d'Amiclée, & de se rendre à ce parti-là. Le Pere & la Mere de cette fille le voyans en cette bonne humeur, firent des tempestes si horribles & si extraordinaires autour de cette fille, qu'il n'y auoit plus de patience qui peust resister à de tels efforts. Quelque persuasions qu'employast Iphigene pour la faire tenir bon, & quelques promesses qu'elle lui fist de demeurer ferme en son opinion, si est-ce que comme vne place assiegée & pressée à outrance elle estoit sur le point d'entrer en composition, quand Boleslaüs dit à Iphigene que le temps de parler sans enigmes & à clair estoit arriué, & qu'il falloit hazarder le secret, en sorte neantmoins qu'en tout euenement on le peust sauuer du naufrage. Iphigene fermant les yeux comme celui qui se iette en vn precipice, remit toute cette conduite au prudent vieillard, qui fut treuuer Liante, & l'ayant tiré en lieu où il lui pouuoit parler

parler en seureté & à son aise, il lui dit: Seigneur Chevalier, nous sçavons tout ce qui se passe entre vous & Olaüe touchant Amiclée, car cette fille ne cele à mon Maistre que ce qu'elle ne sçait point. Ie crain qu'ayant à vous dire vne tres-importante verité apres plusieurs deguisemens, elle ne soit receuë que pour vne baye, car c'est la verité que la mensonge oste toute creance à celui qui y est vne fois surpris. Mais quand vous sçaurez ce qui m'a faict vser de tant d'artifices pour vous enueloper vne verité, ie suis certain que vous m'en sçaurez bon gré, & que vous reconnoistrez que ie ne pouuois faire autrement pour seruir mon Maistre & vous auecque fidelité. Ie te prie, dit Liante, ne recommence point ici sur moy tes enchantemens, puis que le temps de tes charmes est passé, laisse-moy poursuiure ma premiere pointe, aussi bien ne dois-ie esperer de Mieslas que des barbaries & des cruautez. Seigneur, dit Boleslaüs, quand ie vous auray faict voir qu'il n'y a que souplesse d'esprit, & point d'enchantement en tout ce qui s'est passé au miroir, ie croy que vostre esprit sera plus preparé à receuoir en depoſt vn ſecret qui importe de mille vies ſous le ſeau de la fidelité inuiolable aux gens d'honneur. Alors il lui declara de quelle ruze il s'eſtoit ſeruy pour lui faire paſſer pour vray enchantemẽt ce qui n'eſtoit qu'vne feinte, mais qu'il auoit eſté porté à cela par le deſir qu'il auoit de le reconcilier auecque Iphigene, & de redonner par ce moyen la vie & la ſanté à ſon Maiſtre. Liante qui ſe vit mocqué entra en colere, & iurant lui dit, traiſtre tu me la payeras, tu ſçais le chaſtiment dont ie t'ay menacé ſi tu me trompois, c'eſt maintenant que tu auras le ſalaire de tes fourbes. Seigneur, auant que ie meure par vos mains, dit le vieillard, permettez que ie me deſcharge d'vn ſecret capable de ſaiſir d'eſtonnement & le Ciel & la terre, mais ie ne puis le vous conſigner que vous ne me iuriez ſur tout ce qui eſt de plus inuiolable, de le garder ſous le ſilence, car ſi vous l'euentez, euſſiez vous dix mille vies vous ne pourriez vous exempter de les perdre. Acheue, dit Liante, le comble de ton iniquité, affin que ie puniſſe tous tes crimes enſemble, & que ie les tranche d'vn meſme reuers.

Si

Si c'est chose qui importe à Iphigene, ayāt veu combien franchement il s'est porté pour mon bien au traitté, & contre son propre Pere, ie feray tousiours estat de son amitié,& n'y a supplice que ie n'endurasse pluftost que de lui nuire. C'est chose, dit Boleslaüs, qui lui importe plus que l'honneur, ni les biens, ni la vie, & qui dependra desormais de vostre seule fidelité. C'est maintenant qu'il connoistra si vous l'auez iamais aimé, & si vous lui estes vray amy. Alors il lui raconta d'vn bout à l'autre toute l'histoire de la naissance, & de l'eleuation d'Iphigene, comme nous l'auons deduite iusques ici, lui fit voir aussi clairement que le iour les raisons qui auoient retardé Iphigene en la descouuerte de cette merueille, le dessein qu'il auoit de la manifester premierement au Roi, pour lui faire voir combien estoit fausse la calomnie dont ses ennemis l'auoient chargé pour l'esloigner de la Cour, & estant remis en sa grace, la resolution qu'il auoit faicte d'inuestir Liante de toutes ses charges & de ses biens, en se donnant à lui par vn sainct mariage. On dit qu'il en est de la verité comme du Soleil qui peut estre obscurcy de nuages, iamais esteint, à la fin elle sort du puis de Democrite, & quand vne fois elle respand ses beaux rayons, toutes les tenebres des feintes, des dissimulations & des deguisemens sont dissipées. L'estonnement de Liante surpasse tout moyen de l'exprimer. Ie le croy bien, puis que celui de toute la Pologne sera tel, qu'à peine ceux qui verront ce prodige le pourront-ils croire, beaucoup moins ceux qui le liront. Si ce n'est par le priuilege des miracles, qui sont, dit Sainct Augustin, plustost crûs de loing que de pres, & dont on parle plus és Prouinces esloignées qu'és lieux mesmes où ils sont auenus. Il donna neantmoins aussi tost sa creance à ce recit, parce que repassant par sa memoire toutes les marques d'Amour plus que d'amitié qu'il auoit reconnuës en Iphigene, sa conduite auecque lui en son enfance, ses chastes deportemens à la Cour, où il auoit esté tenu pour vn Hippolyte, son mespris continuel des femmes, son incomparable beauté, & sur tout les paroles d'affection vn peu empressée qu'il lui auoit dites en la forest de Plocens, lors qu'il estoit Serife & lui

lui Almerie, & tant d'autres caresses, souhaits, soupirs, langueurs, & semblables deportemens, qui sont les estincelles de ce feu qui se peut aussi peu cacher qu'éuiter. O Liante, que de gloire apres tant de peines! Celui qui sort de longues tenebres, & qui vient tout à coup au Soleil, pour voir trop ne voit rien, & la lumiere qui fait tout voir, est cela mesme qui lui oste la veüe. Il croit tout ce qu'on lui a dit comme des Oracles, & toutesfois il demeure muet & interdit comme vn homme ou incredule, ou stupide. La porte de son cœur estoit trop estroitte pour y laisser entrer en mesme temps la foule des affections qui se poussoient & se pressoiët pour s'y introduire, la multitude des pensées l'accable, les honneurs & les grandeurs que ce parti lui propose sont au dessus de son ambition & de toutes ses esperances, les biens si grands que ceux de son patrimoine ne lui paroissent rien; mais sur tout ce charme de tant d'attraicts dōt la Nature auoit pourueu le visage d'Iphigene est le premier mobile qui le transporte. A quoy adioustant tant de rares vertus, tant de belles qualitez, tant de courage & de valeur, tant de genereux exercices, & pour comble de tout tant de pieté & d'honnesteté, qui le rendoient les delices de tous ceux qui l'abbordoient, plein des benedictiõs du Ciel & de la terre, vn grand nom, la faueur d'vn Roi, qui sans doute redoubleroit cette merueille venant à se descouurir, ô Liante que de transports! D'autre costé reflechissant sa consideration sur soy-mesme, il ne pouuoit se figurer qu'il eust assez de merite pour obliger Iphigene à vne si constante amitié que celle qu'il lui auoit tousiours témoignée. Dés son âge plus tendre il en auoit esté si doucement & si cordialemét aimé. Il auoit tousiours compati à ses peines, porté vne partie de ses douleurs, esté continuellement de son parti contre son propre Pere, l'auoit tiré de prison, sauué des perils dont le menaçoit la cruauté de Mieslas, si gracieusement accueilli dans son Palatinat, au combat il lui auoit donné la vie, s'estoit rendu volontairement prisonnier pour auoir le bien de sa conuersation, adioustez à cela cette extreme & admirable pudeur qui l'auoit faict resoudre à mourir plustost qu'à se soulager

ger par vne parole qu'il estimoit trop hardie pour vne ame qui fait profession d'honneur, & puis vn nombre sans nombre de vertus qui brilloient en cet esprit comme des estoiles en vn Ciel bien serain. De là passant à ses propres demerites, helas! disoit-il en soy-mesme, que n'ay-ie faict pour me rendre indigne de tant de biens, & de cette belle amitié qui les comprend tous? ne lui ay-ie pas tousiours rẽdu mal pour bien, mescõnoissance pour ses graces, rigueur pour douceur, cruauté pour caresses, & en vn mot qui comprend toutes sortes d'imperfections, vne noire ingratitude pour des faueurs inestimables? He! qui me pourra iamais assez punir de tant de crimes? & si l'on ne me peut punir, qui me pourra iamais pardonner? Tandis qu'il roule en son ceruau mille semblables pensées, Boleslaüs lisant les conuulsions de son esprit dans les changemens & les alterations de son visage, ne sçauoit pourtant de quelle façon il auoit pris ce qu'il auoit dit, & si c'estoit de la droitte ou de la gauche, car encore qu'il fust excellent Magicien, comme vous auez veu, si ne pouuoit-il pas crochetter la cachette des tenebres, c'est à dire le secret des pensées. De cette responce dependoit sa vie ou sa mort, & ce qui lui estoit plus cher, le contentement ou la ruine d'Iphigene. Quand Liante rompant le silence auec effort; Mon amy, dit-il, ie ressemble à ces vaisseaux de petite emboucheure, qui pour estre trop remplis de liqueur, ne se peuuent descharger. I'ay l'esprit si rauy & si occupé d'estonnement, de ioye, de transport, & du recit d'vne si grande merueille, qu'encore que ie me voye veillant, & que ie croye tout ce que tu m'as dit, il me semble que ie songe, & que ie suis possedé de la plus forte resuerie qui puisse occuper vn cerueau. O mon cher enchanteur, y a-t'il encore quelque esperance de pardon dans la pitié d'Iphigene pour ce miserable? Le vieillard iugeant du Lyon par l'ongle, & que la ville estoit gaignée, Seigneur, dit-il, c'est maintenant qu'il me faut tuer, à fin que vous soiez vn Cesar qui fit mourir en naissant celle qui lui donna la vie. C'est maintenant que sans Magie ie vous feray voir dans ce Chasteau l'Iphigenie veritable, & celle-là mesme que vous auez veuë

auprés

LIVRE XVII. 571

auprès du camp. Surquoy il lui raconta l'artifice d'Iphigene, qui pour lui plaire se transformoit en autant de façons que Protée. Et puis, adjousta-t'il, demandez s'il y a du pardon pour vos fautes dans vn cœur qui meurt d'Amour pour vous? Iugez de la grandeur de sa passion par celle de vos outrages, & rappellant en vostre memoire les affronts & les indignitez dont vous auez essayé sa constáce, voyez de quelle façon vous auez esté aimé. Tout ainsi que l'on voit iusques aux atomes quand la lumiere du Soleil redore l'air, au contraire durant l'obscurité de la nuict on ne voit pas les plus grandes montagnes : de mesme dans l'ignorance de l'estre d'Iphigene vous ne voyez pas ce qui vous creuoit les yeux, & à present ne connoissez-vous pas qu'il n'y a vne seule parole de tout ce que l'on vous a auancé qui ne soit veritable ? Examinez les bien toutes, pesez-les, ruminez-les, & vous verrez quel a esté leur vray sens, que sans consulter les Astrologues ni les deuins, gens maudits de Dieu & des hommes, personnes diaboliques, & qui ont tousiours esté en horreur à la pieté & pu-

reté

reté d'Iphigene, il est aisé à voir qu'Iphigene ne pouuant sans vous qui possedez son cœur, ioüir à son contentement de la grandeur de sa fortune, vous veut esleuer aux plus hauts grades de la Pologne par son alliance, vous mettre en la faueur du Roi, vous faire rentrer en vos biens, vous rendre maistre de ses biens comme de son corps, vous rendre possesseur de deux Palatinats, vous faire grand Mareschal de Pologne, le Roi lui ayant promis la premiere de ces charges qui viendroit à vacquer; bref vous esleuer iusques où le vent de la fortune sous les aisles de la faueur d'vn grand Roi peut porter vn homme. Soiez maintenant iuge de vos ialousies, & de tant d'autres passions dont vous auez esté le ioüet, & les opposez aux perfectiõs d'Iphigene, à sa sincerité, à sa foy, & à cette Amour incomparable qui ne se peut payer ny reconnoistre que par vne autre Amour, & de tout cela faites vne grande resolution de vous donner entierement à celle qui par moy vous remet sa vie, ses biens & son honneur entre les mains. Ha! Boleslaüs, s'escria Liante, il faut sortir hors du monde pour treuuer vne ingratitude
plus

LIVRE XVII.

plus grande que la mienne, à peine puis-ie croire que celui que nous habitons soit assez grand pour contenir mon peché, ô bonté d'Iphigene, ô malice de Liante, pourrez-vous bië vous associer? la lumiere & les tenebres, le bien & le mal sont-ils compatibles? pourray-ie bien sans mourir soustenir la presence d'vn obiect si digne, & que i'ay traitté d'vne façon tant indigne? Asseurez-vous, dit Boleslaüs, que comme son Amour a tousiours esté plus forte que vos outrages, que vos fautes aussi sont moindres que sa Clemence, sa sœur n'en a que le nom, & Iphigene l'effect, c'est au pardon que vous l'espreuuerez mieux que vous ne le connoistrez par mes paroles. O amy, dit Liante, ie te prie de m'adoucir ce courage qui doit estre iustement indigné contre mes legeretez, mes rages & mes forceneries, affin que selon les dispositions que tu y auras treuuées, i'essaye au moins par ma mort de lui témoigner le regret que i'ay d'auoir si mal vescu, & si cruellement abusé de son amitié. Si vous attendez que l'on vous tue, dit Boleslaüs, vous viurez long temps, on fera (i'en suis asseuré) bien plus aise de

vous

vous voir viure content que mourir de regret, c'est assez que la repentance face perir le peché, la mort du pecheur n'est pas necessaire. Pour vous dire les discours que faisoit en sa pensée Iphigene durant que Boleslaüs portoit ce message, qui lui deuoit rapporter vn arrest de vie ou de mort, il faudroit deuiner. Comme aussi pour representer ceux que formoit Liâte en la sienne, tandis que Boleslaüs vole vers Iphigene pour lui dire en se mocquant que tout estoit perdu, qu'vn menteur est tousiours reputé pour tel quand mesme il dit la verité, que Liante auoit pris ses discours pour des enchantemens, qu'il auoit rejetté tout ce qu'il lui auoit dit de sa naissance & de son eleuation, qu'il les tenoit tous deux pour des Sorciers, que la douceur l'aigrissoit à la façon des Tigres que la Musique met en fureur. Iphigene esperdu comme s'il eust esté frapé du tonnerre, pleust à Dieu, dit-il, mon Pere, que ma mort eust deuancé cette nouuelle. ô que ne suis-ie descendu dans le tombeau tout viuant! Alors Boleslaüs rasserenant les traicts de sa face, & riant à pleine teste, mon enfant, dit-il, i'ay dit

dit ceci pour eſſayer voſtre conſtance, courage, nous auons la victoire, ie vous ameine Liante plus doux qu'vn Agneau, le voicy qui vous viēt preſenter ſa gorge, à fin que vous le ſacrifiez à voſtre iuſte vengeance. Il a crû tout ce que ie lui ay dit, dont il n'a que trop de preuues, le ſeul deſeſpoir d'obtenir pardon de ſes fautes l'a empeſché de le venir demander, ie ſuis ſon Ambaſſadeur, il ſe rend à voſtre merci, il crie miſericorde, il demande la paix, & il eſt ſi rauy & ſi tranſporté qu'il penſe ſonger. Voyla que c'eſt qu'vne premiere impreſſion, & combien il eſt vray que les ſentimens de la douleur ſont bien plus vifs que ceux de la ioye. Boleſlaüs experimenta ce qu'il venoit de dire, que celui qui ment bouche le paſſage à la verité qu'il dit apres: car Iphigene prenant les choſes au pis, croyoit que ce qu'il s'eſtoit deſdit ſi ſoudain, n'auóit eſté que pour empeſcher que la douleur ne lui fiſt faire quelque action deſeſperée. Ne voir point Liante augmentoit ſon ſoupçon. Mais en fin Boleſlaüs parlant à bon eſcient raſſit ſon eſprit, & en ayant eſté le trouble le diſpoſa à receuoir Liante & à lui faire grace.

grace. Iphigene estoit sur le lict, Boleslaüs lui conseilla de se mettre dedans, & de feindre quelque mal de teste, affin que l'obscurité de la chambre dont les fenestres seroient à demy fermées, & la sombre lueur d'vne ruelle fauorisast la honte qui à cet abbord se deuoit emparer de son front. Il fut faict comme l'ordonnoit le vieillard, qui alla aussi tost treuuer Liante, qui vint auec vne palpitation de cœur & vn tremblement plus grand que si en qualité de criminel de leze Majesté on l'eust trainé au supplice, tant il est vray

Qu'vne puissante Amour a tousiours de la crainte,
Et porte dans le cœur la reuerence empreinte.

Quand Liante apperceut cette incomparable beauté qu'il ne pouuoit assez respectueusement honnorer, luisante parmi ces obscuritez auec tant de graces, peu s'en fallut que transporté de rauissement il ne se licentiast en des actions que la bienseance deffend, & que la modestie ne peut souffrir. Il se voulut emanciper de lui prendre les mains. Mais Iphigene qui n'auoit pas moins de seuerité pour se faire craindre, que de douceur pour se faire aymer, arresta cette hardiesse, & repoussa cette

LIVRE XVII.

cette temerité en disant: Tout beau Liante, tandis que vous m'auez crû estre ce que monstroit mon habit, vous auez eu ce priuilege & quelques autres, qui bien qu'ils n'offensent pas l'honnesteté, ne peuuent neantmoins repasser en ma memoire sans me faire rougir, mais maintenant il ne faut plus parler de ces libertez, iusques à ce qu'estant entierement à vous, & vous à moy, ie ne pourray plus vous les refuser qu'auecque iniustice, ni vous les oster auecque raison. L'ayant donc faict asseoir sur vne chaire aupres de son lict, ils demeurerent tous deux si confus qu'à peine osoient-ils s'entreregarder, l'vn se ressouuenant de ce qu'il auoit dit & faict contre son deuoir & son amitié, l'autre aussi honteuse de se voir descouuerte que le fut Andromede deuant les yeux du Cheualier qui la deliura, & dont les yeux lui estoient plus redoutables que la gueule du monstre qui estoit prest de l'engloutir. Qui eust veu les pleurs de l'vn, & la pudeur de l'autre, eust pensé voir des roses vermeilles emperlées de la rosée du Ciel. J'aime mieux confesser mon ignorance, que de m'embarquer à donner des paroles à des passions qu'il faut consigner au silence, & il n'est point qui ne soit trop court pour arriuer à la peinture de cette émotion. Dieu, quel contentement auoit le vieillard de voir la repentance qui semoit ses lys sur le front de Liante, & la viue ioye qui respandoit ses roses sur les ioües d'Iphigene, & de les voir tous deux si rauis & si contens, que pour bien dire leur satisfaction il faudroit se transformer aux sentimens de leurs ames! Ces deux cœurs s'ouurirent si perfaictement l'vn à l'autre en la presence du vieillard depositaire de toutes leurs pensées, qu'il n'y resta plus rien qui peust s'opposer à la perfection de leur chaste Amour. Là les reparations furent faictes par Liante, & ses excuses receües par Iphigene, là les abolitions ietterent toutes les offenses dás l'oubly, là Iphigene se chargeant d'vne partie de la faute pour auoir celé si long temps son secret à son cher Liante, là Liante s'accusant & se blasmant soy-mesme pour excuser Iphigene, nasquit vne douce querelle qui appaisa toutes les autres. Là furent faictes toutes les promesses, & données toutes les paroles necessaires faires pour iurer vne inuiolable fidelité. Là les soupçons, les deffiances, les coleres, les outrages, les offenses furent enseuelies, de sorte que les playes ne laisserent pas seulement des cicatrices pour souuenir qu'elles eussent esté. O Cieux, quel calme apres tant de bourrasques, quelles roses apres tant d'espines, que de ioyes apres tant de tourmens ! Là furent faicts tous les proiects de l'admirable conduite de leur fortune que nous verrons en la suitte de cette Histoire. Et pour clôsture de cette nouuelle alliance, Liante se mettant à genoux apres auoir demandé pardon, & l'auoir receu de la bonté d'Iphigene, le supplia de lui témoigner par quelque grace vne perfaitte reconciliation iointe à vne entiere abolition. Lui qui se sentoit enflammer par la neige de certaines mains sur lesquelles il auoit les yeux, sembloit les deuorer de la bouche. Iphigene entendit bien ce langage muet, mais lui qui sçauoit que les lys se flestrissent quand ils sont halenez, que la neige la plus blanche se salit & se fond quand elle est maniée, & que l'vsage d'vne chose en amortit le desir, se resolut pour la conseruation d'vne inuiolable honnesteté, de ne souffrir en aucune façon que Liante s'emancipast en des actions dont la liberté repugnast non à la pureté, mais seulement à la bienseance. Et ce fut par vne certaine Majesté attrempée de benignité qu'Iphigene arresta les legeretez de Liante, & par vne farouche, mais douce pudeur qu'il fut retenu dans ce respect que ceux qui aiment chastement appellent l'element de la vraye Amour. Et certes il faut auoüer que si les Dames honnorables ne se conseruent vn haut empire sur les volontez de ceux qui les seruent, & ne les accoustument de bonne heure à la modestie, il est à craindre que des actions loisibles on ne passe aux libertines, de celles-ci aux messeantes, des messeantes aux insolentes, & en fin aux illicites, qui sont la ruine & le tombeau de la vraye amitié. Et ne faut pas qu'elles craignent que ces passionnez attribuent cette sainte rigueur à deffaut d'amitié; parce que cette liberté qu'elles se reseruét, a si bonne grace qu'au lieu de se plaindre de leur froideur, cela leur fait receuoir les moindres paroles de compliment pour des faueurs adorables.

Que

LIVRE XVII.

Que si leur merite les oblige à leur rendre d'autres témoignages d'affection que des paroles (encore que celles-ci suffisent pour l'vnion des cœurs, qui est le grand chef d'œuure de l'Amour) alors les moindres actions les contentent, & ce que les inconsiderées veulent conseruer auec interest de leur pudeur, celles-ci le maintiennent par vne simple preuue de bienueillance. La raison de ceci est, que les desirs sont du naturel des oyseaux qui volent tousiours contre le vent, & des poissons qui nagent contre le fil de l'eau, & ne tendent qu'à ce qu'on ne possede pas & qui est le plus deffendu. Ce n'est pas l'ordinaire de souhaitter tout à coup ce qui nous peut entierement satisfaire, on s'esleue par degrés à vne supreme felicité, & au commencement on se contente de ce qui y peut conduire. qui si on augmente des faueurs, on esleue aussi tost le desir de celui à qui elles sont communiquées vers de plus grãdes. La pointe du desir se perd dans la possession de la chose souhaittée, & l'imagination faisant treuuer les biens que l'on n'a pas, plus excellens & plus delicieux que quand on les possede, fait rechercher vne fin à cette douce inquietude que donne le desir dans vn vsage qui est la mort des plus pures & claires flammes. De là naissent tant de souspirs, de mescontentemens & de plaintes de ceux qui en aimant sont si effrontez que de demander des recompenses, qu'on ne leur peut accorder sans blesser l'honnesteté. Certes ces insolens qui demandent ces iniustes salaires, meriteroient plustost de iustes punitions. Mais si à l'abbord on ostoit toute esperance de paruenir à rien qui approche de l'ombre de ce qui n'est pas permis, lors on feroit rencontrer à ceux qui sont allumez d'vn beau feu, les mesmes plaisirs dans vne amiable & sincere conuersation, que les indiscrets attendent de quelques priuautez qui alterent grandement la belle blancheur de la pureté, encore qu'elles ne la violent pas. N'est-ce pas assez obliger vn Amant, & recõnoistre dignement son honneste amitié, que de souffrir qu'il ait l'honneur de se nommer esclaue de celle qu'il aime? Qui n'est content de cette gloire, doit estre chassé de l'Academie du chaste Amour, & faut croire qu'il le sera beaucoup

coup moins par ces friuoles baisers & fauſ-
ſes careſſes, dont les moins auiſées pen-
ſent arreſter les volages affectiõs de ceux
qui les recherchent. Et certes outre que
ces licences ſont blaſmables & odieuſes,
& peuuent eſtre nommées des monſtres
en l'Amour honneſte, qui ne voit que celles qui en arriuent là ſont ſur le precipice
de leur ruine? Comme il n'y a que les eſprits abrutis qui les puiſſent deſirer, auſſi
n'y a-t'il que celles qui conſpirent leur
propre perte qui les puiſſent accorder.
Arriere ces ames groſſieres qui logẽt l'A-
mour dans le plaiſir du ſens. ô combien
ils raualent ſa condition, & rendent tributaire des changemens cette Reine des
paſſions, qui ſe doit maintenir inuiolable
malgré tous les efforts du temps & les
diſgraces de la fortune! Que ſi les eſprits
les mieux faicts & les plus purs regardent
quelquesfois les plaiſirs ordõnez de Dieu
pour la conſeruation de l'eſpece, c'eſt
touſiours dans les loix du ſacré lien des
nopces, dont la ſainteté puiſſe reparer les
deffauts qui ſont en la volupté. O que
ceux qui aiment de cette bonne façon
ſont dignes d'honneur, & les autres de

blasme! C'est ainsi qu'aimoit le chaste Iphigene, (qu'il me soit permis de le traitter tousiours en homme, iusqu'à ce que publicquemét il soit reconnu pour ce que la Nature l'a faict estre) & c'est ainsi qu'il vouloit apprendre à aimer au braue Liante, qui desia se tenoit plus heureux d'estre regardé de son Astre, que si les autres Dames lui eussent esté prodigues de leurs plus grandes faueurs. Qu'il me soit permis d'exprimer les sentimens de cet Amant par ces beaux vers du Virgile de nos iours.

STANCES.

A La fin ce Soleil pour vn temps obscurci
   Que les feintes couurirét côme vn espais nuage,
Rendant de ses rayons tout le Ciel esclairci,
   A chassé les broüillars qui me seruoient d'ombrage.
Maintenant il rayonne à plein dessus mon cœur,
   Ardant en son midy d'vne excessiue flame,
Et cet aueugle enfant qui s'est faict mõ vainqueur,
   En est le Phaëton qui va bruslant mon ame.
O Astre qui bruslez de vos ardans regards
   Mon cœur à vos rayons offert en sacrifice,
Adoucissez vn peu la pointe de vos dards,
   Ie veux vostre pitié, non pas vostre iustice.
Si contre la rigueur de vos seueritez
   Au milieu de mes maux ma bouche s'est ouuerte,

Ie voulois seulement blasmer vos cruautez,
Mais le mal a rendu ma langue trop diserte.
La langue blasphemant a peché contre vous,
Mais tout ce qu'elle a dit le cœur le desauoüe,
Et maintenant cessant la fureur du courroux,
L'vne & l'autre, ô mon Astre, à vostre Amour
se voüe.

Iamais Liante n'eust demandé, non pas mesme desiré, moins esperé, iamais Iphigene n'eust octroyé vne faueur telle que ie vay dire au transporté Liante, si Boleslaüs pour faire tomber tout à faict la taye de l'incredulité des yeux de cet Amant, n'eust pris auecque la liberté qu'il auoit aupres d'Iphigene, la camisole de son nourrisson par l'endroit du col, d'où d'estachant vn nœud, quelque resistance que fist cette fille esperduë, il fit entreuoir à Liante vn sein qui n'estoit pas d'homme, & là dedans deux prisonniers qui n'auoiét point encore veu le iour, & dont les eleuations témoignoient que leur prison estoit forcée. Si Liante rauy de la veuë de ces thresors regardoit comme vn Hercule ces fruicts du iardin des Hesperides, le vieillard les gardoit comme vn Dragon. O Iphigene que de honte sur ton front, & que les ombres te sont fauora-

Oo 5

bles! ô Liante que d'affeurances, & que de felicitez! ô Boleflaüs que de ris & de ioye de voir ces deux ames si contentes, qu'il sembloit que tu leur eusses ouuert le Paradis! Et bien, dit-il à Liante, croyez-vous ce que vous voyez ? Sont-ce des illusions magiques ? Sans doute, dit Liante, ce sont des charmes ineuitables, mais la Magie est blanche, & si blanche que mes yeux en sont esbloüis. O Liante, s'escria Iphigene, que direz-vous de la priuauté de ce vieillard, & de la liberté qu'il se donne sur sa nourriture ? & se retournant vers Boleflaüs: Mon Pere, quelle humeur vous a porté à cette insolence ? faut-il que le gardien de mon integrité en ait esté le premier profanateur ? O mon enfant, reprit le vieillard, quand Dieu t'aura donné lignée tu sçauras ce que c'est de l'Amour paternel, iusques là ton iugement ne peut estre que precipité, & i'appelle de ta condamnation comme d'vne sentence mal digerée. I'ay iugé à propos de rapporter cette vnique, ie ne diray pas grace, puis qu'il n'y a rien de volontaire, mais priuilege que receut Liante pour se guerir de ses soupçons, auparauant qu'Hymen eust
exposé

exposé à sa merci & au pillage de ses desirs les dernieres faueurs d'Iphigenie, à fin que l'on voye auecque combien de pureté, d'innocence & de sainte seucrité furent conduites à bon port ces iustes & legitimes affections, qui ne peuuent estre blasmées sans offenser le mesme hôneur, & que par des cerueaux cacochimes qui se pourroient entester à l'odeur des roses. Il n'est rien si facile à des personnes qui ont de l'intelligence, & qui la sçauent conduire auecque discretion, que de tromper les yeux de tout le monde, tout le soin de nos Amans est de cacher si accortement leurs flammes sous vne feinte froideur, que leurs desseins en soient impenetrables. Que si l'euent gaste l'Amour & le secret aussi bien que le vin, c'est à eux de donner ordre à tenir leurs pensées si bien closes, qu'il n'en sorte aucune estincelle qui en puisse accuser le feu. Il fut arresté en leur conseil secret (dont Boleslaüs estoit le President) que Liante feignant de ne vouloir contraindre la volonté d'Amiclée, feroit semblant de se guerir par le depit, de ses mespris, & de retourner son affection vers Olorie,

par

par la pitié qu'il auroit de ses peines, & la consideration de sa fidelité & de sa constance plustost que de sa beauté. Quant à Iphigene, que cet obstacle osté il feroit profession ouuerte de caresser & seruir Amiclée, remettant sa recherche apres la conclusion du traitté de paix. N'estoit-ce pas là assez de poussiere pour esbloüir les yeux de tous ceux qui les consideroient? Ils y adiousterent encore cette industrie, que Liante continueroit en ses froideurs vers Iphigene, & bien que deliuré de passion pour Amiclée, ne laisseroit de témoigner sinon de la jalousie, au moins de l'enuie & de la colere contre Iphigene, comme lui ayant enleué le cœur de cette fille qu'il pretendoit. Selon qu'il fut resolu, il fut executé, si bien qu'Olorie ne fut pas moins contente de voir se ranger à son seruice celui qui l'auoit tousiours tant mesprisée, qu'Amiclée de se voir deliurée de ses importunitez sur le point qu'elle pensoit se deuoir rendre à leur violence. Mais quand elle sceut que c'estoit pour ceder la place à Iphigene, en l'Amour duquel estoit le comble de ses desirs, imaginez-vous si estant fille elle peut côtenir ce secret sans le dire à sa Mere, Iphigene l'ayant priée de le taire, expressement affin qu'elle le dist, & sa Mere estant femme, l'alla aussi tost redire à son mari, qui donna aussi tost du front dans les estoiles, porté sur les aisles de l'esperáce qu'il conceut d'auoir pour gendre le fauory de la Pologne. Cette imagination seruit mesme beaucoup à auancer le seruice du Roi, & le bien de la paix. Car Olaue Palatin du Minsce, ayant vn grand credit dans le parti des Lithuaniens, les porta à se soumettre à plusieurs volontez du Roi, pressé du desir de faire la paix pour voir reüssir cette alliáce. Tandis que Liáte & Iphigene conduisent leurs affections auecque tant de prudence, que lors qu'ils s'aiment le plus ils paroissent auoir quelque secrette animosité, Olaue qui les regardoit desia comme ses gendres, faisoit tous ses efforts pour les mettre bien ensemble, & ignorant leur nouuelle Amour, leur representoit ordinairement leur ancienne amitié, sur quoy Liante fit vn iour quelques vers qui se rapportoient au sens de ce

SONNET.

SONNET..

Portons, mon Iphigene, vn feu secret dans l'ame,
Et croyons que le Ciel n'a causé nos courroux,
Qu'affin que nos debats deçoiuent nos ialoux,
Et que nous-nous aimiōs sans soupçō & sans blâme.
Desia leur frenaisie aucun mal ne nous trame,
Ils esloignent leurs yeux & leurs soucis de nous,
Croyans que si mon cœur a quelque feu pour vous,
C'est vn feu de depit, non d'Amour qui l'enflame.
C'est doncques à ce coup qu'il nous faut vanger d'eux,
Et comme tant de fois ils ont troublé nos vœux,
Nous rire à nostre tour de leurs embusches vaines.
Nous-nous entretiendrons en secret tous les iours,
Ainsi lors que chacun parlera de nos haines,
Nous nourrirons d'espoir nos pudiques Amours.

Tandis que nos Amans nagent dedans cet aise, qu'ils contentent vn chacun estans eux-mesmes contens, le monde qui comme la mer n'a rien de plus constant que son inconstāce, & dont les plus beaux iours sont les moins asseurez, leur prepare vne horrible tempeste. Ils alloient tous les iours au camp pour acheminer auecque les deputez du Roi le traitté de paix, desia il estoit fort auancé, quand Mieslas homme aussi farouche que peu iudicieux, pensa par sa fureur bouleuerser toute la tranquillité publicque. Nous auons dit
qu'en

qu'entre les articles du traitté qui regardoient quelques particuliers, il y en auoit vn pour Liante qui le deuoit restablir en ses biens. on auoit tasché de contenter le Palatin de Podolie (qui ne se vouloit point resoudre à cette restitution) par le moyen d'vne alliance auec vne de ses filles, mais ne voulant ni l'vn ni l'autre, il se remit en fantaisie le desir d'executer sur Liante ce malheureux dessein que nous auős dit, & qui ne se peut redire sans honte. Il assemble pour cet effect des satellites, mais l'affaire ne peut estre conduite si secrettemēt qu'Iphigene n'en fust auerti ; & ayāt appris que cōtre la foy publicque cet attentat se deuoit entreprendre lors qu'il retourneroit dans le Minsce, où comme prisonnier sur sa parole il estoit obligé de se rendre tous les soirs, il implora le secours du Chastelain de Cracouie General de l'armée du Roi, pour empescher cette violence. Ce qui fut faict comme il l'auoit desiré, Liante s'estant retiré dans le quartier du Chastelain, qui malgré les embusches de Mieslas le fit reconduire en seureté dans le Minsce. Iphigene mesme s'y rendit en l'y accompagnant, resolu
de

de traitter son propre Pere en ennemy s'il les fust venu attacquer. Ceci mit en telle rage le cruel Sarmate, que le lendemain il se determina de se vanger de son fils, pareil en quelque façon au mastin qui mord la pierre, ne pouuant atteindre celui qui la lui rue. Et de faict comme il pensoit apres l'assemblée tenuë retourner à la ville selon sa coustume, Mieslas se saisit de lui, disant que comme traistre au public & perfide au Roi il le vouloit immoler à l'exemple, & comme vn Brutus brutal & denaturé le faire mourir de ses propres mains à la veüe de toute l'armée. Iphigene qui sçauoit qu'vne telle execution ne se pouuoit faire sans les formes de la Iustice, & d'ailleurs qui se sentoit innocent, se rendit volontairement à cette prise, & pria qu'on exerceast sur lui toutes les cruautez qui se pourroient imaginer, s'il se treuuoit coulpable de perfidie contre son païs & contre son Prince. Aussi n'estoit-ce qu'vn pretexte dont s'estoit serui Mieslas pour faire ce que vous allez entendre. Il auoit eu le vent des affections d'Iphigene pour Amiclée, & comme l'on parloit tout haut de ce mariage dans le

Minsce,

Minsce, par la communication de ceux de l'armée auecque les assiegez durant la treue, cette nouuelle se respandit au cāp, & vint à ses oreilles. Cela le mit en la plus grande indignation contre son fils qu'il eust iamais eüe, d'autant qu'il n'y a rien de si sensible aux Peres que quand leurs enfans se marient contre leur volonté, & prennent des partis qui ne leur sont pas agreables. De là il prit sujet de retenir son fils, & de l'accuser de trahison enuers les Polonnois, parce qu'il prenoit alliance auecque les Lithuaniens. D'auantage Mieslas homme de sang & de carnage estoit tout à faict contraire au traitté de paix, & haïssant à mort les Lithuaniens par vne animosité plustost sauuage que bien fondée, il ne pouuoit souffrir qu'ils fussent appellez comme compatriotes à leur part des honneurs de la Couronne de Pologne, ce qui estoit le principal point de tout le traitté. De sorte que desirant troubler cet accord, il prit ce pretexte de retenir Iphigene, sçachant bien qu'aussi tost ceux du Minsce courroient aux armes, & que la treue se romproit. Ce qui arriua comme il l'auoit pensé, car soudain les Lithuaniens se renfermerent dãs leurs murailles, où plusieurs de l'armée (outre les ostages donnez pour la personne d'Iphigene) furent arrestez par maniere de represailles. Voyla vne grande rumeur & tumulte par tout. A quoy Mieslas adiousta ce stratageme. Il y auoit quelques soldats qui pour des fautes commises en la guerre, auoient esté condamnez à passer par les armes, il en prit vn qu'il fit couurir d'vn habit semblable à celui d'Iphigene, & le lédemain à la veüe des murailles il fit dresser vn eschafaut, sur lequel il fit courir le bruict que de sa propre main il trancheroit la teste de son fils, comme à vn criminel de leze Majesté. L'heure venuë il mit tout son quartier en bataille, & ayant faict monter le criminel sur le theatre, & reuestu vn executeur d'vn habillement aucunement semblable au sien, il voulut par ce spectacle oster à ceux de la ville toute esperance de rauoir Iphigene, par lequel ils attédoient du Roi toute faueur en la closture de leur traitté. Iphigene enfermé dans vne chambre qui lui seruoit de prison, ne sçauoit rien de tout ceci, au contraire il fut asseuré par

vn

vn Gentilhomme que lui enuoya le General de l'armée du Roi, qu'il ne se feroit rien à son desauantage. Que deuint Liante à ce spectacle funeste, quoy Amiclée, quoy Olaue, quoy le Palatin du Troc, quoy toutes les Dames, quoy tous les habitans du Minsce? Il ne fallut point de consultation là dessus, tous de quelque qualité qu'ils fussent demanderent vne sortie, qui ne peut non plus estre refusée par les Palatins qui commandoient dans la ville, que le passage osté à la fureur d'vn torrent. Liante comme le Corebe desesperé du Poëte des Romains voyãt trainer sa Cassandre au supplice, se met à la teste des enfans perdus, & s'eslançant hors la porte du Minsce comme vne Lyonne qui sort de sa cauerne pour secourir son Lyonceau qu'on lui enleue, emplissant toute vne forest d'vn rugissement espouuantable, se precipite pour chercher la mort dans le plus espais des escadrons ennemis, & se fait iour par tout où il s'enfonce, ceux qui suiuoient son ardeur, fondent comme des tourbillons sur les Polonnois & les escartent. Il falloit mourir mille fois ou sauuer Iphigene, il n'est rien d'impossible à ceux qui aiment, l'Amour leur donne vn courage & des forces qui passent l'humain. Grande fut l'impetuosité de ces assaillans, qui sortans de la porte du Minsce comme les vents de leurs cauernes firent vn estrange fracas,

Comme quand sur le dos des ondoyantes plaines
L'orage fait iouster les contraires haleines
Des vents dont la fureur se creue en tourbillons,
Borée boursoufflant leurs humides sillons,
Et celui de la gent que le Midy colore,
Et celui qui se plaist aux cheuaux de l'Aurore;
Les forests font grand bruict, & Nerée irritant
D'vn trident escumeux son Empire flottant,
Agite iusqu'au bas des mers les plus profondes
L'orgueilleuse fureur de ses mobiles ondes.

Si tout cede à l'Amour, il fut vray lors; car si l'attacque fut violéte de la part des Lithuaniens, la resistance fut foible du costé des Polonnois, parce que plusieurs soldats faschez de voir executer leur compagnon, firent ouuerture à ces assaillans, & leur donnerent si beau jeu par leur fuitte, partie volontaire, partie forcée, que Liante perça iusqu'à l'eschafaut aussi promptement qu'vn esclat de foudre, & chamaillant à grands coups sur l'executeur, pensant donner sur Mieslas, pensoit

en

en mesme temps se deffaire de son mortel ennemy, & sauuer la vie à la personne du monde qui lui estoit la plus chere, Mais quand il eut reconnu la tromperie, il ne laissa pas d'acheuer le bourreau, & de sauuer le criminel en tranchant les cordes qui le lioient, & lui donnant le moyen de se sauuer en la presse. On ne vit iamais faire des efforts en faict d'armes pareils à ceux que le desespoir, l'Amour & la colere firent produire à Liante en cette action, aussi pensoit-il combattre en la presence de ce qu'il aimoit, & pour lui rendre la plus forte preuue d'affection qui soit entre les hommes, qui est de donner sa vie pour ce que l'on aime. Mieslas qui se doutoit bien d'vne sortie, s'estoit preparé auec vne trouppe de gens de cheual de couper le chemin à ceux qui sortiroient, affin d'empescher leur retour, & de les enclorre entre l'armée & sa compagnie. Mais comme il auoit mauuaise cause, & vne cruelle resolution de mettre tout en pieces, principalement si Liante s'y rencontroit, son entreprise reüssit à sa confusion, le preneur fut pris, & se treuua enlassé dans son propre artifice. Car comme le criminel estant deliuré on voulut faire la retraitte, il se fit vne seconde sortie du Minsce pour venir au secours des premiers, & faciliter leur retour dans la ville, si bien que Mieslas auecque ses compagnons se treuuerent serrez des deux parts, tout presque fut taillé en pieces, le cheual du Palatin de Podolie fut tué sous lui, qui blessé à la cuisse, froissé de sa cheute, & chargé de ses armes, fut contraint auec vn incroyable desespoir de se rendre prisonnier, & de se remettre à la merci de Liante, qui le menaçoit de la plus cruelle de toutes les morts, s'il se treuuoit qu'il eust rien attenté contre Iphigene. Les esprits cruels comme ils sont insolens outre mesure estans victorieux, aussi sont-ils abbatus laschement quand ils sont vaincus. Qui ne se riroit de ce fier Sarmate qui tonne des rodomontades en la tente, & qui rend les armes au camp? Et pour sauuer sa vie il asseura Liante qu'Iphigene n'auoit point d'autre mal que d'estre serré dans vne chambre, & qu'il s'estoit auisé de cette ruze de faire executer vn criminel en sa place, affin d'espargner sa rançon, & empescher l'alliance qu'il vouloit

loit prendre en Lithuanie auecque la fille du Palatin du Minsce. Sur cette creance Liante le fit ietter sur vn cheual, & auecque plusieurs autres le mena en triomfe prisonnier dans la ville. Pour exprimer la honte & la rage de ce brutal, il faudroit des termes non iamais oüis. S'il y eut des Polonnois prisonniers, il y eut bien aussi quelques Lithuaniens qui demeurerent au camp du Roi pour les gages; tant de ceux qui auoient donné trop auant dans la meslée, que de ceux à qui l'on auoit fermé les portes du Minsce, de peur de donner entrée aux ennemis pesle-mesle auecque les amis, comme il arriue assez souuent en de pareilles occurrêces. Entre les autres se treuua vn Gentilhomme extremement ieune, & dont l'esmerueillable beauté attiroit les yeux d'vn chacun sur lui, excitant par là beaucoup plus d'enuie que de pitié, & beaucoup plus de pitié que de colere. Il fut mené au General, qui le voyant s'estonna de voir qu'il eust chargé les armes en vn âge si tendre. Il pria qu'on lui fist voir Iphigene, & qu'aussi tost il le reconnoistroit pour l'auoir veu dans le Minsce. Le Chastelain de Cracouie le lui enuoya ; demandez-vous si le Palatin de Plocens fut estonné de voir qu'il y auoit plus d'vne fille en l'armée qui portast les armes ? C'estoit la gentille Amiclée, qui sur la nouuelle de l'execution d'Iphigene s'estoit resoluë de mourir, ou de vanger la mort de celui qu'elle aimoit auecque tant de passion. Et voyant que chacun s'armoit pour suiure Liante en sa sortie, faudra-il, dit-elle en soy-mesme, qu'vne amie ait moins de courage & de fidelité qu'vn amy ? non nõ, il faut que ie meure glorieusemẽt, car de suruiure à vne si grande perte, il m'est impossible. En cette resolution elle alla au cabinet d'armes de Polemandre son frere, & s'estant vestue d'vn de ses habits, & couuerte d'vne paire d'armes, elle se ietta à corps perdu sur vn des cheuaux de l'escuyrie d'Olaue, chacun la prenãt pour Polemandre, & en cet equippage s'estoit iettée en la foule de la sortie, & iettée si auant qu'elle y estoit ainsi demeurée. Ce fut là sans doute vne grande preuue d'affection & de generosité, & Iphigene feignant de reconnoistre cette obligation par la consommation de ses esperances,

estoit

estoit bien marri en son ame de ne pouuoir reconnoistre vne telle Amour comme il eust bien desiré. S'il y eut de la ioye dans le Minsce pour la prise de Mieslas, & beaucoup de gloire pour le triomphant Liante, il y eut bien du dueil sur la perte d'Amiclée, on ne sçait ce qu'elle est deuenuë, & iamais ne se fust-on imaginé ce qu'elle auoit faict, bien croyoit-on que sõ Amour pour Iphigene l'auroit par desespoir faict precipiter à la mort, remede violent, & neantmoins assez commun aux esprits foibles. Cherchée par tout elle n'est treuuée en aucun lieu. chacun regrette sa disgrace, & les tristes parens plus que tous, d'autant qu'asseurez de la vie d'Iphigene ils perdent par ce moyen l'espoir d'vne alliance qu'ils tenoient infaillible par la prise de Mieslas, & la parole d'Iphigene. Lequel sorti de sa prison par le commandement du General de l'armée du Roi, le vint treuuer amenant auecque soy la belle Amiclée. Seigneur Chastelain, dit Iphigene en l'abbordant, ie vous supplie de ne me refuser pas vne grace que i'ay à vous demander. Seigneur Palatin, respondit le General, le Roi ne

vous defniant rien, ie ferois mal confeillé si ie ne vous accordois tout ce qu'il vous plaira defirer de la puiffance que fa Majefté m'a commife, principalement ayant chargé par lettre particuliere de deferer toute creance à vos auis. Ie vous demande ce prifonnier, reprit Iphigene, qui eft de telle qualité que pour lui i'efpere redonner la liberté à mon Pere. Seigneur, dit le General, c'eft à vous d'en difpofer en la façon que vous iugerez le mieux, le Palatin voftre Pere eft feul caufe de fon malheur : car contre toutes les loix de la guerre ayant violé la treue, & faict de foy-mefme la leuée de bouclier que vous auez fceu, il s'eft lui-mefme pris dans les piéges qu'il tendoit aux affiegez, & eft tombé dans la foffe qu'il leur auoit creufée. Seigneur, reprit Iphigene, ce malheur particulier fera le bonheur du public, car tandis qu'il fera entre les mains des Lithuaniens, nous aurons le moyen d'acheuer le traitté de paix felon le commandemét que nous en auons du Roi, & de renouueller la treue. Cependant vous apprendrez que ce gentil Caualier a des yeux plus redoutables que fon efpée, &
que

que desarmé il a beaucoup plus de valeur qu'armé, disant cela il leua la salade de dessus la teste d'Amiclée, d'où se respandit vne longue tresse de cheueux dõt l'or ne peut estre mieux comparé qu'aux rayons du Soleil. Et iugez, continua-t'il, si ie pouuois perir estant deffendu par de si belles mains. Il n'est point besoin de dire l'estonnement de tous ceux qui furent presens à cet agreable spectacle, où l'Amour & la loyauté se faisoient voir en vn equippage nouueau. Que si plusieurs se fussent estimez heureux de pouuoir seruir vne beauté si exquise, combien deuoient-ils tenir heureux Iphigene, qui en estoit aimé & serui auecque de telles preuues d'affection? La parole du Palatin de Plocens l'obligeant à se rendre prisonnier dans le Minsce, outre que ses inclinations l'y portoient, & le desir qu'il auoit de tirer de peine ses ostages, entre lesquels estoit Piside, il s'y en retourna auecque le nouueau Cheualier, qui n'osant paroistre deuant ses parens en cette façon, supplia Iphigene de faire sa paix auparauant qu'il se monstrast à eux. Si la franchise d'Iphigene fut loüée de se remettre

mettre si librement entre les mains de ses ennemis, ie le laisse à penser, Les excuses qu'il fit de l'equippée d'Amiclée, furent si bien receües qu'Olaue & sa femme la loüerent de cette boutade comme d'vn acte heroïque, & qui la deuoit mettre desormais au rang des Amazones. Et à n'en point mentir, si Iphigene eust esté homme, il ne pouuoit sans vne extreme ingratitude refuser de la prendre pour femme apres vn si expres témoignage d'Amour. Mieslas estant cõme vn animal farouche enfermé dedans vne Tour, & neantmoins en consideration de son fils traitté selon sa qualité, il ne troubla plus la feste publicque, ni le traitté de paix qui s'auança en peu de iours entre les deputez du Roi & des Lithuaniens. La treue fut restablie plus libre qu'auparauant, le Roi desauoüa Mieslas en tout ce qu'il auoit faict pour faire rompre le traitté, donna plus ample pouuoir à Iphigene pour accommoder les affaires auecque les principaux de Lithuanie. Durant cette Conference ce n'estoient que ieux, tournois, dances, Comedies, festins, & toute sorte de resioüissances de part & d'autre, presages

sages infaillibles de la paix. Entre les autres representations qui furent faictes au Chasteau du Minsce pour la recreation des assiegez, & de ceux du camp qui les estoient venus visiter, Liante commanda que les Comediens ioüassent la Tragedie du sacrifice d'Iphigenie, comme estāt vne viue image de ce qui s'estoit passé en la deliurance du criminel qui deuoit estre supplicié en la place d'Iphigene. Cette action fut accompagnée de tant d'apparat, & meslée d'entractes si delectables que les spectateurs en sortirent fort satisfaicts, principalement quand ils sceurent le dessein, qui estoit de leur faire voir sur vn Theatre ce qui s'estoit passé deuant leurs murailles quelques iours auparauant. Et parce qu'il pourroit arriuer que quelque Lecteur ignorant cette Histoire seroit bien aise d'en estre informé, i'en traceray ici vn sommaire. L'Iphigenie si fameuse parmi les Historiens Grecqs, & renduë si renommée par l'industrie des Poëtes, fut fille d'Agamemnon Roi de Mycene & de la Reine Clytemnestre, sa beauté fut vn escueil où la liberté des plus grands d'entre les Grecqs prenoit à

bonheur

bonheur de faire naufrage. Mais si celle-ci faisoit esclorre des desirs, ses desdains suffocquoient les esperances de ceux qui se hazardoient de l'abborder. Cette humeur honnestement altiere escartoit les vns, tandis que ses graces attiroient les autres: mais en fin elle se vit deliurée de l'importunité de tãt de poursuiuans, quãd les Grecqs firent l'armemẽt general pour aller à la conqueste de Troye. Cette grande flotte en frettant l'Archipel toucha en Aulide, où le Roi estant descendu en terre, & pour se soulager de la fatigue de la mer voulant se donner le passetemps de la chasse, il eut par mauuaise rencontre à la pointe de ses traicts vn grand Cerf consacré à Diane, & qui auoit l'honneur de porter vn collier marqué de ses chiffres & de ses croissans. La Deesse offensée de cet outrage qu'elle prenoit pour vn affront, & persuadée par celle de Cythere qui vouloit punir les fiertez d'Iphigenie, & les rebellions de son courage qui ne se pouuoit soumettre à aimer, obtint d'Eole des vents si furieux & si contraires, que les vaisseaux des Grecqs coururent d'extremes dangers par les tempestes de la marine.

marine. Sur quoy ayans consulté les Oracles, ils eurent pour responfe que le courroux de Diane offenfée ne s'appaiferoit que par le fang de la fille du Roi. Agamemnon pour ne contredire à cefte volonté celefte, confentit qu'Vlyffe allaft tirer cefte Princeffe d'entre les bras de fa Mere, fous le pretexte de la donner pour efpoufe au valeureux Achille. Mais comme l'on eftoit fur le point de l'immoler, Diane ayant pitié de fa douceur, & fatisfaicte de fon obeïffance, mit en fa place vne Biche qu'elle fit paroiftre en la forme d'Iphigenie, tranfportant la Princeffe en la Taurique, où par le Roi Thoas elle fut faicte Pontife & Preftreffe de Diane. Cruelle Preftrife, qui ne facrifioit que des hommes à cette fanglante Deité. Pour efpargner la vie de ceux du païs, ils auoiët de couftume de choifir entre les eftrangers celui qui eftoit iugé le plus accompli pour eftre immolé. Il arriua donc qu'apres la reuolution de quelques années le Prince Oreftes frere d'Iphigenie, ayant tué fa Mere Clytemneftre qu'il auoit treuuée en adultere auec Egifthe, fut agité des furies qui le reduifirét au plus grãd

desefpoir

desespoir dont vne ame miserable puisse estre agitée. Comme il alloit courant les terres & les mers auecque son fidele Pylade, ils arriuerent en la Taurique, où aussi tost en qualité d'estrangers ils furent destinez pour hosties à Diane. Il fait bon voir chez les Poëtes l'agreable contestation de ces deux cœurs, à qui mourroit pour son Amy. Mais en fin la Deesse lasse de s'abbreuuer du sang humain, fit reconnoistre le frere par la sœur, qui lui donna le moyen de s'eschaper des mains du Roi Thoas, de sorte que les deux amis & la Princesse s'enfuirent de la Taurique, emportans le simulacre de la Deesse qu'ils cacherent dans la forest Aricine, où depuis ils lui dedierent vn temple magnifique, qui fut visité de plusieurs nations. Apres cela Iphigenie espousa Pylades, son frere Orestes estant deliuré de la fureur qui le troubloit apres plusieurs lustrations & expiations memorables. Il n'y auoit si grossier qui ne vist bien que cette Biche supposée en la place d'Iphigenie, representoit le criminel mis en la place d'Iphigene, que le courroux de la Deesse pour vn Cerf offensé, monstroit celui du Roi

sur

sur la prise de son favory, chacun donnoit à cet Embleme des interpretations à sa fantaisie. Mais il n'y eut aucun qui sceust que par Pylades espousãt Iphigenie, estoit entendu le futur mariage de nos Amans, & par Orestes guery de ses fureurs, celles de Mieslas appaisées. Aussi à la verité mit-il de l'eau dans son vin se voyãt en prison. Et parce que pour sauuer sa vie il n'y a si auaricieux qui ne soit prodigue de ses biens, la proposition de restituer à Liante ce qu'il lui retenoit, & de lui donner vne de ses filles en mariage, ne lui semblerent plus si estranges. Il n'y a rien de si honteux qu'vn Loup quand est pris au piege, n'y rien de si traittable qu'vn homme cruel quand il est en la puissance de ses ennemis. Ce Palatin se rangea à tout ce qu'on voulut, estimant à faueur que Liante quittant les pretensions qu'il auoit sur Clemence, parce qu'elle estoit promise au Prince Cassin, prist telle de ses filles qu'il voudroit choisir, & lui laissast l'vsufruict de ses biens durant sa vie. Mais Liante faisoit semblant de mespriser ces offres, pour ne donner sujet de mescontentement au Palatin du Minsce qui le

Tome 2.   Qq

vouloit auoir pour gendre. Cependant l'article de la restitution des biés de Liante passa parmi ceux du traitté de paix, qui fut en fin concluë par la diligence d'Iphigene qui en remporta toute la gloire. Ce n'est pas le principal de mon sujet de parler des particularitez de ces accords, dont voicy neantmoins quelques principaux chefs pour contenter l'auidité des plus curieux. Que les Polonnois & Lithuaniens se tiendroient desormais pour compatriotes & loyaux amis. Que les Palatins de Pologne auroient la preeminence aux assemblées sur ceux de Lithuanie, mais que ceux-ci & les Nobles Lithuaniés auroient voix en l'election des Rois de Pologne en la mesme façon que les Polonnois. Qu'ils auroient part aux charges de la Couronne, selon qu'il plairoit au Roi de les en honnorer en iugeant de leurs merites. Que nul Polonois ne pourroit estre Palatin en Lithuanie, non plus qu'aucun Lithuanien en Pologne. Que le Roi communiqueroit sa presence à la Lithuanie quand sa commodité le permettroit, sans faire vne Cour perpetuelle en Cracouie. Que des deux grands Mareschaux

reschaux de Pologne l'vn seroit tousiours Polonnois, & l'autre s'il plaisoit au Roi pourroit estre Lithuanien. Que le Roi oublieroit toutes les rebellions passées, & en donneroit des abolitions generales. Que les Lithuaniens ne pourroient estre taxez de reuolte, puis qu'ils n'auoient leué les armes que pour la conseruation de leurs priuileges, prerogatiues & libertez. Que le Roi adiousteroit tousiours à ses lettres apres le tiltre de Roi de Pologne, celui de grand Duc de Lithuanie. Que les armes Royales seroient partie de Pologne, partie de Lithuanie, & que la monnoye se battroit sous ce coing là. Il y eut plusieurs autres articles qui regardoient tant le general que les particuliers, qui seroient trop longs à deduire. Ce traitté ayant esté appreuué par le Roi, la paix fut concluë par d'incomparables resiouïssances. Le siege fut leué, les soldats congediez, les armes laissées, les prisonniers relaschez, Mieslas sortant à bien meilleur marché qu'il ne pensoit. Iphigene fut aussi tost rappellé à la Cour, où leurs Majestez brusloient d'impatience de le reuoir tout couronné de branches d'o-

Qq 2

liuiers entrelassées de lauriers & de palmes. Là il promit de faire ses diligences pour faire agreer au Roi les mariages d'Olorie & d'Amiclée auecque Liante & lui, dequoy Olaue se tenoit fort obligé, & les deux sœurs fort contentes. Les ioyes de Cracouie au retour du beau Palatin se doiuent mesurer aux regrets des citoyens du Minsce, qui par son absence pensoient souffrir vne eclipse continuelle, & eussent presque souhaité la guerre pour iouïr plus long temps du bonheur de le posseder. Les Poëtes exercent ordinairement leurs Genies sur les euenemens nouueaux, & monstrent la fertilité de leurs esprits en s'esgayant sur la peinture des occurrences diuerses qui se presentent dans le monde. il y en eut vn qui fit ces

STANCES SVR LE RETOVR D'IPHIGENE.

IPhis grand de fortune, & tres-grand de valeur,
De qui la belle veuë auiourd'huy nous contente,
De qui l'esloignement est tout nostre malheur,
Et de qui le retour est toute nostre attente,

En

En fin nous vous auons perdu trop longuement,
Nous-nous sommes perdus d'vne trop longue perte,
La Cour estant sans vous estoit sans ornement,
La Cour estant sans vous estoit toute deserte.
Le Ciel auoit regret d'esclairer ici bas,
La saison estoit triste & le temps miserable,
Tout nous estoit fascheux en ne vous voyant pas,
Ainsi qu'en vous voyant tout nous est agreable
Maintenant nostre mal commence à decliner,
Maintenant nostre peine en plaisir est tournée,
Vous nous venez remettre, & venez estrener
De vostre beau retour & la Cour & l'année.
Apres vn long ennuy que chacun a porté,
Apres vne tristesse & solitude extreme,
Vous venez redonner à la Cour sa beauté,
Vous venez redonner à la Cour la Cour mesme.
Vous venez comme vn Astre esclairer entre nous,
Accompagné de gloire & de magnificence,
Rapportant la lumiere & le iour quant & vous,
Car la nuict de la Cour est vostre seule absence.

Pour dire les pompes & les magnificéces de la reception d'Iphigene, il faudroit entreprendre la description de l'entrée d'vn Roi dans vne ville principale. Car comme le Roi pour témoigner que son enuoy en son Palatinat, estoit plustost vne raison d'Estat qu'vne disgrace, auoit voulu que tous ses Courtisans l'accompagnassent au sortir de la Cour, à son retour il commanda que tous ceux qui defiroient lui complaire, lui allaffent à la rencontre, pour faire voir qu'il rentroit en fa faueur plus que iamais, & que fi auparauant il l'auoit aimé par inclination, alors il le cheriffoit par raifon, & (fi vn fujet peut obliger fon Souuerain) par obligation. Tous ceux de la Cour allerent donc le prendre & l'accueillir affez loin de la ville de Cracouie, & mefmes fes ennemis qui fe virent l'efcabeau de fes pieds, lui rendirent ce deuoir, & quoy qu'ils lui euffent faict tous les mauuais offices dont ils s'eftoient peu auifer, ils cacherent prudemment fous la diffimulation (mafque ordinaire des Cours) le depit qui leur rongeoit le cœur. Tandis que ces Amans creuoient de rage, le pauure Mardochée eftoit efleué en honneur, & triõphoit glorieufement de leur enuie. tellement que fut honnoré à la Royale celui que le Roi honnorant de fon amitié, vouloit rendre honnorable à tout le peuple. Mieflas outre fa liberté reconquife eftoit rauy de voir tant de Lauriers qui ombrageoient les temples de fon fils, & tant de loüanges & de benedictions qui pleuuoient

uoient sur sa teste, il croyoit auoir part à tous ces applaudissemens, en ce que le fils vertueux est la Couronne de son Pere. Sa sœur Clemence qui à son occasion estoit cherie de la Reine, ne pouuoit contenir son allegresse voyant son frere paroistre comme vn Soleil couronné de rayons,

Comme Diane espreuue vne secrette ioye
  Quand son frere au matin de rayons se parant,
  Les Astres de la nuict sous l'orizon enuoye,
  Et du Ciel spacieux va tout seul s'emparant:
Ainsi mille plaisirs naissoient dedans son ame,
  Voyant ce clair Soleil l'Olympe posseder,
  Et tous ses ennemis qu'vn vain desir enflame,
  Offusquez de sa gloire à l'enuy lui ceder.

Ces vers me font souuenir de quelques Stances qu'vn Poëte celebre fit en l'honneur du Triomfe de nostre fauori, & qu'il appella le

TROPHEE D'IPHIGENE.

Iamais d'aucun mortel la naissance opportune
  Pour releuer l'Estat d'vn celebre malheur,
  N'vnit tant de sagesse auec tant de fortune,
  Ny eut tant de fortune auec tant de valeur.
Rien ne trompe l'espoir de ses desseins fideles,
  Sa seule renommée aux lieux plus indomptez
  Lui fait ouurir la porte, & du vent de ses aisles
  Abbat les murs tremblans des rebelles citez.

Le Ciel rit à ses vœux, la mer leur est propice,
Les Elemens muets vont pour lui conspirant
Les pierres & les bois embrassent son seruice,
Et ses propres malheurs vont en fin prosperant.
Le sang des ennemis son triomfe ne souille,
De l'amour de leurs biens ses yeux ne sont tentez,
Il conquiert leurs desirs, & pour toute despouille
A son trophée aimable append leurs volontez.
Quelles palmes iamais furent plus renommées ?
Quelle conqueste égale au gain de tant de cœurs ?
C'est vaincre les vaincus que vaincre les armées,
Mais se vaincre soy-mesme est vaincre les vainqueurs.
Que de ses beaux Lauriers la cime tousiours verte
Desdaigne impunément les menaces du temps.
Pour lui de belles fleurs que la terre couuerte
Produise sous ses pas vn eternel printemps.
Que l'on voye son nom escrit sur tous les arbres,
Croissant auec le temps dans l'escorce des bois.
Soit tousiours son honeur graué sur tous les marbres,
Sourds & muets témoings de tant de hauts exploits.

Comme il n'y auoit point d'interest qui touchast de plus pres le cœur d'Iphigene que celui de Liante, ce fut vne des premieres choses dont il parla au Roi que de son restablissement, & lui ayant faict voir dans ses intentions, & dans le desespoir qui l'auoit faict ietter parmi les Lithuaniens, & representé ce qu'il auoit contribué pour le seruice de sa Majesté au
traitté

LIVRE XVII.

traitté de paix, le Roi, qui estoit vn tres-bon Prince, le mit en sa grace, & promit à Iphigene non seulement la reuocation de la confiscation de ses biens, mais de l'y restablir, & de contribuer à l'augmentation de sa fortune selon les occasions qui s'offriroient. Voila desia vn bon commencement pour Liante, qui participoit plus que nul autre aux influences de son bel Astre. Car quand il songeoit que tant d'honneurs, tant de biens, tant de dignitez, & tant de faueurs deuoient vn iour s'assembler sur sa teste, il ne pouuoit comprendre de quelle façon il pourroit soustenir tant de gloire. O Liante, que de charbons ardans Iphigene assemble sur ton visage! Mais ne dirons-nous rien du contentement de la Princesse Respicie, qui estoit alors au faiste de ses desirs? Car elle auoit receu de Rome la dispense necessaire pour faire declarer nul le mariage de Modestine & d'Iphigene, si bien que se fiant sur la parole du beau Palatin, elle tenoit le sien pour indubitable.

Mais quoy? c'est vn arrest qui n'espargne personne,
   Que rien n'est ici bas heureux perfaictement,

Et qu'on ne peut au monde auoir contentement
Qu'vne fiere trauerse aussi tost n'empoisonne.

Car elle se verra descheüe de son espoir sur le point qu'elle pensoit le voir esclorre, à la façõ du laboureur qui voit geler sa recolte en bourre & en bouton. Ce n'est pas mon dessein de depeindre ici les accueils du Roi & de la Reine, l'allegresse des Dames, la ioye de toute la Cour à l'arriuée de ce grand Astre qui venoit esclairer sur l'orizon de Cracouie. Ie diray seulement que leurs Majestez gueries des soupçons que les malins leur auoient ietté dans l'ame, conspiroient à qui feroit paroistre plus de bienueillance à celui que la voix du peuple, qui est ordinairement celle de Dieu, appelloit le Pacificateur de la Pologne, le Reconciliateur des Polonnois & des Lithuaniens, l'Ange de paix, la Colombe sacrée, & s'il est permis de lui applicquer les sacrez eloges que les Bethuliens donnerent à cette vaillante femme, qui auoit confondu l'orgueil de Nabuchodonozor en tranchant la teste à son Connestable, qui pouuoit estre nommé la gloire de sa Patrie, l'honneur de sa Race, & la ioye de tous ses Compatriotes.
Voila

LIVRE XVII.

Voila comme à ceux qui sont patiens, & qui attendent le secours de Dieu, toutes choses reuiennent au double comme au bon Iob. car il n'est rien de plus vray que ce mot des pages sacrées, que tout coopere en bien à ceux qui sont bons. Le Roi & la Reine consulterent ensemble, pour sçauoir de quelle digne recompése ils pourroient reconnoistre les seruices & les merites d'Iphigene ; ce qui me remet en memoire la consultation de l'ancien Tobie auecque son fils touchant le salaire qu'ils donneroient à Azarias. A la fin ne lui pouuans offrir aucune part en vn Royaume dont ils n'auoient que l'vsage, non la proprieté, ils crûrent que rien ne le pourroit tant obliger qu'vne alliance releuée qui l'approchast de leur parenté & de l'honneur de leur sang. Soit donc que cela vinst de leur mouuement, soit que la Princesse Florimonde sœur du Roi en eust faict parler à la Reine, & eust pris sa part à la coqueluche de la Cour dans les beautez d'Iphigene, ayant tousiours par modestie celé son affection, tant y a que leurs Majestez arresterent de lui donner cette Infante en mariage auecque vne

dote

dote conforme à sa qualité. O Iphigene, que te reste-t'il sinon d'estre homme, pour te voir esleué au sommet de toutes les grandeurs souhaittables ? Ce fut de cette façon que nostre bon Roy HENRI III. qui succeda au Roi SIGISMOND AVGVSTE au thrône de la Pologne, voulut témoigner son amitié aux excellétes vertus de ce braue DVC DE IOYEVSE, en lui communiquant les plus eminentes grandeurs de son Estat, & lui faisant espouser la sœur de sa femme la Reine LOVISE (cet admirable Temple de vertus en nos iours) qui estoit Princesse de Lorraine de la maison de VAVDEMONT. A la veüe de ce grand Astre, & Modestine, & Respicie, & Amiclée, & tant d'autres dont les pretensiõs estoient cachées, & les flammes d'autant plus violentes, ne monstrerent plus de clairté, ce ne furent que desespoirs dans leurs courages, sanglots en leurs poitrines, souspirs en leurs bouches, & larmes en leurs yeux. Qui fut bien surpris ce fut Iphigene, quand le Roi en la presence de la Reine lui dit dans son Cabinet l'honneur qu'il lui vouloit faire de le rendre son beau-frere en lui donnant

donnant pour femme sa propre sœur. Il se mit à genoux deuant leurs Majestez, & leur representa tout ce dont il se peut auiser pour les destourner de ce dessein, qu'il disoit lui deuoir estre aussi ruineux qu'honorable, parce que cela l'esleuant comme l'Aigle fait la Tortue, le menaçoit d'vne lourde cheute, que faict d'vn humble vallon vne haute montagne, cela exposeroit son front aux orages des mesdisans, & aux foudres de la Calomnie, qu'il deuiendroit le blác & la butte de tous les traicts de langue de ceux qui l'ayans veu leur égal, regarderoient de trauers l'eleuation de sa fortune. Qu'il ignoroit les volontez de l'Infante, qui ne voudroit peut-estre pas s'abbaisser iusques là d'espouser vn simple Gentilhomme comme lui, qui n'estoit que ce qu'il plaisoit au Roi le faire estre dans le monde. Que les fortunes mediocres comme plus asseurées estoient plus desirables. Qu'il supplioit le Roi de considerer que ses ennemis attribueroiét à son ambition, ce qui prouenoit de sa pure bienueillance. Qu'il n'estoit pas si mesconnoissant de sa bassesse, que de vouloir esleuer les yeux en vn sujet si eminent, &
dont

dont le grand esclat l'esbloüissoit au lieu de l'esclairer. Qu'il le coniuroit de conseruer en lui l'ouurage de ses mains, & ne le rendre point infortuné par trop de bonheur. Que comme les lampes où l'on met trop d'huile s'esteignent, ainsi se perdent les fortunes que l'on veut establir extraordinairement. Que les petits estomacs ne deuoient pas estre surchargez de viande, ni les debiles cerueaux de beaucoup de vin, que l'edifice deuoit auoir proportion auecque les fondemens, de peur d'aller par terre par son propre poids. Que c'estoit mettre l'or & l'argent sur des pieds de boüe, & l'exposer aux fureurs de la jalousie de tous les Grands de l'Estat, au lieu de le garantir de leurs rages. A plusieurs autres raisons il adiousta celle de son indignité, de la grandeur de l'Infante, & celle qu'il reserua pour son dernier retranchement, ce fut son mariage auecque Modestine, sur laquelle ayant conclu auecque les supplications les plus humbles, & les coniurations les plus fortes dont il se peut auiser, pour destourner de soy cette tempeste; le Roi lui respondit grauement & en peu de mots, que toutes ces

ces raisons estoient pleines d'humilité, d'honnesteté, de fidelité & de prudence, mais qu'elles deuoiét faire ioug sous son commandement. Que telle estoit sa volonté, à laquelle il ne pouuoit repugner sãs crime. Que c'estoit le propre des Rois, & leur plus grand traict de ressemblance auecque Dieu d'esleuer le pauure du milieu de la boüe, & le faire asseoir auecque les Princes & les plus signalez d'vn Estat. Que les Petits autremẽt ne deuiẽdroient iamais Grands, & demeureroit sans mouuemẽt la roüe de la fortune. Que les vertus estoient plus desirables & plus estimables que la naissance, & puis que c'estoiẽt elles qui auoient faict la Noblesse, & qui auoient au commencement des Monarchies faict asseoir sur les thrônes ceux qui auoient plus de merite, il estoit bien raisonnable de les preferer aux sceptres & aux diademes. Que la volõté de sa sœur ne lui estoit que trop connuë, & outre qu'elle estoit soumise à la sienne, elle auoit encore vne particuliere inclination pour lui qui lui faisoit desirer cet Hymen. Qu'au lieu de se raualer, elle le releueroit, & au lieu de perdre sa lumiere par cette alliáce, elle

elle lui communiqueroit sa splendeur. Que s'il eust peu luy donner vne partie de son Roiaume, il l'eust faict pour lui témoigner son affectiõ & sa gratitude: mais que n'ayant point de plus belle Couronne que celle de son sang, il lui vouloit donner l'Infante Florimonde auecque les moyens pour soustenir vne si honnorable consanguinité. Que ce mariage au lieu de l'exposer à l'enuie, l'en exempteroit, par la mesme raison qu'exempte les estoiles d'eclipse leur eleuation & l'esloignement de la terre. Que de sa part il ne deuoit pas craindre de decadence, parce qu'il n'estoit pas Prince qui prist plaisir à perdre ses creatures, ioint qu'il ne lui en donneroit iamais de sujet par la prudence de sa conduite. Qu'il le vouloit faire si Grand qu'apres lui nulle puissance de Pologne ne le peust deffaire. Quant à son mariage auecque Modestine, qu'il estoit declaré nul par le bref de sa Sainteté renuoyé à l'Archeuesque de Gnesne pour estre verifié, & qu'ayant esté obtenu par la Princesse Respicie, il seruiroit pour l'Infante Florimonde. Le Roi finit par vne volonté absoluë & vn propre mouuement,

uement, qui sont des termes si souuerains & si sacrez, que le iurement par le Styx des fabuleuses Deitez n'estoit pas plus inuiolable. La Reine y adiousta des persuasions meslées de prieres & de témoignages si certains des affections de l'Infante pour Iphigene, qu'il iugea que cela prouenoit autant de la sollicitation de la Princesse, que de la deliberation de leurs Majestez. Tellement que le beau Palatin fut contraint de ceder à tant de douces & imperieuses violences, & de receuoir par vn aueu plein d'vne modeste honte, ce qu'il ne pouuoit honnestement refuser sans offenser cruellement leurs Majestez, & irriter l'Infante sans espoir de pardon. Aussi n'eust-il pas esté si mal auisé, si la Nature n'eust opposé à cette eminente fortune qui s'offroit à lui, les obstacles que vous sçauez. Il fut sur le point de les declarer au Roi & à la Reine, mais sçachât que celle-ci quelque Princesse qu'elle fust, estoit tousiours femme, & que la sagesse ne veut pas qu'on leur reuele vn secret sans deliberation, il se retint, se reseruant de le manifester au Roi en particulier, & de prendre ses volontez pour sçauoir comme il auroit à se conduire. La Reine au sortir de là rencontra l'Infante, qui auoit autant d'impatience de sçauoir ce qui s'estoit resolu, que celle-là de lui dire, dequoy elle conceut vne ioye qui ne se peut comprendre que par vne fille qui reçoit l'asseurance d'espouser celui qu'elle aime auecque passion. La Reine estant sortie, de peur que le bruict de son mariage auecque l'Infante ne se respandist par la Cour, Iphigene crût qu'il estoit à propos d'escraser le Scorpion sur la playe, & d'appliquer promptement le remede au mal. Ayant donc supplié le Roi de lui prester vne audience secrette, en laquelle il lui descouuriroit la plus esmerueillable Histoire dont il eust iamais ouy parler, il lui raconta celle de sa naissance, de son sexe, de son education, de son eleuation, de son progrez, de sa fortune, de ses affections pour Liante, en somme il ne cela rien à son Maistre de tout ce que nous auons deduit iusques ici, sur quoy se iettant à ses pieds, les embrassant, les baisant & les arrosant de larmes, il supplia sa Majesté de le regarder comme sa pauure & indigne creature, & de disposer de sa fortune selon son bon plaisir. L'estonnement du Roi se peut moins representer qu'vn esclair ou le Soleil en peinture. Son admiration fut telle qu'il demeura assez long temps sans pouuoir parler que des yeux, dont il regarda tousiours fort amiablement Iphigene. Peu s'en fallut à ce premier assaut que son amitié ne deuinst Amour, & que le fauori ne deuinst non pas Maistre, mais Maistresse. Mais la vieillesse du Roi qui le portoit à la temperance, la grande Amour qu'il auoit pour la Reine, qui regnoit autant sur son cœur par ses vertus, que lui sur ses sujets par son auctorité, la crainte qu'il eust de resusciter sa jalousie, & de lui faire croire veritables ses soupçons passez, auecque les longues habitudes & profondes racines qu'il auoit iettées en la pieté & en la moderation, retindrent l'impetuosité de son appetit. Mais rien ne le brida si puissammēt que la grāde honnesteté qu'il auoit tousiours reconnuë en Iphigene, sçachāt bien que c'estoit vn escueil contre lequel tous les iniustes desirs feroient naufrage ; il leut mesme à cet instant sur son front tant de modestie & de pudeur,

Que par un mouuement contraire,
Du mesme lieu il vit sortir
Le sujet de se repentir,
D'où venoit celui de mal faire.

Les Historiens esleuent bien haut la continence d'Alexandre, qui se gouuerna auecque tant de moderation parmi les eminentes beautez des Dames de Perse, iusques là que plusieurs l'estiment d'auantage de s'estre surmonté en cela, que d'auoir subiugué toute l'Asie, parce qu'en conquerant cet Empire il n'auoit vaincu que Darius, mais par cette retenuë & le mespris des voluptez, il s'estoit surpassé & dompté soy-mesme. En cette occurrence dont nous parlons, ce seroit iniustice de taire les iustes loüanges de ce Prince, qui fit bouclier de sa vertu contre les traicts que l'Amour caché dans les yeux d'Iphigene, lançoit traistreusement contre son cœur. Mais de nier que la bienueillance qui rendoit Iphigene son fauory, ne prist vn grand accroissement par la descouuerte de sa condition, il ne se peut sans oster à vn Prince vertueux cõme celui-là, vne qualité si coustumiere à tous les Grands d'estre extremement courtois enuers les Dames.

Dames, Ie ne veux point m'eſtendre en ce lieu ſur les proteſtations que le Roi lui fit de lui conſeruer ſa faueur & ſon amitié nonobſtant ce changement, ni ſur les loüanges qu'il lui donna auſſi extraordinaires que le ſujet en eſtoit peu commun. En fin apres beaucoup de careſſes, & de complimens ſuiuis d'autant de remercimens & de reſſentimens d'obligation de la part d'Iphigene, le Roi le coniura de lui manifeſter rondement & ſimplement ſes deſirs, promettant en foy de Prince de les faire reüſſir de toute l'eſtenduë de ſa Roiale puiſſance. Alors Iphigene rehauſſant ſa beauté par la viue & vermeille couleur qui s'empara de ſes ioües, confeſſa au Roi qu'apres la gloire de ſa bienueillance le faiſte de ſes ſouhaits eſtoit en la legitime poſſeſſion de ſon cher Liante. Quelque gentille & pudique que ſoit la flamme d'vne fille honnorable, il eſt impoſſible qu'elle auoüe ſon Amour ſans peindre ſon front des meſmes couleurs qui rendent l'Aurore ſi agreable, comme ſi ce lui eſtoit autant d'imperfection d'aimer, que de perfection d'eſtre aimable. Le Roi connut à ces liurées de la vertu

la chasteté de ce gentil courage, & l'en affectionna d'autāt plus. Car ayant appris commé cette passion estoit comme née entr'eux dés le berceau, qu'vne mutuelle bienueillance l'auoit faict naistre, l'auoit nourrie, entretenuë, esleuée, & renduë à son estat perfaict, il eust fallu tout à faict renōcer à l'humanité pour desappreuuer vne amitié si legitime. Que si quelques esprits coquilleux en lisant cette Narration accusent Iphigene d'auoir aimé, i'auoüe qu'il ne s'en peut excuser, & que si c'est vn crime d'aimer si purement, si fortement & si chastement (ce que ne concederont iamais des ames equitables) il ne s'en peut deffendre; mais on ne peut desauoüer que ce n'ait esté auecque tant de retenuë, de patience, & de discretion, que pour l'en couurir de blasme il faudroit faire des inuectiues contre l'honneur & la decence mesme. Le Roi ayant demandé à Iphigene de quelle façon il se falloit conduire en la descouuerte de ce secret, qui deuoit emplir d'admiration non seulement toute la Pologne, mais toute la Terre; le Palatin de Plocens (qu'il me soit permis de parler tousiours de mon
Ama

Amazone comme d'vn homme, iusques à ce que par vn aueu public elle soit reconnuë pour ce qu'elle est, & que ie la puisse appeller du nō d'IPHIGENIE) qui auoit de longue main pourpensé les industries de se declarer, pourueu que le Roi les eust agreables, en fit les ouuertures à sa Majesté, laquelle non moins rauie des beautez que de l'esprit & du iugement d'Iphigene, les appreuua en toutes leurs circonstances, selon que nous les declarerons en la suitte de cette Relation. Seulement pour empescher que le dessein que le Roi auoit eu pour sa sœur ne se diuulgast, il fust question d'y remedier promptement, & de leuer la passion du cœur de la Princesse, en lui faisant croire qu'Iphigene estoit inhabile au mariage. opinion capable de changer en glaçons les feux les plus ardans. Le Roi treuua cette inuention accorte, & pour l'employer subtilement il fut chez la Reine, qui auoit desia faict à l'Infante les congratulations ordinaires en vne bonne nouuelle, mais auecque le seau dont les Dames ont accoustumé de cacheter leurs secrets, vne priere de n'en rien dire, comme si vne

personne tierce estoit obligée de celer ce qu'on n'a peu tenir couuert en sa propre pensée. Aussi Florimonde auoit-elle si bien & si discretement caché & teu ce secret, qu'elle l'auoit desia communiqué à toutes ses Damoiselles, sous le mesme seau de la Reine de n'en rien dire, ce qu'elles promirent sous cette reserue de le taire quand elles ne sçauroient à qui parler. Desia donc entr'elles elles ne deuisent d'autre chose que des prochaines nopces de leur Maistresse, & auecque d'autant plus d'empressement & d'ardeur qu'il leur estoit estroittement deffendu de s'en entretenir. Quand le Roi abborda la Reine, qui auoit lasché la parole irreuocable, il lui dit qu'Iphigene apres sa sortie lui auoit bien tenu vn autre langage que celui qu'il auoit faict entendre en sa presence, & que tant d'excuses qu'il auoit faictes accompagnées de tant de coniurations pour n'entendre point aux nopces de l'Infante, ne procedoient pas du deffaut de desir, n'estant pas si aueuglé qu'il ne vist bien l'auantage qui lui fust arriué d'vne si glorieuse alliance, mais de celui de la puissance requise pour l'effect
du

du sainct mariage. Et pour preuue de cela il lui allegua la non consommation de celui de Modestine, & de plus cette extreme continence qu'il auoit faict paroistre à la Cour, opposant tant de froideur aux ardeurs de tant de Dames qui brusloient impuissamment pour sa beauté. La Reine esbahie de cette nouuelle, fut marrie de s'estre si tost conioüie auecque sa belle sœur d'vn bien plustost disparu que possedé, & semblable à l'éclair qui meurt aussi tost qu'il naist & sort de la nuée. Mais comme elle estoit habile, elle sceut bien empoigner cette occasion aux cheueux, pour faire connoistre au Roi la malice des calomniateurs qui auoient voulu de ce costé là lui donner des ombrages de sa fidelité. Madame, dit le Roi, ne parlons point de ces meschans, leurs noms sont plus dignes de mon oubly que de ma colere, c'estoient leurs meschantes pensées qui ne furent iamais les miennes; mais les oreilles des Rois sont de grandes hostelleries où logent toutes les plaintes & tous les rapports des bons & des mauuais. c'est à eux de preseruer leurs cœurs de la contagion des fausses creances, & de bien distinguer les amis des flatteurs. C'est la verité, lors que i'ay appris cette deffectuosité que c'est la premiere idée qui m'est venuë en l'esprit. Pour moy ie n'en estime pas moins ce Palatin, au contraire la pitié de son imperfection qui ne lui peut estre reprochée sans accuser la Nature, me le rend plus recommandable, veu mesme qu'il a tant d'autres vertus qu'il faut estre où aueugle pour ne les connoistre, ou stupide pour les mesconnoistre. Ie le plains de la mesme sorte, dit la Reine, car ne voyant que par vos yeux, & ne discernant les choses que par vostre iugement, ie ne puis que ie ne prise tout ce que ie connois que vous estimez, & que ie ne compatisse aux infirmitez & aux malheurs de ceux que vous honnorez de vostre amitié. Celle que ie plains d'auantage c'est vostre sœur, qui aura de la peine de se guerir de sa passion & qui souspirera en vain vn mal sans remede. Il est aisé, dit le Roi, d'arracher vne plante nouuelle, & d'oster du cœur vne passion qui n'y a pas ietté de fortes racines. Ie voy bien, repliqua la Reine, que vous estes mal informé de l'affection de vostre sœur, qui m'a auoüé,

ainsi

ainsi que ie la pressois de me descouurir sa pensée, que long temps auparauant que le beau Palatin se retirast de la Cour, elle auoit de grandes inclinations à lui vouloir du bien. Mais le respect qu'elle vous portoit, & ce qu'elle deuoit à sa qualité, l'empeschoient de les faire paroistre; la grandeur de son courage prouenant de sa naissance & de sa vertu, combattoit ses desirs, & bien que la violence de sa passion fust extreme, elle en eust plustost souffert iusqu'à la mort l'impetuosité, que de la rẽdre visible au preiudice de sa modestie. Mais aussi tost qu'elle a eu le vent que vos proiets s'accordoient auecque ce qu'elle souhaittoit plus qu'elle ne l'esperoit, aussi tost elle s'est declarée, la promptitude de son obeïssance prouenant autant de son interest, que du respect qu'elle porte à vostre Majesté. Ie l'auois desia felicitée de l'accomplissement de ses souhaits par le consentement d'Iphigene, maintenant ie ne sçay comme lui porter la triste nouuelle de la mort de ses esperances & des funerailles de ses contentemens. Si est-ce, reprit le Roi, que ie vous en remets la charge, car puis que vous
auez

auez faict la faute par voſtre precipitation, il faut que vous la repariez. Si Florimonde fut affligée lors que la Reine lui chanta la palinodie, ie le laiſſe à conſiderer. Mais comme les paſſions qui ſe terminent dans le ſens, perdent leur effect & auſſi leur effort dans la priuation de la cauſe qui leur donne l'eſtre, de meſme que l'abeille qui laiſſe la vie auecque l'aiguillon; auſſi fut-il aiſé à l'Infante de ſe guerir d'vn mal qui portoit ſon remede en l'aueu de ſon infirmité. Ceux qui bruſlent impuiſſamment pour la beauté d'vn viſage agreable, eſteignent cette ardeur auſſi toſt que quelque maladie fleſtrit les fleurs du teinct, ou qu'vn accident en rend la figure difforme. Et ceux qui ſouhaittent le mariage pour l'vſage des plaiſirs qu'il rēd d'illicités honnorables, en quittent la pretenſion quand ils ſont ſeûrez de l'eſpoir de poſſeder ce qu'ils deſirent. L'Infante diſſimula doncques prudemment ſon regret, & n'ayant plus autre faſcherie que d'auoir deſcouuert trop à plain ſa paſſion, elle faiſoit ce qu'elle pouuoit pour faire croire à celles à qui elle l'auoit communiquée, que c'eſtoit pluſtoſt pour complaire

complaire au Roi, que par son mouuement qu'elle auoit eu quelques pensées d'espouser Iphigene, & que sa Majesté comme bon frere ne la voulant pas presser d'vne chose qu'elle lui auoit faict entendre lui estre aussi peu agreable qu'auantageuse, l'auoit laissée en paix attendant vne plus haute alliance. Tout ceci ne peut estre si secret que le vent ne le coulast dans les oreilles de la Princesse Respicie, laquelle ayant eu vne chaude allarme sur ce qu'elle auoit appris du dessein du Roi qui vouloit donner sa sœur à Iphigene, se vit portée dans vn déplaisir qui ne lui estoit pas moins sensible. Elle fut quelque temps cõbattuë de ces contrastes, à la maniere d'vn vaisseau qui est battu de l'orage entre les vẽts & les eaux. A la fin elle fit comme ceux que la tempeste porte contre des rochers, qui sauuẽt leur vie en voyant briser leur nauire. Elle crût que le Palatin plus ialoux conseruateur de la parole qu'il lui auoit donnée, qu'ambitieux de l'honneur qui lui estoit proposé en espousant l'Infante, s'estoit serui de cet artifice pour se dispenser honnestement de ce parti, qui l'eust exposé à

l'enuie

l'enuie de tous les Grands. Et comme le desir est vn grand maistre de persuasion, elle crût aisément ce qu'elle souhaittoit. Les raisons ne lui manquent pas pour soustenir sa creance. Elle n'a iamais rien remarqué en Iphigene que de genereux. Les preuues de sa vaillance ne sont ignorées que des estrangers, toute la Pologne lui a veu faire des actions guerrieres, pour lesquelles estimer la Renommée n'a point assez de lágues. S'il est si habile pour Mars, seroit-il inepte pour celle que Vulcan surprit auecque ce Dieu ? C'est vne charité que ses ennemis lui prestent, parce qu'il a le visage d'vn Ange on dit qu'il n'est pas homme, ce sont ses enuieux qui l'appellent effeminé. & s'il est tel, en est-il moins propre pour les femmes ? Ce qu'il n'a point accosté Modestine, c'est parce que Mieslas l'en a tousiours empesché. C'est sur la delicatesse de sa complexion que l'on a basti cette mensonge. Ainsi se flattoit en son mal cette abusée Princesse, resoluë de voir l'effect de la dispense qu'elle auoit obtenuë à Rome auecque tant de peine. Et puis que nous sommes tombez sur ce propos, mon
Lecteur

LIVRE XVII. 639

Lecteur permettra que ie face vne petite digression sur ces dispenses Romaines, dont plusieurs parlent sans les connoistre, & que les temeraires blasment auec aussi peu de iugement que d'equité. Car estant vray que l'homme ne peut separer ce que Dieu a conjoint, pourquoy, disent-ils, dissout-on des mariages, & permet-on aux parties de se pouruoir ailleurs ? Il est vray que nulle puissance humaine ne peut rompre vn mariage quand il est bien & legitimement contracté, mais quand il y a des nullitez, à qui appartient-il de le declarer nul qu'à cette Eglise en la face de laquelle il a receu la benediction ? Il est certain que le mariage institué de Dieu a son fondement principal dans le consentement des volontez, & que l'vnion des corps n'en est qu'vn accessoire ; si est-ce que quand ce consentement se donne auecque l'intention de l'vsage des corps, soit pour auoir lignée, soit pour esteindre la conuoitise, lors que l'impuissance s'y oppose, la nullité du consentement est si euidente, qu'il n'y a point de doute que ce mariage bien que celebré auecque toutes les ceremonies & formalitez exterieures,

rieures, ne peut eftre appellé legitime. Quel tort ont doncques les Pafteurs qui declarent ces mariages nuls, c'eft à dire, n'auoir iamais efté vrays mariages, lors que l'vne des parties fe treuue inhabile à leur confommation ? Que fi l'vne & l'autre des parties declare franchement n'auoir iamais eu intention de confentir, ou que le confentement prefté de parole, & non de cœur, a efté tiré par contrainte, par violence, & par des menaces capables d'intimider vne perfonne affez courageufe, qui ne voit qu'en ces alliances il n'y a nulle conionction de la part de Dieu, qui n'agit auecque les hommes que felon le mouuement de leurs volontez? C'eft dóc en vain que l'on reiette fur la declaration de l'Eglife la faute de ceux qui ont caché leurs deffauts, ou celé leur contrainte en contractant le mariage ; eftant raifonnable que cela foit declaré nul par vne auctorité publicque, qui a efté folennizé en la face de l'Eglife. Maintenant ie fais iuge quiconque lira ces pages de l'impuiffance d'Iphigene pour eftre mari, & s'il n'auoit pas raifon d'expofer en fa requefte à Rome, que iamais il n'auoit eu intention d'efpou d'espouser Modestine. Toutesfois (telle est la prudence & la Iustice du Sainct Siege) ces declarations (à qui le vulgaire donne abusiuement le nom de dispenses) se renuoyent tousiours pour estre examinées aux Ordinaires des lieux, affin de verifier par des bonnes & authentiques preuues, ce qui a esté exposé de l'impuissance ou du deffaut de consentement, & ainsi l'on fait sçauoir aux fideles que ces mariages n'ont iamais esté ; témoignage public que par abus on appelle dissolution de mariage. La Princesse Respicie ayant doncques remis ses brefs entre les mains de l'Archeuesque de Gnesne Primat de Pologne, & qui estoit lors à la Cour, affin qu'il procedast à la declaration des nullitez du mariage d'Iphigene & de Modestine, donna sujet au Roi de se tire de ses diligences, comme aussi à Liante de s'en mocquer en particulier auecque Iphigene. Desia son âge qui la dispensoit de tenter vn second naufrage, la rendoit ridicule à la Cour, & sa passion estoit le sujet des Pasquins, des mesdisances, & des Satyres des Poëtes. Quand elle coniuroit Iphigene, & le faisoit prier par

Mieslas de lui tenir sa parole, il respondoit que son premier mariage estant declaré nul, il l'espouseroit si elle l'auoit agreable. Sur quoy elle sollicitoit viuement l'Archeuesque. Ceci ne se pouuoit faire en l'absence de Modestine, qu'il fallut (quelque resistance qu'y fist Mieslas) faire venir à la Cour, le Roi mesme poussé à cela par Iphigene, commandant qu'elle y fust appellée. Aretuze Mere d'Iphigene l'y amena, laquelle auertie fidelement de tout ce qui s'estoit passé, & de tout ce qui se tramoit par Iphigene & par Boleslaüs, y arriua toute tremblante se deffiant du succez que deuoient auoir de si estranges affaires. De dire les reproches que fit Modestine à son beau mari, les outrages dont elle chargea Respicie, la resolution qu'elle prit de s'opposer iusqu'à la mort à la rupture de son mariage, il seroit inutile. Qui s'imaginera les ressentimens d'vne femme outragée d'vn pareil affront, sçaura iusques où pouuoit aller sa colere. D'autre costé Olaue estant auerti des pretensions de Respicie, de la venuë du bref, & de l'arriuée de Modestine & d'Aretuze à la Cour, crût pour l'interest

terest de sa fille qui menaçoit de faire vne seconde equippée, qu'il estoit obligé de l'y mener. Il y alla donc auecque sa femme, son fils Polemandre, & ses deux filles Olorie & Amiclée, pour voir s'il y termineroit les deux alliances qu'il auoit proiettées auecque Liante & Iphigene. Le Prince Cassin se tenoit tousiours reserué en la recherche de Clemèce fille de Mieslas, iusques à ce qu'il eust veu le succez des pretensions de sa Mere. Simforoze sa sœur croissoit tous les iours en bonne grace & en beauté, mais c'estoit vn bouton encore si tendre, qu'encore qu'elle fust desia capable de donner des affections, elle ne l'estoit pas d'en prendre. Elle estoit gentille, attrayante, douce, & l'appelloit-on comtnunément à la Cour la BELLE INNOCENTE. Ce qui donna sujet à vn Poëte de faire ce

MADRIGAL.

Cette belle petite
Qui mesconnoist encor les sentimens d'*Amour*,
Et la valeur de son merite,
Bien qu'il soit plus brillāt que les rayōs du iour,

Coulpable des langueurs qu'engendre sa beauté,
Et de la mort des cœurs qu'elle reduit en cédre,
Ne peut encor entendre
D'où vient que l'on se plaint de sa douce fierté.
Homicide innocente,
Il est temps desormais
Que par les maux que tu nous fais,
Tu te rendes sçauante
De la puissance de tes traicts.

Il n'y auoit que le Roi, Iphigene, Aretuze, Liante & Boleslaüs qui sceussent le secret du stratageme qui se deuoit iouër à la face de toute la Cour. Liante poursuiuy par Olorie lui donne assez peu de satisfaction, & se remettant à la volonté du Roi, & la renuoyant apres le restablissement en ses biens vsurpez par le Palatin de Podolie, il amusoit ainsi son attente. Le Roi pour acheminer toutes choses à son dessein, fit condescendre Mieslas à donner à Liante celle de ses filles, exceptée Clemence, qui seroit le plus à son gré, promettant de lui donner sa dote, & de lui laisser l'vsufruict des biens de Liante. Il fut aisé au Sarmate de prendre ce parti, par lequel outre les auantages qu'il en receuoit, il voyoit assoupir toute sorte
d'ini

mitiez, de haines, & de querelles. Quant à celles qui estoient dans les Cloistres, leur voile outre leur naturelle difformité leur seruoit de bouclier. Il fallut donc mettre en euidence Virginie que pour son peu de ressemblance auec Iphigene on appelloit communément Iphigenie. Aux oppositions qu'Olorie vouloit faire à cette alliance, l'auctorité du Roi seruit de deffense & d'excuse à Liante, & quoy que murmurast le Palatin du Minsce, il en fallut demeurer là, parce que la supremé loy c'est la volonté du Prince. Cela estant ainsi arresté, il n'estoit plus question que de sçauoir à qui des trois Graces appartiendroit Iphigene, ou à Modestine, ou à Respicie, ou à Amiclée. Le beau Palatin qui sçauoit ne pouuoir appartenir à aucune, se donnoit à toutes d'vn visage si riant & si égal, qu'il n'y en auoit point qui ne pensast estre la premiere en son affection, & qui n'esleuast le trofée de ses esperances à la gloire de le posseder. Chacune pense à ses prerogatiues, & met ses pretensions au premier lieu. Modestine dit que de raison Iphigene lui appartient, qu'elle l'a espousé, que c'est son mary. Respicie se fonde fur fa grandeur & fes richeffes; Amiclée tire fa preeminence de fa beauté. Toutes trois font bouclier de la parole & des promeffes du Palatin de Plocens. Car il difoit à fa chere Modeftine, de laquelle il plaignoit le defaftre, qu'il ne la quitteroit iamais tant qu'elle le voudroit pour mary. Elle donc refoluë de ne dire iamais autrement, tenoit fa victoire pour affeurée. Refpicie appuyée de Mieflas cóme d'vne auctorité paternelle, & de l'aueu qu'Iphigene faifoit de n'auoir iamais confenti à prendre Modeftine pour femme, tenoit fa conquefte pour certaine. Et Amiclée repaffant en fa memoire tant de careffes, de douces paroles, & de demonftrations d'amitié dont Iphigene l'auoit repeüe dans le Minfce, outre les immortelles obligations qu'elle auoit acquifes fur ce grand courage en fa fortie du Minfce veftue & armée en Cheualier, & puis confultant fouuent fon miroir pour y remarquer les grands auantages que la Nature lui auoit donnez fur fes deux Riuales, ne fe pouuoit perfuader fi le beau Palatin auoit de l'Amour, que ce fuft pour autre que pour elle. Imaginez-vous cóme

la

la Reine & l'Infante se rioient de ces vanitez, & si elles auoient occasion de dire que c'estoit vn grād procez pour vne terre sterile. Il falloit attendre la voix de l'Oracle, c'estoit la sentence de l'Archeuesque, lequel auerti par le Roi de la verité du faict, & rendu partisan du stratageme, apres vne legere formalité prononça le mariage nul entre Modestine & Iphigene, par le deffaut du consentement donné en vn âge incapable de determiner des volontez. Il seroit malaisé de representer les regrets de Modestine quand elle sceut cet arrest, qui lui sembloit aussi cruel que s'il l'eust condamnée à la mort, neantmoins elle tenoit encore par vn filet desepoir à la parole d'Iphigene. En ce monde le dommage de l'vn est le profit de l'autre. Cette sentence ouurit le Ciel à Respicie, & lui fit chanter le triomfe auant l'entiere victoire. Car ce mariage estant aneanti, elle croyoit qu'il n'y auroit plus d'obstacle à ses pretensions, quand Amiclée s'opposant à ses desseins, fit sommer Iphigene d'effectuer ses promesses. Il seroit impossible d'exprimer les discours que la jalousie (qui est vne fureur enragée) fit naiſtre dans les bouches de ces femelles. Cela penſa faire beaucoup de querelles, mais le Roi par ſa prudence ſçauoit calmer ces orages. Modeſtine vouloit exciter ſon frere à ſe battre contre Iphigene. Imaginez-vous à qui elle s'adreſſoit, & quel plaiſir prenoit le Roi d'entendre ces perſuaſions que lui rapportoit Liante. Reſpicie vouloit que le Prince Caſſin ſon fils ſe battiſt contre Olaue, ou contre Polemandre, pour ſe vanger d'Amiclée. Olorie coniuroit Polemandre de ſe battre contre Liante. Amiclée entra en vne telle rage, qu'elle vouloit reprendre les armes pour ſe battre contre Caſſin, & ſe vanger de Reſpicie. Ces Dames en vindrent iuſques là de ſe garnir de poignards & de piſtolets, fuſeaux qui n'eſtoient pas à l'vſage de mains ſi delicates. voyez à quel point l'Amour eſleue les courages les moins genereux. Dans quel aiſe ſe baignoit le Roi de voir ces cartes embroüillées ſi fort ſelon ſon ſouhait? A la fin voulant lui-meſme terminer tous ces differends dont il s'eſtoit reſerué la connoiſſance, & d'vne façon auſſi gracieuſe qu'eſmerueillable, il promit à toutes de les conten

LIVRE XVII. 649

contenter par son iugement, sans commander à l'exemple de Salomon qu'Iphigene fust diuisé. Car bien que l'on peust dire auecque l'Escriture, qu'en ces iours là plusieurs femmes empoignoient & saisissoient vn homme pour le posseder, non par indiuis, mais chacune le pretendant pour soy en particulier; si est-ce que le Roi auoit treuué vn secret pour les rendre toutes satisfaictes, c'est à dire, également confuses, & capables de dire auecque les deux Courtisanes qui plaidoient deuant Salomon, ni pour toy, ni pour moy. Le Roi ayant doncques pris iour pour prononcer la decision de cette affaire, sur laquelle tout le monde auoit les yeux, & qui selon l'auis des pretendantes pour vne heureuse en deuoit rendre deux miserables, tout le dessein estant conduit auec vn secret admirable, la Reine & l'Infante Florimonde accompagnées seulement de quatre ou cinq des principales Dames de la Cour, se treuuerẽt à la chambre du Roi par le commandement de sa Majesté. Là furent aussi appellez la plus part de ceux que nous auons nommez au courant de cette Histoire, & qui auoient

eu plus de part en la frequentation d'Iphigene (car c'eſtoit lui qui auoit ſuggeré au Roi ce que vous allez voir reüſſir.) Les trois Riuales y furent des premieres, Modeſtine, Reſpicie, & Amiclée, les trois amis du Palatin de Plocens, & qui lui auoient tenu compagnie dans le diuertiſſement de la foreſt de ſon Palatinat, Piſide, Argal & Pomeran. Les Palatins du Minſce & de Troc auecque leurs femmes, Olorie meſme y ſuiuit ſa Mere, comme Melindre la ſienne, Polemandre y tint compagnie à ſes ſœurs. Perpetuë y fut introduite comme Gouuernante de Modeſtine, & auſſi Aretuze auecque Mieſlas, comme ceux qui apres leur fils & leur pupil auoient le principal intereſt en cette affaire. Quelque aſſeurance qu'euſt Aretuze de la bonne volonté & de la puiſſance du Roi, & de tout ce qui ſe deuoit traitter ſelon ſes deſirs, ainſi qu'elle en auoit eſté inſtruitte par Iphigene, ſi eſt-ce que ſa naturelle timidité lui faiſoit touſiours redouter la colere de ſon mary, dont elle reconnoiſſoit l'humeur farouche & brutale. Si Boleſlaüs fut de la troupe n'en doutez pas, veu
que

que c'estoit lui qui comme l'oyseau du reclam attiroit les autres dans la tonnelle. Le Prince Cassin y accompagna sa Mere, & Clemence fille de Mieslas y suiuit la Reine. L'Archeuesque de Gnesne bien informé de tout ce qui se deuoit faire, y fut admis comme celui qui deuoit donner la benediction à la feste, auecque d'autres Prelats & principaux Ecclesiastiques ignorans du faict. Plusieurs autres selon les permissions ou les commandemens que le Roi en donna, furẽt nommez pour assister à cette action solénelle, dõt l'issuë deuoit faire vn esclat merueilleux. Le Roi voulut que Virginie fille naturelle de Mieslas fust mise dans son Cabinet parée comme estant de nopces, & ayant à estre fiancée à Liante, lequel auec Iphigene parez somptueusement furent introduits dans le mesme Cabinet du Roi, où dans des coffres dont Iphigene auoit la clef, estoient des habits necessaires pour representer l'action comique dõt vous allez ouïr le recit. Le Roi les ayant laissez dans son Cabinet entra dans sa chambre, où durant cette grande assemblée ayant bresuement, mais grauement

repre

representé que Dieu ayant crée l'homme libre, il n'y auoit rien qu'il euſt en plus grande horreur que de voir contraindre les volontez, qu'eſtant par la Prouidence du Ciel eſleué ſur le thrône pour repreſenter en terre l'image du Dieu du Ciel, il ne ſouffiroit iamais que celui qu'il honoroit de ſa faueur fuſt violenté en ſes inclinations, principalement en la choſe du monde qui deuoit eſtre la plus libre, ſçauoir le mariage. Qu'il auoit ſous main faict entendre aux trois belles Concurrentes vne cauſe ſecrette qui les deuoit ſans bruict faire quitter leurs pretenſions, mais que leur paſſion eſtant plus forte que leur raiſon, elles s'eſtoient faict croire que ce fuſt vn artifice, dont on ſe vouluſt ſeruir pour les faire deſiſter d'vne entrepriſe où elles ne pouuoient recueillir que de la honte. Que par la bouche de l'Egliſe Iphigene ayant eſté declaré libre de ſes premiers nœuds, il ne vouloit pas que contre ſon gré il ſe iettaſt en de ſecondes entraues. Que c'eſtoit bien aſſez que deſia vne fois contre ſes propres inclinations il euſt témoigné ſon obeïſſance à ſes parens en ſe liant auecque Modeſtine,

stine, sans leur soumettre de nouueau sa volonté pour vne alliance disproportionnée ; que l'âge de la Princesse Respicie l'obligeoit pluſtoſt à la reuerer comme Mere, qu'à la cherir & rechercher comme Espouse, que sa fille Simforoze eſtoit trop ieune pour eſtre femme, qu'Amiclée aussi en pouuoit eſtre dispensée par vne mesme raison; ioint que les volontez d'vn prisonnier ne sont iamais tenuës prouenir d'vn mouuement autre que forcé. Et en fin contre tout cela, & mesme contre l'auctorité paternelle il opposoit la sienne Royale & Souueraine, pour remettre purement & franchement Iphigene en la liberté de son choix. Qu'il auoit sondé ses volontez, & les ayant apprises par sa franche confession, il lui auoit faict ouïr des raisons fort pertinentes, pour lesquelles il ne pouuoit eſtre mary d'aucune des trois qui le desiroient. Ce qui l'auoit faict engager ailleurs, & cōtracter vn mariage en secret, & qui deuoit eſtre mis en euidence pour eſtre confirmé par l'Eglise, auec vne simple Bergere appellée Almerie, qu'il a treuuée selon son cœur, & remplie d'autant de vertus, de graces & de gentillesse qu'elle qu'elle a peu de beautez. Qu'il lui auoit faict voir si clair dans la pureté, l'innocence & la sincerité de cette affection, qu'au lieu de le blasmer d'auoir abbaissé son courage en vn sujet si disproportionné à sa naissance & à sa condition, qui n'estoit pas des moindres de cet Estat, & qu'il vouloit tous les iours rendre plus grande, il l'en auoit estimé, iugeant combien feroit fidele à son Roi celui qui gardoit si religieusement sa foy à vne simple païsane. A cette occasion qu'imposant silence au Pere & à la Mere d'Iphigene, & reiettant les pretensions des trois Riuales, il vouloit & lui plaisoit de son plein & absolu pouuoir, & par son auctorité Royale, que ce mariage se fist par l'Archeuesque de Gnesne qui auoit annullé le premier, & cela sur le champ en la presence de cette compagnie, la rustique Almerie ayant esté secrettement amenée dans le Palais selon qu'il l'auoit commandé. Ces dernieres paroles prononcées d'vn ton graue & serieux, fermerent la bouche non sans vne extreme impatience à l'irrité Mieslas, qui ne pensoit à rien moins qu'à tuer cette villageoise,

ou

ou à la faire empoisonner peu de iours apres auoir espousé son fils. Que de discours en la pensée, que de pensées dans les courages des trois Riuales, quelle peine eurent-elles de se taire en vn si beau & si pressant sujet de parler ! Vne seule chose leur donna le respir que le creue-cœur leur ostoit, c'est que cette ceremonie n'estoit que pour fiancer Iphigene à Almerie, les nopces estans remises à vne plus pompeuse solennité, si bien qu'elles se promettoient durant cet interualle de faire de nouueaux efforts pour faire rompre cette alliance, & reüssir leurs pretensions, que si entre le verre & la bouche il arriue beaucoup d'accidens, diuers moyens pourroient destourner ce coup qui estoit fatal & funeste à leurs esperances. Adioustez à cela qu'il n'y a si temeraire (fust-ce vne femme amoureuse) qui ose s'opposer aux volontez des Rois en leur presence, parce qu'à cette hardiesse la peine est iointe à l'offense, & la foudre marche auecque l'esclair. Chacun demeura donc sans replique, lors que le Roi se retournant deuers l'Archeuesque, lui demanda s'il n'estoit pas
prest

prest de reccuoir les promesses du futur mariage du Palatin de Plocens auecque la Bergere Almerie; à quoy le Prelat ayant respondu qu'il ne voyoit rien qui l'empeschaft d'obeir à vn commandemēt si iuste, veu que les Rois peuuent desmettre les Peres de leurs sujets de la puissance qu'ils ont en ce cas là sur leurs enfans, & dispenser ceux-ci de l'obeïssance qu'ils doiuent aux autres, la puissance Royale comme vne grande sphere embrassant dessous soy la paternelle, veu que les Rois sont au dessus des loix, & les fauoris quelquesfois au dessus des Rois. traict qui fit sousrire le Roi de bonne grace. Il fut donc question d'introduire les nouueaux fiancez, Boleslaüs en eut la commission, qui faict à la main, tandis que le Roi haranguoit auoit faict retirer Virginie dans vne galerie voisine du Cabinet du Roi, & reuestir Liante d'vn habit de fille assez simple & modeste, neantmoins decent & fort honnorable, & puis s'estant coiffé d'vne perruque, & rebruni le teinct auec vne fiole de cette liqueur dont nous auōs parlé lors que nous representions les Bergeries de la forest de Plocens, il n'y auoit
personne

personne qui le peust reconnoistre en cet equippage pour autre que pour cette Almerie que les trois Gentilshômes auoient veüe dans les bois enchantez. L'heure tout à dessein estoit tarde, & la chambre du Roi disposée en sorte que ce qu'il y auoit de lumiere donnant dans les yeux de l'assemblée, il ne restoit que des ombres pour ceux qui deuoient estre fiancez. Quand on vit entrer Iphigene paré comme vn temple & orné comme vn autel, menant par la main la gracieuse Almerie, la differéce de leurs teincts fit penser à tous que c'estoit vne Colombe brune appariée à vn pigeon blanc. Il faudroit deuiner pour rapporter les diuerses pensées de tant d'esprits. La Reine & l'Infante croyoient qu'il auoit à dessein faict choix de ce party pour mettre à l'abry son impuissance, ayant pour ce sujet imploré le secours de la bonté du Roi. Les trois Riuales qui se connoissoiët plus Grandes & plus belles, croyoient que leur esclat dissiperoit aisément les tenebres de cette fille obscure de naissance, & doüée de si peu de beauté. Mieslas enrageoit de n'oser se plaindre. Aretuze estoit transie se voyant proche du terme qui deuoit decouurir sa troperie. L'Archeuesque voyoit clair dans toutes ces ombres comme Israël dans les tenebres palpables de l'Egypte, tous les autres rauis d'estonnement tenoient leurs pensées suspenduës, & leurs yeux tantost fichez sur les incomparables beautez d'Iphigene, tantost arrestez sur la contenance d'Almerie, dont le port & la grace ne leur sembloit auoir rien de rustique. Quand ils furent en presence, Iphigene qui auoit premedité sa harangue, dit en peu de mots que preferant sa foy à tous les honneurs & à toutes les richesses du monde, il auoit voulu témoigner à la face de la Cour sous le bon plaisir de sa Majesté, celle qu'il auoit donnée à la vertueuse Almerie dans l'obscurité des deserts de Plocens, & lui monstrer comme elle auoit esté son vnique consolation pendant sa disgrace, qu'il la vouloit appeller à la part qu'il plairoit au Roi de lui donner en ses faueurs. Qu'il n'ignoroit pas les diuers iugemens que feroit le monde sur son choix, & qu'il diroit que pour vn homme que la fortune par la faueur d'vn grand Monarque auoit esleué

si

si haut, il estoit indigne de ce bonheur abbaissant son courage vers vn sujet si esloigné de sa qualité. Mais que pouuant iustifier son action par des exemples tant sacrez que profanes des plus grands Rois & Princes de la Terre, qui n'auoient point desdaigné d'espouser des esclaues, des Mores & des Egyptiennes, il ne se laissoit pas tant emporter à leur imitatiõ qu'à son inclination, la dilection prouenant d'election, non de tant d'autres considerations que la prudence humaine dicte à ceux qui preferent ses maximes à leur propre contentement. Que le repos d'esprit auquel consistoit le plus grand bien de la vie, ne prouenoit pas de la multitude des richesses, ni des honneurs, veu qu'au rebours de là naissoient les inquietudes, mais de la satisfactiõ qu'vn chacun tire de soy en mettant des bornes à ses desirs & à sa fortune. Que desia le Roi son Maistre l'auoit faict trop Grand, veu qu'il estoit arriué à vn point où iamais ses plus temeraires souhaits n'auoient esleué leur teste; qu'il eust peu appuyé d'vne si haute protection pretendre à vn parti plus auantageux, mais que se voyant porté à vne

Tt 2

condition eminente, qui ne lui permettoit pas de se côtenter d'vne mediocre, il auoit faict choix d'vne femme de qualité fort rauaíée selon le iugement des hommes, mais dont les vertus & les rares perfections lui auoient gaigné le cœur, & l'auoient rendu entierement sien. Qu'auecque le temps il feroit paroistre qu'Almerie n'estoit pas de moindre naissance que Modestine, à laquelle il ne faisoit point de tort, puis que la Iustice & le iugement de l'Eglise auoit declaré leur mariage nul. Qu'il auoit beaucoup d'autres raisons à opposer aux pretensions de Respicie & d'Amiclée, mais qu'il les vouloit taire par modestie, se contentant de se mettre à l'abry sous l'absoluë volonté du Roi, sous le bon plaisir duquel il supplioit humblement le Seigneur Archeuesque de receuoir la parole qu'il vouloit donner à Almerie. Laquelle prenant la parole, & contrefaisant son geste & sa voix, de peur de se faire connoistre pour Liante, dit en peu de mots que ses ambitions n'auoient iamais aspiré à tant de gloire que d'appartenir à Iphigene, mais que la Prouidence de Dieu ayant regardé son humilité, elle

s'y

s'y laiſſoit doucement conduire, & outre la ſeruitude & ſujettion qu'elle deuoit aux commandemens du Roi, que la charité qu'elle ſe deuoit à ſoy-meſme lui commandoit de ne reietter point vne ſi bonne fortune, de laquelle elle ne laiſſoit pas de s'eſtimer indigne. Alors le Roi appellant Piſide, Argal, & Pomeran (bien auerti qu'il eſtoit de tout ce qui s'eſtoit paſſé en la foreſt de Plocens) leur demanda s'ils ne reconnoiſſoient pas cette fille pour cette-meſme Almerie, en laquelle ils auoient remarqué tant de vertus & tant d'adreſſe aux exercices de la chaſſe & des armes dans la foreſt de Plocens ; alors ils rendirent d'vn commun conſentement témoignage de cette verité, car ils le croyoient ainſi, veu que n'ayans déſcouuert que la tromperie de Seriſe (ainſi que nous auons dit) celle d'Almerie leur auoit touſiours eſté inconnuë. Sur cette reconnoiſſance le Roi dit de belles paroles à la loüange de cette gentille Amazone, donnant couuertement à entendre que Modeſtine n'eſtoit pas plus riche, ni de meilleure maiſon qu'elle, & que le temps qui met les choses les plus cachées en euidence, la faisant connoistre, plusieurs estonnemens ou doubleroient, ou cesseroient. Doubleroient en voyant les preuues de son extreme valeur, ou cesseroient quand on connoistroit qu'Iphigene ne pouuoit faire vn meilleur choix pour se marier, quelque merite que se figurassent auoir ses poursuiuantes. Ces paroles estoient des Enigmes aux escoutans, mais nous entendrons bien tost l'explication de ces Oracles. Le Roi s'estant teu, chacun demeura sans replique, & dans ce silence les paroles accoustumées aux fiançailles s'estans données entre les parties, l'Archeuesque les appreuua par sa benediction. Apres cela Iphigene se prosternant deuant le Roi, lui dit qu'entre tant de faueurs dont sa Majesté l'auoit gratifié, il mettoit celle-ci au premier rang, veu que sans elle toutes les autres lui eussent esté moins sensibles, n'estant rien qui satisface tant vn Amant que de se voir en la possession de ce qu'il aime. Almerie en suitte se mettant à genoux, & baisant la main de sa Majesté, lui dit trois ou quatre paroles de semblable cõpliment, de si bonne grace que la Reine

fut

fut contrainte de dire que cette Bergere auoit esté nourrie autre part que dans les bois, & qu'elle n'auoit rien de rustique & de sauuage. Là dessus ils se retirerent, & le Roi ayant commandé que l'on fist venir Liante & Iphigenie pour les fiancer en mesme temps, Mieslas s'auançant dit au Roi; Sire, i'espere plus de contentement de cette seconde alliance que de la premiere. A quoy le Roi repliqua brusquement, quand vous sçaurez ce que i'ay à vous dire, ie m'asseure que l'vne vous sera aussi agreable que l'autre. Dieu le vueille, reprit Mieslas, mais ie me suis auancé pour auertir vostre Majesté que ma fille que ie donne à Liante, s'appelle Virginie, & non pas Iphigenie; sinon par abus à cause de l'air qu'elle a de son frere. Nous l'appellerons Virginie, repliqua le Roi, parce qu'elle est Vierge, & Iphigenie encore, parce qu'elle ressemble à son frere plus que deux gouttes d'eau ne se ressemblent. Le Roi disoit ceci pour les amuser, & pour donner loisir à Iphigene de se vestir en fille, & à Liante de reprendre ses habits d'homme, & le premier teinct de son visage. Cependant il commanda à Boleslaüs qu'ils ne sortissent point de son Cabinet qu'il ne les fist appeller; & ayant tiré en vn coing la Reine, l'Infante, & les trois Graces disgraciées leur commença à parler comme en secret (si dire quelque chose à cinq femmes n'est pas le publier à tout le monde) de l'impuissance d'Iphigene, qui n'auoit pris cette Nymphe de Diane que pour la couurir aux yeux du monde. Là dessus leur ayant donné la liberté de repliquer, la Reine & l'Infante se teurent par modestie, & laisserent le champ aux trois passionnées. Modestine qui estoit la plus interessée, comme celle à qui on enleuoit son mary, repliqua que lui donner la liberté de la parole apres ces fiançailles si solennelles, estoit lui amener le Medecin apres la mort, ioint que l'absoluë volonté du Roi lui estoit vne loy inuiolable qu'il falloit subir sans murmurer, neantmoins que si on la laissoit en sa libre disposition, elle se contenteroit de couler le reste de ses iours aupres d'Iphigene sans l'experimenter autrement pour mary qu'elle auoit faict iusqu'alors, l'accusant de peu d'amitié de ne lui auoir descouuert

couuert son deffaut, qu'elle eust aussi fidelement caché qu'vne païsane; car c'est ainsi que sa jalousie lui faisoit nommer Almerie. La Princesse Respicie qui s'estoit persuadé que ce bruict estoit faux, protesta que c'estoient plustost les vertus d'Iphigene qui l'auoient faict desirer son alliance que ses beautez, ni la consideration du plaisir, (imaginez-vous comme la langue de cette femelle correspond à son cœur) & que nonobstant cette deffectuosité elle l'eust pris pour Espoux, ayant assez d'enfans pour conseruer son nom & sa memoire. Amiclée qui auoit rabbattu quelque chose de son ardeur, ne voulut pas paroistre moins affectionnée, & suiuant les pistes des autres elle chanta sur mesme ton. Le Roi leur dit que les mariages qui se contractent auecque de semblables personnes sont inualides. Celui donc, repartit Modestine, qu'il veut contracter ne vaudra rien. Il y a de secrettes raisons, reprit le Roi, qui le rendront vallable. Les Rois, repliqua Respicie, ont tousiours des raisons d'Estat qui passent les regles ordinaires, ils sçauent faire, deffaire, refaire, & ils se ioüent de leurs sujets

comme de pelotes. Le Roi sousrit à cette liberté de parler, & repliqua ; Princesse, quand les tayes vous tomberōt des yeux, & que le bandeau de vostre passion sera leué, ie m'asseure qu'Iphigene vous fera plus de pitié que d'enuie. Vos faueurs, repartit la Princesse, le rendront tousiours plus digne d'enuie que de pitié. Sur ces propos Boleslaüs rentrant dans la chambre fit signe au Roi que tout estoit en ordre. Il commāda donc que Liante & Iphigenie entrassent pour estre fiācez par l'Archeuesque, les accords estans tous faicts, & n'y ayant point de contradiction d'aucun lieu. Sans grand discours les parties se tenans par la main, Liante parut sous tant d'ornemens qu'il estoit tout autre qu'Almerie, & ceux qu'Iphigenie s'estoit attachez d'vn bel art, releuoient auecque tant d'esclat sa naturelle beauté, augmentée par le vermillon de la honte qui s'estoit emparée de ses ioües, & son habit auoit tant de cōformité auecque celui dont on auoit vestu Virginie lors qu'elle estoit entrée au Palais, auecque la faueur du tēps, du lieu, & de l'ombre de la chambre, qu'il n'y eut celui qui le reconnust à l'abbord
pour

pour Iphigene, & qui ne fust esbloüi de l'esclat d'vne si rare beauté.& n'y eut ame si enuieuse en toute la compagnie, qui ne confessast en voyant ces deux Amans, que c'estoit là le plus beau couple du monde. Mieslas y fut le premier trompé, si bien que tout haut il s'escria qu'il ne pesoit pas auoir vne si belle fille. Que vous en semble Madame, dit le Roi se tournant vers la Reine, ne seroit-ce pas vne impieté à vn Pere de desauoüer vne si belle fille? Il me semble que c'est plustost vn Ange, repliqua la Reine, & qu'elle auroit plus de raison de reconnoistre le Ciel pour Pere que non pas Mieslas. Vraiment, dit l'Infante Florimonde, c'estoit grand dommage qu'vn tel ioyau fust caché, desormais cette Dame sera vn des plus riches ornemens de cette Cour. Ie vous en asseure ma sœur, reprit le Roi, & que Liante fera fort bien de la garder, car si son frere a donné de l'Amour à tant de Dames, cette fille ne iettera pas moins de feux dans les cœurs de beaucoup de Courtisans. Cette chambre Roiale paroissoit alors comme vn Ciel bien serain, où leurs Majestez estoient les deux grands
lumi

luminaires, & les autres Planettes l'Infante Florimonde, Modeſtine, la Princeſſe Reſpicie, Amiclée, Melindre, & la pauure Olorie toute eclipſée. Mais quel ràg donnerons-nous à la belle Iphigenie, ſinon celui du Planette qui porte le nom de la Deeſſe qui fait aimer? Quand Olorie vit paroiſtre ce grand Aſtre, à peine qu'elle ne ſe cachaſt à ſes propres yeux. Les changemens de ſon viſage monſtroient aſſez les alteratiôs de ſon eſprit, mais chacun eſtoit ſi attentif à contempler l'incomparable Iphigenie, que perſonne n'y prenoit garde. Elle ſe voit vaincue par cette eminente beauté, elle y lit la cauſe des meſpris de Liante, en ſon cœur elle l'appelle traiſtre, de lui auoir parlé de bienueillance eſtant preoccupé de cet obiect; il ne lui reſte en ce deſeſpoir qu'vne maligne conſolation, c'eſt que ſa ſœur en eſt autant ſurmontée en beauté qu'elle eſt par ſa ſœur ſurpaſſée en bonne grace. A la fin elle excuſe cet infidele, comme ayant fait vne election ſi digne de ſon iugement, qu'elle meſme eſt contrainte de l'appreuuer. La Reine arreſtant fixement ſes yeux ſur le viſage d'Iphigenie, & puis ſe retournant vers l'Infan l'Infante, ma sœur, dit-elle, par la vie du Roi mon Seigneur ie ne croy point que l'on puisse voir au monde deux visages plus semblables que ceux du frere & de la sœur; il n'y a qu'vne lettre à dire en leur nom, mais il n'y a pas vn seul point de difference en leurs faces, & si Iphigene estoit vestu en fille, ie croy qu'il paroistroit de la mesme façon. Iphigene oyant cela, quelque composition de grauité, de pudeur & de modestie qu'il se fust formée, ne se peut tenir de sousrire, & de si bonne grace que l'Infante repliqua : Madame, il n'y a difference qu'en l'action, car Iphigene a ie ne sçay quoy de Martial sur le front, mais celle-cy a vne certaine mignardise si pleine d'attraicts qu'elle me semble charmante. Quelle seuerité philosophique n'eust perdu contenance à ce discours? Le Roi auoit toutes les peines du monde de se tenir voyant vne erreur si vniuerselle. L'Infante parlant à la Reine lui dit; Madame, n'auez-vous point remarqué que cette Nymphe Almerie qu'Iphigene a fiancée, hors le teinct qu'elle la brun comme vne villageoise, a beaucoup des traicts du visage de Liante? C'est

C'est ce qui me sembloit, reprit la Reine, mais pour n'interrompre le Roi qui parloit, ie n'ay osé vous declarer mon sentiment. Le Roi qui ne faisoit pas semblant d'oüir ce discours, connut que les choses artificielles, comme le fard, sont de peu de durée, & que si cet affaire demeuroit long temps à se descouurir, il perdroit le plaisir de son stratageme, & sa mine s'euenteroit. Desia il oyoit assez pres de ses oreilles les trois amis Piside, Pomeran & Argal, qui disoient, ne diriez-vous pas que c'est là Serife? à n'en point mentir on ne sçauroit voir vne sœur qui ait plus de rapport auecque son frere. Clemence qui entendoit toutes ces loüanges que l'on donnoit à sa sœur naturelle, eust volontiers quitté sa qualité de legitime pour auoir vne telle beauté. vn secret vermisseau d'enuie lui rongeoit le cœur, & lui sembloit que releuer les graces de celle là, estoit estouffer les siennes. Le Prince Caffin qui eust souhaitté autant d'yeux qu'Argus pour mieux voir Iphigenie, ne se peut tenir de dire que Liante estoit bien partagé. Autant de testes autant d'opinions, autãt de bouches autant de voix

& de

& de sentences. Tous en plein iour cheminent en tenebres, & comme des aueugles tastonnent à la paroy. Il n'y auoit qu'Aretuze qui seule en son cœur repensoit au succez que deuoit prendre cette auāture, elle estoit comme ceux qui tiennēt la palette où l'on leur va tirer du sang. tousiours la cruauté de Mieslas lui nage dans l'esprit, sa farouche humeur lui roule deuant les yeux, & bien que dās la maison du Roi, asyle sacré & inuiolable, & sous sa protection, elle tremble comme vne Colombe qui voit aupres de soy le Gerfaut. Liante & Iphigenie sont fiancez, le Roi promettant à Mieslas de payer le mariage de sa fille, & de donner à Liante de telles pensions & de tels honneurs qu'il auroit occasion de lui laisser l'vsufruict de ses biens durant sa vie. ordonna que le premier enfant masle qui prouiendroit de ce mariage, porteroit le nom & les armes de la maison de Mieslas, & les autres celui de Liante. La ceremonie acheuée, la Reine & l'Infante selon la curiosité ordinaire des Princesses voulurent faire approcher Iphigenie pour examiner sa beauté, & sonder vn peu quel estoit son esprit.

esprit. Mais le Roi qui voyoit que cet or ne pourroit pas souffrir cette espreuue sans s'escailler, commanda que les fiancez se retirassent en son Cabinet iusques à ce qu'il les fist venir tous quatre ensemble comme les quatre roües d'vn chariot de Triomfe. Et alors battant le fer tandis qu'il estoit chaud, & sans donner loisir de discourir aux assistans, & de se reconnoistre, apres auoir recueilli leur attention en promettant de leur raconter vn des estranges euenemens que le siecle eust produict sur le Theatre du Monde, leur rapporta sommairement l'histoire de la naissance, de l'education, de l'eleuation & de la fortune d'Iphigene auecque les principales rencontres que nous auons deduittes. Et puis se tournant vers Mieslas, voila, dit-il, Seigneur Palatin la memorable merueille qu'a produit vostre rigueur, n'estes-vous pas heureux d'auoir mis au monde vne fille qui surpasse tant d'hommes en valeur & en generosité, & tant de femmes en beauté? Certes s'il vous arriuoit d'en sçauoir mauuais gré à vostre femme, qui s'est tousiours monstrée si sage & si vertueuse,

vertueuse, & qui a supporté vos mauuaises humeurs auecque tant de patience, vous seriez le plus indigne Pere & mary que le Soleil esclaira iamais; & ne faudroit pas que vous-vous presentassiez deuant moy, ni que vous fissiez estat de demeurer de vostre vie en mon Royaume, si vous estiez si osé de rien attenter ni contre la Mere, ni côtre la fille, que ie prends en ma sauuegarde & protection speciale. Voyez comme le Ciel combattant vos malices par de signalées misericordes, vous a rendu plus heureux que vous ne pensiez: & sur les obligations que vous auez à Dieu, preparez desormais des repentirs & des reconnoissances vers sa bonté. Et vous sage Aretuze, qui auez eu cette sainte industrie d'esleuer vostre enfant auecque tant de vertu & de prudence, par le soin & la conduite de ce bon vieillard que vous lui auez donné pour Gouuerneur, soyez asseurée & contente; car outre l'appuy que vous deuez attendre de moy, sçachez que i'esleueray vostre gendre Liante, & vostre fille IPHIGENIE à vn tel degré de fortune, que beaucoup de Meres voudroient auoir

Tome 2. Vu

des filles à cette condition. Ie ne veux point que son bon-heur se termine en lui seul, mais que tous ceux qui ont contribué quelque chose à sa conseruation y participent. Et vous belles Dames, dit-il aux trois pretendantes, qui auez aimé si honnorablement le beau Palatin, changez vostre Amour inutile en vne iuste amitié qui vous sera plus fructueuse, cessez de souspirer vne passion sterile, & vous reseruez à la resioüissance des nopces de celle qui vous honnore comme elle doit. Ces deux alliances que vous venez de voir ne sont qu'vne, les seuls habits changez ont rédu Liante Almerie, & ont faict vne Iphigenie d'Iphigene. Ce que vous connoistrez s'il vous plaist d'entrer en mon Cabinet, ou de les en faire sortir. I'auois preparé toutes choses de cette façon pour accroistre vostre estonnemét, & pour vous faire connoistre que Dieu fait des merueilles en nostre Terre & deuant nos yeux.

IPHI

IPHIGENE.

Liure dixhuictiesme.

CE discours du Roi jetta vn tel transport dans les esprits de tous les assistans, qu'il n'y en auoit aucun qui ne fust hors de soy. Mais le plus transporté de tous fut Miessas, non certes de colere, mais de ioye, qui fondant son cœur auparauant si endurci lui fit couler les larmes des yeux. Il se jetta aux genoux du Roi, & les embrassant il ne pouuoit assez remercier la bonté de ce grand Prince, il ne pardonna pas à sa femme, mais il lui demanda pardon. C'estoit vn plaisir de voir ce Pere & cette Mere pleurans de ioye, & tous les autres de tendresse, d'esbahissement, & de pitié. Qui vous pourroit dire les diuers mouuemens de tant de personnes qui auoient part à cette commune resiouïssance, ne seroit pas mauuais Orateur, il vaut mieux les taire que les exprimer, veu que le silence est vn effect de l'admiration. L'impatience de la Reine & de l'Infante les fit auancer vers le Cabinet, où elles treuuerent Iphigenie en la disposition d'vne criminelle qui attend qu'on lui vienne prononcer l'arrest de sa condamnation. Liante saisi d'vne incroyable liesse sentoit tressaillir son cœur par l'excez de son contentemét. La pauure Virginie qui auoit attendu toute parée dans la galerie comme vne fille qui croit aller aux nopces, fut treuuée auècque sa Gouuernante ignorante de tout ceci, & auecque la creance que la compagnie arriuoit pour estre presente à ses fiançailles. En somme la verité fut descouuerte, la feinte disparut, chacun en parla selon sa pensée. De ramasser tout ce qui se dit là dessus, l'esbahissement de toute la Pologne sur cet euenement, ce seroit entreprendre vn trop gros volume, veu que ce saisissement ne se peut comprendre que par la pensée. Il n'y eut que les trois Riuales qui seruirent de risée aux

galands

galands de la Cour, heureuses en leur malheur par leur prompte guerison. Le Roi pour enrichir cet euenement & le rendre tousiours plus illustre, voulut honnorer les nopces qui se deuoient faire solennellement, de tant de pompes, tournois, balets, festins, & magnificences, qu'il sembloit comme vn autre Assuere vouloir monstrer à cette occasion la grandeur de sa gloire, & la splendeur de sa Roiale liberalité. O si ie voulois m'escarter dans la description de tous ces apparats, & remplir ces pages des singularitez de cette feste, de combien de gentillesses ornerois-ie cette Histoire! Ie me contenteray d'en dire ce mot, que rien n'y fus espargné, non plus que nostre Roi HENRY TROISIESME n'obmit aucune sorte de despence pour rendre illustres les nopces de son fauory le genereux DVC DE IOYEVSE, quand il lui fit espouser la Princesse de VAVDEMONT sœur de la Reine sa femme. Car apres les pompes du mariage de nostre Iuste Roi LOVIS XIII. l'Histoire de nostre temps ne nous marque en France rien de plus signalé. Le bel Iphigene qui auoit esté le sujet des souspirs de tant

de Dames, deuint l'obiect de l'admiration des hommes quand il fut Iphigenie, & bien qu'il ne fuſt permis qu'au ſeul Liante de la poſſeder, on ne pouuoit deffendre aux autres de l'aimer & de l'honnorer. Tandis que les ſuperbes appreſts de ces nopces ſe faiſoient, Iphigenie qui eſtoit plus en credit aupres du Roi qu'elle n'auoit iamais eſté, pratiqua diuerſes alliances. Celle du Prince Caſſin auecque ſa ſœur Clemence ſe conclut. Piſide durant qu'il eſtoit oſtage pour Iphigene dans le Minſce deuint eſpris d'Amiclée, mais il n'oſa faire paroiſtre ſa paſſion, de peur d'eſtre accuſé de temerité, & d'eſtre payé d'vn honteux rebut, & meſme d'encourir la haine du Palatin de Plocens, mais les ombres eſtans diſſipées il ſe declara à Iphigenie, qui lui procura Amiclée pour femme, Argal ſe contenta d'Olorie, & Pomeran qu'Iphigenie cheriſſoit particulierement, receut Modeſtine pour Maiſtreſſe. Polemandre choiſit Eleonor pupille d'Iphigenie, & fille de Staniſlas qui auoit eſté Palatin de Plocens. Il n'y eut que la Princeſſe Reſpicie qui demeura dans ſon veſuage, & ſa fille Simforoze
dans

l'attente de quelque grand parti quand l'âge l'auroit renduë nubile. Tous furent contens. O Hymen que de guerisons apres tant de playes, que de liesse à toutes ces personnes battuës de tant d'orages, de se voir si promptemét arriuez au port, & sautez en terre ferme! Virginie mesme treuua vn assez bon parti à la faueur d'Iphigenie, à qui chacun taschoit de s'allier comme à celle qui possedoit la faueur. Ce fut vn Chastelain de Lithuanie, parent fort proche du Palatin du Troc, appellé Arade, c'estoit vn des gentils & accomplis Cheualiers qui fust à la Cour. Ce furent là les fruicts de la paix & de la reconciliation de la Pologne & de la Lithuanie. Toutes ces alliances furent pratiquées durant les pompes & les plaisirs des nopces de Liante & d'Iphigenie, dont ie ne feray que cette seule remarque, c'est que parmi tous les tournois les deux Espoux estoient tousiours les tenás, & les tenans tousiours les vainqueurs. Car Iphigenie ne pouuant ni oublier, ni quitter les exercices des hommes, ne pouuoit souffrir qu'vne bague se courust, ni vn cartouzel sans en estre, & son adresse estoit

telle qu'elle emportoit ordinairement le prix. Elle mit son cher Liante si auant en la bienueillance du Roi, que les propheties du vieillard Boleslaüs sans consulter les deuins, & faire des horoscopes furent treuuées veritables. A la fin ces heureuses & desirées nopces se celebrerent à la veüe du Roi, de la Reine, & de toute la Cour en grande solennité, & de cette façon apres tant de trauaux & de longues attentes Iphigenie vint en la possession de son cher Liante, & Liante en celle d'Iphigenie. Quelques iours apres se firent les autres par vne si grande suitte de festes & de resioüissances publicques, qu'il sembloit que Cracouie ne fust autre chose qu'vn Theatre d'esbatemens. O que la main de la diuine Prouidence est douce au maniment des choses humaines, & qu'elle sçait bien marier les extremitez par des suaues dispositions! Celui qui moüille seche, apres la pluye vient le beau temps, & le mesme Soleil qui fond les nuages, & qui en rend la terre arrosée, est le mesme qui en essuye les humiditez par l'or de ses rayons. La guerre ciuile entre les Polonnois & les Lithuaniés, qui auoit
mis

mis ce grand Estat à deux doigts de sa ruine, fut côtrepointée par le bon accueil qu'Iphigenie fit faire par le Roi aux Lithuaniens, qui au lieu d'espreuuer quelques traicts de la disgrace de sa Majesté, n'en ressentirent que des faueurs & des biéfaicts. Et parce que le plus grād nœud de la societé humaine, & le plus fort lien de concorde est celui des mariages, ces diuerses alliances qui se firent entre des Lithuaniens & des Polonnois à la face de la Cour, remirent tellement ces courages que la discorde auoit alterez & diuisez, qu'il ne sembloit pas qu'il y eust iamais eu de playe en la tranquillité publicque, tant la cicatrice estoit bien effacée. Qu'il me soit permis d'attacher en ce lieu pour la recreation du Lecteur vne piece de haute lisse, tracée par vn des plus excellens Poëtes de nos iours sur vn heureux succez des armes du Grand HENRY IV. de glorieuse & triomphante memoire, & de l'appliquer à cette paix de la Pologne & de la Lithuanie, & de la reduction du Minsce à l'obeïssance de SIGISMOND AVGVSTE. Ce tissu est vn peu long, mais il est si poli & si elegant, que l'on peut dire des Poësies de ce renommé faiseur de vers, ce qu'anciennement l'on disoit des Oraisons de Demosthene, que les plus longues sont les meilleures.

ODE.

EN fin apres les tempestes
Nous voicy rendus au port;
En fin nous voyons nos testes
Hors de l'iniure du sort.
Nous n'auons rien qui menace
De troubler nostre bonace,
Et ces matieres de pleurs,
Massacres, feux & rapines
De leurs funestes espines
Ne gasteront plus nos fleurs.
Nos prieres sont ouyes,
Tout est reconcilié;
Nos peurs sont esuanoüies,
Minsce s'est humilié,
A peine a-t'il veu le foudre
Parti pour le mettre en poudre,
Que faisant comparaison
De l'espoir & de la crainte,
Pour euiter la contrainte
Il s'est mis à la raison.

Qui

LIVRE XVIII.

Qui n'eust crû que ses murailles
   Que deffendoit un Lyon,
N'eussent faict des funerailles
   Plus que n'en fit Ilion,
Et qu'auant qu'estre à la feste
   De si penible conqueste,
Les champs se fussent vestus
   Deux fois de robe nouuelle,
Et le fer eust en iauelle
   Deux fois les bleds abbatus?
Et toutesfois, ô merueille,
   AVGVSTE exemple des Rois,
Dont la grandeur nompareille
   Fait qu'on adore ses loix,
Accompagné d'un GENIE
   Qui les volontez manie,
L'a sceu tellement presser
   D'obeir & de se rendre,
Qu'il n'a rien faict pour le prendre
   Que de loing le menacer.
Aussi quelle resistance
   A son Roial appareil,
N'eust porté la penitence
   Qui suit un mauuais conseil,
Et veu sa faute bornée
   D'une cheute infortunée,
Comme la rebellion,

                     Dont

Dont la fameuse folie
Fit voir à la Thessalie
Olympe sur Pelion?
Voyez comme en son courage,
Quand on se range au deuoir,
La Pitié calme l'orage
Que l'ire a faict esmouuoir.
A peine fut reclamée
Sa douceur accoustumée,
Que d'vn sentiment humain
Frappé non moins que de charmes,
Il fit la paix, & les armes
Lui tomberent de la main.
Arriere vaines chimeres
De haines & de rancœurs,
Soupçons de choses ameres
Esloignez-vous de nos cœurs.
Loing, bien loing tristes pensées
De ces miseres passées,
Qui nous mettoient aux abbois.
Sous ce Roi c'est ne voir goutte
Que de reuoquer en doute
Le salut des Polonnois.
O Roi qui du rang des hommes
T'exceptes par ta bonté,
Roi qui du siecle où nous sommes
Tout le mal as surmonté,

Si

LIVRE XVIII.

Si ta Roiale Clemence,
Et ton extreme Prudence
S'escriuent auecque foy,
Quel sera l'esprit iniuste,
Qui ne confesse qu'Auguste
Fut moins Auguste que toy?
De combien de Tragedies,
Sans ton asseuré secours,
Estoient les trames ourdies
Pour ensanglanter nos iours?
Et qu'auroit faict l'Innocence,
Si l'outrageuse licence
De qui le souucrain bien
Est d'opprimer & de nuire,
N'eust treuué pour la destruire
Vn esprit comme le tien?
Grand Roi connoi ta puissance,
Elle est capable de tout,
Tes desseins n'ont pas naissance
Qu'on en voit desia le bout,
Et la fortune amoureuse
De ta Vertu genereuse,
Treuue de si doux appasts
A te seruir & te plaire,
Que c'est la mettre en colere
Que de ne l'employer pas.
Vse de sa bienueillance,

Et

Et lui donne ce plaisir,
Qu'elle suiue ta vaillance
A quelque nouueau desir.
Où que tes bannieres aillent,
Quoy que tes armes assaillent,
Il n'est orgueil endurcy
Que brisé comme du verre
A tes pieds elle n'atterre,
S'il n'implore ta mercy.
Desia la voix des Oracles
Va predisant en tous lieux
Que tu feras des miracles
Domptant le Turc odieux,
Et que c'est toy dont l'espée
Au sang barbare trempée,
Comme vn esclair paroissant
A la Grece qui souspire,
Fera decroistre l'Empire
De l'Infidele Croissant.
Quoy que des cimes chenuës
Le couurent de toutes parts,
Et facent monter aux nuës
Leurs effrayables ramparts,
Alors que de ton passage
Elles sçauront le message,
Qui verront-elles venir
Enuoyé sous tes auspices,

Qu'aussi

Qu'aussi tost leurs precipices
Ne se laissent applanir?
Grand Roi contente l'enuie
Qu'ont tant de ieunes guerriers
D'aller exposer leur vie
Pour t'acquerir des lauriers,
Et ne tien point ocieuses
Ces Ames ambitieuses
Qui iusques où le matin
Met les estoiles en fuitte,
Oseront sous ta conduitte
Aller querir du butin.
Desia le Danube morne
Consulte de se cacher,
Voulant garantir sa borne
Que tu lui dois arracher,
Et desia le Boristene
Qui ronfle parmi la plaine,
A crainte d'estre attacqué,
Et de voir dedans son onde
Aussi roide que profonde
Le Nusulman suffocqué.
Va Monarque magnanime,
Souffre à ta iuste douleur
Qu'en leurs riues elle imprime
Les marques de ta valeur.
L'Astre dont la course ronde

Tous

Tous lès iours voit tout le monde,
N'aura point acheué l'an
Que tes conquestes ne razent
Constantinople, & n'escrasent
La teste de ce Tyran.

Lecteur n'est-il pas vray que l'ennuy est banny bien loing de la lecture de semblables ouurages, & que ce sont des rayons de miel dont on ne se peut saouler, & qu'on ne peut vomir ? Ie sçay bien la disproportion de ces beaux vers (limez par Apollon & par les Muses mesmes) auecque ma Prose. Mais quoy ? la hauteur d'vne montagne ne se mesure que par la profondité de la vallée, les couleurs viues n'esclattent qu'aupres des brunes, & les roses n'ont bonne grace que parmy les picquans qui les enuironnent. Ie ne voy que trop ma pauureté aupres de cette richesse, & sçay que c'est coudre la soye & le brocatel auecque de meschans lambeaux. Mais quand ie voy que la grossiereté d'vne estofe souftient & releue vne agreable broderie, que les perles & les autres pierreries se treuuent parmy les rochers, & qu'au milieu de la mer qui est si amere, les nochers rencontrent quelquesfois

fois des veines d'eau douce, cela me fait hazarder de jetter de pareilles compositions dans ces ouurages de marqueterie, pour les y faire briller ainsi que des flambeaux en vne noire nuict. Mais pour reuenir de ce destour en nostre voye. La paix ayant redonné à la Pologne cette abondance & cette allegresse qu'elle meine à sa suitte, il sembloit que le siecle d'or y fust venu faire seiour auecque celui de fer. Le Roi ame de cette Couronne, & l'esprit mouuant de ce grand Estat, conduisoit ce chariot attelé de deux nations d'humeurs si differentes auecque tant de iustesse, leur rendant Iustice auecque tant de prudence & de moderation, qu'il faisoit voir que comme Dieu donne quelquesfois les Rois en sa fureur, c'est le comble de ses benedictions quand il esleue sur les thrônes ceux qui sont equitables. SIGISMOND AVGVSTE auoit de grandes & belles qualitez pour regner heureusement, aussi sa memoire est elle en bonne odeur parmy ces peuples, & est il renommé principalement pour auoir mis par ses bons reglemens vne perfaitte vnion entre la Pologne & la Lithuanie, vnion qui auoit esté plustost esbauchée qu'acheuée, & plustost commencée qu'establie par ses predecesseurs. A quoy ne contribua pas peu l'entremise de nostre Amazone, car si elle surpassoit en valeur, aussi faisoit-elle en iugemēt celles de son sexe, monstrant qu'encore que les femmes soient estimées de petit esprit aux grandes choses, & sur tout en faict de Gouuernement d'Estat, qu'il s'en treuue encore quelques vnes qui s'esleuent par dessus leur naturel par vne bonne & forte education, & qu'il y a tousiours des exceptions particulieres aux regles les plus generales. Bien qu'elle fust née Polonnoise, si est-ce que voyant le cœur du Roi naturellement porté à vouloir du bien aux Lithuaniens dont il estoit né Prince, elle ne le destourna iamais de ce dessein, au contraire comme elle auoit eu la gloire d'estre vn des principaux ministres dont le Roi s'estoit seruy pour faire l'accord, elle crût que la conseruation de l'honneur qui lui en reuenoit dependoit de celle du traitté, & qu'ayant acquis de la creance en la Lithuanie, elle la deuoit cultiuer en rendant à cette grande Prouince

uince toute sorte de bons offices auprès du Roi. Et bien esloignée de l'ordinaire procedé des fauoris, qui fondent leur fortune particuliere sur la ruine & la surcharge des peuples, ce qui leur attire aussi presque tousiours cette redoutable tempeste de la haine publicque, elle fonda sur le repos, la paix & l'abondance publicque ses particuliers interests, maintenant l'vne auec non moindre soin que les autres. Quand le Soleil est au plus haut point de son eleuation, les ombres sont ou nulles ou tres-petites. L'enuie ombre inseparable de la Vertu, la voyant esleuée à vn si haut degré de gloire, & honnorée de l'vn & de l'autre sexe pour tant de rares qualitez, qui rendoient non moins recommandable son ame que son corps, n'osoit l'attacquer, de peur d'imiter ces Barbares qui tirent des fleches contre le Soleil, lesquelles retombent sur ceux qui les ont laschées. Les mousches ne s'attachēt qu'aux lieux rabbotteux, non sur la glace des miroirs, non sur la polisseure d'vne belle main, mais sur vne gale aussi sale que rude ; les enuieux font ainsi, qui ne donnent atteinte qu'aux imperfectiōs ne pouuans pincer sur les actions loüables. Nostre Amazone guida la barque de sa fortune auecque tant de dexterité, qu'il sembloit qu'elle eust marié le bonheur auecque le merite. Et parce qu'elle sçauoit que son principal & plus redoutable escueil estoit la jalousie de la Reine, qui ne manqueroit pas d'espier ses actions, & d'espelucher selon la coustume de cette passion ses regards, ses paroles & ses contenances, elle se rendit suiette aupres d'elle, & lui fit paroistre la candeur, l'honneur, & la sincerité de ses deportemens si visible qu'il eust fallu appeller le bien mal, & mettre les tenebres en la place de la lumiere pour y treuuer à reprendre. C'estoit vne merueille de voir qu'ayant tousiours esté nourrie parmy les hommes, & formée aux gestes d'vne conuersation libre, elle peut en si peu de temps se reduire à la douceur & à la mignardise qui accompagne la façon de traitter dont vsent les Dames. Mais qui considerera que les Cerfs ou les autres animaux farouches esleuez dés leurs ieunesse d'vne maniere domestique, reprennent facilement leur humeur sauuage quand ils ont repris la clef

des

des champs, & se sont iettez dans les bois, treuuera que la Nature contrainte pour vn temps par l'art, retourne aisément à son ply, comme toutes choses se portent par inclination à leur centre. Toutesfois il y auoit cette notable difference heureuse pour Iphigenie, c'est que laissát agir simplement son naturel doüé de graces merueilleuses, elle estoit exempte de ces artificieuses affetteries, & de ces molles delicatesses dont les Dames s'estudient de releuer leurs attraicts, souuết auecque si peu de iugemết & de bonheur qu'elles se font mespriser par où elles taschent d'acquerir de l'estime, & s'attirent la haine par où elles pensent donner de l'Amour. Iphigenie esleuée en vne autre escole, comme plus genereuse, aussi plus vertueuse, desdaignoit d'vne belle fierté pour de menus aiancemens dont les autres Dames sont si curieuses, & bien qu'elle ne reiettast pas les ornemens que requeroit la bien seance de sa qualité, aussi ne passoit-elle pas dans ces poupineries de mousches, de poudres, de friseures, de parfums, dont les autres reparent leurs deffauts auecque tant de soin, ses consultations auecque son miroir n'estoiét point plus longues que les demandoit le besoin de se vestir & de s'accommoder. Sur tout elle auoit en horreur ces abominables estalemens de sein, qui ne peuuent estre (quoy que l'on die) sans mauuais dessein, & que la lascheté des maris souffre és femmes qui auec vne si expresse marque de vice veulent encore estre tenuës pour vertueuses. L'anciéne & vertueuse Theano ayant vn iour descouuert son bras par inaduertance, vn homme qui l'auoit veu se mit à le loüer, elle rougissant de honte lui repliqua que ces loüanges lui estoient des iniures & des outrages, & pour corriger par iugement la faute qu'elle auoit commise par inconsideration, elle le meurtrit, & remonstrant le lendemain ces meurtrissures à celuy qui l'auoit prisé, tenez, lui dit-elle, voyla les coups de vos yeux, blasmez maintenant la noirceur de ce que vous auez tant estimé pour sa blancheur. Il estoit malaisé que quelques Courtisans, selon leur coustume, en abbordans Iphigenie ne lui laschassent tousiours quelque mot en passant de l'estime qu'ils faisoient de son incōparable beauté,

beauté, mais elle leur repartoit auecque tant de seuerité qu'il estoit impossible d'odorer, ni mesme d'adorer cette Rose sans sentir de cruelles pointures. Si elle auoit vn visage à meurtrir les cœurs, elle auoit vn bras à meurtrir les corps, c'estoit vne Venus armée comme la representoient les Lacedemoniens, c'estoit vne abeille qui sçauoit conseruer son miel auecque d'aiguës pointes. Car sçachant que celuy qui loüe vne marchandise qu'il ne peut acheter, est pour l'ordinaire tenté de la desrober, elle renuoyoit ces loüeurs comme des flatteurs, & ces flatteurs comme des larrons qui s'essayoient de piller ce qu'elle vouloit conseruer aux despens de mille vies. Et puis elle auoit appris à se deffendre autremēt que par des larmes & des prieres, ramparts communs des autres femmes qui veulent conseruer leur honnesteté, ses armes n'estoient pas moins redoutables que ses charmes, ni sa valeur moins forte que ses attraicts, ni ses forces moins inuincibles que ses graces incomparables. Elle estoit vne Mere perle qui n'estaloit son sein qu'à la rosée du Ciel, & n'estoit prodigue de ses faueurs qu'à celui que le Ciel & son consentement lui auoient donné pour aide inseparable. Son cœur estoit tellement cacheté de l'affection de son cher Liante, qu'il n'estoit susceptible d'aucune autre impression, elle l'auoit aimé vniquement dés le berceau, lui seul conduira & possedera son Amour iusqu'à la tombe. c'estoit le nid du Phœnix, qui ne pouuoit estre bruslé que des rays de ce Soleil. Si cette Spartaine disoit que ses plus beaux ornemens estoient les vertus de son mary, Liante pouuoit dire que sa plus belle Couronne estoit la vertu de sa femme. Et bien qu'il fust vn tres-honneste Seigneur, si est-ce qu'à ses bigearreries passées nous pouuons iuger de l'inégalité de son humeur, fort esloignée de la constance & de la fermeté d'Iphigenie. Mais comme vn lierre ou vn pampre qui rampe naturellement contre terre, s'esleue & se maintient par le soustien d'vne muraille, ou de quelque puissant arbre, de mesme estant ioint par vn sainct mariage à nostre Amazone, ses vertus furent renduës plus rayonnantes par la conionction de ce bel Astre, & ses deffauts espurez comme les vapeurs se dissipent

pent aux rayōs de celui qui fait le iour. Et
certes ce que l'Escriture dit que le mary
infidele est sanctifié par la femme fidele,
se peut accommoder aux mœurs aussi
bien qu'à la foy. aussi voyons-nous dans
le Monde plusieurs femmes vertueuses,
qui par leur pieté, leur patience, leur douceur, & leur bon exemple reduisent à vn
meilleur train de vie des maris desbau-
chez. Dieu mercy Iphigenie n'eut que
faire de retirer son Liante de semblables
malheurs, car il eut tant d'occasions de se
contenter de sa beauté & de sa fidelité,
qu'il n'eut iamais d'illegitimes pensées.
Ce fut cettui-ci qui se treuua aussi bien
de suiure les conseils de sa femme, comme beaucoup d'autres se treuuent mal de
croire les persuasions des leurs. Aussi
estoit-ce vne femme d'vn esprit si esleué
par dessus le commun, qu'en sa conduite
comme en sa valeur il ne la faut point
mettre au rang des femmes. Elle n'eut
point de cesse qu'elle ne l'eust mis aupres
du Roi au mesme degré de faueur qu'elle
y possedoit, suiuant l'ordinaire des fauoris, qui rendent leurs espouses honnorablement participantes aux graces & aux

faueurs de leurs Maiſtres. Et le Roi treuua tant de diſpoſitions en ce Cheualier dignes de ſa bienueillance, qu'il l'aima premierement pour l'amour d'Iphigenie, & apres pour ſes propres merites. Ce n'eſt pas peu d'auoir qui nous iette dans le lauoir, beaucoup de perſonnes meritantes demeurent dans l'obſcurité faute d'auoir qui les expoſe au Soleil, & les face connoiſtre à ceux qui comme les Dieux de la Terre filent les deſtinées des moindres mortels. Ce ne lui fut pas vn petit auantage pour ſe faciliter l'accez dans l'eſprit du Roi, d'auoir qui luy en donnaſt les adreſſes. Car ſi le cœur humain eſt vn labyrinthe rempli d'vne infinité de deſtours & de cachettes, & qui ſe peut auſſi peu ſonder que l'abyſme, ainſi que nous apprend l'Eſcriture, combien ſera moins penetrable celui des Rois qui eſt en la main de Dieu, & qui a bien d'autres mouuemens que le commun des hommes? Liante neantmoins auecque le filet de ſon Ariadne deſueloppa tous ces replis, & s'eſtant faict ſçauant en l'humeur du Roi, il y accommoda la ſienne auec tant d'accortiſe & de ſoupleſſe que le Roi l'eut en

grande

grande affection. Ce n'eſtoit pas à lui de donner des conſeils à vn Roi âgé & prudent, auſſi ne faiſoit-il pas l'entendu aux choſes qui ſurmontoient ſa portée, il ſe contentoit de complaire au Roi en tous les ſeruices qu'il lui rendoit, & de ſe conſeruer par vne exquiſe fidelité les graces qu'il auoit acquiſes par vne extreme obeïſſance. L'importunité de demander n'auoit garde de le rendre moins agreable, parce qu'eſtant gorgé des biens que lui auoit apportez Iphigenie, il tenoit pour maxime de ne rien demander, & auſſi de ne rien refuſer, de peur de déplaire au Prince ; car comme c'eſt auarice de rechercher par trop, auſſi eſt-ce arrogance de refuſer leurs liberalitez. Si les fauoris ſe comportoient enuers leurs Maiſtres à la façon des honneſtes femmes, qui ne demandent ni ne refuſent aucuns deuoirs à leurs maris, leurs fortunes en ſeroient plus aſſeurées,& leurs faueurs moins esbranlables. Mais chacun ne naiſt pas coiffé comme Liante, qui ayant eſté plus courtiſé de la fortune qu'il ne l'auoit recherché, ioüiſſoit à ſon aiſe des biens & des honneurs qui ne lui

auoient

auoient rien cousté à acquerir. Car il fut fait d'abbord Palatin de Plocens, peu de iours apres son mariage il deuint Grand Cambellan, & depuis Grand Maistre de la Maison du Roi, croissant tous les iours en dignitez à mesure que sa faueur s'auançoit. Iphigenie se contentant de le voir bien ancré aupres du Roi, ne s'estudia qu'à acquerir les bonnes graces de la Reine, ce qu'elle fit par vne grande assiduité qu'elle rendoit aupres de sa personne, & par des soumissions & respects qui eussent enchanté les rochers. La Reine qui auoit eu quelque inclination à lui vouloir du bien lors qu'elle la croyoit hôme, redoubla son affection, & l'Infante de mesme; si bien que ces deux Princesses en leur concorde n'auoient que ce debat, & en leur discorde s'accordoient en ce point à qui l'aimeroit d'auantage. Florimonde qui reuoyoit tous les iours auecque toute liberté ce mesme visage qu'elle auoit tant prisé en Iphigene, & raue outre cela de la douceur de sa conuersation, ne peut qu'elle ne l'aime d'vne amitié non vulgaire, & les autres Dames qui auoient eu honte de lui descouurir leurs passions

LIVRE XVIII.

paſſions quand elles l'eſtimoient homme, ne faiſoient plus de difficulté de lui declarer les mouuemens de leurs cœurs quand elles la virent rangée parmy elles. En fin elle ſceut auecque tant de dexterité menager l'eſprit de la Reine, qu'elle eſtoit plus capable de donner de la jalouſie au Roi, qui lui voyoit ſi abſolument regenter les volontez de ſa femme, que non pas à la Reine, tant elle viuoit aupres du Roi d'vne façon retenuë. Mais tandis que ie m'arreſte à repreſenter la vie que nos deux Amans menent ſur ce Theatre de la Cour, ie ne dis rien de leurs particulieres delices. Liante mignon de la fortune auoit dequoy cõtenter ſon humeur ambitieuſe, & ſon inclinatiõ amoureuſe, & ſujet de regretter peu les biẽs que lui retenoit Mieſlas. Que s'il eſtoit heureux, il eſtoit auſſi fort ſage, & pour eſtre ſage, il n'en eſtoit pas moins vaillant, chacun admiroit de voir en vne ſi grande ieuneſſe tant de gloire, tant d'experience & tant de conduite. Mieſlas meſme s'en eſtonnoit, ſans conſiderer que c'eſtoit par les afflictions dont il l'auoit agité, qu'il eſtoit paruenu à ce haut degré de merite.

rite. Mais il faut auoüer, & lui mefme ne l'euft peu nier fans ingratitude, que le comble de fon bonheur confiftoit en fon mariage, qui lui acqueroit vne femme qui n'auoit pas fa pareille au monde. Vraiment, c'eftoit bien cette femme forte & vaillante que le Sage recherchoit aux extremitez de la terre. C'eftoit donc auecque fa chere Iphigenie qu'il paffoit la vie la plus douce qui puiffe tomber en l'imagination des hommes, ioüiffant d'vn threfor ineftimable, & d'vn bien qui ne peut eftre qu'à peine compris auecque la penfée. Le Soleil ne fe leuoit iamais fur ces deux Amans que pour les illuftrer de quelque nouuelle gloire, & la nuict allumoit moins de feux dans le Ciel qu'ils n'en fentoient en leurs ames. Leurs paffions n'eftoient point de celles qui fe fuffocquent dans l'vfage, au contraire elles s'affinoient & fe perfectionnoient par la ioüiffance, de forte que plus ils poffedoiét ce qu'ils defiroient, plus defiroient-ils de le poffeder. Quand ie m'imagine leurs doux & particuliers entretiẽs, & de quelle façon ils rappelloient en leurs memoires tant de trauaux & de douleurs pafsées,

ie

ie croy qu'ils deuoient bien connoistre la verité de ce mot, que ce qui a esté dur à souffrir est bien agreable à la souuenance. Quand les nochers sont arriuez au port, que de contentement ont-ils à raconter les hazards de l'orage; & apres la victoire gaignée quelles delices aux victorieux que de se representer les perils du combat! Quand ils rappelloient en leur souuenir les douces & innocentes affections de leur enfance, la simplicité d'Iphigenie qui se croyoit masle iusqu'à vn âge assez auancé, ses inclinations à aimer Liante plus que sa sœur Modestine, & quand Liante lui declaroit les mouuemens qu'il ressentoit en son cœur en ce temps-là : apres quand ils examinoient de quelle façon celui-ci auoit vescu sous l'esclauage de Mieslas, & l'autre parmi les pompes de la Cour, & sur tout quand ils mettoient sur le tapis ce qui s'estoit passé dans les deserts de Plocens, & dans le siege du Minsce, & tant d'autres auantures racontées en cette Histoire auecque tant de paroles enigmatiques & ambiguës, dont le dessein estoit alors si clair, ie croy que ces deuis leur deuoient estre bien gracieux
& delo

& delectables. Ie pourrois d'vn mesme air tracer diuerses rencontres assez remarquables, qui se passerent dans les alliances que nous auons dites, & qui furent faictes en suitte de celle-cy. Mais parce que mon dessein ne regarde que la personne d'Iphigenie, c'est en elle que ie termine le cours de ce Narré. Auquel pour apporter les derniers traicts de pinceau par la derniere & plus tragique partie, ie ne puis y donner entrée que par vne atteinte aux vanitez des biens, des faueurs & des grandeurs du Monde. O que le Profete de la nouuelle loy a eu bonne grace de le comparer à vne mer de verre, semblable à vn crystal d'autant plus prest de se briser qu'il esclatte d'auantage. C'est vne mer par son inconstance, suiette à l'agitation de toute sorte de vents, tantost esleuée par la prosperité, tantost abbaissée par l'aduersité, iamais en vn plein calme. Le flux & reflux y est perpetuel, le repos de peu de durée. La prosperité y est de verre par sa fragilité, & dans ce verre paroissent des couleurs qui ne subsistent qu'en vne fausse apparence, ce sont plustost des lustres trompeurs que de vrayes peintures.

C'est

C'est vne mer où tous les fleuues des douceurs deuiennent amers. C'est vne mer où tost ou tard il faut que perissent ceux qui y voguent. On a beau tenir le timon droit, regarder attentiuement tantost la boussole, & la carte, tantost le pole, le naufrage y est indubitable à cause de la multitude des escueils qui ne se peuuent euiter. & comme a serieusement chanté nostre Poëte Tragique en cette

ODE.

O Combien roulent d'accidens
Des cieux sur les choses humaines,
De combien d'effects discordans
Ont-ils leurs influences pleines!
Apres les grandeurs incertaines
On se tourmente vainement,
Car comme elles viennent soudaines,
Elles s'en vont soudainement.
Nostre courte felicité
Coule & recoule vagabonde,
Comme vn galion agité
Des vagues contraires de l'onde.
Celui qui volage se fonde
Sur vn si douteux fondement,

Semble qu'en l'arene infeconde
Il entreprenne vn bastiment.
La fortune n'outrage pas
Volontiers les personnes basses,
Elle n'appesantit ses bras
Que sur les plus illustres races.
Les Rois craignent plus ses menaces
Que les durs laboureurs ne font,
Et le foudre est souuent aux places
Qui plus haut esleuent leur front.
Les edifices orgueilleux
Voisinans le Ciel de leurs testes,
Ont tant plus le chef sourcilleux
Battu d'ordinaires tempestes,
Qu'ils sousteuent plus haut leurs crestes,
Et les Aquilons furieux
Ne battent guere que les faistes
Des rochers plus audacieux.
Mais les cases des pastoureaux
Qui s'applatissent contre terre,
N'ont crainte des foudres brutaux,
Ni des vents que l'hyuer desserre.
Iupin ne darde son tonnerre
Contre les humiles vallons,
Et les halliers n'ont iamais guerre
Contre les roides Aquilons.

Fortune outrageuse quand sera-ce que
tu

tu cesseras de persecuter la Vertu? faut-il que tousiours tu sucres ton amertume, & que les bords de ton hanap soient frottez du miel de quelque legere prosperité, pour faire aualer plus traistreusement le fiel de tes plus violentes disgraces? N'as-tu point de respect aux perfections de ces Amans? Mais quel respect, puis que la perfectiõ est l'obiect de ton enuie & de ta haine? Va malheureuse, puissé-ie voir tomber le bandeau de dessus les yeux de ceux qui te sacrifient auecque tant d'iniustice, comme à vne Deité qui gouuerne le Monde, puis que tu es le fleau du merite, & celle dont l'inconstance & l'inconsideration bouleuersent tout l'Vniuers. Mais n'est-ce pas à tort que ie lance cette inuectiue contre ce fantosme? qui ne voit que ces traicts vont indirectemēt contre la Prouidence d'en haut, & qu'ils retombent sur mon imprudence? Ouy certes, mais c'est plustost la douleur que la raison qui m'a arraché ces paroles, voyant vn bonheur acquis auecque autant de peine que de merite, passer comme vn esclair & perir dans vne mort si tragique. Mais aussi quand ie repense à la gloire &

à la sainteté de cette mort, la beauté de sa cause surpassant la cruauté de l'effect, ie suis contraint de m'escrier auecque le diuin Chantre,

Combien est belle & precieuse
La mort des Saincts aux yeux de Dieu!

Ouy, car tant s'en faut que ce trespas si honnorable puisse estre pris ou pour vne deffaueur de la fortune, ou pour vne punition du Ciel, qu'au contraire ie le tiens pour la plus brillante & esclattante Couronne dont Dieu pouuoit parer les vertus d'Iphigenie & la valeur de Liante. Et comme en leur vie

Preuenant leurs souhaits par sa bonté supreme,
Nous auons veu le Ciel de tous biens les comblant.

Aussi en leur mort si glorieuse & signalée

Il couronne leur chef d'vn riche Diademe,
Où reluit mainte pierre auec l'or s'assemblant.

Tandis que Liante rend la Terre enuieuse, & le Ciel ialoux des faueurs qu'il exige de l'incomparable Iphigenie, les nuages s'assemblent qui doiuent troubler la serenité de ces beaux iours. Toute extremité est fascheuse. C'est vne chose insupportable que la pauureté, mais d'autre costé le trop de richesses embarrasse l'esprit

prit de beaucoup de soucis & d'inquietudes. La faim est importune, mais le trop de viande ruine l'estomac, & suffocque la chaleur naturelle. La priuation des voluptez cause des plaintes & des lāgueurs en ceux qui les desirēt, & leur vsage altere au lieu de rassasier ceux qui les possedent. Le mesme se doit dire des hōneurs. Ceux qui menent vne vie obscure, & qui sont picquez d'ambition, ne prisent que la gloire de paroistre aux premiers rangs sur le Theatre du Monde, où ils ne sont pas plustost esleuez que les incōmoditez de la grandeur les tourmentent, le soin des affaires, la contrainte de la vie, la peur de deschoir, le souci de se conseruer, les combats contre l'enuie & la medisance, & tant d'autres espines qui enuironnent ces belles roses. Cette demeure de la Cour où nos Espoux estoient comme des tableaux en leur vray lustre, & des statuës de haut relief en leurs iustes bazes, leur sembloit exposée à tāt d'yeux qu'ils souspiroient apres la liberté & la douceur d'vne vie priuée. Vne trop grande lumiere offense l'œil, & d'estre tousiours en spectacle, est vne gesne aux actions de la vie. La peur d'ē faire quelqu'vne de reprehenſible, ou qui appreſte à rire aux gauſſeurs, ou à contreroller aux calomniateurs, fait qu'on n'y marche que par contrepoids, à l'exemple de ceux qui cheminent ſur des cordes. Ce n'eſt pas viure, mais mourir lentement, & auoir vn glaiue pendu ſur la teſte, qui oſte par ſon apprehenſion tout le gouſt des plaiſirs, des richeſſes & des dignitez. Combien de fois regretterent nos Amans les ombres des bois de Plocens, pour s'y entretenir à leur gré de leurs paſſions legitimes! Que de regrets faiſoit Liante ſur la meſconnoiſſance du temps paſsé! & puis voyant comme par la prudence d'Iphigenie tout eſtoit arriué à bon port, & les fleurs de ſes eſperances deuenuës des fruicts en leur ſaiſon, il admiroit en tout cela le train de la Prouidence. A la fin pour reſpirer vn peu du faix de tant de grandes ſollicitudes, qui font vne inſeparable compagnie aux fauoris des Rois, ils obtindrent congé de leurs Majeſtez pour faire vn tour dans leur Gouuernement de Plocens, & vn voyage en celui de Podolie. Si autrefois Iphigene en ſa retraitte de la Cour

par

par vne image de disgrace, ne laissa d'estre accompagné auecque tant d'apparat & de suitte, imaginez-vous de quelle façon le deuoient estre les deux fauoris au plein Midy de leur auctorité. Les Courtisans comme les mousches cherchent les lieux chauds, où le froid de la disgrace souffle, ils n'ont garde de s'y treuuer. On ne sçauroit descrire l'appareil du train de nos Amans, car c'estoient des aimans qui tiroient tout apres eux. La Cour demeura toute deserte, & sans ialousie du Roi & de la Reine, parce que c'estoit vn témoignage de leur bon iugement en ce qu'ils voyoient honnorez & cheris d'vn chacun ceux qu'ils fauorisoient de leur bienueillance. Le Roi escriuit par tout où ils passeroient qu'on les receust comme sa personne, & que l'honneur qu'on leur rendroit il le reconnoistroit comme faict à soy-mesme. Les Anciens croyoient que par tout où estoient plantées les statues d'Apollon & de Diane, le bonheur y abbordoit. Nos deux Astres auoient mesmes influences : car l'heur & la gloire estoit à leurs costez, & sembloit que la terre orgueilleuse de les porter, fist naistre des fleurs sous chacun de leurs pas. J'estendrois beaucoup cette Histoire si ie voulois representer leurs entrées, leurs receptions, & la resioüissance des peuples à leur veüe & à leur venuë. Leurs liberalitez n'estoient ignorées que de ceux qui n'auoient point de mains, comme leurs graces que des aueugles. Ce n'estoient qu'acclamations & benedictiõs, vn triomfe continuel. Le Prince Cassin, Pomeran, Piside, Argal, Arade & Polemandre, auecque leurs nouuelles espouses Clemence, Modestine, Amiclée, Olorie, Virginie & Eleonor, auecque beaucoup d'autres ieunes Cheualiers de la Cour firent ce voyage, où l'on ne vit que ioustes, que tournois, que dances, que festins, que ioyes & allegresses publicques & priuées. Ces fauoris ici faisans rire les peuples au lieu que les autres les font pleurer. Mieslas en son Palatinat, qui fut visité le premier, leur fit vne reception toute Royale, & comme il n'est banquet que d'auaricieux, il n'espargna rien pour monstrer que ses haines passées estoient changées en des amitiez presentes, & pour l'auenir inuiolables ; il n'auoit plus rien à desirer

sinon

sinon vne longue ioüissance de tant de felicitez. Souuét auecque sa femme Aretuze dont il deuint amoureux plus que iamais, il admira la prudence de sa fille au choix qu'elle auoit faict de Liante pour y loger son affection; car elle eust bien peu treuuer vn plus grãd party, mais non pas peut-estre vn Cheualier qui eust peu attirer de si bonne grace la bienueillance du Prince sur soy. Ie ne repete point cette cõtinuelle admiration des peuples qui auoient autrefois veu Iphigenie vestuë en hõme, & en faisant les exercices, & qui la voyoient lors sous vne forme si differente de celle du passé. Apres tant de jeux, de passe-temps, & de bonne chere qu'ils gousterẽt en Podolie, ce qui ne peut estre mieux representé que par vn exaim d'abeilles qui va bourdonnant sur les fleurs d'vn parterre, ou succotant & pillotant celles d'vne prairie, ils vindrent à Plocens, où les habitans de la Capitale de la Prouince, qui est Plosco, témoignerent à la despence & aux honneurs de leur reception que s'ils auoient aimé Iphigene, ils n'auoient pas moins de passion pour Iphigenie. Les plaisirs inseparables de la ioye furent de toutes les façons: car rien ne fut espargné qui peust apporter de la gloire ou du contentement aux nouueaux Espoux. Les tables furent ouuertes, les bals perpetuels, les exercices magnifiques, tout l'apparat somptueux. Mais en fin les grandeurs lassent, les choses graues greuent, & tant de ceremonies qu'il faut obseruer parmy les grandes assemblées, gesnoient la liberté de nos Amans, tant d'yeux les tiennent en eschec. Ils ressemblent à ces oyseaux qui ne se plaisent pas tant en des cages dorées, ni en des volieres specieuses, pour spacieuses qu'elles soient, comme dans le vague de l'air, ou dans l'espaisseur des boccages. car là leur ramage est contraint, ici leurs fredons sont plus naturels & plus delicats. Tousjours le souuenir des Bergeries de la forest leur nage dans l'esprit, & leur donne des desirs de reuoir quelque jdée de ces delices, las des pompes & des magnificences des villes, ils se mettent à la Campagne, pour y prendre les plaisirs de la chasse. Ce fut en vne assemblée qu'ils prindrent resolution auecque toute cette ieunesse qui les enuironnoit de se deguiser & traueſtir

uestir en villageois, & d'y souspirer leurs legitimes affections d'vne façon rustique & pastorale. Ils choisirent à cet effect non l'horreur des bois, ni de se ranger à la merci des païsans, dont ils auoient autrefois ressenty la barbarie & la cruauté, mais vne belle Maison champestre des plus agreables & accomplies qui fussent dans tout le Palatinat. Ie ne me veux pas arrester à la description des bastimens, des galeries, des meubles, & des peintures, ni des iardins, fontaines, promenoirs & boccages qui rendoient recommandable ce seiour; tant y a que rien n'y manquoit de necessaire pour diuertir les esprits les plus enfoncez dans la melancholie. La chasse & la pesche de toutes les façons y estoit facile, & tout ce que l'art pouuoit adiouster à la Nature y estoit industrieusement pratiqué. De ce grand embarras de gens qui suiuoient la roüe de cette fortune, peu furent esleus pour auoir part à la simplicité de ces delices champestres que cette trouppe de nouueaux mariez vouloit experimenter. On donna ordre à tout ce qui regardoit le bon traittement, & les supernumeraires furét renuoyez à la ville,

pour

pour y estre bien accommodez en attendant le retour des Cheualiers principaux & de leurs Dames. Ils se renfermerent dans ce Paradis terrestre, pour y sauourer le vray repos. Les soucis en furent ostez, exceptez ceux qui croissent dans les parterres. Ils s'habillerent en Bergers & Bergeres de Theatre simplement, mais poliment, & d'vne façon si gentille que toutes les pompes de la Cour, & la superfluité des habits de la ville n'auoient rien de comparable à la blancheur de leurs Lys. Ils paroissoient plustost en ces equippages des Heros & des Nymphes, que des Pasteurs ni des Gentilshommes. Si Diane les eust veus en cette façon, elle se fust mise auec eux comme au milieu de ses Dryades, & Oreades. Car bien que cette brigade fust en vn estat qui semble repugnant à l'integrité de ses Nymphes, neantmoins c'estoit auecque tant d'honneur & d'innocence qu'elle conduisoit ses plaisirs, qu'ils n'auoient rien qui peust offenser la pureté des ames les plus chastes. L'integrité qui perit dans le mariage se perd honnorablement, & n'honnorer pas vn vsage si sainct & si legitime, c'est offenser ce qui nous met en naiſſant de ces iuſtes embraſſemens, l'honneur ſur le front. Toutes ces Colombes n'auoient des yeux que pour leur pair ; & bien que la bienſeance de la conuerſation les obligeaſt de contribuer en compagnie des témoignages de reciproque bienueillance, leurs cœurs toutesfois n'admettoient aucune affection iniuſte, & ils ne ſouſpiroient que pour l'vnique obiect que le Ciel leur auoit deſtiné. Si les paſſions eſtoient ainſi conduites dans les aſſemblées ſous les regles du permis & de l'honneſte, cette noble affection que l'on appelle Amour, ne ſe verroit pas honteuſement diffamée pour tant d'abus que des gens de ſang & de matiere y commettent par leurs licentieux deportemens. Donc comme leurs deſirs eſtoient terminez dans les bornes de la pudeur, & leur conduite fort ſaine, les fureurs de la jalouſie, le martel des ſoupçons, & l'inquietude inſeparable des paſſions iniuſtes n'y auoient point d'accez. Ce qui donna occaſion à vn Poëte qui s'eſtoit gliſé dans cette trouppe conſacrée à l'honneur, de chanter ce Triomfe à la

VICTOI

IPHIGENE,
VICTOIRE DE L'HON-
NESTE AMOVR.

Ces Nymphes hostesses des bois,
Brauant les deshonnestes loix
De ce feu dont l'ame est esprise,
Ne le connoissent nullement,
Ou le connoissent seulement
Comme on connoist ce qu'on mesprise.
Le soin de leur honnesteté
C'est de garder leur liberté,
S'orner de vertus perdurables,
Cherir les vertueux desirs,
S'esbatre en de chastes plaisirs,
Et sans aimer se rendre aimables.
Auec ces armes & ces arts
Leurs esprits surmontent les dards
De ce Tyran qui tout surmonte,
Et iettant sa puissance à bas
Font que la fin de leurs combats
C'est tousiours sa fuitte & sa honte.
Le sort donc les guidant icy,
Au lieu d'implorer sa mercy,
Elles lui declarent la guerre,
Affin de faire voir aux Dieux
Que ce qui les vainc dans les cieux,

Des

Des Nymphes le battent en terre.
Vn seul mal repugne à leurs vœux,
C'est qu'il prend vie és mesmes feux
Dont sans fin leur regard esclaire,
Et que la beauté l'animant,
Leurs yeux vont eux-mesmes armant
Celui qu'elles veulent deffaire.
Car pour lui donner le trespas,
Il leur faudroit priuer d'appas
La Beauté sa Mere nourrice,
Autrement on ne sçauroit voir
Ni qu'il soit iamais sans pouuoir,
Ni qu'elles soient sans exercice.

Ils donnerēt quelques jours qui leur semblerent des momens à cette douce vie, que tous d'vne commune voix ils prefererent aux vanitez & aux sollicitudes de la Cour. Le matin apres les exercices de Pieté, qui dedioient à Dieu le reste de la iournée, ils prenoient la fraischeur dans les iardins, le Midy les voyoit dans les banquets, l'apresdiné parmy les ombres des boccages, & le soir aupres des fontaines : tantost la chasse, tantost la Musique, tantost la pesche, tantost la dance, tantost le jeu, tantost le promenoir estoient leurs diuertissemens ; mais leur plus agreable

occupa

occupation estoit en des entretiens amiables, où chacun à son tour contribuoit à la conuersation le recit de quelque euenement remarquable. Iugez de combien non pas de fueilles, mais de volumes i'augmenterois cette Histoire si i'y voulois adiouster celles qui furent racontées par ces belles bouches, par où comme par des canaux couloit tout ce que l'ambroisie de l'eloquence a de plus delectable. Mais i'aime mieux les reietter en d'autres loisirs, sans allonger demesurément cette Narration, qui a faict vn essor tout autre que ie n'auois proietté de lui permettre. Certes il me vaut mieux ici auoüer ma foiblesse, qu'entreprendre auec temerité de descrire des contentemens où l'on ne peut atteindre que par la pensée. Mais il faut auoüer que comme il y a des degrez en la ioye, il n'y en eut point qui la goustassent si pure que Liante & Iphigenie, quand ils vindrēt à comparer les amertumes qu'ils auoient autrefois moissonnées dans ces solitudes, auecque les douceurs presentes qui n'estoiēt meslées d'aucun fiel, ni mesme d'aucune crainte. Aussi fut-ce en faueur de leur contentement accomply
que

que le Poëte dont nous auons defia ouy le ramage, chanta comme vn Rossignol dans ces boccages ce

CHANT NVPTIAL.

Liante comme vn Lys que le Soleil redore,
Comblé de la douceur qui trouble fon repos,
Vn iour s'eftant leué matin comme l'Aurore,
Oauris les yeux au iour, & s'aboucha ces mots,
Soleil il ne faut point que tu fortes des flots,
Puis que le beau rayon du Soleil que i'honnore,
En fon clair Orient donne au Monde la loy,
Et ne reconnoift point de Couchant comme ioy.
Sa flamme n'eft iamais couuerte d'vne nuë,
  Les tourbillons du Ciel ne troublent fa beauté,
Et ne brufle pas moins quand la nuict eft venuë,
  S'il pouuoit eftre nuict ou l'on voit fa clairté.
Par ton cours des faifons le cours eft limité,
Tu diftingues des iours la fuitte continuë,
Mais il ofte à l'hyuer tout efpoir de retour,
Et de l'eternité ne veut faire qu'vn iour.
Si par l'alme chaleur qui vit en ta lumiere,
  Tu formes la matiere, & anime les corps,
Le feu qui luit en l'œil de ma douce guerriere,
  Fait viure les efprits & reuiure les corps,
Et s'il a quelquesfois de violents efforts,
Dont fa flamme ait acquis le renom de meurtriere,
Quel pouuoir plus diuin ont les Dieux icy bas,
Que d'auoir droit fur nous de vie & de treffpas ?

TOME 2.   Z z

Las! il tue, il est vray, las! de sa viue flame
   La foudre & les esclairs élancez doucement
   Donnent d'autant plustost le trespas à nostre ame,
   Qu'ils en ostent la peur auec le iugement.
   Mais au benin aspect d'vn autre mouuement
   Le glaçon de la mort aussi tost se renflame,
   Ou s'il a resolu de nous faire perir,
   Il oste en nous tuant le regret de mourir.
Ie pense que des cieux la fatale ordonnance
   Vn iour sera changée en faueur de ses feux,
   Et que les Dieux forcez par leur douce puissance,
   Soleil ne voudront plus que tu luises pour eux,
   Les hommes lui feront des Temples & des vœux,
   Et ceux qui le matin adorent ta naissance,
   Tous rauis de voir luire au leuer de son cours
   Vn matin eternel, l'adoreront tousiours.
Ou s'il est necessaire à l'essence du Monde,
   Que l'on remarque en lui tant de varieté,
   Si par quelque raison ta course vagabonde
   Des iours & des saisons fait l'inégalité,
   S'il faut qu'apres le iour vienne l'obscurité,
   Et que soir & matin eust laues dans l'onde,
   Ce bel œil peut encor par ses effects diuers
   Aussi bien comme toy conduire l'Vniuers.
Le iour & le Printemps naissent quand il élance
   De ses premiers regards vn feu plein de douceur,
   L'Automne auec l'Esté, lors que sa violence
   Plus ou moins redoublée embrase vn pauure cœur.
   Quel Hyuer, quelle nuict, quand sa fiere rigueur
   En destourne pour moy la diuine influence!
   Il fait les iours, les nuicts, Printeps, Hyuer, chaleurs,
   Et pour son Ocean ie lui donne mes pleurs.

                                             Liante

Liante finissoit ces mots quand sa Bergere
Plus belle qu'une Rose en fin saute du lict,
Et comparant au iour le iour de sa lumiere,
D'une œillade auoüa tout ce qu'il auoit dict.
A ce nouueau Soleil la terre se rendit
De mille & mille fleurs toute pompeuse & fiere,
Et Phœbus honnorant de sa honte ses yeux,
Se cacha dans la nuë, & lui quitta les cieux.

Il faudroit recommencer vn Ouurage aussi grand que celui-ci, pour raconter les douces & mignardes inuentions que leur suggera leur passion dans l'aise d'vne si heureuse vie. Tout ce que les Romans fabuleux nous content de leurs Isles fortunées, de leurs Bergeries imaginaires, & de leurs Palais enchantez (outre que ce ne sont que des ombres & des vaines Chimeres, par l'aueu mesme de leurs Escriuains) n'est rien à l'égal des delices que cette belle & vertueuse trouppe gousta en ce champestre seiour. Si iamais vous auez veu vn grand vol de Colombes blanches de plumage & lauées dedans le lact, tantost voltiger sur les pleins courans des eaux, tantost se promener sur le bord des ruisselets argentez, tātost se plonger dans le crystal des fontaines, tantost faire des pauonnades en l'air, tantost polir leur pennage, tantoſt receuoir en leurs gorges les rayons du Soleil, qui forment diuerſes tranſparences ſur leurs plumes, tantoſt ſe ramaſſer dans leurs blanches demeures, tantoſt ſe retirer dans leurs nids & dans leurs cellules, tantoſt rouler des accents plaintifs par la veheméce de leur Amour, tantoſt appointer leurs becs en tremouſſant des aiſles, tantoſt s'eſcarter auecque leur pair, tantoſt ſe recueillir en la compagnie des autres, & toutes enſemble viure auec vne grande paix, vnion, ſimplicité, concorde, pureté, & fidelité, il a veu quelque image de cette honnorable aſſemblée dont ie depeins ici les chaſtes & innocentes delices. Tous leurs exercices auoient de rapport auecque ceux de ces oyſeaux ſans fiel, qui ſont le vray ſymbole de l'honneſte Amour. Mais las! il n'y a rien de ſtable en ce Monde, & quelque plaiſir qu'on y puiſſe gouſter, il paſſe comme l'ombre d'vn ſonge, il fuit comme l'eau qui coule ſans ceſſe dans l'amertume de la mer, il n'y a point d'oyſeau qui vole ſi viſte, ni poſtillon qui coure ſi haſtiuemét.

Il n'eſt rien ici bas d'eternelle durée,
Vne choſe qui plaiſt n'eſt iamais aſſeurée,

L'eſpi

L'espine suit la rose, & ceux qui sont cotens
Ne le sont pas long temps.

Comme si la fortune eust esté jalouse de voir tant de felicité auecque tant de vertu, elle vint troubler cette feste, preparant à toutes ces fleurs vne froide gelée de mort qui deuoit flestrir leur couleur.

C'est elle qui escroule, esbranle & bouleuerse
Les affaires humains poussez à la renuerse,
Elle saccage tout, & de nous se iouant,
Va sans dessus-dessous toute chose rouant,
Sur les fresles grandeurs superbe elle se roule,
Puis soudain les releue en retournant sa boule:
Nul entre les mortels ne preuoit son destin,
Tel est heureux le soir, malheureux le matin.

Que ceux qui voguent à voiles enflées dans les plus grandes prosperitez se tiennent en haleine, & craignent la tempeste dans la douceur de la bonace, parce que

Il n'est puissance mondaine
Si grande que le Destin
Inexorable n'amene
Auec le temps à sa fin.
Le temps abbat toute chose,
Rien ne demeure debout,
Sa grande faux tranche tout
Comme le pied d'vne rose,
La seule immortalité

Zz 3

Du Ciel estoilé s'oppose
A ce decret arresté.

Le Roi ennuyé de voir sa Cour deserte, & semblable aux forests qui perdent en hyuer leur plus bel ornement, enuoya plusieurs courriers à Liäte & Iphigenie pour haster leur retour. Mais vous eussiez dit que cette trouppe comme celle d'Vlysse eust sauouré le fruict de Lothos, dont la douceur estoit si charmante qu'elle faisoit oublier le païs, & tout ce que l'on auoit de plus cher au Monde. Ils s'arracherent donc auec effort de cette agreable solitude, non sans dire souuent auecque des souspirs,

O lieux, ô bois si doux,
Pourquoy vous quittons-nous?

A peine estoient-ils reuenus dans les embarrassemens de la Cour, que cette gracieuse tranquillité qu'ils auoient goustée à la Campagne s'esuanoüit pour faire place aux inquietudes que causent les ambitions, les pretensions, & les desirs de s'auancer & d'acquerir, qui font vne continuelle escorte aux Courtisans. Nos deux fauoris qui alloient à la grandeur par vne route bien differente de celle des autres

qui

qui tirent tout à eux, n'auoient rien en plus grande recommandation que d'establir leur fortune en faisant ou procurant du bien aux autres. pareils au Soleil qui iette ses rayons au dehors, & ne luit que par la communication de sa lumiere. On n'approchoit point d'eux sans ressentir des effects de leur perfaitte courtoisie, non plus que du feu sans en tirer de la chaleur. Aux occasions ils ne manquoiēt pas de representer au Roi le merite de leurs Amis. Mieslas fut faict Grād Chambellan, lors que son gendre fut esleué à l'estat de Grand Maistre, & cela sans enuie. Car c'est la coustume des Peres de souhaitter plustost l'auancement & la grandeur de leurs enfans que la leur propre. Ils firent promettre au Prince Cassin le premier Palatinat qui viendroit à vacquer, parce qu'il desiroit vn Gouuernement auec impatience. Les autres furent faicts ou Castellans en diuers lieux, ou eurent des charges chez le Roi ou la Reine. Mais tout ainsi que les grandes tempestes ne viennent pas tout à coup, & sont deuancées par des émotions qui les présagent, la mort d'Aretuze Mere d'Iphigenie, qui arriua inopinement, & qui en peu d'heure se vit suffocquée par vn catarrhe, mit toute la Cour en trouble, nos Amans en dueil, & Mieslas dans vn regret inconsolable, d'autant que ce fier courage s'estât fort adoucy, & ayant quitté tant de fougueuses passions qui auoient tyrannisé son âge plus vigoureux, il auoit esté vaincu par tant de vertus qui estoient en cette Dame, & doucement forcé à lui vouloir tout le bien qu'vn mari peut souhaitter à vne femme aussi sage que chaste. Elle rendit son ame à Dieu entre les bras de sa chere Iphigenie, en lui disant qu'elle mouroit contente de voir que son eleuation eust si heureusement reüssi, & que la Vertu l'eust esleuée au faiste de la Grandeur où elle la voyoit ; l'oppression qu'elle sentoit lui empescha de lui faire de plus longues remonstraces. Elle mourut les bras enlacez au col de sa chere fille, qui tira sur ses leûres ses derniers souspirs, ce qui donna sujet à vn Poëte Italien qui estoit lors à la Cour du Roi de Pologne, de dire qu'elle estoit morte de contentement, ce qu'il exprima en ce Madrigal, dont ie n'ay point voulu changer

ger les paroles, puis que i'en ay dit le sens.

MADRIGALE.

Le belle braccia, c'hanno
Forza di richiamar l'anima vscita,
Non ponno i viui ritener in vita?
Deh qual riparo homai
S'haura, Morte, a' tuoi strali,
Se in si bel seno assali?
Ma che? non fu da te traffitta, ò spenta,
Di contento mori l'auenturata.

Les larmes qui coulerent pour cette perte des beaux yeux d'Iphigenie, estoient à peine essuyées qu'il fallut en ouurir la bonde pour plaindre vn nouueau malheur. La Pologne a deux grands & tresmauuais voisins, le Moscouite du costé du Septentrion, & le Turc du costé d'Orient; contre le cours de ces deux torrens il faut faire des reparations & des digues continuelles. Et bien que quelques vns disent que ces ennemis tiennent en vigueur la valeur des Polonnois, qui se conseruent par là ainsi que la mer par le flux & le reflux de ses marées : si est-ce que

Zz 5

côme les corps qui prennent souuent des medecines, en se deschargeant des humeurs peccantes par ces remedes perdent tousiours en mesme temps quelque chose de leur meilleure substance, qui s'en va par la force des drogues, de mesme pour le bien de la discipline militaire que ces deux ennemis conseruent parmy les Polonnois, ils enleuent tousiours par leurs attacques ou de leurs hômes, ou de leurs terres; car la guerre est comme vn grand fleuue qui ronge sans cesse ses bords, aussi n'apporte-t'elle iamais que ruine au païs où elle se jette. Le Grand Knets ou Duc de Moscouie a tousiours mal au cœur de voir le Roi de Pologne au delà du Boristene, ayant vn pied dans la Russie : car bien que la part que les Polonnois ont en cette Prouince soit assez bonne, si n'est-ce qu'vn pied à l'esgard de ce que tient ce Schismatique. Ce déplaisir fait que de temps en temps ou picqué d'ambition, ou pour exercer sa milice, le Moscouite fait des leuées de bouclier & des courses à main armée dans la Russie Polonnoise : mais parce qu'il fait ces saillies à la façon des Tartares, qui apres de grands rauages,

pille

pilleries & saccagemens s'en retournent comme ils sont venus, les Polonnois reprennent aisément les lieux qu'ils ont forcez, & se conseruent en la possession de leurs anciennes bornes. Il vint des nouuelles à la Cour que ce Tyran faisoit vne leuée d'hommes, pour donner vn assaut à cette partie de l'Estat Polonnois. On desira preuenir ce torrent, & s'opposer à sa fureur en l'attendant sur la frontiere. Les armemens en Pologne sont promptemēt faicts, car les Castellans sçachans le nombre de Nobles & de combattans qu'ils sont obligez de fournir, & les Palatins sçachans le nombre des Castellans qui sont en leurs Palatinats, les gens de guerre sont incontinent sur pied. La Russie contiguë à la Podolie regardoit le Palatinat de Mieslas, outre celui de Drohic, qui est Palatin General de la Russie Polonnoise. L'vn des grands Mareschaux de Pologne fut nommé pour General de l'armée, & pource qu'il estoit caduc & valetudinaire, la Lieutenance sous lui fut baillée à Mieslas, sa fille lui procurant cet honneur qu'il desiroit auecque passion. L'occasion parut si belle que tous les braues nes & galands de la Cour se resolurent de s'y treuuer. Liante qui brusloit d'enuie de témoigner qu'il vouloit par ses seruices meriter les graces qu'il receuoit du Roi, voulut estre de la partie, & quelques instances que fist le Roi pour le retenir à Cracouie, il ne peut iamais s'abbattre sous cette obeïssance qu'il appelloit honteuse & indigne d'vn Cheualier. Iphigenie qui durāt la paix ne pouuoit oublier les exercices de Cheualerie, & qui estoit tousjours la premiere dans les tournois, se determina de suiure son mari dans les combats, & d'y porter les armes. Quoy que fist la Reine, l'Infante, & toutes les Dames, il leur fut impossible d'esteindre en elle cette humeur Martiale à laquelle on l'auoit esleuée. On ne l'estima iamais tant qu'en cette occurrence, car l'Enuie mesme qui porte le venin d'aspic sous la langue, ne se pouuoit empescher de la loüer, tous disoient qu'auecque ce viuant Palladium la victoire leur estoit asseurée, qu'en cette belle Amazone residoit la fortune de Cesar; & que cette Debora ne residoit que sous des palmes. Le Roi mesme ne pouuoit assez admirer ce grand courage, & si

ses

ses maladies lui eussent permis, il eust volontiers esté spectateur de ses exploits. Tant est veritable cette parole du fameux Comique Lopé, que ceux qui sont bien nez ne sont iamais sans des actions conformes à la generosité de leur naissance. L'Espagnol a bonne grace

Ni por el yelo el Elephante graue,
Ni iamas par el aqua el Fœnix nueuo,
Ni en tierra el pez, ni par la mar el aue
Ni menos eu el ayre el topo ciego,
Ni en tierra seca el ruysegnor suaue,
Ni el Platano en la arena, el Cisne en fuego,
Ni el hombre que es de padres principales,
Sin las hazañas a su nombre iguales.

De dire que tant Liante que les autres Cheualiers nommez en cette Histoire eurent des charges principales en l'armée, il est inutile, il ne faut que considerer ce que peut la faueur en ces dispositions. Nos fauoris obtindrent pour Mieslas, affin de contenter diray-ie son courage, ou sa vanité? le premier office de Grãd Mareschal qui viendroit à vacquer. On ne vit iamais rien de si leste que cette armée, aussi fit-elle vn bel effect; car elle mena battant le Moscouite bien auant

dedans

dedans ses propres terres, si bien que ceux qui estoient venus pour attacquer eurent bien de la peine à se deffendre. Ils saccagerent quelques places dans la Russie du Grand Knets, & reuindrent chargez de lauriers & de butin auec vn applaudissement & vn triomfe magnifique. Mais la fortune qui n'est iamais pleinement indulgente, mesla selon sa coustume l'absinthe auecque le miel, ce fut par la mort de Mieslas, qui en mettant l'ennemy en routte se poussa si auant à la suitte des fuyards, dont il auoit faict vn carnage estrange, qu'à la fin le desespoir les ayant ralliez, ils l'accueillirent si mal accompagné qu'il tõba sous l'effort de leurs armes. Ce fut vne victoire de Codrus acquise par la perte du Chef; car comme il vouloit auoir à soy seul toute la gloire de cette rencontre, il passa les bornes d'vn Capitaine, qui doit auoir autant de soin de la retraitte que du combat. Il s'enseuelit ainsi dans l'honneur qu'il auoit tant desiré toute sa vie, comme Sanson qui mourut au milieu de ses ennemis, ou comme cet Hebreu qui tomba escrasé sous l'Elefant qu'il auoit mis à mort. S'il n'eust n'eust point esté si courageux, il eust iouy du fruict de sa victoire, & se fust veu Grand Mareschal de Pologne; car celui qui auoit mené l'armée sur la frontiere y demeura, non dans les armes, mais accablé de vieillesse & de maladie. Si bien que toute la charge tomba sur nos deux fauoris, qui comme Castor & Pollux partagerent l'honneur de ce faict d'armes auecque tant d'égalité, que le refusans tous deux à l'enuy, tous deux en accroissoient leurs loüanges. On ne sçauroit dignement raconter les témoignages de valeur que rendit la genereuse Amazone, & Liante combattant deuant elle, & fasché qu'vne femme lui frayast le chemin aux hazards, & lui fist leçon de vaillance, se surpassant soy-mesme se monstroit à ses coups qui ne portoient iamais en vain, plus grand & plus homme que le commun. Cassin, Polemandre, Piside, Argal, Pomeran, Arade, Boleslaüs mesme tout âgé qu'il estoit, y firent des merueilles, & des proüesses qui me ramenent en la memoire celles de nos anciens Pairs. Si ces iours triomfans n'eussent point esté obscurcis par les nuages

de

de la mort de Mieſlas, leur bonheur euſt eſté à ſon comble. Grands furent les Triomfes que le Roi fit faire à ſes fauoris à leur retour à Cracouie, les faiſant proclamer Conſeruateurs de la Patrie. Et pour couronner cette victoire d'vne digne recompenſe, Liante fut faict Grand Mareſchal de Pologne, à la honte & au creuecœur de l'Enuie, qui ne regardant que ſa jeuneſſe, & non ſa valeur, en murmuroit entre ſes dents. Et à la verité c'eſt ainſi que ſe doiuēt acquerir honnorables ces charges militaires auſſi glorieuſes à ceux qui les moiſſonnent parmy les combats, que ridicules en ceux qui au milieu des Oliuiers de la paix ſe font couronner des palmes de la guerre & que l'on fait Cōneſtables & Mareſchaux ſans qu'ils ayent iamais non pas conduit, mais ſeulement veu des armées rangées, ny rendu aucunes preuues de leur experience ou de leur valeur. Le Prince Caſſin eut le Palatinat de Plocens, Liante ſe reſeruant celui de Podolie où eſtoit tout ſon bien, & où il auoit les creances de ſon Pere & de ſon beau Pere encore toutes fraiſches. L'office de Grand Chambellan

bellan fut donné à Pomeran en confideration de fa Vertu, & auſſi de Modeſtine qu'il auoit eſpouſée. Les autres eurent part à d'autres faueurs ſelon leur merite & leur qualité. Le corps de Mieſlas tiré d'entre les morts fut rapporté en Podolie, & mis en vn meſme cercueil auecque celui de la vertueuſe Aretuze. A ſa memoire vn Poëte fit ces vers funebres, que nous mettrons ici pour

L'EPITAPHE DE MIESLAS PALATIN DE PODOLIE.

Celui qui d'vn courage franc
Prodigue vaillamment ſon ſang
Pour le ſalut de la patrie,
Qui ſa vie au haZard a mis
Pour repouſſer les ennemis,
Sans crainte qu'elle ſoit meurtrie.
Et qui au trauers des couteaux,
Des flammes & des gouffres d'eaux,
Aſſeuré dans ſon ame braue
Les va tuer entre les dards
De mille eſcadres de ſoldarts
Deliurant ſa franchiſe eſclaue.

Tome 2.   Aaa

Comme vn peuple ne tombe pas
   De la mort gloute le repas:
   Son renom porté par la gloire
   Sur l'aiſle des ſiecles futurs
   Franchira les tombeaux obſcurs
   D'vne perdurable memoire.
Les peuples qui viendront apres
   Lui feront des honneurs ſacrez,
   Et chaque an la jeuneſſe tendre
   Ira le chef de fleurs orné,
   Chanter au beau iour retourné
   Deſſus ſon heroïque cendre.
Ainſi les deux Atheniens
   Qui du col de leurs citoyens
   Ont la ſeruitude arrachée,
   Viuront touſiours entre les preux,
   Et iamais au ſepulcre creux
   Ne ſera leur gloire cachée.
Le peuple qui ne ſatisfait
   Que d'ingratitude au bienfait,
   De ceux le merite guerdonne
   Qui pour le deliurer des mains
   De ſes ennemis inhumains,
   Mettent en proye leur perſonne.

A peine le Soleil auoit-il faict la viſite de ſes douze maiſons, quand le reflux des mouuemens qui agitent la Pologne, fit
sonner

sonner la trompette pour aller faire teste au Turc, qui du côsté de la Bulgarie leuoit vne grande armée pour venir passer en la Valaquie, & de là fondre sur la Pologne. Il toucha lors à Liante & comme Grand Mareschal, & comme Palatin de Podolie, à laquelle confine la Valaquie & la Bulgarie, de se tenir prest. Il auoit si heureusement reüssi en la desroute des Moscouites, qu'il sembloit que nos deux Amans n'auoient comme des Cesars qu'à aller, à voir, & à vaincre. Mais la traistresse fortune, qui fait comme les pipeurs qui se laissent perdre au commencement pour gagner à la fin, ne sembloit auoir permis l'heureux succez des armes de Russie, que pour attirer à leur ruine ceux de qui la Vertu meritoit vne plus longue suitte de iours.

O fortune inconstante, ô variable roüe,
O sort dõt le hazard de nos desseins se ioüe,
O fragiles espoirs comme verre cassez,
O malheurs non preueus, ô biens soudain
    passez!

Mais pour couler promptement sur ce mauuais pas, qui doit clorre par vn tragique euenement tant d'heureuses auantures, ie me contenteray de dire que l'armée estant leuée, & nos deux Astres à la teste, vous eussiez dit que c'estoit vne Aigle à double teste qui deuoit engloutir les deux pointes du Croissant. Mais il n'arriue pas tousiours que le succez responde à la valeur: car s'il ne falloit que du courage pour vaincre, qui doute que la victoire n'eust esté du costé de nos fauoris? Aussi la desroute ne fut-elle pas generale; mais le malheur voulut que le Bassa de la Bulgarie, appellé Orcan, l'vn des fameux Capitaines de son âge, ayant faict attacquer vn quartier de l'armée des Polonnois dont le logement commandoit trop à la sienne, Liante fut où l'allarme sonna, où il fut aussi tost suiuy par celle qui estoit son ombre inseparable. En cette soudaine esmeute il ne se donna pas le loisir de se bien armer, non plus qu'à la valeureuse Amazone; & comme il pensoit rallier ses gens qui auoient pris l'espouuante, & quittoient ce quartier, l'effray fut si grand que la confusion s'y mesla. Les Turcs prenans l'occasion au poil suiuirent leur pointe, & Liante voulant remedier à ce desordre se jetta si

auant

auant dans le peril, qui ne fut plus en sa puissance de s'en desgager. Iphigenie qui eust perdu mille vies pluftost que de l'abandonner en cette extremité, fit des efforts qui passent le moyen de les redire, elle se fit ouuerture par la force de son bras, & ayant ionché la terre de morts elle arriua au lieu où desia Liante tout couuert de playes rendoit les dernieres preuues de son courage dans le combat. Le courage lui reuint quand il sentit le secours de celle qu'il croyoit desia accablée de la multitude; mais qu'eussent faict ces guerriers accablez non de la valeur de leurs ennemis, mais de leur foule? Tandis que ces Infideles reclament leur Alla, & que la fureur les anime à la vengeance, nos Amans embrassez voyans que leur derniere heure estoit arriuée, moururent percez en diuers lieux prononçans iusques aux derniers soufpirs le sainct nom de IESVS, pour la foy duquel ils mouroiët, & entre les bras duquel ils rendirent leurs ames bienheureuses. Pifide & Arade qui estoient logez au quartier de Liante, & qui auoient suiuy les deux Amans en cette rencontre, y demeurerent parmy les morts. Le Prince Caffin, Pomeran, & d'autres Palatins & Caftellans qui auoient charge en l'armée, firent telle refiftance en leurs quartiers qu'il n'y eut que celui-là d'emporté, qui feruit de tombeau aux deux Amans, & aux deux amis Pifide & Arade. Ce grand efchec de la perte des deux Chefs qui eftoient deux enfans du tonnerre, ou deux foudres de Mars, mit les Polonois en termes de fe deffendre pluftoft que d'attacquer. L'autre Marefchal de Pologne fut auffi toft enuoyé pour commander à l'armée, qui s'eftant retranchée en vn lieu dont l'affiette eftoit forte, on eut foin de faire vne retraitte fi honnorable, que cela brida les boüillons de cette mer barbare qui menaçoit d'vn grand orage les bornes de la Pologne. Tant eft puiffante l'eftime de la Vertu mefme dans les courages des ennemis. Orcan Baffa eut tant de regret de la mort de la belle Iphigenie, dont la gloire eftoit refpanduë iufques à la porte du Grand Seigneur, que l'ayant faict chercher parmy les morts, & fon corps treuué embraffé auecque celui de Liante, il les fit foigneufement embaumer

mer, & puis mettre dans vn mesme cercueil qu'il renuoya en l'armée des Polonnois couuert d'vn grand drap de velours noir, pour estre remportez en Pologne, & enseuelis selon leur merite & leur qualité. L'Histoire mesme dit que les larmes en coulerent de ses yeux, à l'exemple de Cesar qui pleura la mort de Pompée son ennemy, & qu'il les honnora de cet Eloge, que l'hõneur, la valeur & l'Amour estoient enclos en ces deux Amans, qui auoient en leurs iours composé le plus beau couple du monde. Si le dueil en fut vniuersel par toute la Polongne, iugez-le par celui du General de l'armée ennemie. A l'armée ce n'estoient que sanglots, à la Cour que regrets; mais rien n'égala l'Amour & la fidelité du bon Boleslaüs, qui n'eut pas la force de soustenir vn tel accident, car s'abbouchãt sur le cercueil cõme pour embrasser les os de sa chere Maistresse & de sa douce nourrissonne, on ne l'en peut iamais destacher que la douleur ny l'y eust suffocqué. Les souspirs du Roi & de la Reine sur vne telle perte, ne se peuuent mieux exprimer que par ceux que ces excellens Poëtes le grand du

Perron & Bertaut mettent en la bouche du Successeur de SIGISMOND AVGVSTE, nostre Roi HENRI TROISIESME, sur la mort de ce genereux DUC DE IOYEVSE, qui fut tué à la bataille de Coutras. Et parce que leurs vers sont entre les mains de tout le monde, ie n'en feray icy aucun emprunt. Le Roi les fit porter au Tombeau de leurs Peres en Podolie, où il fit eriger en leur memoire des monumens dont la durée ira bien auant dans la suitte des âges, pour marque de son affection & de leur Vertu. Mais parce que les vers passent les marbres, & les bronzes pour conseruer le souuenir des merites des personnes signalées, empruntons ceux que la douleur dicta à vn Poëte de qui nos deux Amans appuyoient la fortune.

PLAINTES FVNEBRES SVR LA MORT D'IPHIGENIE.

O Rigoureuse loy du Ciel & du Destin,
Qui fais de nostre soir & de nostre matin
  Presque vne mesme chose!

Que

LIVRE XVIII.

Que l'estat des humains est plein de chan-
     gement,
  Et que ce qui nous plaist ainsi comme vne
     rose
       Passe legerement.
Celle dont la beauté descenduë des Cieux,
  Et de qui la valeur luisante en mille lieux
       N'auoit point de seconde,
  Est dedans vn cercueil, & ne reste sinon
  De tant de qualitez qui volēt par le Mōde,
       Que la gloire & le nom.
Vante toy desormais d'auoir mis au tombeau
  (Impitoyable mort) l'Amour & son flābeau,
       Et qu'en la sepulture
  La rigueur de ta main enfermāt ce beau corps,
  Enferma pour iamais des Cieux & de Nature
       Les plus riches thresors.
Ie pense que le Ciel enuieux & ialoux
  De la belle clairté qui luisoit parmy nous,
       A treuué l'industrie
  De l'oster à nos yeux pour lui-mesme l'auoir,
  Car il s'imaginoit que sans idolatrie
       On ne pouuoit la voir.
Quelle ame de rocher ne plaindroit sō trespas,
  Voyant ainsi finir & mourir les appas,
       Les beautez & les charmes,
  Et toutes les vertus perdre leur ornement,

Aaa 5

IPHIGENE,
Puis que mesme la Mort en a versé des larmes
En son aueuglement?
D'vn mesme air & pressé du déplaisir de la perte de l'Amant, il fit ces

REGRETS SVR LE TRESPAS DE LIANTE.

Las ! i'ay bien du sujet atteint d'vn iuste dueil
D'arroser maintenant de larmes ce cercueil,
De crier & de plaindre.
Car le Ciel a esteint, affin de me punir,
Mõ vnique sousties, & ie n'en puis esteindre
Le triste souuenir.
Quelle douleur se peut à la mienne égaler?
De mes gemissemés ie fends la terre & l'air,
Et les Cieux i'importune.
Mais las ! i'ay beau frapper de mes plaintes les Cieux,
Puis que les Cieux n'ont point pour ma triste fortune
Ni d'oreilles ni d'yeux.
Mes beaux iours sont changez en tenebreuses nuits,
Et l'orage des flots de mes cruels ennuis

A mon

LIVRE XVIII.

A mon ame couuerte.
Et mon cœur qui ne veut aucune guerison,
Ne cherche deformais qu'à souspirer sa perte
Pour toute sa raison.
LIANTE est doncques mort en la fleur de ses ans,
Mais si la Mort n'eust eu d'autres traicts
plus nuisans
Que ceux de son vsage,
Nous n'aurions pas si tost ressenty ce malheur,
Car elle l'a meurtry pour son trop grand cou-
rage
De ceux de sa valeur.
Astres infortunez qui l'alliez repaissant
De l'espoir d'vn Laurier pour sa gloire
naissant,
Vostre promesse est vaine.
Ce Laurier de son sang tout rouge & degouttãt
Nous fait voir par effect qu'en cette vie hu-
maine
Il n'est rien de constant.
Helas! que puis-ie faire en te payant mes vœux
Liante, que pleurer, & tirer mes cheueux
Oblation commune,
Et maudire l'effort de la cruelle main
Qui fit en soustenant le sceptre de la Lune
Vn coup tant inhumain ?
Que maudit soit ce iour, qui fit, en aueuglant

Cc

Ce Barbare enragé, par vn coup si sanglant
Nos prunelles humides.
Que le boulet meurtrier qui te perça le sãg
S'escriue desormais dans nos Ephemerides
D'vne lettre de sang.

Mais, à n'en point mentir, ces plaintes & ces regrets ne me semblent point auoir la pointe & la gentillesse de quelques Madrigaux que le Poëte Italien fit sur l'eclipse de ces deux grandes lumieres de la Pologne. Voici ceux qui honnorent la memoire de la belle Amazone.

MADRIGALI ALLA MEMORIA DELL' ECCELlentissima Iphigenia.

I.

Fv̀ pria legata in oro
Candida perla illustre
Da Santo fabro industre:
Cangia poi stella ria
Quello oro in ferro, ed' empio ferro cria
Che la rende vermiglia
Ch' anzi a rubin, ch' a perla rassimiglia:
Ma del su honor vestita
Fatta gemma del Cielo, e al Ciel salita.

II.

LIVRE XVIII.

II.

Anima infellonita
In van col ferro tenti,
Di tormi con la vita,
Di gemma i chiari ancor pregi lucenti,
Ch'in bel Rubin mi tinge
Tepido smalto di sanguigno fiume:
E serto il lustro e'l lume.
Di mia Virtù, che soura 'l Ciel mi spinge,
Così son Gemma anco del corpo scinta,
Che viua perla fui, Rubino estinta.

III.

Questa candida perla
Ne l'Ocean profondo
Nacque di gratie, ed' in gëmò già il mondo;
Quel sommo Sol cui mai
Non vé la Nube, o scosta Verno algente
La terse, è se luente,
Ma vago poi de l'opra sua gentile,
Rapilla in cielo, e sè ne fe Monile.

IIII.

Piaghe Bocche eloquenti
Sete, non piaghe atrori

Che

Che in silentio di morte hauete veri
E fiume d'aurei accenti.
E ferrea lingua il sangue,
Che i casi ingiusti, e rei,
Cosi ramenta, è mai non tace, o langue,
Perche ancidi costei?
Mira crudel cane stillar si vede,
Dal suo purpureo humor sua bianca fede.

Il en fit autant d'autres à la gloire du valeureux Liante, que ie mettray en suitte en faueur de ceux qui aiment le pur Toscan.

MADRIGALI ALLA MEMORIA DELL' ECCELlentissimo Liante.

I.

Moristi chiara stella
Anzi salisti al ciel luce nouella,
E fuor di questo mar del mondo rio
Scorgi l'anima a Dio
Quasi fato celeste al vero porto
Dunque chi ta per morto,
Perche in terra lasciasti il mortal velo
Non sa come immortal si voli al cielo.

II.

II.

Se l'immortal virtute
  Far potesse immortale
  La vita or chi peressa in pregio sale,
  Viuresti or nel tuo velo
  Gran LIANTE come se viua in Cielo,
  Ma folle è ben chi brama
  Tardar anzi con gli anni il morir certo,
  Che gir la v'il suo morto
  L'ha scorto, e doue il chiama
  La vita, che le vite altrui prescriue,
  Chi visse per morir morendo viue.

III.

Or qual nel' ampia tela
  De l'umane grandezze haurem più fede,
  Se a lor che più sicuro esser si crede
  Suo fragil filo è in vn balen reciso?
  A pena i dolci stami
  Del suo bel corso il gran LIANTE ordia,
  Che spezzo sorte ria
  De suoi alti trofei gli alti legami.
  Diedo da lui diuiso
  Morto sarei, ; ma l'aspra pena mia
  Tempra il pensar, che l'alma al Ciel sabita
  Per vna breue ha doppia eterna vita.

IIII.

IIII.

Quel funebre Cipresso
 E quella Palma appresso
 La Tomba ou' e sepolto il gran LIANTE,
 Di Constanza & di se gradito amante
 Voglion mostra che sol vago di gloria
 Volle o morte honorata, ò pur Vittoria.

Mais qu'est-il de besoin d'eternizer par des vers ceux qui ont rauy le Ciel auecque violence, & qui y sont entrez à la pointe de l'espée? qui ne sçait que la memoire du Iuste est eternelle, que ceux qui ont vescu vertueusement, & qui sont morts sainctement viuront à perpetuité, & que leur salaire sera grand deuãt Dieu, que ceux qui meurent pour la Iustice, aussi bien que ceux qui l'enseignent aux autres, reluisent comme de beaux Astres en de perpetuelles eternitez? Que si mesme selon le monde il n'est rien de si honnorable que de perdre la vie au milieu des combats pour le seruice du Prince, & la deffense de son païs, ce qui a faict dire à l'Orateur Romain qu'il y auoit vn certain lieu dans le Ciel destiné pour ceux qui auroient serui leur patrie, & deffendu

ou

ou estendu ses bornes ; que dirons-nous de ceux qui meurent pour la deffense de la foy?

Il n'est trespas plus glorieux
Que de mourir audacieux
Parmy des trouppes combattantes,
Que de mourir deuant les yeux
De tant de personnes vaillantes.
O trois & quatre fois heureux
Ceux qui d'vn fer auantureux
Se voyent arracher la vie,
Auecques vn cœur genereux
Se consacrans à la Patrie.
De ceux-là les os enterrez
Ne seront de l'oubly serrez,
Ains recompensez d'vne gloire
Reuiuront tousiours honnorez
Dedans le cœur de la Memoire.

Mais ces vers ne parlent que de la gloire mondaine qui passe comme l'ombre, & à laquelle neantmoins se sacrifient tous les iours tant de gens qui idolatrét la valeur. De quelle plus haute estime sont dignes ceux qui meurent pour la plus signalée de toutes les causes, qui est le soustien de la foy contre les Infidelles? Nous ne pouuons sans blesser nostre creance douter

Tome 2.

de leur salut, & s'ils sont dans le salut, de quelle gloire ne sont-ils point couronnez? ils sont couronnez de cette gloire que l'œil de l'homme mortel ne peut voir, ni l'oreille entendre, & qui est si sublime que l'humaine pensée ne s'y peut esleuer. Il suffit de dire que les ames de ceux qui souffrent pour la Iustice sont en la main de Dieu, qu'encore qu'ils semblent morts aux yeux des mondains, ils ne laissent pas de viure & de se reposer en vne profonde paix. O que bien-heureux sont ceux qui meurent au Seigneur! Ouy, car ils sont au bout de leurs trauaux, & mangeans du fruict de leurs mains, ils ioüissent de la recompense de leurs bonnes œuures. & quelle œuure meilleure que de donner son ame, son sang & sa vie pour la deffense ou l'auancement de sa foy? Certes, dit la saincte parole, celui qui sera fidele iusques à la fin, aura la Couronne de gloire, goustera la manne cachée, & mangera du fruict de vie qui est au Paradis de Dieu. C'est à celui-là qui meurt pour vn si digne sujet, qu'il appartient de dire auec l'Apostre; I'ay combattu vn bon combat, i'ay acheué ma course,

course, i'ay gardé ma foy, que me reste-t'il plus que de receuoir la Couronne de Iustice de la main du grand Iuge au iour de la retribution? Nous ferions tort à Liante & à Iphigenie ces Amás si fideles à Dieu, à leur creance, à leur Roi, à leur païs, à la Vertu, à leurs amis, à eux-mesmes, si nous les tenions en autre estime que de Martyrs, qui est le plus haut degré de gloire où se puissent esleuer des ames Chrestiénes, puis que c'est en la derniere souffrance que consiste le plus sublime de la Charité. Que ce soit donc-là le but & le terme de cette Histoire. Ioüissez Amans heureux, ioüissez dans les vergers celestes des fruicts de vos trauaux, que les Myrrhes & les Lauriers eternels enuironnent à iamais vos testes d'vne gloire qui ne puisse flestrir. Et puis que i'ay par cet Ouurage attaché l'immortalité de vostre memoire au Temple de la Renommée, permettez que ma Plume y demeure suspenduë, comme ayant esté la Trompette de vos Heroïques vertus.

Fin de l'Iphigene de M^r. DE BELLEY.

OECONOMIE DE CETTE HISTOIRE.

IL y a des ouurages qui de premier abbord paroissent confus, ou sans autre methode que fortuite, ou estre tissus à veüe de païs, qui neantmoins quand ils sont attentiuement considerez font voir vne suitte fort égale, vn ordre bien reglé, & des proportiós bien arrangées. Le vulgaire qui voit les points & l'aiguille de l'horloge, se contente d'y remarquer les heures sans entrer plus auant dans la connoissance des ressorts qui font aller cet artifice. Qu'vn ignorant lise ces belles harangues de Ciceron ou de Demosthene, il n'y connoistra nullemēt les parties qui sont si clairement distinguées & si distinctement connuës de ceux qui sçauent les preceptes de l'art Oratoire. Il n'y a que les entendus en l'artifice de la peinture qui puissent bien iuger des proportions

tions ou des mesures. Pour treuuer promptement les iointures il faut estre bon Escuyer tranchant. Tous ne peuuent pas comme les plongeons aller chercher les perles dans le creux de l'Ocean. Il n'appartient qu'aux Pilotes de guider les vaisseaux selon la carte, & de voguer iustement de cap en cap. Ceux qui cherchent les mineraux ont de certaines sondes pour reconnoistre les lieux où ils se treuuent, & pour mesurer les dimensions du Ciel, & sçauoir les distances ou les situations des Astres, il se faut seruir d'instrumens de Mathematique dont l'vsage n'est connu que des experts, non plus que les symmetries d'vn bastimēt qui ne peuuent estre bien iugées que par des Architectes. Ceux qui sçauent les destours d'vn labyrinthe ne s'y esgarent iamais, les autres pour s'y conduire ont besoin de filet, autremēt ils s'y ambarrassent. Et c'est à ce dessein, mon Lecteur, que ie te presente l'OECONOMIE DE CETTE HISTOIRE, affin que tu sçaches qu'entre celles qui sont venuës de nostre main deuant tes yeux, il n'y en a aucune qui paroisse moins ordōnée, & qui le soit d'auantage que celle-cy.

Les roüages y font tellement enclauez les vns dans les autres, les paffages fi ioints & fi vnis, les parties fi colées & comme entées les vnes aux autres, les pieces coufuës auecque tant d'art que les pierres d'vne muraille ne font point mieux liées ni cimentées. La narration coule tout d'vn fil, & le fujet s'y file fi infenfiblement que l'on fe voit tranfporté comme par vn chenet d'vn eftat de vie à vn autre fort diffemblable fans s'apperceuoir du change. L'œil y eft gracieufement trompé comme en la peinture; les ioinctures y font fi ferrées que pour les rencontrer il faut vn couteau bien affilé. Il femble que i'y flotte au gré du vent qui me meine, & qui enfle doucement mes voiles; mais i'ay toufiours les yeux attachez à la carte, & ne m'efcarte pas d'vn feul point de la route de ma nauigation. Non, ce n'eft point icy le vol d'vn oyfeau en l'air, le gliffement d'vne nauire fur la mer, ny le fray d'vn ferpent fur la pierre, c'eft pluftoft le train d'vn limaçon qui laiffe la marque de fa trace en fon argent. Si i'eftois moins à la bonne foy, ie cacherois bien & retiendrois de mon cofté costé les ressorts de cette conduite, à l'exemple des Mathematiciens qui font bien monstre des essais de leur art, mais qui se reseruent tousiours les secrets de leurs industries : mais ie ne veux point imiter les Cerfs qui cachent soigneusement leur bois quand ils mettent bas, comme s'ils estoiēt faschez que les hommes tirassent de l'vtilité d'vn faix qui leur estoit autant importun en estans chargez qu'inutile ne le portans plus. C'est le haut point de l'art, disent les Rheteurs, que de cacher l'art, cette maxime est bōne pour des femmes qui se fardent, lesquelles font tout ce qu'elles peuuent pour cacher ce qu'elles mettent en veüe, & appliquent leur soin à paroistre d'autāt moins fardées qu'elles le sont d'auantage. Les Chimistes ont d'vne eau forte qu'ils appellent de depart, dont ils se seruent pour separer les diuers metaux vnis en vne masse, ie m'en veux seruir en ce lieu, pour faire voir l'Anatomie du Corps de cet Oeuure. Comme le Ciel est partagé en cinq Zones, ou plustost comme les Poëtes Tragiques diuisent leurs Histoires funestes en cinq Actes, & ces Actes en diuerses Scenes : i'ay de cette façon conduit cette Narration en cinq Parties principales. La Premiere ie l'appelle COVRTISANE, en laquelle ie fay voir mon IPHIGENE à la Cour, y mesnageant sa fortune auecque tant de sagesse & de dexterité, qu'il y paruient à des honneurs & à des richesses immenses par la faueur du Prince, & à l'abry de ce sujet i'essaye de representer ce que ie puis auoir appris dans les escrits des Sages, ou par l'experience de ceux qui suiuent ce train de vie, les miseres & les deffauts qui se treuuent en ces lieux où tous disent que la Pieté & la Probité ont si peu d'entrée. Et cette Premiere Partie va iusques au Liure cinquiesme, où commence la Deuxiesme que ie nomme RVSTIQVE, où ie fay voir mon fauory en quelque espece de disgrace relegué de la Cour en son Palatinat, & s'amusant aux exercices de la chasse, & à des diuertissemens rustiques parmy des villageois. Et là i'ay tasché de ramasser les deffectuositez ou les contentemens de cette vie, cõme aussi les imperfections des païsans, leurs mœurs rudes, cruelles & inciuiles, entremeslant cela d'hon d'honnestes & gracieuses recreations. La Troisiesme qui commence autour du Liure XIII. aura le tiltre d'HEROIQVE, parce que ie n'y parle que de Guerres, de Combats, de Sieges, d'escarmouches, ne laissant pas d'y mesler les desseins affectueux, & des negociations d'Estat & des traittez de Paix. Et parce que les actions militaires & les faicts d'armes se sont acquis cette qualité d'HEROIQVES, parlant de ces matieres là (toutesfois comme vn Clerc d'armes) ie croy que c'est le nõ qui est le plus conuenable à cette Partie, où mon HEROS desploye les plus grands témoignages de son courage & de sa valeur. La Quatriesme qui sera dicte NVPTIALE à cause des nopces d'IPHIGENIE & de LIANTE, represente les Festins, les Tournois & les Magnificences qui ont accoustumé de se faire en des Nopces où les Rois veulent monstrer à ceux qu'ils aiment, les marques de leur Grandeur & de leur affection. Ce que i'ay neantmoins faict assez sobrement, parce que les Parties precedentes auoient donné vn traict à cette Relation plus long que ie n'auois proietté. Celle-ci commençant enuiron au Liure XVII. va iusques à la teste du Dernier que ie donne à la Cinquiesme & derniere Partie qui fait la Catastrophe, & que ie nomme Tragique, à cause des euenemens funestes qu'elle represente. Euenemens neantmoins si pleins d'honneur & de gloire, qu'il semble que comme Cleobis & Biton receurent iadis la mort pour recompense de leur Pieté, aussi Liante & Iphigenie soient morts dans vne espece de Martyre pour salaire de tant de vertus qu'ils auoient pratiquées au courant de leurs iours. Et en tout ce Corps composé de ces cinq Parties, i'ay eu esgard à contretirer vn Tableau qui embrassast les projects ordinaires de ces Liures fabuleux ausquels i'oppose mes Narrations veritables. Car i'ay remarqué en ceux qu'il m'a fallu voir (Dieu sçait auecque quel contentement ou mortification, mais quoy ? qui chasse aux bestes puantes les doit suiure à la piste) ou qu'ils entretiennent le tapis des affaires de la Cour, n'eschafaudans sur leurs Theatres que des Princes ou des Princesses, mesmes faisans faire à leurs Heros presque tous seuls des

conque

conquestes de Royaumes & de Prouinces imaginaires, d'vne façon si ridicule qu'elle saccage tout à faict la patience du Lecteur : ou qu'ils feignent des Bergeries auecque des discours qu'ils font faire à des Bergers si esloignez non seulemēt de leur portée, mais de la simplicité & decence de cette grossiere condition, auecque des demeures si extrauagantes qu'il n'y a imagination qui ne soit blessée du deffaut de celle de ces escriuains. Ou bien s'ils se mettent sur le ton Heroique, ils descriuent la guerre de Troye depuis le premier œuf de Leda. Vous n'y voyez que batailles, qu'escadrons, que villes prises, Chasteaux forcez, bras aualez, lances rompues, milliers de gens abbattus, & quelquesfois par vn homme, comme si leurs Heros estoient autant de Sansons, & tout cela dans le vuide, car de temps ni de lieux il n'en faut pas parler, tant ils sont ennemis mesme de la vray-semblance. Ou bien s'ils ont à prix faict de representer des Nopces, les voila engagez par dessus la teste à descrire des entrées de ballet, les machines des tournois, les courses de bague, les exercices de cheual, les

les masquarades, les carrousels, ce ne sont que deuises, que desseins, que chiffres, que liurées, que fanfares, & la moindre part de leur Hymenée ce sont les mariez. comme si leur mariage n'estoit faict que pour estaler ces pompes, & non ces magnificences entreprises pour honnorer leur feste. Cela c'est faire, comme dit le Poëte ingenieux, à la façon de ces Dames qui estouffent leurs beautez naturelles sous les artificielles, & qui se chargent de tant d'ornemens qu'elles ne sont que la moindre partie d'elles-mesmes. Ou en fin ils escriuent des sujets funestes, tels que sont ces Histoires Tragiques dont ont voit assez de Volumes rouler par les mains des hommes. Encore alterent-ils cette derniere façon de tant de circonstances ou furieuses ou esloignées du sens commun, qu'ils semblent n'auoir entrepris autre chose que de desfigurer entierement l'image de la Verité. Si ces manieres separées plaisent tant aux amateurs de la Vanité, pourquoy desplairont elles coniointes en vne matiere veritable? I'auoüé que i'ay glissé en ce Tissu beaucoup de feintes, & mesme plusieurs euenemens

nemens arriuez en d'autre occurrences, non pas à l'Iphigene dont ie depeins la fortune, mais ç'a tousiours esté auecque tant de simplicité qu'il n'y a rien qui s'escarte tant soit peu ou de la possibilité ou de la vray-semblance. Lecteur, ie pretends si peu d'auantage de cet Escrit, que ie n'estimeray pas à peu de grace d'en euiter ton blasme. Si seulemét il destourne quelque ame de loisir de la lecture de quelque pire Ouurage, i'estimeray auoir beaucoup gaigné. Que si tu n'y treuues cette Premiere leçon qui enseigne le bien, si ample qu'aux autres Histoires, au moins y rencontreras-tu la Seconde qui apprend à se destourner du mal, & c'en est desia vn essay que de quitter vn Liure nuisible pour vn qui ne l'est pas. Si tu y prends autant de delectation que le diuertissement que i'ay eu en le traçant m'a esté agreable, me voila trop bien payé de mon labeur. Car, à dire la verité, ie l'ay conceu auecque plaisir, enfanté sans trauail d'esprit, & escrit auecque fort peu de peine.

F I N.

Priuilege du Roy.

LOVYS par la Grace de Dieu Roy de France & de Nauarre; A nos amez & feaux Conseillers les gens tenans nos Cours de Parlement, Baillifs, Seneschaux, Preuosts, ou leurs Lieutenans, & à tous autres nos Iusticiers & Officiers qu'il appartiendra, Salut. Nostre bien amé ANTOINE CHARD, marchand Libraire à Lyon, Nous a faict remonstrer qu'il a recouuert vn Liure intitulé, *L'Iphigene du R^{me}. P. en Dieu Messire* IEAN PIERRE CAMVS, *Euesque & Seigneur de Belley, Prince du Sainct Empire, Conseiller du Roy en ses Conseils d'Estat & Priué*; lequel il desireroit mettre en lumiere s'il auoit sur ce nos Lettres à ce requises & necessaires. A ces causes desirant bien & fauorablement traitter ledit exposant, & qu'il ne soit frustré des fruicts de son labeur, luy auons permis & octroyé, permettons & octroyons de grace speciale par ces presentes, imprimer ou faire imprimer en telle marge & charactere que bon luy semblera ledit Liure, iceluy mettre & exposer en vente & distribuer durant le temps de six ans, à commencer du iour qu'il sera acheué d'imprimer, deffendant à tous Imprimeurs, Libraires, estrangers, & autres personnes de quelque qualité qu'ils soient, d'imprimer ou faire imprimer, ny mettre en vente durant ledit temps ledit Liure, sous couleur de fausses marques & autres desguisemens, sans le consen consentement & permission dudit exposant, ou de ceux ayans charge de luy, sur peine de confiscation d'iceluy, de quinze cens liures d'amende, & de tous despens, dommages & interests enuers luy. A la charge d'en mettre deux exemplaires en nostre Bibliotheque publique auant que l'exposer en vente, suiuant nostre Reglement, à peine d'estre descheu du present Priuilege. SI VOVS MANDONS que du contenu en ces presentes vous faciez, souffriez, & laissiez ioüir ledit CHARD, pleinement & paisiblement; & à ce faire souffrir & obeïr tous ceux qu'il appartiendra, en mettant au commencement ou à la fin dudit Liure ces presentes, ou vn bref extraict d'icelles, voulons qu'elles soyent tenues pour deüement signifiées, & qu'à la collation foy soit adioustée comme au present original; car tel est nostre plaisir. Donné à Paris le vingt-sixiesme iour du mois de May, l'an de grace mil six cens vingt cinq. Et de nostre regne le seiziesme.

Par le Roy en son Conseil,

Signé R E N O V A R D.

Et seellé du grand seel en cire iaune.

Acheué d'imprimer le neufiesme
d'Aoust, mil six cens vingtcinq.

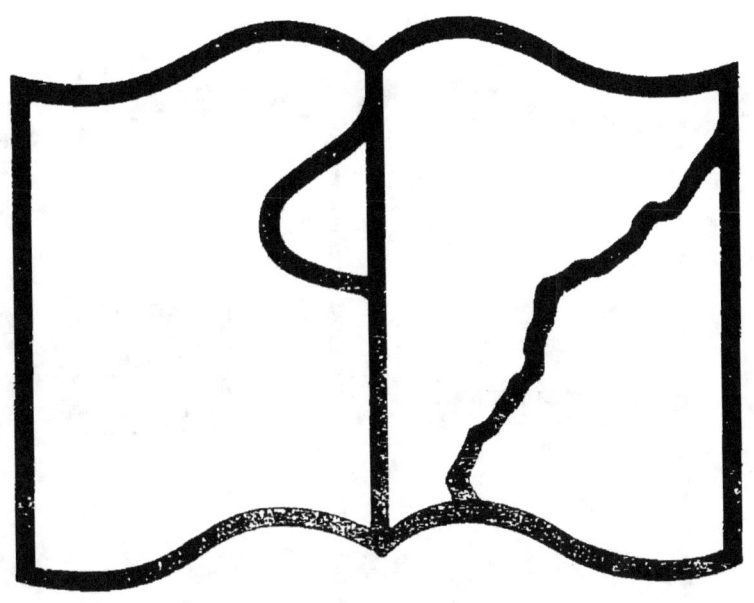

Texte détérioré — reliure défectueuse

NF Z 43-120-11

Contraste insuffisant

NF Z 43-120-14

www.ingramcontent.com/pod-product-compliance
Lightning Source LLC
Chambersburg PA
CBHW061734300426
44115CB00009B/1214